KB202557

알기 쉬운 조직신학

알기 쉬운
조직신학

근광현 지음

SYSTEMATIC
THEOLOGY

엎드림
출판사
UP DREAM

머리말

미국의 그리스도인들 사이에 '거북이 크리스천'이란 이야기가 있습니다. 거북이는 아무 것도 먹지 않고도 약 500일을 생존한다고 합니다. 이는 성경을 읽지 않고 살아가는 그리스도인들의 모습을 유모어로 표현한 말입니다. '바나 그룹'(Barna Group)의 조사에 의하면, 그리스도인 열 명 중 네 명은 사탄이 존재하지 않으며, 그리스도인 1/3 정도는 성경이 원리적으로 완전하고 정확하다고 믿지만, 코란과 몰몬경 역시도 영적 진리 면에서 동일한 근본 원리를 가진 것으로 믿고 있습니다. 또한 그들은 구원을 위해 죄에 대한 회개와 그리스도를 믿는 것이 필수라고 믿지만, 충분한 선행으로도 구원을 얻을 수 있다고 믿습니다. 이는 미국의 상당수 그리스도인이 성경의 올바른 지식을 소유하는 데 어려움을 겪고 있다는 증거입니다. 한국의 상황도 이러한 방향으로 나아갈까 두렵습니다. 이 책의 목적은 바로 이 지점에서 출발하였습니다.

이 책의 대상은 일차적으로 한국에 있는 외국인들 중에 가정교회를 세우고자 헌신된 사람들입니다. 이들은 기초적인 성경 지식을 배우고 복음전도 훈련을 받아 복음전도의 사명자로서 그들의 사회에서 가정교회를 세울 뿐 아니라, 언젠가 그들이 본국에 들어가는 즉시 복음전도와 교회 설립과 선교를 하여, 주 예수 그리스도의 대사명(마 28:19-20)을 실천하게 될 소중한 복음의 일꾼들입니다. 아울러 이 책은 그리스도를 주로 삼고 거룩하게 된 새 신자와 성경 말씀에 대한 지적 관심을 가지고 있는 성도들을 대상으로 삼았습니다. "너희 마음에 그리스도를 주로 삼아 거룩하게 하고 너희 속에 있는 소망에 관한 이유를 묻는 자에게는 대답할 것을 항상 준비하되 온유와 두려움으로 하고"라는 말씀에 귀 기울여 보았습니다(벧전 3:15).

이 책은 '성경의 조직신학,' 즉 성경을 성경으로 조직하는 데 관심을 두었습니다. 이는 성경신학의 석의와 주요 단어의 원어적인 의미를 가미하여 기술한 것입니다. 조직신학과 성경신학은 구별되면서도 겹쳐지며 서로 보완하는 신학 분야입니다. 종교개혁자 마틴 루터는 "성경은 스스로를 확증한다. 성경은 그 자신의 해석자이다. 그러기에 성경은 그 자신의 비판자이다"라는 말로서 성경 연구의 기본 틀을 제시하였습니다. 루터에 의하면, 성경이 스스로를 확증하고 해석한다는 말은 "성경 안에서 말씀하시는 성령님을 통해 그리스도 중심으로 해석한다"는 말입니다. 구약의 율법과 신약의 복음은 직간접적으로 그리스도를 증거하기 때문입니다. 이 책은 한권의 성경 안에 있는 조직신학의 각 주제들이 어떻게 그리스도 중심으로 연결되어 있는지 구속사 및 속량사적 관점에서 표현한 책입니다.

이 책의 주요 내용을 개관하면, I장의 "조직신학 서설"에서는 성경의 조직신학을 하기 위한 전단계로서 몇 가지 신학방법을 약술했습니다. 즉 신앙과 신학의 관련성, 신앙과 이성, 성경을 성경으로 조직하기, 삼위일체, 종합적 성경연구, 체험적 신학, 그리고 성경의 구속사의 맥으로서 경건 개념을 제시했습니다. II장의 "성경"에서는 성경의 특징, 계시의 종류, 성경에 대한 육하원칙적인 서술, 그리고 하나님의 구속사 및 속량사의 기본 축을 다루었습니다. III장의 "삼위일체 한 분 하나님"에서는 주로 장엄 복수의 위대하신 하나님의 존재와 성품을 살펴보았습니다. 특히 하나님의 비공유적 성품은 '진리 안에서' 표현된 성품이라는 사실과 공유적 성품은 '그리스도 안에서' 실현되는 성품이라는 사실을 밝혔습니다. IV장의 "엘로힘의 창조 사역"에서는 '무로부터의 창조 개념'과 영적 세계와 물질계 및 사람 창조에 나타나 있는 진리와 하나님의 마음을 표현해 보았습니다. V장의

"하나님의 창조, 타락, 심판과 구속"에서는 하나님이 에덴동산에서 펼치신 청사진과 하늘전쟁, 그리고 하나님의 심판과 구속을 위한 '언약의 피'에 대하여 기술했습니다. VI장의 "하나님의 주권적 구원"에서는 "창세 전 예지, 선택, 예정"에 따른 하나님의 주권적 구원이 그리스도의 십자가 대속 사역을 통해, 어떻게 이루어지고 있는지 삼위일체론적으로 묘사했습니다. VII장의 "삼위일체 하나님이 세우신 교회"에서는 육하원칙에 따라 교회의 시작과 그 목적과 다양한 모습을 표현해 보았습니다. 특히 이 장에서는 예수님의 삼대 사역을 중심으로, 교회가 그것을 어떻게 적용할 수 있을 것인지에 대하여 분석하였습니다. 마지막 VIII장의 "만주의 주 만왕의 왕 주의 강림과 종말"에서는 재림과 종말의 개념과 그 특성으로서 '하나의 양면성'과 '시간적 차이' 개념을 약술한 후, 이를 토대로 요한계시록 20장에 대한 전통적인 해석인 후천년설, 무천년설, 그리고 전천년설의 장단점을 분석하였습니다. 그리고 기존의 요한계시록의 구조와 해석의 전략을 소개하였습니다.

하지만 이 책은 제한적인 독자층을 염두에 둔 나머지 각 주제별로 대두되고 있는 신학적인 논의가 미흡하여, 이 책에 대한 만족도나 완성도가 떨어질 수 있겠다는 생각이 듭니다. 그런 가운데 저자는 이 책을 통해 철학적이거나 이성적인 접근보다는, 성경을 성경으로 해석하는 '성경의 조직신학'을 시도해 보았습니다. 그 결과 신구약 성경의 기본 구조는 '창세 전'과 '창조 및 창세 이후로,' '그리스도의 초림과 부활승천,' 그리고 '그리스도의 재림과 종말,' '새 하늘과 새 땅과 거룩한 성 새 예루살렘'이라는 거대한 구속사의 흐름 속에서, '구속사 및 속량사—언약—구원의 복음전도'의 기본 축과 함께 짜여 있음을 볼 수 있었습니다. 즉 삼위일체 한 분 하나님의 구속사 및 속량사는 하나님이 세우신 언약과 구원의 복음전도를 통해, 하나님의 자녀와 그의 나라 백성들을 세워 새 하늘과 새 땅과 거룩한 성 새 예루살렘을 향해 나아가고 있다는 것입니다. 이 사실을 한 문장으로 요약하면, "하나님의 그 기쁘신 뜻대로 우리가 성령으로 말미암아 우리 주 예수 그리스도를 믿고 구원받아 하나님의 나라에 들어간 하나님의 자녀와 백성들의 공동체인 하나님의 교회 일원이 되었습니다"라는 표현입니다.

이 책이 출판되게 된 것은 국제 SET 선교회 대표이신 송홀다 목사님의 기도와 배려덕분에 가능했습니다. 깊은 관심을 가져주신 대표님께 깊이 감사드립니다. 그리고 출판을 위해 수고하신 선교회의 사역팀 모든 분께 감사드립니다. 지극히 작은 책이지만 선교회의 성장에 다소나마 도움이 되었으면 좋겠습니다. 나아가 이 책의 수많은 단어와 문장을 섬세한 마음으로 읽으시고 교정해 주신 강영미 목사님께 감사드립니다. 저의 건강을 위해 가정예배 때마다 기도해주신 이철민 형제님의 가족 모든 분께도 감사드립니다. 특별히 저의 건강을 위해 기도해 주시고 섬겨주신 이종일 전도사님께 감사드립니다. 이 책이 완성되기까지 묵묵히 헌신한 아내에게도 감사의 마음을 전합니다.

"모든 성도 중에 지극히 작은 자보다 더 작은 나에게 이 은혜를 주신 것은 측량할 수 없는 그리스도의 풍성함을 이방인에게 전하게 하시고, 영원부터 만물을 창조하신 하나님 속에 감추어졌던 비밀의 경륜이 어떠한 것을 드러내게 하려 하심이라"(엡 3:8-9) 여러모로 부족함이 많은 저에게 이 소중한 말씀을 주시고 일하게 하신 하나님께 존귀와 영광을 찬송합니다.

2023년 6월 16일
저의 서재에서
근광현

목차

머리말 / 4

Ⅰ. 조직신학 서설(성경을 성경으로 조직하려면) 11

   1. 신학, 성도가 신앙을 위해 누려야 할 특권 13
   2. 조직신학, 하나님을 바르게 말하기 21
   3. 조직신학, 성경을 성경으로 조직하기 25

Ⅱ. 성경(하나님을 전인격으로 만나는 교제 장소) 51

   1. 성경, 한 권의 책으로 된 구약과 신약 54
   2. 성경, 하나님의 말씀, 예언, 계시 55
   3. 신구약 성경, 하나님의 특별계시 57
   4. 성경의 저자, 삼위일체 한 분 하나님 61
   5. 성경의 기록, 하나님의 때와 장소에서 64
   6. 성경의 목적, 구원과 하나님 앞에서의 삶 65
   7. 성경의 기록자, 성령의 감동을 받은 사람 68
   8. 성경 기록이유, 하나님의 백성 세우기 77
   9. 성경의 주제, 하나님의 구속 및 속량 85

Ⅲ. 삼위일체 한 분 하나님(모든 이들의 본향 집) 93

   1. 하나님의 존재 이해 95
   2. 하나님의 존재 증명 104
   3. 하나님의 성품 알기 106

Ⅳ. "엘로힘"의 창조 사역(하나님의 큰 사랑) 113

   1. '태초에'란 말, 그것의 창조적인 의미 115
   2. 하나님의 영적 존재 창조, 거룩한 천사 119

3. 하나님의 물질계 창조, 사람의 거주지   122
4. 하나님의 사람 창조, 하나님의 걸작품   124

V. 하나님의 창조, 타락, 심판과 구속(큰 은혜)   133

1. 아담 창조, 에덴동산에 펼치신 청사진   135
2. 타락, 하늘전쟁에 패한 옛 뱀과 아담   142
3. 심판과 구속, 하나님의 언약의 피   154

VI. 하나님의 주권적 구원(강권적 은혜와 큰 구원)   165

1. 창세 전, "예지, 선택, 예정"으로   167
2. 하나님의 뜻, 그리스도의 영원한 제사   172
3. 그리스도의 한 영원한 제사, 속죄   174
4. 삼위일체 한 분 하나님의 주권적 구원   182

VII. 삼위일체 하나님이 세우신 교회(유기적 생명체)   219

1. 교회는 누가 세웠을까요?   222
2. 교회는 언제부터 존재했을까요?   227
3. 교회는 어디서 시작되었을까요?   228
4. 교회는 무엇을 위한 교회일까요?   233
5. 교회는 어떻게 세워졌을까요?   261
6. 교회는 왜 세워졌을까요?   282

VIII. 만주의 주 만왕의 왕 주의 강림과 종말(천국)   311

1. 주 예수의 강림(재림), 그 이후의 종말   313
2. 성경적 재림 신앙 갖기   316
3. 그리스도와 천년 동안 왕 노릇 하기   326
4. 요한계시록 구성, 하나님이 펼치실 신세계   339
5. 요한계시록 읽기 전략   345

I.

조직신학 서설
(성경을 성경으로 조직하려면)

1. 신학, 성도가 신앙을 위해 누려야 할 특권
2. 조직신학, 하나님을 바르게 말하기
3. 조직신학, 성경을 성경으로 조직하기

I. 조직신학 서설
(성경을 성경으로 조직하려면)

"우리가 다 하나님의 아들을 믿는 것과 아는 일에 하나가 되어
온전한 사람을 이루어 그리스도의 장성한 분량이 충만한 데까지 이르리니,
이는 우리가 이제부터 어린 아이가 되지 아니하여 사람의 속임수와
간사한 유혹에 빠져 온갖 교훈의 풍조에 밀려 요동하지 않게 하려 함이라,
오직 사랑 안에서 참된 것을 하여 범사에 그에게까지 자랄지라
그는 머리니 곧 그리스도라,
그에게서 온 몸이 각 마디를 통하여 도움을 받음으로 연결되고 결합되어
각 지체의 분량대로 역사하여 그 몸을 자라게 하며
사랑 안에서 스스로 세우느니라(엡 4:13-16)

1. 신학, 성도가 신앙을 위해 누려야 할 특권

1) 신학의 필요성, 성도의 견고한 신앙 다지기

대다수의 사람들은 성경에 '신학'이란 용어가 나타나 있지 않다고 생각하는 것 같습니다. 교회 안에서 '신학'이란 말은 왠지 딱딱해 보이고 어렵게 생각되어 선뜻 다가가기에 주저하는 것처럼 보입니다. 하지만 '신학'이란 용어는 헬라어로 '하나님'을 표현하는 '데오스'(θεὸς)와 '말' 혹은 '가

르침'과 '연구'를 의미하는 '로고스'($\lambda\acute{o}\gamma o\varsigma$)의 합성어입니다.[1] 이 개념은 요한복음 1장 1절의 "태초에 말씀이 계시니라 이 말씀이 하나님과 함께 계셨으니 이 말씀은 곧 하나님이시니라"는 말씀에 근거를 두고 있습니다. 본래 '로고스'란 말의 가장 기본적 의미는 '말,' '말씀,' '말하기'입니다.[2]

그러므로 '신학'이란 "하나님과 이분의 존재와 성품, 그리고 하나님의 뜻에 관한 말하기"로 이해할 수 있습니다.

사도 바울은 로마서 10장 1-2절에서 "형제들아 내 마음에 원하는 바와 하나님께 구하는 바는 이스라엘을 위함이니 곧 그들로 구원을 받게 함이라, 내가 증언하노니 그들이 하나님께 열심이 있으나 올바른 지식을 따른 것이 아니니라"는 말로써 올바른 지식을 따른 신앙을 권면하였습니다. '지식을'이란 말 '에피그노시스'($\acute{\epsilon}\rho\acute{\iota}\gamma\nu\omega\sigma\iota\varsigma$)는 '~에 대하여'라는 전치사 '에피'와 '지식'을 뜻하는 '그노시스'의 합성어로 되어 있습니다. 이는 '정확히 아는 지식,' '철저히 아는 지식'을 말합니다. 신약에서 '에피그노시스'는 대부분 '하나님과 그리스도와 관련된 고상한 지식'(엡 1:17; 빌 3:8; 골 1:9; 2:2-3)과 '구원과 관련된 지식'(롬 10:1)을 의미합니다.[3] 최초로 이방인들로 구성된 안디옥 교회에서 비로소 '그리스도인'으로 일컬음 받았을 때, 그들은 바울과 바나바에게 일 년간 가르침을 받은 제자들이었습니다(행 11:26). 제자들은 갓 태어난 성도였기에 기본 신앙교육이 필요했을 것입니다(참조, 히 5:11-14; 6:1-6). 성경은 바나바와 바울에게 올바른 지식을 배운 안디옥 교회 성도들을 통해, 지속적인 신앙교육이 얼마나 위대한 결과를 가져왔는지 확인해 줍니다(참조, 행 11:27-30; 13:1-3).[4]

---

1) Stanley J. Grenz, *The Theology for the Community of God* [조직신학], 신옥수 옮김 (서울: 크리스챤다이제스트, 2003), 32.
2) 제자원 편, 「옥스퍼드원어성경대전: 요한복음 제1-6장」 (서울: 제자원, 2000), 52.
3) 제자원 편, 「옥스퍼드원어성경대전: 로마서 제9-16장」 (서울: 제자원, 2001), 126.
4) 제자원 편, 「옥스퍼드원어성경대전: 사도행전 제8-14장」 (서울: 제자원, 2001), 372.

월터 카너(Walter T. Conner)에 의하면, 신학의 필요성은 모든 사람이 가지고 있는 지적인 반응에 따른 것입니다. 성경은 가르침과 교훈을 크게 강조합니다. 참된 신학은 그리스도인들의 진리인식, 복음에 대한 변호, 참과 거짓의 분별력, 복음전파 능력을 향상시키고, 그들을 말씀으로 양육하여 이단들로부터 보호할 수 있는 섬김의 기능을 가지고 있다고 믿습니다 (행 17:11; 딤후 2:2, 15-18; 고후 11:1-4; 갈 1:6-12; 벧후 3:15-16; 참조, 딤후 2:2; 벧전 3:15; 롬 10:1-4; 딛 2:11-14; 요일 4:1-6). 어느 현장 목회자는 '한국 교회가 요즘 이단 때문에 몸살을 앓고 있다'고 지적한 후, '교리와 신학을 가르치는 것이 한국 교회를 살리는 길'이라고 경고하였습니다.[5]

존 대그(John L. Dagg)는 "신학은 신학자만의 직무라기보다는 목회자와 집사 혹은 교회 회원인 성도의 직무이기도 하다"는 견해를 밝혔습니다.[6] 그의 견해에 따르면, 신학은 사람의 마음을 개선하는데 목적을 둡니다. 그러기에 신학은 높은 선반 위에 놓여 있는 사색의 대상이 아닙니다. 신학은 성도의 마음 깊은 곳으로부터 거룩하게 하는 능력을 느낄 수 있게 하는 신학이어야 합니다. 신학이 즐거운 호기심이나 직업적인 어떤 것을 준비할 목적으로 수행되는 것은 거룩하신 하나님의 말씀에 대한 모독이자 남용입니다. 그러한 태도는 지극히 높으신 하나님을 저속한 하나님으로 취급하는 것이기 때문이라는 것입니다.[7]

알리스터 맥그라스(Alister McGrath)는 지금의 '모든 그리스도인들은 자신의 신앙에 대하여 생각하고 말한다'는 점에서 이미 '신학자'라고 말하였습니다.[8] 윌리엄 에임즈(William Ames)는 진정한 신학이란 '하나님

---

5) 「국민일보」, 2009년 11월 17일.
6) Timothy George and David S. Dockery, eds., *Baptist Theologians* (Nashville: Broadman Press, 1990), 168.
7) John L. Dagg, *Manual of Theology Book First: Study of Religious Truth* (Harrisonburg: Gano Books, 1982), 13.
8) Alister McGrath, *What's the Point of Theology?* [신학이 무슨 소용이냐고 묻는 이들에게], 이은진 옮김 (서울: 포이에마, 2022), 172-3.

면전에서 살아가는 지식'이라 정의하고, 이는 하나님께서 성경에서 말씀하시고 예수 그리스도 안에서 단번에 행하신 모든 것을 경건하고 순종하는 마음으로 귀 기울이도록 이끄는 신학이라고 부연하였습니다.[9]

마이클 호튼(Michael Horton)에 의하면, 신학은 하나님에 대한 학문이지만 그동안 메마르고 추상적이며 일상적인 삶과 관계가 없는 것처럼 취급되어 왔습니다. 사실 많은 그리스도인이 교리를 떠나 하나님과 인격적인 관계 속에서 그분을 올바로 경험할 수 있다고 생각하지만, 그것은 불가능한 일입니다. 왜냐하면 하나님이 누구시고, 하나님이 어떤 일을 행하셨으며, 또한 우리와 하나님의 관계가 어떤 관계에 있는지 모르면서 하나님을 경험할 수는 없기 때문입니다. 심지어 우리의 가장 기본적인 그리스도교적 경험과 헌신조차 신학적입니다. 예컨대, 누군가가 "나는 오직 예수님을 사랑한다"고 말합니다. 그러나 그 예수님이 누구이신가? 우리가 왜 예수님을 사랑하는가? 바로 이 예수님이 성경에서 자신을 계시하신 하나님이시고 창조주이시며 구세주이신가, 아니면 우상인가? 하나님은 어떤 성품을 가지고 계신가? 그리고 우리의 역사 속에서 이 하나님의 역사에 대하여 알려 줄 수 있는 어떤 좋은 소식이 있는가? 그리고 우리가 죽으면 무슨 일이 일어날 것인가? 이 세상의 미래는 어떤 것인가? 이런 질문들 하나하나는 추상적인 질문이 아니라, 어린 아이부터 노년에 이르기까지 우리의 마음과 생각을 사로잡는 질문입니다. 우리는 이런 질문들을 억누를 수 있지만, 떨쳐 버릴 수는 없습니다. 따라서 마이클 호튼은 우리가 이같은 질문에 대하여 하나님이 계시하신 대답을 살피는 것이 꼭 필요하다고 강조했습니다(참조, 벧전 3:15).[10]

---

9) George and Dockery, eds., *Baptist Theologians*, 13-4.
10) Michael Horton, *Pilgrim Theology* [천국 가는 순례자를 위한 조직신학], 박홍규 옮김 (서울: 부흥과개혁사, 2015), 11.

2) 신앙과 신학의 관계, 은쟁반에 금사과

성경은 '신앙'을 "복음의 신앙"(빌 1:27)과 "하나님께 대한 신앙"(히 6:1)으로 표현하고 있습니다. '신앙'이란 말의 원형은 '믿음'과 동일한 '피스티스'(πίστις)입니다. '믿음'이 그리스도인이 되는 '구원의 조건'이라면(행 20:21; 롬 10:9), '신앙'은 그리스도인으로서 지속적으로 하나님을 향하여 사는 삶을 말합니다(히 6:1; 롬 6:8-13). 사도행전 20장 21절은 '우리 주 예수 그리스도께 대한 믿음'을 증언합니다. 여기서 '믿음'으로 번역된 '피스틴'(πίστιν)의 원형 '피스티스'는 '신앙'과 '확신'을 뜻합니다. 즉 '하나님과의 관계에 대한 확신'입니다. 본절에서 믿음은 '새 주인이신 예수 그리스도와 새로운 관계를 맺는 것'을 의미합니다. 다시 말해 주 예수 그리스도께 대한 믿음이란 그를 향한 믿음으로써, 그분을 나의 새로운 주인으로 모시고 흔들림 없이 그분과 함께 굳게 서 있는 상태를 가리키는 믿음입니다(참조, 롬 1:17; 히 11:6; 12:1-4).[11] 한편, 빌립보서 1장 27절에 나오는 "복음의 신앙"이란 말은 교리적인 신앙 이상의 의미를 가지고 있습니다. 그것은 '그리스도의 복음 안에서 생겨난 신앙'을 의미합니다. 바울은 빌립보 교회 모든 성도와 감독들과 집사들에게 이 복음의 신앙을 위하여 '한 뜻으로 협력하는 것'을 권하였습니다. 특히 '협력하는 것'으로 번역된 '쉬나들룬테스'(συναθλοῦντες)는 '함께'란 뜻인 전치사 '쉰'(σύν)과 '다투다,' '경기하다'란 뜻을 가진 '아들레오'(ἀθλέω)의 합성어로 쓰여, '굳게 뭉쳐 협력하다,' 및 '함께 투쟁하다'라는 강한 의미를 담고 있습니다.[12] 복음의 신앙은 온갖 핍박 속에서도 전파해야 할 소중한 가치이기 때문에 굳게 뭉쳐 함께 협력하라는 뜻입니다(막 1:1; 16:15; 딤후 4:2; 고전 9:16; 1:20-21).

그리고 "하나님께 대한 신앙"은 그리스도교의 도의 초보 가운데 하나

---

11) 제자원 편, 「옥스퍼드원어성경대전: 사도행전 제15-21a장」(서울: 제자원, 2001), 550.
12) 제자원 편, 「옥스퍼드원어성경대전: 빌립보서·골로새서」(서울: 제자원, 2001), 112.

입니다(히 6:1). 여기서 '~께 대한'으로 번역된 전치사 '에피'(ἐπὶ)는 어떤 사람을 향하는 감정이나 행동에 대하여 믿음과 신뢰를 나타내는 단어 뒤에 위치하여 '~향하여'라는 의미를 갖습니다. 즉 '하나님을 향한 신앙'이라는 뜻입니다. 윌리엄 바클레이(William Barclay)는 "신앙은 그리스도인의 기본적인 태도로서 하나님을 앙모하는 생활"이라고 정의했습니다.[13] 그러나 리처드 도킨스(Richard Dawkins)는 그가 쓴 『만들어진 신』(The God Delusion)에서 '인격신인 하나님'을 믿고 신뢰하며 앙모하는 그리스도인들의 신앙을 비과학적이고 맹목적인 신앙으로 비난했습니다. 그는 만물을 통해 초자연적인 것을 경험하고 이를 종교적으로 해석하여 성직자가 된 어느 소년을 맹목적인 신앙으로 폄훼하면서, 오히려 자신은 동일한 신비 체험을 했지만 은하계를 바라보며 과학자나 합리주의자처럼 초자연적인 믿음과 아무런 관계없이 산다고 썼습니다.[14] 그러자 풀턴 쉰(Fulton J. Sheen)은 "은하수에 자신의 삶을 내맡기는 사람이 어디 있느냐"며 리처드 도킨스의 말을 반박했습니다.[15] 이처럼 신학은 신앙에 도전하는 논쟁에 직면하여 적절히 대응함으로써, 우리가 믿고 신뢰하는 신앙을 보호하는 역할을 담당합니다. 그리스도인들은 철저히 '인격이신 하나님'을 믿고 신뢰하며 이분과 동행하는 가운데, 하나님께서 복음으로 주관하시는 구원 역사에 능동적으로 참여하는 '인격 신앙'을 소유한 사람들입니다.

잠언 25장 11절에 "경우에 합당한 말은 아로새긴 은쟁반에 금사과니라"는 아름다운 말씀이 있습니다. 성도의 삶은 이웃과의 관계에서 합당하게 처신해야 한다는 권면을 비유적으로 표현한 경구입니다. 본절은 잠언에서 가장 아름다운 비유의 말씀으로 평가되고 있습니다. '경우에 합당한

---

13) 제자원 편, 「옥스퍼드원어성경대전: 히브리서 제1-7장」 (서울: 제자원, 2002), 384.
14) Richard Dawkins, *The God Delusion* [만들어진 신], 이한음 옮김 (서울: 김영사, 2008), 21-3.
15) *Ibid.*, 35.

말'은 '상황에 적합하게 잘 표현된 말'로 해석되고 있습니다. '아로새긴 은쟁반에'로 번역된 '뻬마스키요트' (בְּמַשְׂכִּיֹת)라는 단어는 본래 '형상'과 '설계'라는 뜻을 가지고 있는 단어 '마스키트' (מַשְׂכִּית)의 복수 연계형입니다. 이는 경우에 합당한 말에 대한 최고의 찬사를 표현한 말입니다.[16) 즉 상황에 적합한 말은 어떤 '형상'과 '설계'처럼 아로새긴 은쟁반 위에 놓인 금사과와 같이 더욱 돋보이게 한다는 것입니다. 따라서 우리가 '하나님을 믿고 우리의 삶의 중심으로 받아들이는 신앙'과 '하나님에 관한 모든 사실들을 성경 말씀으로 설계된 형상처럼 질서 있게 말하는 신학'을 가리켜, 경우에 합당한 말로서 '아로새긴 은쟁반(신학)에 금사과(신앙)'로 표현해도 어색하지 않을 것 같습니다. 알리스터 맥그라스는 "신학이 없으면 그리스도교는 무너져 제도적 껍데기만 남는다. 신학은 값진 진주의 특별한 점을 보존하고, 그 아름다움을 내보이며, 그 중요성을 설명하는 것을 목표로 삼는다"고 말했습니다.[17)

3) 신앙과 이성, 생명의 빛을 받아야 할 이성

교회사에서 신앙과 신학의 관계를 훼손하거나 유지케 하는 '이성'을 바라보는 세 유형이 있습니다. 첫째 유형은 초기교회 교부 터툴리안 (Tertullian)의 견해입니다. 그는 신앙의 우위를 강조하며 이성을 경시했습니다. 이는 고린도전서 1장 21절의 "하나님의 지혜에 있어서는 이 세상이 자기 지혜로 하나님을 알지 못하므로 하나님께서 전도의 미련한 것으로 믿는 자들을 구원하시기를 기뻐하셨도다"라는 말씀에 기초한 것입니다(참조, 롬 1:18-22). 그래서 그는 사람의 이성과 지성의 한계성을 강조하며 도대체 '예루살렘과 아테네가 무슨 상관이 있으며, 또 교회가 아카데미와 무슨 상관이 있는가'라는 말로써 신앙과 이성 사이를 구분하였습

---

16) 제자원 편, 「옥스퍼드원어성경대전: 잠언 제25-31장 · 아가」 (서울: 제자원, 2006), 46-8.
17) McGrath, *What's the Point of Theology?*[신학이 무슨 소용이냐고 묻는 이들에게], 172.

니다. 아울러 그는 오히려 "나는 불합리하기 때문에 믿는다"(Credo, quia absurdum est)라는 경구를 남겼습니다. 교부 어거스틴(Augustine)은 초기에 이성적 사유를 즐겨했으나 후기에는 신앙적 사유로 전환한 사람입니다. 그는 이사야 7장 9절의 "만일 너희가 굳게 믿지 아니하면 너희는 굳게 서지 못하리라 하시니라"는 말씀을 토대로, "나는 알기 위해 믿는다"(Credo, ut intelligam)는 유명한 사유체계를 남겼습니다.[18]

둘째 유형은 순교자 져스틴(Justin Martyr)의 견해입니다. 그는 신앙과 이성을 서로 대등한 위치에 두었습니다. 그는 철학을 그리스도교를 위한 준비단계로 보고, '이성을 따라 산 사람은 기독교인'이라고 말했습니다(참조, 시 33:10-15; 고후 10:4-6). 그가 '이성을 따라 산 사람은 기독교인'이라고 말한 것은 적절하지 못한 표현입니다.

셋째 유형은 신앙의 우위를 강조하며 이성을 존중하되 그 한계성을 인정하는 입장입니다. 그리스도교 변증신학자 코넬리우스 밴틸(Cornellius Vantil)은 "이성은 계시(성경 말씀)의 조명을 받고, 또 그 계시를 위해 봉사하는 위치에 있어야 한다"는 견해를 가지고 있습니다. 성경은 "그 안에 생명이 있었으니 이 생명은 사람들의 빛이라"(요 1:4)는 말씀으로, 사람은 생명의 빛을 받을 때 빛나는 존재임을 증언합니다.

우리가 신앙과 이성 사이를 바르게 설정하려면 한 가지 선이해가 필요합니다. 철학과 일반 종교는 천지 만물 안에서 이성적인 사유를 통해, 신적 존재를 '찾아가는' 성향을 가지고 있습니다. 반면에 그리스도교는 천지 만물을 창조하시고 자신의 영원하신 능력과 신성을 계시(revelation)하시며, 계시의 기록인 성경 말씀을 통해 사람에게로 '다가오시는' 하나님에 의해 세워졌습니다. "이스라엘의 왕인 여호와, 이스라엘의 구원자인 만군의 여호와가 이같이 말하노라 나는 처음이요 나는 마지막이라 나 외에 다

---

18) Frederick Copleston, *Mediaeval Philosophy* [중세철학사], 박영도 옮김 (서울: 서광사, 1988), 322.

른 신이 없느니라, 내가 영원한 백성을 세운 이후로 나처럼 외치며 알리며 나에게 설명할 자가 누구냐 있거든 될 일과 장차 올 일을 그들에게 알릴지어다"(사 44:6-7). 그러므로 데일 무디는 그리스도교 신학은 그 최종적인 자원을 항상 신구약 성경에 둔다는 사실을 강조했습니다. 비록 가장 철학적인 신학조차도 그 철학은 성경적인 믿음을 뒷받침하는 것이어야 한다는 견해입니다.[19]

우찌무라 간조는 "소크라테스, 플라톤, 아리스토텔레스 모두 위대하다고는 하나 성경에 미침에는 거리가 멀다. 중국의 성인, 인도의 성자는 공경할 만하나 성경에 생명수가 콸콸 솟아남에 비하여 이는 병에 담긴 물을 들이마시는 것과 같다"고 말하였습니다.

2. 조직신학, 하나님을 바르게 말하기

1) 신학, 거룩한 교리

스탠리 그렌즈(Stanley J. Grenz)에 의하면, 1세기 그리스도교 사상가들을 비롯하여 중세 초기의 사상가들은 '신학'을 '교의학'(dogmatics)이나 '거룩한 교리'(sacra doctrina)로 표현했습니다. 신학은 하나님에 관한 교리를 주제로 삼았습니다. 일반적으로 그리스도인들은 '신학'과 '교의학'을 상호 교체적으로 사용합니다. 주로 북미에서는 '교의학'이란 말 대신 '조직신학'(systematic theology) 또는 '교리신학'(doctrinal theology)이란 말로 사용했습니다.[20] 이처럼 '신학'은 '교의학'과 '조직신학'으로 표현되었습니다. 본래 '조직신학'이란 말은 초기 교회로부터 17세기까지

---

19) Dale Moody, *The Word of Truth* (Grand Rapids: Eerdmans Publishing Company, 1981), 2-3.

20) Grenz, *The Theology for the Community of God* [조직신학], 32-4.

'교의학'으로 불리다가, 17세기 이후에서야 조직신학으로 붙여진 이름입니다. 일찍이 4세기 예루살렘의 주교였던 키릴루스(Cyrillus)는 성경에 나오는 여러 증언의 복잡성 때문에, 모든 성경책에서 중요한 것들을 모은 '믿음의 총체'를 잘 가르칠 수 있도록, 논리 정연한 틀 안에 담아야 할 필요성을 제안했습니다.[21]

2) 조직신학, 하나님을 향한 바른 신앙 말하기

순교자 져스틴은 '신학'을 '하나님에 관한 지식'으로 정의했습니다. 교부 알렉산드리아 클레멘트(Clement of Alexandria)와 오리겐(Origen)은 신학이란 '기독교 진리를 다루는 것'으로 생각했습니다. 아타나시우스(Athanasius)와 어거스틴은 신론과 삼위일체론을 다루는 것을 신학으로 간주했습니다. 그러다가 중세기 로마가톨릭교회는 소위 '스콜라신학' 곧 학문으로서의 신학을 지향하였습니다. 종교개혁자들은 교부들의 정의와 크게 다르지 않았습니다. 마틴 루터(Martin Luther)는 신학을 '그리스도를 주제로 삼는 학문'으로 보았습니다. 존 칼빈(John Calvin)은 이를 '하나님에 관한 지식 혹은 학문'으로 표현하였습니다. 순교자 져스틴의 견해와 비슷해 보입니다.

그러나 20세기 침례교 조직신학자 에드가 멀린스(Edgar. Y. Mullins)는 이전 세대의 신학자들이 "신학은 종종 하나님을 논하는 학문으로 정의했다"고 주의를 환기시킨 후, 그리스도교 신학은 하나님을 논하는 학문 이상이라고 말하였습니다. 그의 견해는 "그리스도교 신학은 '하나님' 뿐 아니라 '하나님에 대한 사람의 관계'를 포함하는 신학이어야 한다"는 것입니다. 즉 그리스도교가 하나님에 관한 이론이나 사색에 머무르지 않으려면, 기본적으로 '하나님에 대한 사람의 관계 틀'에서 출발해야 한다

---

21) McGrath, *What's the Point of Theology?* [신학이 무슨 소용이냐고 묻는 이들에게], 39.

는 것입니다. 이런 의미에서 에드가 멀린스는 신학이란 "하나님께서 사람과 관계하시는 모든 영역에서 나타난 하나님에 관한 교리"라고 정의하였습니다.[22] 알리스터 맥그라스도 그리스도교는 하나님과 사람에게 초점을 맞춘 신학적 비전 진술에 기초한다는 입장에 서 있습니다. 그는 "한편에서 평생 우리와 동행하시는 사랑이 많으시고 인격적이신 하나님께서 계시고, 다른 한편에는 부러지고 상처 입고 망가져서 사랑과 회복과 소망이 필요한 사람이 있다"고 진술했습니다.[23] 이 표현은 에드가 멀린스의 견해를 구체적으로 설명할 수 있는 경우에 합당한 표현으로 보입니다.

성경에 나타나 있는 '신학'(Theology)이란 말은 '데오스'(θεὸς)와 '로고스'(λόγος)의 합성어로써, 이는 '하나님에 대한 사람의 관계'를 표현하는 용어로 정의할 수 있습니다. 물론 스토아철학에서는 '로고스'를 '이성'(reason)으로 해석합니다. 그러나 사도 요한은 '로고스'를 '말씀'(Word)으로 증언합니다(요 1:1). 이미 언급한 바와 같이 '신학'이란 '하나님'을 표현하는 '데오스'(θεὸς)와 '말하기' 혹은 '가르침'과 '연구'를 의미하는 '로고스'(λόγος)의 합성어입니다. 즉 '신학'은 삼위일체 하나님과 이분의 역사를 말씀으로 설계하여, 성도들이 이에 대하여 '바르고 질서 있게 말하기'를 잘 할 수 있도록 돕는 '섬김의 신학'입니다. '바르고 질서 있게 말하기'란 하나님의 '성경으로 진리를 조직적으로 말하기'를 의미합니다(행 18:24-28). 바울은 하나님의 감동으로 기록된 성경을 성경으로 증언한 사도였습니다(롬 4:3; 갈 4:30; 롬 10:8; 행 28:23). 한편, 성경은 'θεὸς'를 생명과 사랑이시며(요 1:4; 4:24; 6:63; 요일 1:1-2; 4:7-9), 거룩하시고(레 11:44; 요 17:17-19; 벧전 1:16), 의로우신(출 9:27; 신 9:4; 대하 12:6; 시

---

22) Edgar Y. Mullins, *The Christian Religion in Its Doctrinal Expression* (Philadelphia: The Judson Press, 1954), 1-2.
23) McGrath, *What's the Point of Theology?*[신학이 무슨 소용이냐고 묻는 이들에게], 17.

7:9, 17; 11:7; 사 10:22; 45:19; 롬 3:21-26; 요일 2:29; 참조, 시 89:14; 97:2) 하나님으로 증언하였습니다. 다른 한편, 성경은 'λόγος'를 'Word'로서 사람들을 비추시는 생명의 빛이신 예수 그리스도로 증언합니다(요 1:1-4; 요일 1:1-3). 이처럼 신학은 하나님과 그리스도에 관하여 사람의 이성이 아닌, 사람들의 빛이 되는 생명의 말씀으로 연구하는 것임을 알 수 있습니다. 따라서 '성경의 조직신학'은 나의 생각이나 사상이 아닌, 성경을 통해 주신 하나님의 뜻을 성경의 언어로 '성경에 의한 조직적인 말하기'로 정의할 수 있을 것입니다. 예컨대, 삼위일체 한 분 하나님과 사람 사이에서 이루어진 생명과 사랑과 거룩과 의에 관하여, 성경으로 질서 있게 설계하여 조직적으로 말하는 것입니다.

특히 성경은 수많은 이야기로 구성되어 있습니다. 그 이야기들은 역사적으로 일어난 실제적인 사건입니다. 그런데 그 실제적 사건은 반드시 어떤 의미를 내포하고 있습니다. 그러기에 성경은 '하나님은 사랑이시다'(요일 4:8, 16)라는 명제적인 말씀을, 단순히 '하나님은 사랑'이라는 말로 전하는 것이 아니라, '하나님이 얼마나 큰 사랑이신지를 사건과(신 4:37-38; 7:1-9; 요 3:16-17; 롬 5:5-8, 9-11) 이야기'로 보여 주고 있습니다(요일 4:7-12). 이처럼 성경은 단순히 어떤 사건을 알리는 데 관심을 두지 않습니다. 성경은 사건을 통해 하나님의 마음을 전하고자 합니다. 하나님은 우리와 이야기를 나누고 싶어 하십니다. 우리가 하나님과 교제한다는 것은 바로 하나님과 이야기를 나누는 것입니다.[24] 따라서 '성경의 조직신학'은 성도의 신앙 수준을 성경으로 하나님과 이야기 할 수 있는 수준으로 이끌어주는 '섬김의 신학'이라 할 수 있습니다. 그것은 "성경의 사건들(events)—이야기(story)—말하기(telling)"로 진행됩니다.

---

24) 전성수, 「자녀교육 혁명 하브루타」 (서울: 두란노서원, 2020), 167-8.

3. 조직신학, 성경을 성경으로 조직하기

1) 성경을 성경으로 말하기, 삼위일체 하나님

'삼위일체'(Trinity)[25]란 말은 '하나님은 한 본질과 세 위격(인격)으로 존재하신다'는 사실을 표현하는 정식입니다. 존 칼빈에 의하면, 하나님의 본질은 무한한 영적 본질입니다. '삼위'란 하나님 안에 삼위가 계신다는 뜻입니다. 무엇보다 그는 '삼위일체'의 '위격'이란 표현은 성경을 해석하는 데 도움을 준다고 가르쳤습니다.[26] 성경에 '한 분 하나님'이란 성구가 나타나 있습니다(왕하 19:19; 마 23:9; 막 12:32; 요 8:41; 10:30; 고전 8:4-6; 갈 3:20; 딤전 2:5; 약 2:19; 유 1:4, 25). 또 세 위격(인격)의 하나님에 대한 표현도 신약에 많이 나타나 있습니다. 삼위일체 한 분 하나님께서는 창세 전부터 그렇게 존재하십니다(엡 1:3-13; 벧전 1:2). 창세 이후에도 하나님께서는 항상 삼위일체로 존재하고 계십니다(마 3:16-17; 28:19; 고전 12:4-6; 고후 13:13; 히 9:14; 벧전 3:18; 계 22:16-18). 성경에 "또한 이 셋은 합하여 하나이니라"(요일 5:8)는 구절이 있습니다. 이 구절을 포함하고 있는 요한일서 5장 4-8절은 그 문맥 속에서 "하나님"과 "하나님의 아들 예수 그리스도"와 "성령님," 즉 삼위를 증언하고 있습니다. 물론 "셋이 합하여 하나이니라"는 구절이 삼위일체 교리를 설명하는 근거가 될 수 있는지에 대한 다른 견해도 있습니다. 그러나 라틴 교부 시프리안(Cyprian, 248-258)과 프리스킬리안(Priscillian)은 이 구절을 삼위일체를 설명하는 구절로 적용하였습니다.[27] 표준 원문(Textus Receptus)을 따라 번역한 KJV는 이를 삼위일체를 직접적으로 입증하는 구절로 삼았습니다.

---

25) 유대교에서는 "삼위일체"란 말을 "일체삼격"으로 표현하기도 한다고 합니다.

26) John T. McNeill ed., Calvin: *Institutes of the Christian Religion* [한·영 기독교강요 I], 편집부 역 (서울: 성서연구원, 2002), 231. 235. 237.

27) Archibald T. Robertson, *Word Pictures in the New Testament* [원어연구 해설: 요한일-삼서, 유다서, 요한계시록], 번역위원회 역 (서울: 기독교선문출판사, 1993), 72.

성경은 직간접적으로 삼위일체로 표현된 구절들로 가득합니다(창 1:1-2, 26: 요 1:1-3; 벧전 1:2; 마 28:19; 고후 13:13; 히 9:14 등).[28]

삼위일체 교리가 세워진 배경이 있습니다. 유대교의 단일군주론 (Monarchianism, μοναρχια)의 영향도 있지만, 보다 결정적인 원인은 영지주의 이단자 발렌티누스(Valentinus)의 거짓된 가르침이었습니다. 그가 제시한 영지주의 체계의 핵심은 30개의 에온(aeon, 시대)으로 구성한 플레로마 계에 대한 설명입니다. 특히 그는 '하나님과 아버지, 하나님과 아들, 성령'을 배열하면서 그리스도를 여러 에온 중에 있는 하나의 에온으로 칭했습니다.[29] 그러자 안디옥의 속사도 교부 데오필루스(Theophilus, 115-118년경)는 최초로 세 쌍 개념인 '트리아스'(τριας)란 용어를 사용하여, 하나님께서 영원 전부터 그의 말씀과 그의 지혜를 자신 안에 간직하고 계셨다고 말했습니다. 이어서 2세기 리용의 감독이자 교부였던 이레네우스(Irenaeus)는 하나님의 본질을 '존재론적인 하나님의 내적 본질' (ontological trinitarianism)과 구속사 전개시의 '경세론적인 하나님의 자기 개진'(economical trinitarianism)으로 구별하여 설명하였습니다. 즉 "창세 전에 한 분 하나님께서(존재론적) 창조 이후 구속의 과정과 성취에 따라 아버지와 아들과 성령으로 구별되었다(경세론적)"는 설명입니다. 이에 라틴교부 터툴리안은 "하나의 실체(substance)와 세 위격" 개념을 최초로 제시하여 삼위일체 교리의 기틀을 다졌습니다. 그는 오직 하나님만 유일하다는 사실만을 강조하는 단일신론에 반대하여, 세 위격을 뜻하는 '트리니타스'(τρινιτας) 혹은 세 인격을 의미하는 '프로소폰'(προσωπον, persona)이란 어휘를 사용하였습니다. 그리고 그는 '실체'(substantia, substance)란 어휘를 사용하여 '하나님의 통일성과 위격의 삼위성'을 표

---

28) 제자원 편, 「옥스퍼드원어성경대전: 야고보서·요한서신·유다서」 (서울: 제자원, 2002), 591.
29) Bernhard Lohse, *Epochen Der Dogmen Geschichte* [기독교 교리사], 구영철 옮김 (서울: 컨콜디아사, 1992), 50.

현하는 형식을 만들었습니다. 그것은 '셋이 함께 속하는 위격 속의 하나의 실체'라는 형식입니다. 다시 말해 세 위격이 한 실체 속에 살지만, 단지 한 하나님만 존재하신다는 뜻입니다. 그러다가 구속사의 전개 시에 '통일성은 삼위성으로 분화되었다'고 말했습니다.[30] 이레네우스와 흡사한 설명입니다.

그러나 삼위일체 한 분 하나님 신앙을 교리로 완성한 것으로 평가받는 히포의 주교였던(396~430) 어거스틴은 터툴리안의 형식을 수용하면서 다음과 같이 두 가지를 수정한 후, 자신의 견해를 두 가지 방식과 비유로 설명하였습니다. 첫째, 어거스틴은 터툴리안이 사용한 '실체'(substantia)란 단어를 피하고 '본질'이란 말 'essentia, essence'로 대체하였습니다. 만일에 우리가 '본질'을 'substantia'로 사용하면 하나님께서 자신의 특성들을 소유한 자로 간주되는데, 그것은 사실상 불가능하다는 것입니다. 예컨대, 하나님의 '위대하심,' '선하심,' '영원하심'과 같은 특성은 하나님의 본질에 덧붙여지는 그 무엇이 아니라, 오히려 하나님 자기 자신과 자신의 위대함을 통하여 위대하신 존재라는 뜻입니다. 쉽게 말해 하나님의 특성에 속하는 것들은 하나님이 소유하신 어떤 것이 아니라, 그것은 하나님의 본질과 일치하는 것이라는 말입니다. 따라서 '하나님은 사랑이시다' (요일 4:8, 16)란 말은 '하나님이 사랑을 소유하고 계시다'라는 말이 아니라 '하나님은 사랑 자체'란 뜻입니다.[31]

둘째, 어거스틴은 헬라어 '휘포스타시스'(ὑπόστασις, Hypostasis)란 말은 '특수한 자기존재'를 의미하고, 라틴어 'persona'는 '특별한 자기의식'을 연상하는 단어이기 때문에, 'Hypostasis'는 '신적인 세 본질'을 가리키는 인상을 준다고 지적하였습니다. 즉 아버지와 아들과 성령이 동일 본질을 벗어나 세 실체로 변질될 수 있다는 지적입니다. 그리하여 어거스

---

30) Ibid., 52-3.
31) Ibid., 74-5.

틴은 라틴어 'persona'란 용어를 사용하면서도 이 단어가 갖고 있는 '가면,' '얼굴'이란 의미를 제거한 후, 그 대신에 '관계'(relatio)라는 개념으로 바꾸어 표현하였습니다. 이는 신학적으로 대단히 중요한 전환점입니다. 이를 계기로 소위 세 위격은 그 자체에 있어서 각기 다른 무엇이 아니며, 다만 세 위격은 서로간의 관계나 혹은 세계와의 관계에 있어서만 서로 구별된다는 말로 인식할 수 있게 되었습니다. 예컨대, 완전성, 선함, 전능성 같은 절대적 규정들은 오직 삼위일체에 귀속되는 반면에, 'relatio'는 하나님의 내적 삶과 그의 창조된 세계와의 관계를 표현하는 말로 사용되었다는 것입니다. 이는 창세 전의 삼위일체 한 분 하나님과 창조 이후의 삼위일체 한 분 하나님을 설명할 수 있는 확고한 틀이 마련되었음을 의미합니다. 따라서 어거스틴은 "아버지와 아들과 성령"의 관계는 본질적이거나 양적이거나 질적인 차이를 표시하는 것이 아니라는 사실을 강조합니다. 그것은 영원한 관계가 위격들의 개념을 통해 기술되는 관계였습니다. 이 관계는 우발적이거나 가변적인 것이 결코 아닙니다. 어거스틴이 완성한 삼위일체 교리는 "한 분이신 하나님은 결코 아버지만이거나, 아들만이거나, 또 성령만이 계셨던 것이 아니라, 언제나 하나님이신 삼위일체 하나님, 즉 아버지와 아들과 성령이셨으며 항상 그러실 것"이라는 규정입니다.[32]

나아가 어거스틴은 성경을 근거로 하여 삼위일체의 단일성과 통일성을 밝히는 데에 그의 모든 노력을 경주했습니다. 특히 그는 '단일성'과 '삼위성'을 논하면서 '상호내재'의 관점과 '관계' 관점에서 삼위일체를 진술하였습니다(요 1:1-4; 14:10-13; 15:5; 17:21-23). 어거스틴에 의하면, 상호내재 관점에서 "삼위일체의 경우 하나가 셋을 합한 것과 같으며, 또 둘을 합해도 하나보다 더하지 않은 관계입니다. 그리고 각각 자체가 무한하십니다. 그러므로 하나하나가 다른 하나하나 안에 계시며 서로 그 안에 계

---

32) Ibid., 75-6.

십니다.[33] 나아가 '관계' 관점에서 단일성은 하나님 자신 안에서 이루어지는 창세 전의 존재론적(본체론적) 관계를 의미합니다. 한 분 하나님의 존재 안에 세 관계, 즉 '아버지-아들-성령'의 관계는 동일한 본질의 한 분이지만, 위격으로는 서로 구별된 위격이라는 것입니다. 뿐만 아니라 어거스틴은 '상호내재'와 '관계' 관점에서 삼위일체 교리를 적절하게 설명하기 위하여 '사람의 비유'를 사용하였습니다. 그것은 하나님의 형상으로 지음을 받은 사람의 의식 속에는 '기억, 인식, 의지'라는 세 구조가 깃들어 있지만, 그것은 한 인격의 사람을 의미하는 비유였습니다.[34] 따라서 어거스틴이 제시한 삼위일체 교리의 정식은 "하나의 본질과 세 위격(인격)의 한 분 하나님"(una essentia et tres personae, One God with One Essence and Three Persons)입니다.

성경은 삼위일체 하나님은 창조이든(창 1:1, 2, 26; 요 1:1-3; 골 1:15-16; 히 1:2-3; 고전 8:6), 구원이든(엡 1:3-14; 벧전 1:2, 3-12; 요 3:5-17, 34-36; 15:26; 16:5-15; 마 12:28), 그리고 성도의 성장과 관련된 말씀이든(롬 8:26-29) 모든 면에서, 삼위일체적으로 존재하시며 행동하시는 하나님의 모습을 일관되게 보여 줍니다(요 3:34; 행 10:38). 심지어 성경은 예수님의 십자가 대속을 통한 속죄 사역에서도 삼위일체적으로 표현하고 있습니다. "하물며 영원하신 성령으로 말미암아 흠 없는 자기를 하나님께 드린 그리스도의 피가 어찌 너희 양심을 죽은 행실에서 깨끗하게 하고 살아 계신 하나님을 섬기게 하지 못하겠느냐"(히 9:14).

이밖에 삼위일체 교리는 성도의 신앙생활에 직결되어 있음을 볼 수 있습니다. 첫째, 삼위일체 교리는 올바른 구원관 정립과 관련되어 있습니다. 성경은 구원에 있어서 성부의 역할(요 6:44-45)과 성자의 역할(요 11:25-

---

33) Ibid., 299.
34) Wilhelm Geerlings, *Augustinus* [교부 어거스틴], 권진호 옮김 (서울: 기독교문서선교회, 2013), 84.

26; 14:6; 고전 1:30; 12:12-13), 그리고 성령의 역할(요 15:26; 16:7-9; 고전 12:3; 갈 5:5; 벧전 1:12; 고전 6:11)이 있음을 명백히 밝히고 있습니다. 둘째, 삼위일체 교리는 올바른 그리스도인 생활의 시작과 계속을 삼위일체적으로 표현하는 개념입니다. 아버지 하나님께서는 그가 보내신 예수 그리스도를 통해, 또 다른 보혜사 성령님을 보내주셨습니다(요 14:16-17, 26; 15:26; 16:7; 행 2:32-33, 38-39; 고후 1:19-22). 그리고 성령께서는 사람들로 하여금 예수님을 믿고 주라 시인하게 하시며(요 16:7-9; 갈 5:5; 고전 12:3; 행 5:31-32), 아버지 하나님을 알게 하시고 이분께 나아가도록 역사하십니다(엡 1:17-18; 2:17-18; 참조, 엡 2:19-22). 셋째, 삼위일체 교리는 성도들로 하여금 자신의 자유의지로만 살아 갈 수 없다는 사실을 깨달아 알게 해줍니다(행 9:31; 11:12-17; 16:6-7, 14 ; 롬 8:2-14; 갈 5:16-25). 성도의 삶은 성령님과 함께 그리스도로 말미암아 아버지 하나님을 알아가는 실질적인 삶이기 때문입니다(엡 1:16-19; 2:18-22). 넷째, 삼위일체 교리는 "하나님의 선교"(Missio Dei)에 대한 교훈을 제시하고 있습니다. 어거스틴에 따르면, 아버지에게서 아들과 구별되는 개인적인 관계는 구원의 경륜에서 성립된 것입니다. 즉 아들은 모든 존재와 행위에 대해 아버지를 의존하는 관계, 즉 아들로서 아버지에 대한 관계는 아들의 삶과 선교 전체를 하나님의 아들로서 보내심을 받은 삶과 선교로 특징지어 줍니다. 그리고 아들은 성령 안에서 아버지와 영원히 누리는 관계 형태를 완전한 사람의 모습으로 살아내십니다. 또한 구원에 있어서 이러한 경륜적 삼위일체는 성령으로 말미암아, 아들을 통해, 우리의 아버지가 되시는 은혜로운 행위에 친히 참여하시는 내재적 삼위일체에 근거한 것입니다(엡 1:15-19; 2:13-18). 하트(D. B. Hart)는 이처럼 복잡하고 어려워 보이는 이 부분을 매우 감동적으로 표현하였습니다. 그는 "경륜적 삼위일체"란 움직이는 피조물을 끌어안기 위해 자신의 '영원한 사랑의 춤'을 은혜롭게 확장하시는 하나님 자신이라고 말했습니다(참조, 눅

15:1-7; 벧전 1:12; 마 18:1-10), 즉 하나님의 선교란 아버지와 아들과 성령께서 영원히 그러하시듯이, 삼위 특유의 대인 관계와 일치하게 선교에 직접 참여하여 한 영혼 한 영혼을 구원하시는 하나님의 선교를 행하신다는 것입니다.[35] 성경은 "또 찾아낸즉 즐거워 어깨에 메고, 집에 와서 그 벗과 이웃을 불러 모으고 말하되 나와 함께 즐기자 나의 잃은 양을 찾아내었노라 하리라(눅 15:5-6)는 말씀으로, 한 영혼이 구원받는 장면을 보시고 크게 기뻐하시는 하나님의 모습을 보여 주고 있습니다.

2) 성경의 조직신학, 체험 신학에 서 있어야

존 맥케이(John Mackay)는 「기독교신학 입문」(*A Preface to Christian Theology*)에서 스페인식 발코니에 앉아 있는 사람과 길을 오가는 사람들을 비교하며 두 가지 신학적 관점을 분석하였습니다.[36] 발코니에 앉은 사람들은 거기서 길을 걷고 있는 행인들의 대화를 들을 수 있고, 또 그들이 잡담하는 소리도 들을 수 있습니다. 그렇지 않으면 그 길에 관한 문제를 토론할 수도 있습니다. '그 길이 어떻게 해서 전적으로 존재할 수 있는가,' 또는 '그 길로 가면 어디로 가는가,' 다른 관점을 가지고 '그 길을 따라가면 무엇이 보일까' 하는 문제입니다. 그러나 그들은 여전히 방관자들이며, 그들의 문제는 고작 이론적인 것에 불과합니다.

이와 달리 행인들은 비록 그들이 이론적인 것에 주안점을 두고 있다하더라도, 본질적으로는 실제적인 문제들을 타개해야 합니다. '어느 길로 가야할까,' '어떻게 그것을 결정하나' 라는 방식입니다. 행인들은 '이해'뿐 아니라 '결정과 행동'을 함께 요구하는 문제들에 대처해야만 합니다. 비록 발코니에 앉아 있는 이들과 길을 걷고 있는 행인들이 같은 영역을 생각

---

35) Andreas J. Köstenberger and Scott Swain, *Father, Son, and Spirit* [아버지와 아들과 성령], 전광규 옮김 (서울: 부흥과개혁사, 2016), 246.
36) James I. Packer, *Knowing God* [하나님을 아는 지식], 서문강 역 (서울: 기독교문서선교회, 1996), 3-4.

한다 할지라도 그들의 문제는 서로 다릅니다. 예를 들어 '악'과 관련하여 발코니의 사람들은 악(evil)이 어떻게 하나님의 주권(sovereignty)과 선에 양립하여 존재할 수 있는가에 대한 이론적인 답을 찾습니다. 그러나 행인들은 어떻게 하면 악을 정복하고 악에서 선을 끌어낼 수 있는지에 관심을 갖습니다. 또한 '죄'와 관련하여 발코니의 사람들은 근본적인 죄성과 인격적인 부패란 말이 정말 믿을 만한 말인가를 질문할 것입니다. 그러나 행인들은 자기 속에 있는 죄를 알고서 구원에 대한 어떤 소망이 있는지를 묻습니다. 하지만 이 책은 행인들을 위한 책이라고 존 맥케이는 말하였습니다. 신학이 이론에만 머무르는 것을 경고한 것으로 여겨집니다.

어거스틴은 어느 날 '사람의 본질과 운명'이라는 거대한 질문 앞에 고뇌하고 있었습니다. 그 때 '집어서 읽으라'(tolle lege)는 어린 소녀의 노랫말을 듣고 집어서 책을 읽었습니다. 그 책은 로마서 13장 13-14절의 "낮에와 같이 단정히 행하고 방탕하거나 술 취하지 말며 음란하거나 호색하지 말며 다투거나 시기하지 말고, 오직 주 예수 그리스도로 옷 입고 정욕을 위하여 육신의 일을 도모하지 말라"는 말씀입니다. 사도 바울처럼 어거스틴의 삶에 운명적으로 다가온 이 말씀 체험을 통해, 그는 마니교의 이교사상을 버리고 그리스도교 신앙을 변호한 교부가 되었습니다.[37] 마틴 루터는 1518년에 '기도탑 체험'을 했습니다. 그는 평상시와 같이 자기 내면에 있는 전적인 부패와 죄로 가득한 모습 때문에 절망감으로 기도탑에서 기도하고 있었습니다. 그날 마틴 루터의 마음에는 과연 로마가톨릭이 가르치는 대로 성례를 통해 하나님의 은혜를 전달할 수 있으며, 또 그 성례가 하나님의 진노로부터 나 자신을 건져낼 수 있을 것인지에 대하여 심각한 회의감을 가졌습니다. 그 순간에 그는 로마서 1장 17절의 "복음에는 하나님의 의가 나타나서 믿음으로 믿음에 이르게 하나니 기록된 바 오직 의인은 믿음으로 말미암아 살리라 함과 같으니라"는 말씀이 깨달아졌

---

37) Alister McGrath, 「이신칭의」, 김성웅 옮김 (서울: 생명의말씀사, 2015년), 42-3.

습니다. 이 체험을 통해 그는 "하나님의 의"(a righteousness of God)에 관한 진리를 터득하게 되었습니다. 그가 터득한 진리는 '하나님의 의'란 가톨릭이 가르치는 '공로적인 의'가 아니라, 전적으로 하나님께서 베푸시는 자비에 의한 것이었습니다. 즉 '하나님의 의'란 '하나님의 은혜'이므로 사람들은 '오직 은혜만으로 하나님 앞에 설 수 있다'는 것입니다. 그 이후 마틴 루터는 가톨릭의 성례전적 공로적 의를 떨쳐버리고, 로마서 1장 17 절 말씀을 붙잡고 종교개혁의 불길을 걸어갔습니다.[38] 18세기 존 웨슬리 (John Wesley)도 올더스게이트(Aldersgate)에서 개최된 경건주의 모라비아교도들의 저녁 집회에 참석했을 때, 집회 인도자가 마틴 루터의 로마서 서문을 읽는 순간 '하나님의 완전한 사랑'을 깨닫고, 비로소 중생과 성화와 온전한 성화를 구별할 수 있게 되었다고 고백하였습니다.[39]

에드가 멀린스는 추상적인 논리나 철학의 원리를 차용하여 신약성경과 관계가 없는 하나의 체계를 구성하기보다는, 반드시 성경에 근거한 그리스도인의 체험을 강조해야 한다고 가르쳤습니다. 개신교는 처음부터 그리스도의 복음에 대한 지식의 권위적인 원천을 성경에 두었기 때문입니다.[40] 그는 그리스도인의 영적 체험을 위한 네 가지 요소를 제시했습니다. 첫째, 우리가 예수 그리스도를 하나님께서 사람에게 보이시는 역사적 계시로 인정하는 것입니다. 둘째, 신약성경이 역사적 예수와 우리의 구원을 위한 그의 사역의 근원임을 우리가 반드시 믿는 것입니다. 셋째, 모든 성도가 자신의 마음 안에서 성령의 위치와 사역을 인정하는 것입니다. 그들 안에서 성령님이 그리스도의 사역을 지속하시기 때문입니다. 넷째, 성도는 그리스도인들의 영적 체험이란 바로 그리스도를 계시하시는 성령님의 역사에 종속된 것으로 이해해야 한다는 사실입니다.[41] 특히 침례교 성도

---

38) John Dillenberger, 「루터 저작선」, 이형기 옮김 (서울: 크리스챤다이제스트, 2010), 17-22.
39) 이성주, 「칼빈신학과 웨슬리신학」 (경기: 도서출판 잠언, 2002), 35.
40) Mullins, *The Christian Religion in Its Doctrinal Expression*, 10.
41) Ibid., 4.

들이 신앙과 신학의 주제를 '우리 주 예수 그리스도 안에 계신 하나님의 계시'로 삼고 있다는 점을 인식한다면 이를 이해하는 데 도움이 됩니다(요 1:18; 14:6, 10; 고후 5:19-21; 골 1:19; 참조, 벧전 1:21; 요일 4:12-15).[42]

17세기 그리스도교 변증가 파스칼(Blaise Pascal)은 "그리스도교의 하나님은 철학자의 신(the deities)이 아니라, 아브라함과 이삭과 야곱의 하나님(God)"이라며 체험신앙을 강조하였습니다(참조, 창 17:1-19; 46:27; 출 12:29-42; 15:18). 예수께서 말씀하신 아브라함의 하나님, 이삭의 하나님, 야곱의 하나님은 '죽은 자의 하나님이 아니요 살아 있는 자의 하나님'이십니다(마 22:32; 막 12:26-27; 눅 20:37-38). 이처럼 그리스도교는 '믿음으로 산 자가 되었다'는 체험 위에 세워졌습니다.

3) 체험적 조직신학, 성경을 1차 자료로 삼기

초기교회 시대에 그리스도교를 가장 혼란스럽게 만들었던 이단은 영지주의였습니다. 그들은 창조관, 구원관, 예수 그리스도의 성육신, 교회관, 성도의 신앙생활 등 그리스도교의 진리를 플라톤 철학으로 변질시킨 이단입니다. 그 당시 초기교회 교부들은 성경으로 성도들의 신앙을 보호하며 그들과 정면으로 맞서 싸워 승리를 거두었습니다.[43] 초기 그리스도교 신학자들은 성경의 기본 주제를 체계적으로 설명할 방법을 모색하며, 신앙생활에 이를 적용하는 것을 자신의 사명으로 여겼습니다. 4세기 예루살렘의 주교 키릴루스(Cyrillus)는 교리를 강의할 때마다 성경 본문을 먼저 탐구했습니다. 당시의 신학자들도 일반적으로 성경을 활용했습니다.[44] 성

---

42) George and Dockery, eds., *Baptist Theologians*, 16; Grenz, *The Theology for the Community of God*[조직신학], 32.

43) 근광현, 「기독교 이단 길라잡이」 (서울: 도서출판누가, 2003). 저자는 이 책에서 영지주의의 태동과 이론은 무엇이며, 또한 영지주의의 세력이 현재에 이르기까지 어떻게 변모하면서 끊임없이 그리스도교의 진리의 말씀과 교훈을 변질시켜 왔는지 상세히 밝히고 있습니다.

44) McGrath, *What's the Point of Theology?*[신학이 무슨 소용이냐고 묻는 이들에게], 68.

경 연구의 1차 자료는 성경입니다(롬 4:3-25; 갈 4:21-30; 눅 24:26-27, 44-46; 요 5:39; 10:35; 19:24, 28-36, 37; 고전 4:6; 15:1-8; 계 22:18-19; 갈 1:1-24; 2:7-8). 2차 자료는 신앙고백서나 일반계시(롬 1:18-23)입니다. 하지만 일반계시는 하나님의 영원하신 능력과 신성을 알 수 있게 하지만(롬 1:19-20), 사람들로 하여금 구원을 받게 할 수는 없습니다. 구원은 우리 주 예수 그리스도를 믿음으로 이루어지기 때문입니다.

중세기에는 성경이 아닌 아리스토텔레스 철학 체계에 맞추어 '스콜라 신학'이라는 학문적인 신학의 길로 나아갔습니다. 이에 마틴 루터는 "오직 성경"(sola scriptura)을 기치로 내걸고 강력한 저항을 시도했습니다.[45] 그러나 근대기와 현대에 이르러서는 당대에 유행하는 철학이나 과학 이론을 가지고 성경을 재해석하기 시작하였습니다. 그 결과 자유주의 신학과 종교 다원주의와 종교 신학, 그리고 수많은 이단단체 등 성경과 거리가 먼 잘못된 신학이 기승을 부리고 있습니다. 신자들이 말씀으로 무장하여 자기 신앙을 지켜야 하는 이유가 여기에 있습니다. 갬브렐(J. B. Gambrell)은 "이단들은 차가운 가슴과 차디찬 교회들 가운데에 그들의 거점을 두고 있다"고 지적했습니다. 아울러 그는 성경을 조직적으로 설명할 수 있는 연구와 갱신된 교리적 설교가 반영되는 곳에서, 대각성이 이루어질 것으로 내다보았습니다(행 11:19-30; 13:13-48, 49-52; 15:35-41; 17:1-12; 18:1-11, 18-28; 19:8-20; 20:7-38; 28:23-31; 참조, 롬 10:1-15; 엡 4:13-16).[46] 로버트슨(A. T. Robertson)은 "그가 지금 침례교 성도가 되기를 원하며 기꺼이 따르기를 원한다면, 그 사람의 손에 한 권의 성경을 두게 하라"고 권하였습니다(참조, 롬 4:3; 10:8; 갈 4:30; 고전 4:6; 계 22:18-19).[47]

---

45) Grenz, *The Theology for the Community of God* [조직신학], 48.

46) George and Dockery, eds., *Baptist Theologians*, 24.

47) Norman W. Cox, *We Southern Baptists* (Nashville: Convention Press, 1961), 22.

4) 일차자료인 성경, 종합적인 연구 대상

신앙생활과 관련하여, "또 내 이름을 위하여 집이나 형제나 자매나 부모나 자식이나 전토를 버린 자마다 여러 배를 받고 또 영생을 상속하리라" (마 19:29)는 말씀과 "누구든지 자기 친족 특히 자기 가족을 돌보지 아니하면 믿음을 배반한 자요 불신자보다 더 악한 자니라"(딤전 5:8)는 말씀이 있습니다. 구원의 조건은 '회개와 믿음'(행 20:21; 막 1:15)인지, 아니면 '은혜와 믿음'(엡 2:8)인지 양분되어 있습니다. 신학적으로도 하나님의 존재는 '초월인가 아니면 내재인가,' 예수님은 '신성인가 아니면 인성인가' 성령님의 사역은 '외적 역사인가 아니면 내적 역사인가,' 소위 'TULIP이론'에서 '칼빈주의 5대강령'(Total depravity, Unconditional election, Limited atonement, Irresistible grace, Perseverance of saints)과 '아르미니우스주의 5대 강령'(전적인 타락과 원죄를 부인하는 성향, 조건적 선택, 무제한 속죄, 충족적 은혜, 구원상실) 가운데 어느 것이 적합한 이론인가? 그리고 신구약의 관계는 '연속성인가 아니면 단절인가'에 관한 질문들에서 성도가 취할 자세는 '종합적 사고'로 여겨집니다.

20세기 신약신학자 루돌프 불트만(Rudolf Karl Bultmann)은 구약은 약속으로서, 그것이 성취되었기에 이제는 더 이상 계시가 아니라고 주장했습니다.[48] 그러나 성경은 구약과 신약이 얼마나 서로 밀접한 관련을 맺고 있는지, 주로 언약과 구속사적 사건에서 잘 보여 주고 있습니다(창 17:7-8; 삼하 7:1-16; 마 1:1, 2-24; 갈 3:8-16, 17-29; 눅 24:26-27, 44-48; 행 28:23; 참조, 고후 3:13-16 등). 일찍이 어거스틴은 "신약은 구약에 감추어져 있으며, 또 구약은 신약 안에서 드러난다"고 말하였습니다 (참조, 고후 3:13-16; 4:4-6; 고전 10:1-4; 롬 5:14; 고전 15:20-22, 45-49; 엡 5:22-32).[49] 한편, 알리스터 맥그라스는 우리가 성경의 주제들과

---

48) D. L. Baker, 「구속사적 성경해석학」, 오광만 옮김 (서울: 도서출판엠마오, 1991), 142.
49) McGrath, *What's the Point of Theology?*[신학이 무슨 소용이냐고 묻는 이들에게], 20.

구절들을 개별적으로 보기보다는 이를 엮어서 '하나로 합쳐서' 보면 원대한 비전을 볼 수 있다고 말했습니다.[50] 성경의 개별적인 것들은 종합적으로 이해한 원대한 비전 가운데서 잘 이해할 수 있습니다. 복음주의 신학자 제임스 패커도 "큰 그림을 보십시오. 처음에는 특정한 문장들이 이해가 되지 않아도 너무 걱정하지 마십시오. 큰 그림을 보고 나면 세부 사항이 척척 들어옵니다"라는 말로 종합적인 성경연구를 권하였습니다.[51]

5) 종합적 연구, 그 안에 있는 성경의 구조

성경신학을 제창한 20세기 사람 게할더스 보스(Geerhardus Vos)는 그의 저술 「성경신학」(*Biblical Theology*)에서, 특별계시인 성경 전체는 '구속적'이기 때문에, 자신은 그것을 '구속적 특별계시'로 칭한다고 말하였습니다. 그에 의하면, '구속적 특별계시'는 교리적으로 "은혜언약"(the covenant of grace)입니다. 또한 이 은혜언약은 첫(옛) 언약인 구약과 새 언약인 신약으로 구분된 계시입니다. 즉 성경은 '구속적 언약 구조'로 되어 있다는 말입니다.[52] '언약'이란 말은 중요한 성경의 개념입니다. 구약과 신약에 깊이 뿌리내리고 있는 '언약'은 사람들 가운데서 행하시는 하나님의 구원 활동을 표현하는 탁월한 개념입니다. 그래서 언약은 성도 개인과 공동체 전체의 삶을 위한 기초였습니다(창 17:1-19; 출 2:24; 6:1-8; 19:1-20:17; 24:1-8 등).[53]

우리가 성경의 구조를 쉽게 이해하려면, 팔머 로버트슨(O. Palmer Robertson)이 제시한 언약 구조를 참조하면 도움이 됩니다. 그는 "창세전"(a pre-creation)과 "창조 이후"(a post-creation)의 큰 구조 안에서 네 가지 관점으로 언약을 구별하였습니다. 첫째, 창세 전에 삼위일체 하나

---

50) Ibid., 69.
51) Ibid., 38-9.
52) Geerhardus Vos, 「성경신학」, 이승구 역 (서울: 기독교문서선교회, 1985), 39.
53) 서요한, 「언약사상사」 (서울: 기독교문서선교회, 1994), 58.

님의 세 위격 사이의 관점에서 '언약적 유대'(a covenantal bond)가 있었다고 합니다(엡 1:4-14; 벧전 1:2, 20).

둘째, 창조 이후에는 하나님께서 사람 사이에 언약을 세우신 관점에서 역사적 언약(a historical covenant)이라고 합니다.[54] 그리고 창조 이후의 언약은 다시 아담의 타락 이전과 이후의 관점에서 다시 나누어집니다. 아담 타락 이전의 언약은 '행위언약'(the covenant of works)입니다. 행위언약은 하나님께서 하나님의 형상대로 창조된 첫 사람과 세우신 언약에 적용된 용어입니다. 이는 아담이 하나님의 명령에 순종하여 하나님의 뜻에 적합하게 행동하면, 하나님께서 약속하신 복을 받게 될 것이라는 의미에서 붙여진 용어입니다(창 2:15-17; 호 6:7). 그러나 팔머 로버트슨은 첫 사람 아담이 하나님께 죄를 범한 이후에, 하나님과 그의 백성 사이의 관계를 적절히 묘사하기 위하여 '은혜언약'이란 용어를 사용하였습니다. '은혜언약'이란 범죄한 사람이 스스로 구원을 받기에 합당한 일을 할 수 없게 되었으므로, 이 기간에는 하나님의 은혜에 의해 지배될 수밖에 없다는 의미에서 붙여진 용어입니다(참조, 창 3:21).[55]

셋째, 아담의 타락 이전과 이후에 주어진 하나님의 '행위언약'과 '은혜언약' 사이에서, 하나님이 타락한 사람을 다루시는 관점은 다양한 틀로 나타나 있습니다. 팔머 로버트슨에 의하면, 그것은 바로 하나님께서 그리스도의 성육신을 이 역사 가운데서 가장 기본적인 틀로 내세우신 것입니다. 즉 그리스도 이전의 하나님과 사람 사이의 유대관계는 '첫(옛) 언약'(old covenant)입니다. 그리고 그리스도 이후의 하나님과 사람 사이의 유대관계는 '새 언약'(new covenant)입니다. 나아가 내용적인 면에서 첫(옛) 언약은 '그림자'(shadow)와 '예언'(prophecy)으로서 '약속'(promise)의

---

54) O. Palmer Robertson, *The Christ of the Covenants* (Phillipsburg: Presbyterian and Reformed Publishing Company, 1980), 53.

55) Ibid., 54-6.

의미입니다. 그리고 새 언약은 첫(옛) 언약의 약속에 대한 '현상'(reality)
과 '현실화'(realization)로서 '성취'를 의미합니다.[56] 성경에 '그림자 및
모형'과 '하늘에 있는 것 및 참 형상'으로 표현하고 있는 부분도 있습니다.
즉 성소와 율법의 부분입니다(히 8:2-5; 10:1).

마지막 넷째는 '구속언약'(the covenant of redemption)에 관한 것입
니다. 팔머 로버트슨에 의하면, 구속언약은 다양하게 역사적으로 표현되어
있습니다. 그것은 하나님께서 각기 나름대로 특징을 부여하신 여섯 가지
언약입니다. 다섯 가지는 첫(옛) 언약에 관한 것이고, 나머지 한 가지는 새
언약에 관한 것입니다. 예컨대, 구속언약으로서 첫(옛) 언약은 시초 언약
인 아담언약(창 2:15-17; 호 6:7), 보존 언약인 노아언약(창 6:18-20; 9:1-
17), 약속 언약인 아브라함언약(창 17:5-14), 율법 언약인 모세언약(출
2:24; 6:5-13; 24:1-8), 하나님의 나라 언약인 다윗언약입니다(삼하 7:16;
대상 17:1-14). 그리고 새 언약은 완전한 완성의 언약으로서 그리스도의
언약입니다(렘 31:31-34; 마 1:1; 갈 3:8-28; 히 8:1-13; 9:1-15; 10:1-18).
그런데 하나님의 언약은 이러한 다양성을 통해 세 가지 의미를 가지고 있
습니다. **하나**, 창조 언약의 궁극적인 목적은 구속언약 안에 있는 현실화를
보여 줍니다. **둘**, 구속언약의 다양한 시행은 다른 언약과 유기적으로 관련
되어 있다는 사실입니다. **셋**, 구속언약의 개개의 그림자와 예언적 시행은
새 언약의 인격적 통합체인 그리스도 안에서 성취되었음을 보여 줍니다.
즉 그리스도 안에서 하나님의 모든 언약이 성취되었다는 말입니다.[57]

존 페스코(John V. Fesko)에 따르면, "구속언약은 택자의 구속을 계획
하고 실행하기로 하신 '삼위 내부의 영원한 합의(협의)"에 의한 것입니다.
이러한 구속언약 교리는 종교개혁 이후 17세기 후반에 매우 자주 사용되
어 20세기까지 일반적인 교리로 이어져왔습니다. 이전에는 신학자들이

---

56) Ibid., 57.
57) Ibid., 61-3.

새 언약을 "구속언약"과 "행위언약" 그리고 "은혜언약"으로 주장했지만, 20세기 들어 개혁주의 신학자들이 구속언약 교리를 거부하기 시작했습니다. 이제는 은혜언약 하나만을 언급하는 사람들을 흔히 볼 수 있다며 존 페스코는 아쉬워했습니다.[58] 이제는 구속사적 성경연구가 쇠퇴하고 있다는 것입니다.

이를 토대로 구성한 구약과 신약의 기본 구조는 창세 전부터(요 17:24; 엡 1:4; 벧전 1:20, πρὸ καταβολῆς κόσμου)라는 시간 이전의 구조와 창조 및 창세 이후로 혹은 창세로부터(마 13:35; 25:34; 눅 11:50; 계 13:8; 17:8, ἀπὸ καταβολῆς κόσμου)라는 시간선의 구조입니다.

먼저, "창세 전"(before the foundation of the world, 엡 1:4; 벧전 1:20; before the world, 요 17:5, 24)의 구조는 크게 세 가지 내용을 담고 있습니다. 첫째, 창세 전에 하나님 곧 우리 주 예수 그리스도의 아버지께서 그리스도 안에서 하늘에 속한 모든 신령한 복을 주시기로 하셨다는 내용입니다. 그 방식은 하나님께서 그리스도 안에서 우리를 택하시고, 우리를 사랑 안에서 거룩하고 흠이 없게 하시려고 하나님의 기쁘신 뜻대로 우리를 예정하셔서, 예수 그리스도로 말미암아 하나님의 아들들이 되게 하신 것입니다(엡 1:3-5; 벧전 1:2-4). 그것은 그리스도의 피로 말미암아 속량 곧 죄 사함을 받아 된 것입니다(엡 1:7; 벧전 1:18-21). 그 목적은 하나님께서 사랑하시는 자 안에서 우리에게 거저 주시는 바 그의 은혜의 영광을 찬송하게 하려는 것입니다(엡 1:5, 14; 벧전 1:3). 둘째, 그리스도께서 창세 전부터 미리 알리신 바 되셨고, 이 말세에 너희(성도)를 위하여 나타나셨다는 내용입니다(벧전 1:18-20). 셋째, 창세 전에 아버지와 예수 그리스도께서 함께 영화를 가지시고, 또 아버지께서 아들을 사랑하심으로 영광을 주셨다는 내용입니다(요 17:5, 24). 이밖에도 성경은 '영원 전'(before

---

58) John V. Fesko, *The Trinity and the Covenant of Redemption* [삼위일체와 구속언약], 전광규 옮김 (서울: 부흥과개혁사, 2019), 15-6.

began the world, 딤후 1:9; 딛 1:2; since the world began, 행 3:21; before all the age, 유 1:25), '영세 전'(since began the world, 롬 16:25), '만세 전'(before the world began, 잠 8:23; before began the world, 고전 2:7)이란 용어들을 사용하여, 하늘에 속한 모든 신령한 복을 매우 다양하게 표현하였습니다(딤후 1:9; 딛 1:2-3; 행 3:20-21; 유 1:25; 잠 8:23; 고전 2:7).

다음에, 창세 이후로(since the world began, 요 9:32; from the foundation of the world, 눅 11:50; 계 13:8; 17:8) 혹은 창세로부터(since the beginning of the world, 마 24:21; from the foundation of the world, 마 25:34; from the creation of the world, 롬 1:20)의 시간선의 구조는 다음과 같은 내용을 담고 있습니다(마 24:21; 25:33-34; 눅 11:50-51; 계 13:8; 17:8). '창세로부터'라는 문구가 나오는 마태복음 13장 35절은 "이는 선지자로 말씀하신 바"라는 형식을 통해, 구약의 예언이 성취되었음을 증언하는 전형적인 문구로 사용되고 있습니다(마 1:22; 2:15; 4:14; 21:4; 26:56). 즉 하나님께서 구약의 선지자들을 통해 창세로부터 감추인 것들을 비유로 말씀하신 것들이, 예수 그리스도에 의해 성취되고 있다는 사실을 표현한 문구입니다. 또 '창세로부터'라는 문구가 마태복음 25장 34절에 나오는데, 그 말이 수식하는 내용은 '임금'과 '예비된 나라'와 '상속'에 관한 것입니다. 여기서 '임금'으로 번역된 '호 바실류스'(ὁ βασιλεύς)란 '호'(ὁ)가 붙어 있으므로 "그 임금 곧 그 왕"을 의미합니다. 그리고 '예비된 나라'는 하나님께서 자기 백성을 창세 전부터 그리스도 안에서 택하시고 예정하신 후에(엡 1:4-5), 그들을 위한 나라를 예비하셨다는 것을 의미합니다. 또한 '상속'이란 그 예비된 나라를 상속받게 된다는 것을 의미합니다. 따라서 그 임금이신 주 예수 그리스도께서는 마지막 날에 악인과 의인을 심판하는 재판장의 자격으로 보좌에 앉으실 것입니다(요 5:22, 24〈요 3:18〉, 27, 30; 계 20:1-6). 그리고 성도들이 창세로부터 예비된 하나님의 나라를 상속받게 됨으로써, 그 나라에서 영원한 지복 상태를 경험하게 된다는 매우 중요한 내용입니다.[59]

6) 성경의 구속사에 흐르고 있는 맥, 경건

말라기 2장 15절에 "그에게는 영이 충만하였으나 오직 하나를 만들지 아니하셨느냐 어찌하여 하나만 만드셨느냐 이는 경건한 자손을 얻고자 하심이라 그러므로 네 심령을 삼가 지켜 어려서 맞이한 아내에게 거짓을 행하지 말지니라"는 말씀이 있습니다. 본절에서 '그에게는 영이 충만하였으나'라는 말은 문자적으로 '그에게는 영이 남아 있다' 또는 '그에게는 영의 여분이'라는 의미입니다. 이 말은 하나님께서 어떤 외적인 것에 억매이지 않고 자유롭게 더 많은 수를 만들 권한이 있으시지만, 하나님의 목적을 위해 오직 하나를 만드셨다는 것입니다. 하나님의 목적은 '경건한 자손'을 얻는 것이었습니다. 여호와 하나님께서 최초로 가정 제도를 세우실 때에 아담과 하와를 한 몸으로 만드셨습니다(창 2:20-24; 참조, 엡 5:25-32). 그리고 모든 민족 중에 가장 적은 이스라엘 한 민족만을 하나님의 기업 백성으로 선택하시고 그들을 하나님의 성민으로 삼으셨습니다(신 7:6-7). 본절의 '경건한 자손'은 '제라으 엘로힘'(זֶרַע אֱלֹהִים)으로 번역되어 있습니다. 이는 문자적으로 '하나님의 자손 혹은 씨'를 의미합니다(창 4:25-26; 참조, 요일 3:9; 벧전 1:23; 마 13:1-43; 막 4:1-20; 눅 8:4-15; 참조, 롬 3:1-2). 구약 전체에서 '제라으 엘로힘'이란 표현은 오직 본절에만 나옵니다. 그러나 문맥을 감안할 때 이 표현은 오직 하나님이 원하시는 영적 순수성을 간직한 경건한 후손을 지칭하는 표현으로 보입니다. 이를 위해 하나님께서는 본절에서 어려서 맞이한 아내에게 거짓을 행하지 말라는 명령으로써 결혼 언약을 배신하지 말 것을 요구하셨습니다(말

---

59) 제자원 편, 「옥스퍼드원어성경대전: 마태복음 제21-28장」(서울: 제자원, 2000), 437-8.

2:10-14; 참조, 마 19:5-6). 이처럼 구약은 영적 순수성을 훼손하는 이방 여인들과의 혼인을 악행으로 보았습니다(창 6:1-7, 8-22; 참조, 스 10:14-44).[60]

'경건한 자손'과 '하나님의 씨'가 서로 연결되어 있는 곳은 창세기 4장 25절입니다. 즉 "아담이 다시 자기 아내와 동침하매 그가 아들을 낳아 그의 이름을 셋이라 하였으니 이는 하나님이 내게 가인이 죽인 아벨 대신에 다른 씨를 주셨다 함이며"라는 말씀입니다. 여기서 '셋'이란 이름으로 번역된 '쉐트'(שֵׁת)란 의미상 '놓다'(시 132:11), '정리하다'(사 22:7), '임명하다'(왕상 11:34)란 뜻을 가진 '쉬트'(שִׁית)에서 유래한 말입니다. 그리고 '하나님이 내게…다른 씨를 주셨다'는 말은 '쇄트 리 엘로힘 제라 아헤르' (שָׁת־לִי אֱלֹהִים זֶרַע אַחֵר)로 번역되어 경건한 다른 씨를 암시하고 있습니다.

따라서 '하나님의 다른 씨(자손)'란 이름은 죄악된 세상을 정리하는 존재이며, 경건한 제사를 드림으로써 하나님으로부터 인정받은 아벨 대신에 이 세상에 '다시 놓여진 존재'라는 보상의 의미를 지니는 이름이라 할수 있습니다. 실로 아담에 이어 이 셋의 씨에서 이 세상의 제2의 시조라할 수 있는 노아가 나왔으며(창 4:25-26; 5:1-32), 궁극적으로 이 세상의 모든 죄를 완전히 해결하신 우리 주 예수 그리스도께서 나오심으로써, 이이름에 담긴 예언은 그대로 성취되었음을 볼 수 있습니다(창 9:18-29; 10:32; 11:10-32; 17:1-14, 15-19; 마 1:1-17, 18-25; 눅 3:23-38). 그리고 본 25절 하반절의 "이는 하나님이 내게 가인이 죽인 아벨 대신에 다른 씨를 주셨다 함이며"라는 말씀에서 '하나님이 내게…주셨다'는 말은, 하와 자신은 단지 하나님께로부터 다른 씨 셋을 받았을 뿐이라는 사실을 강조하는 말입니다. 이처럼 하와는 셋을 자신의 아이가 아니라, 하나님께서 자신에게 주신 아이라는 인식을 갖고 있었습니다. 게다가 '주셨다'란

---

60) 제자원 편, 「옥스퍼드원어성경대전: 스바냐·학개·말라기」 (서울: 제자원, 2009), 451.

뜻을 가진 '쉬트'에서 셋의 이름이 나왔음을 볼 때, 이는 하나님께서 아담과 하와에게 주신 셋을 통하여 그들의 바램대로 경건한 혈통이 계속 이어져 갔음을 보여 주기 위한 것이었음을 알 수 있을 것입니다(창 5:1-32).[61] 이러한 사실은 "하와가 임신하여 가인을 낳고 이르되 내가 여호와로 말미암아 득남하였다 하니라"(창 4:1)는 고백과, "이는 하나님이 내게 가인이 죽인 아벨 대신에 다른 씨를 주셨다 함이며"라는 고백 사이에 '주어'가 '내가'로부터 '하나님이'로 바뀌어 있는 표현에서도 암시되어 있음을 보게 됩니다. 카일과 델리취(C. E. Keil and F. Delitzsch)도 아담과 하와가 얻은 다른 씨 셋은 '가인 자손의 불신앙적이고 불경건한 족속에게서 돌이키고 있다는 사실을 표현한 것'으로 보았습니다.[62]

창세기 4장 26절은 "셋도 아들을 낳고 그의 이름을 에노스라 하였으며 그 때에 사람들이 비로소 여호와의 이름을 불렀더라"는 말씀으로 '셋도'라는 표현을 사용하여, 하나님께서 아담과 하와에게 주신 셋이 그들의 바람대로 경건한 혈통을 계속 이어갔음을 보여 주고 있습니다(참조, 창 4:26; 12:8; 21:33; 26:25; 출 3:14-15; 6:2-8; 33:19 등). 따라서 창세기 4장 26절은 5장에 나오는 아담과 셋의 후손의 계보를 제시하는 도입부 역할을 한다고 볼 수 있습니다.[63] 성경은 경건한 혈통인 셋의 아들 에노스 때에 사람들이 "비로소 여호와의 이름을 불렀더라"는 성구가 후대의 이스라엘 자손에게까지 이어져왔음을 보여 줍니다. 즉 여호와의 이름을 부르는 "야훼신앙"은 의인이자 당대의 완전한 자이며 하나님과 동행한 노아에게로 이어졌고(창 6:9; 9:20), 이스라엘 자손과 백성들에게 미치는 '복'이 된 아브라함(창 12:8; 13:4, 18; 롬 4:3-25)과 이삭과 야곱으로 이어졌으며(창 26:24-25; 35:1-15), 또한 그 복이 모세를 통해 성민으로 택함을 받은 이스라엘 자손

---

61) 제자원 편, 「옥스퍼드원어성경대전: 창세기 제1-11장」 (서울: 성서교재주식회사, 1998), 353.

62) C. E. Keil and F. Delitzsch, *Commentary on the Old Testament* vol. Ⅹ [구약주해: 창세기 ①], 고영민 역 (서울: 기독교문화출판사, 1984), 128.

63) 제자원 편, 「옥스퍼드원어성경대전: 창세기 제1-11장」, 353-4.

과 백성들에게 선포되어 그들의 것이 되었습니다. 아울러 성경은 그렇게 되게끔 역사하시는 하나님의 일하심을 명백히 보여 주고 있습니다(창 12:1-2, 3-8; 출 4:14-16; 6:2-8; 33:19; 신 7:6-14 등; 사 44:1-8).

구약성경에서 '경건'을 묘사하는 단어는 '경건한 자'(신 33:8; 욥 17:8; 시 4:3; 미 7:2)와 '경건하지 않은 자'(욥 13:16; 사 33:14)로 표현되어 있습니다. 구약의 이 같은 표현들은 '하씨드'(חָסִיד)란 단어로 묘사되었습니다. 신명기 33장 8절은 '경건한 자'를 '주의 경건한 자,' 즉 '하씨데카' (חֲסִידֶךָ)로 번역하였습니다. 시편 4편 3절은 "여호와께서 자기를 위하여 경건한 자를 택하신 줄 너희가 알지어다 내가 그를 부를 때에 여호와께서 들으시리로다"라는 말씀으로, 하나님의 경건한 자 선택과 그 목적을 밝히고 있습니다. 본절에서 '경건한 자'란 말 '하씨드'는 '변함이 없는 사랑과 충성을 보이는 것'을 나타내는 말 '헤쎄드'(חֶסֶד)에서 파생된 단어입니다. 이는 '하나님께 대한 신앙의 절개를 변치 않는 자'를 지칭합니다(시 12:1). 다윗은 이러한 위치에서 하나님의 선택 목적대로 경건하게 살아갈 때 여호와 하나님의 이름을 진정으로 부를 수 있을 뿐 아니라, 하나님께서도 그들의 기도와 간구를 들으신다는 사실을 강조하였습니다. 이처럼 다윗은 하나님의 택함을 받은 경건한 자로서 그의 경건 여부를 기도에 대한 하나님의 응답으로 인식했습니다. 특히 본절에서 '들으시리로다'라는 말로 미완료형이 사용된 것은 경건한 자의 기도와 하나님의 응답이 계속될 것임을 의미합니다(잠 15:19).[64] 성경은 하나님을 향한 다윗의 경건이 사람과 사람 사이의 관계로 이어지는 모습도 보여 줍니다(시 12:1-7; 86:2-9).

신약에서 경건을 가장 잘 표현한 단어는 '유세베이아'(εὐσέβεια)입니다. 이는 '하나님을 경외하는 신앙적 태도'를 가리키는 말입니다. 사도 베드로는 '유세베이아'란 말을 통해 경건의 근원이 어디에 있는지 밝히고

---

64) 제자원 편, 「옥스퍼드원어성경대전: 시편 제1-21편」 (서울: 제자원, 2006), 132-3.

있습니다. 베드로후서 1장 2-3절은 "하나님과 우리 주 예수를 앎으로 은혜와 평강이 너희에게 더욱 많을지어다, 그의 신기한 능력으로 생명과 경건에 속한 모든 것을 우리에게 주셨으니 이는 자기의 영광과 덕으로써 우리를 부르신 이를 앎으로 말미암음이라"는 말씀으로 생명과 경건의 근원 두 가지를 증언하고 있습니다. **하나,** 생명과 경건에 속한 모든 것의 근원은 '하나님과 우리 주 예수 그리스도의 신기한 능력'에 있습니다. **둘,** 그것의 근원은 '하나님과 우리 주 예수 그리스도에 대한 앎'에 있습니다. 여기서 '앎'이란 말 '에피그노세이'의 원형 '에피그노시스'($\epsilon\pi\acute{\iota}\gamma\nu\omega\sigma\iota\varsigma$)는 일반적인 지식을 의미하는 '그노시스'와 달리 '온전하고 철저한 앎'을 말합니다. 즉 진정한 구원으로 이끄시는 하나님과 우리 주 예수 그리스도께 대한 참된 지식과 더불어, 진정한 교제를 통해 우리의 인격을 온전히 변화시키는 지식을 의미합니다. 이러한 지식을 가지고 있는 성도는 마음을 다해 하나님을 사랑하게 된다는 의미입니다(마 22:37; 요일 4:7-12; 5:1-3; 롬 5:5-8; 8:31-39). 그리고 생명 곧 '조에'($\zeta\omega\acute{\eta}$)는 영적인 생명을 의미하며, 이는 우리 안에 살아계신 그리스도와의 연합으로 주어진 생명을 말합니다(요 1:4; 3:16-17; 5:26; 요일 3:24; 5:10-13). 또한 '유세베이아'는 '좋게,' '올바르게' 등의 뜻을 가진 부사 '유'($\epsilon\mathring{\upsilon}$)와 '예배하다'라는 뜻과 더불어 '경건하다'(행 13:50)라는 문자적인 뜻을 가지고 있습니다. 그러나 이 단어가 그리스도교 문헌에서는 신실하신 하나님의 뜻에 대한 공경과 이에 따른 하나님을 향한 종교적이고 도덕적인 삶의 방식을 의미하였습니다. 베드로는 이를 하나님의 성품에 참여하는(벧후 1:4) 것으로 증언하였습니다. 특히 베드로후서는 경건한 삶을 그리스도의 재림과 관련시키고 있습니다(벧후 2:1-9; 3:7; 참조, 유 1:17-25). '유세베이아'란 그리스도의 재림을 소망하며 사는 그리스도인의 삶의 방식으로 간주한 것입니다. 이러한 재림에 대한 소망 속에서 살고 있는 그리스도인이 온전한 지식을 얻으며 시험을 견딜 수 있게 된다고 베드로는 증언하고 있습니다(벧후

2:9; 3:1-17, 18).[65]

　사도 바울이 기록한 서신 가운데 '경건'이란 단어는 목회서신에서 두드러지게 강조되고 있습니다(딤전 2:2; 3:16; 4:7-8; 6:3, 5-6, 11; 딤후 2:16; 3:5, 12). 디도서 1장 1절은 "하나님의 종이요 예수 그리스도의 사도인 나 바울이 사도 된 것은 하나님이 택하신 자들의 믿음과 경건함에 속한 진리의 지식과"라는 말씀으로 경건의 참 의미가 무엇인지 보여 줍니다. 여기서 '경건함에'에 해당하는 '유세베이안'(εὐσέβειαν)은 '하나님을 향한 경건'과 '신앙심'(행 3:12; 딤전 2:2; 4:7-8; 6:5; 딤후 3:5; 벧후 1:3, 6)을 의미합니다. 특히 '유세베이아'는 영어로 'godliness'로 번역되고 있는데, 그것의 원래의 의미는 '하나님을 닮은 것'을 표현하는 말입니다(참조, 골 3:10). 즉 경건은 '하나님의 인격을 닮은 것'으로서 진정한 그리스도인이라면 마땅히 추구해야 할 궁극적 목표이자, 그리스도인의 온전한 삶에 대한 당연한 귀결이라는 것입니다(벧후 3:11-14). 한편, 본절의 '경건함에 속한 진리의 지식'이란 말에서 '속한'으로 번역된 '카트'(κατ)는 '~을 따라'(is after, according to)라는 전치사로서, '진리의 지식'은 '경건함' 또는 '경건한 삶을 따라 나온다'는 사실을 암시하는 말입니다. 이는 진리를 아는 지식과 경건한 삶은 결코 분리될 수 없다는 사실을 강조하기 위한 것입니다. 왜냐하면 진리를 아는 참된 지식은 참된 삶인 경건으로 귀결되며, 또 그 참된 삶의 근거가 바로 참된 지식에서 시작되기 때문입니다.[66]

　디모데전서 6장 5-6절은 "마음이 부패하여지고 진리를 잃어 버려 경건을 이익의 방도로 생각하는 자들의 다툼이 일어나느니라, 그러나 자족하는 마음이 있으면 경건은 큰 이익이 되느니라"는 말씀으로, '경건을 이익의 재료로 삼지 말고 자족하는 마음을 가질 것을 강권하고 있습니다. 자족

---

65)　제자원 편, 「옥스퍼드원어성경대전: 베드로전서·베드로후서」 (서울: 제자원, 2002), 425, 427.
66)　제자원 편, 「옥스퍼드원어성경대전: 데살로니가전후서·디도서·빌레몬서」 (서울: 제자원, 2002), 495.

하는 마음을 지니고 있는 자는 경건을 이익의 방도로 삼는 거짓 선생과 다른 삶을 지향하는 사람입니다. '자족하는 마음'은 자기의 노력에 의한 것이 아니라, 오직 '그리스도로 충족되는 것'이기 때문입니다.[67]

성경은 고넬료의 경건을 소개하고 있습니다. 사도행전 10장 1-2절은 형용사 '유세베스'(εὐσεβὴς)란 단어를 사용하여 베드로가 전해준 "만유의 주 되신 예수 그리스도로 말미암는 화평의 복음"을 듣고(행 10:36), 고넬료의 온 가족과 친척과 가까운 친구들도 구원받게 된 배경을 전하고 있습니다(행 10:23-24, 44-48). 그 배경은 "그가 경건하여 온 집안과 더불어 하나님을 경외하며 백성을 많이 구제하고 하나님께 항상 기도하더니"(행 10:2)라는 말씀입니다. 이 말씀은 고넬료의 경건한 삶 세 가지를 보여 줍니다. 첫째, 고넬료는 자신 뿐 아니라 온 집으로 더불어 하나님을 경외한 사람입니다. '경외한다'는 말 '포베오마이'(φοβέομαι)는 분사형으로 '두려워하다,' '경외하다'의 의미입니다. 고넬료와 그의 가족은 항상 하나님을 두려워하며 경외하는 삶을 살았음을 보여 줍니다(참조, 창 22:12). 히브리어 '예레'(יָרֵא)는 '경외하는'(창 22:12)이란 말로 번역되었으며, 이 '예레'의 원형 '야레'(ירא)는 '막연하고 감정적인 공포심이 아니라, 하나님을 존경하며 이분 앞에서 자신의 부족함을 철저히 통감하는 경건한 두려움'을 가리킵니다. 그런 점에서 하나님을 향한 경외는 하나님을 섬기는 가장 기본적인 덕목이라 할 수 있습니다(전 12:13).[68] 둘째, 고넬료는 백성들을 많이 구제한 사람입니다. 셋째, 고넬료는 항상 하나님께 기도하는 삶을 산 사람입니다. 이처럼 고넬료는 이방인임에도 불구하고 진정 하나님을 의지하고 두려워하며 경외하는 삶을 살았기에, 하나님께서 많은 이방인 중에서도 특별히 고넬료에게 '이방인 구원 1호'의 영예와 은혜를

---

67) 제자원 편, 「옥스퍼드원어성경대전: 디모데전서·디모데후서」 (서울: 제자원, 2002), 306-7.
68) 제자원 편, 「옥스퍼드원어성경대전: 창세기 제12-25a장」 (서울: 성서교재주식회사, 1998), 486.

허락하신 것 같습니다.[69]

성경은 예수님의 경건에 대해서도 증언하고 있습니다. 히브리서 5장 7절은 "그는 육체에 계실 때에 자기를 죽음에서 능히 구원하실 이에게 심한 통곡과 눈물로 간구와 소원을 올렸고 그의 경건하심으로 말미암아 들으심을 얻었느니라"는 말씀으로, 예수님의 간구에 나타난 경건을 보여 줍니다. 예수님의 경건은 기도하는 사람의 외형보다 그의 내면을 중시하는 것이었습니다. 즉 예수님의 간구가 아버지께 들으심을 얻은 것은 예수님의 경건에서 우러나온 순종에 의한 것입니다. 그리고 '경건하심'으로 번역된 '율라베이아스'($\epsilon\dot{v}\lambda\alpha\beta\epsilon\acute{\iota}\alpha\varsigma$)는 주전 3-4세기 이후에 사용되었다고 합니다. 처음에는 '세심한 주의,' '사려 분별'을 의미했으나, 후기 헬라어에서는 '공경'을 뜻하였습니다. 'Latin Bible'은 이것을 존경(respect), 경외(두려움, awe)로, 'New American Standard Bible'은 '경건'(piety)으로, 'New International Version'은 '공손한 순종'(reverent submission)으로 번역하였습니다. 이처럼 예수님의 경건은 '하나님을 공경하고 신뢰하는 마음에서 비롯된 경건하심'이었습니다(마 26:39).[70]

빌립보서 4장 8절은 "끝으로 형제들아 무엇에든지 참되며 무엇에든지 경건하며 무엇에든지 옳으며 무엇에든지 정결하며 무엇에든지 사랑 받을 만하며 무엇에든지 칭찬 받을 만하며 무슨 덕이 있든지 무슨 기림이 있든지 이것들을 생각하라"는 말씀으로, 경건을 '셈나'($\sigma\epsilon\mu\nu\acute{\alpha}$)라는 단어로 표현했습니다. 본절의 '경건하며'라는 말 '셈나'의 원형 '셈노스'($\sigma\epsilon\mu\nu\acute{o}\varsigma$)는 '인격적으로 존경할 만한 것'을 가리키는 데 사용되었습니다.[71] 이는 하나님에 대한 신앙심을 나타내는 '유세베이아'와 달리, 예의범절이나 윤리적인 자세를 표현하는 말입니다(딛 2:2).[72]

---

69) 제자원 편, 「옥스퍼드원어성경대전: 사도행전 제8-14장」, 220.
70) 제자원 편, 「옥스퍼드원어성경대전: 히브리서 제1-7장」, 350.
71) 제자원 편, 「옥스퍼드원어성경대전: 빌립보서·골로새서」, 284.
72) 제자원 편, 「옥스퍼드원어성경대전: 데살로니가전후서·디도서·빌레몬서」, 553.

II.
성경
(하나님을 전인격으로 만나는 교제 장소)

1. 성경, 한 권의 책으로 된 구약과 신약

2. 성경, 하나님의 말씀, 예언, 계시

3. 신구약 성경, 하나님의 특별계시

4. 성경의 저자, 삼위일체 한 분 하나님

5. 성경의 기록, 하나님의 때와 장소에서

6. 성경의 목적, 구원과 하나님 앞에서의 삶

7. 성경의 기록자, 성령의 감동을 받은 사람

8. 성경 기록이유, 하나님의 백성 세우기

9. 성경의 주제, 하나님의 구속 및 속량

II. 성경
(하나님을 전인격으로 만나는 교제 장소)

스코틀랜드 최대의 찬송가 작가 호레티우스 보너(Horatius Bonar)는 "내가 피곤할 때에는 성경이 나의 침대가 되고, 어두움에 있을 때에는 성경이 나의 빛이 되며, 내가 주릴 때에는 이것이 진기 있는 떡이요, 무서울 때는 이것이 싸우기 위한 갑옷이요, 내가 병들 때에는 이것이 고쳐주는 양약이 되고, 적적할 때에는 성경에서 내가 많은 친구를 찾는다. 만일 내가 일하려면 성경은 나의 기구요, 놀 때에는 이것은 즐거운 음성의 풍류로다. 내가 무식하면 이것이 나의 학교요, 내가 추우면 성경이 나의 불이 되고, 내가 떠오르면 이것이 나의 날개가 된다. 성경이 나의 지도인데 내가 잃어지겠으며, 이것이 아름답고 더운 의복인데 내가 벗겠느냐? 성경은 풍파가 있을 때 나의 피난처이며, 혹 내가 쉬려면 이것은 꽃동산이로다. 성경이 나의 태양인데 음침한 것이 나를 누르겠느냐?"라는 찬송 시로 성경의 소중함과 그 가치를 노래하였습니다.

1. 성경, 한 권의 책으로 된 구약과 신약

1) 성경, 66권이 하나로 된 한권의 책

신약에 나타나 있는 "성경"이란 말은 '기록된 글 혹은 기록된 문서'를 뜻하는 '그라페'(γραφή) 곧 'Scriptures'로 표현되어 있습니다(마 21:42; 22:29 등). '그라페'는 토판이나 파피루스나 양피지 등에 문자나 그림을 새겨서 기록한 구약성경을 가리키는 단어입니다. 주로 구약의 율법, 예언, 역사적 사실, 그리고 시는 양피지나 파피루스 등에 기록되어 보관되었습니다.[1] 또한 '그라페'는 성경을 의미하는 단어로만 쓰였고, 이는 낱개의 성구나 성경 전체를 나타내는 데 사용되었습니다.[2] 성경은 본래 구약과 신약으로 나누어져 있었지만, 이를 하나의 책으로 묶어 "성경"이란 말로 부른 사람은 콘스탄티노플의 주교였던 크리소스톰(Chrysostom, 347-407)이었습니다.[3]

2) 성경, 'Bible'과 'Scriptures'

히브리서 9장 19절은 "모세가 율법대로 모든 계명을 온 백성에게 말한 후에 송아지와 염소의 피 및 물과 붉은 양털과 우슬초를 취하여 그 두루마리와 온 백성에게 뿌리며"라는 말씀에서와 같이, 성경과 동일한 '책'으로서 양피지나 파피루스로 만든 '두루마리 책'(사 34:4; 렘 36:2; 히 10:7; 계 22:18-19)을 뜻하는 '토 비블리온'(τὸ βιβλίον)'이란 단어를 사용했습니다. '비블리온'이란 '두루마리,' '책,' '기록' 등을 뜻합니다. 영어로 성경을 'Bible'로 표현한 것은 바로 '비블리온'에서 유래한 것으로써 'Bible,' 'Book'으로 번역되었습니다(눅 3:4; 히 9:19 등).[4] 그리고 '책'이란 말이 처음 등장하는 곳은

---

1) 제자원 편, 「옥스퍼드원어성경대전: 마태복음 제21-28장」, 176. 567.
2) 제자원 편, 「옥스퍼드원어성경대전: 요한복음 제7-12장」 (서울: 제자원, 2000), 105.
3) 「교회용어사전: 교리 및 신앙」 (서울: 생명의말씀사, 2013).
4) 제자원 편, 「옥스퍼드원어성경대전: 히브리서 제8-13장」 (서울: 제자원, 2002), 138.

창세기 5장 1절의 "이것은 아담의 계보를 적은 책이니라…"는 말씀입니다. 이처럼 성경이 'γραφη'와 'βίβλος,' 'βίβλια' 등으로 표기되어 있음을 볼 때, 'Bible'과 'Scriptures'는 동일한 의미임을 알 수 있습니다. 따라서 성경은 '한 구절 한 구절이 다 하나님의 말씀'입니다. 성경은 "성서"(The Scriptures)로 부르는 책이기도 합니다. 또한 "성경"과 "성서"는 동일한 하나님의 책(단 12:1)으로서 신구약 66권이 하나로 연결되어 있는 한 권의 책입니다.

영국의 어느 가정에서 있었던 이야기입니다. 어느 날 사위가 장인어른을 방문했습니다. 즐겁게 담소를 나누던 중에 장인어른이 사위에게 '어보게 내 서재에 가서 책 한 권 가져다 줄 수 있겠나?'라고 부탁했습니다. 그는 곧장 서재로 가서 '책 한 권'을 가지고 왔습니다. 그 책은 바로 "성경책"이었습니다.

2. 성경, 하나님의 말씀, 예언, 계시

1) 성경, 여호와 하나님의 말씀

구약에서 성경은 여호와 하나님의 말씀입니다. 그 형식은 "여호와 하나님이 이르시되"라는 형태로 표현된 말씀입니다(창 2:18; 3:22 등). "여호와"란 하나님의 이름은 하나님의 영원한 이름이며 대대로 기억할 하나님의 칭호입니다(출 3:15; 신 6:4). 구약에서는 "여호와의 말씀"(창 12:4; 출 4:22; 9:1 등; 렘 25:28; 말 4:3)과 "하나님의 말씀"(창 3:3 등; 출 13:17; 민 24:16; 왕상 12:22 등; 참조, 행 2:17 등; 계 20:4)으로 표현되어 있으나, 이는 동일하신 여호와 하나님의 말씀을 의미합니다.

2) 구약성경, 하나님의 예언의 말씀

구약성경은 여호와 하나님의 예언의 말씀을 포함합니다(신 18:15-22;

사 48:12-16; 렘 19:14; 겔 4:1-7; 6:1-2 등; 참조, 벧후 1:20; 계 1:3). 예
언의 말씀을 표현하는 형식은 주로 세 가지입니다. 즉 '~하리니,' '~하리
라'와 '여호와의 말씀이 내게 임하여……예언하여'라는 형식이 있으며(렘
25:1-31:30 등; 겔 6:1-2 등), 또한 '여호와의 영이, 하나님의 영이, 주의
영이 ~에게 임하시니'라는 형식도 있습니다. 물론 여호와의 영과 밀접한
관계 속에서 특정한 시대에 특별한 사람을 통해 주어진 하나님의 말씀도
있습니다(삿 3:6-11 등; 삼상 16:14; 삼하 23:1-7 등).

3) 신구약성경, 하나님의 계시로서의 말씀

신구약 성경은 하나님의 계시(Revelation)로 된 하나님의 말씀입니다
(삼하 7:17; 대상 17:15; 창 3:3; 12:4 등; 갈 1:12; 엡 3:3; 벧전 1:12; 계
19:13; 20:4). 본래 '계시'란 '여호와 하나님이 택하신 사람에게 나타나서
서 말씀하시는 형태'입니다(appearance, 창 12:1-6; 17:1-19; 출 3:1-16
등; 요 1:18; 고후 12:1-7; 계 1:1-8). 그리고 계시는 '가리어져 있던 베일
이나 가면과 껍질을 벗겨버리고 명백히 드러내시는 것'을 의미합니다(아
포칼립시스, ἀποκάλυψις, revelation, 엡 3:3).[5] 나아가 계시는 '숨은 것
을 드러내는 형태'(아포칼뤼테인, ἀποκαλυτειν, manifest)로 주신 하나
님의 말씀입니다(시 50:16-21, 22-23 등; 사 26:1-21; 렘 6:6-7; 눅
2:25-35; 고전 4:1-5; 엡 3:1-10; 딤후 1:3-11). 이 같은 하나님의 계시
행위는 사람이 자기 힘으로 도달할 수 없는 것을 하나님께서 전달하시기
위한 하나님의 행위입니다(그노리제인, γνωριζειν, transmission).

축소판 옥스퍼드 영어 사전에 의하면, 계시의 의미는 '하나님 혹은 초
자연적인 힘에 의하여 사람에게 드러낸 지식'을 말합니다. 또 계시란 '하
나님 혹은 초자연적인 수단에 의하여 드러내거나 알려진 어떤 것'이란 뜻

---

5) 제자원 편, 「옥스퍼드원어성경대전: 갈라디아서·에베소서」 (서울: 제자원, 2001), 570.

도 있습니다. 특히 계시는 다른 누군가가 우리들에게 드러내 주는 지식을 말합니다. 그래서 그리스도교에서 '계시'라는 말은 매우 중요한 말로 인식되고 있습니다. 그 이유는 '계시란 하나님께서 자기 자신을 사람들에게 드러내 보이시는 주권적 행위'를 의미하기 때문입니다. 따라서 '하나님을 안다'는 말은 사람이 부지런히 하나님을 탐구하여 아는 것이 아니라, 이는 전적으로 자기 자신을 알게 하시려는 하나님의 뜻에 따른 하나님의 은혜에 의한 것입니다(마 11:27; 눅 10:22).[6] 그리고 하나님의 계시는 "일반계시"(The general revelation)와 "특별계시"(The special revelation)로 구성되어 있습니다.

3. 신구약 성경, 하나님의 특별계시

1) 일반계시, 만물과 역사와 영혼에 주신 계시

사도 바울은 로마서 1장 20절에서 "창세로부터 그의 보이지 아니하는 것들 곧 그의 영원하신 능력과 신성이 그가 만드신 만물에 분명히 보여 알려졌나니 그러므로 그들이 핑계하지 못할지니라"는 말씀으로 일반계시의 유효성을 증언해 주었습니다. '일반계시'란 창세로부터 하나님께서 창조하신 천지 만물과 인류 역사와 사람들의 영혼 가운데, 하나님의 영원하신 능력과 신성을 보이셔서 하나님의 존재를 알 수 있게 하신 것을 말합니다 (롬 1:18-20). 제임스 가렛(James Leo Garrett)은 '일반계시'란 "모든 사람이 창조된 우주와 자연과 인간의 내적 본성인 양심을 통하여 하나님을 알 수 있도록, 하나님이 자신을 나타내신 것"이라고 정의했습니다.[7] 다시

---

6) Leon Morris, *I Believe in Revelation* [나는 계시를 믿는다], 한 균 역 (서울: 생명의말씀사, 1985), 10-1.

7) James Leo Garrett, *Systematic Theology: Biblical, Historical, Evangelical*, vol. 1 (Grand Rapids: William B. Eerdmans Publishing, 1990), 45.

말해 '일반계시'란 하나님께서 성서 외부, 즉 자연(시 19:1-6; 사 44:21-24; 롬 1:19-20), 사람의 영혼(창 1:26-27; 전 3:11; 롬 2:14-15), 인류 역사(사 44:1-7; 행 14:16-17) 가운데 그분의 영원하신 능력과 신성을 보여 하나님의 존재를 계시하신 것을 의미합니다.

한편, 에밀 브룬너(Emil Brunner)는 "모든 사람은 죄악된 본성으로 타락했기 때문에, 일반계시만으로는 하나님을 알 수 없다"고 말했습니다. 지극히 당연한 말입니다. 사람들이 죄와 사망으로부터 구원을 얻기 위해서는 특별계시인 성경 말씀으로 들어가야만 예수 그리스도를 만날 수 있기 때문입니다. 성경은 여호와 하나님과 이분이 보내신 예수 그리스도를 믿음으로만 의롭다 함을 얻을 수 있다고 증언합니다(요 11:25-27; 12:45-46; 롬 3:4-25; 4:1-3, 18-25; 10:8-15; 행 4:12; 참조, 창 15:6).

2) 특별계시, 성경 계시 또는 예수 그리스도

데일 무디(Dale Moody)는 특별계시란 하나님께서 그를 영접할 준비가 된 사람들에게 자신을 계시하시는 사건으로 정의하였습니다. 특별계시는 특별한 장소, 특별한 사람, 그리고 특별한 역사로 구성된다는 것입니다. 즉 특별계시에 있어서 특별한 장소는 거룩한 땅을 의미하고, 특별한 사람이란 거룩한 나라 백성을 의미하며, 특별한 역사란 성경으로서 특별계시를 의미합니다. 그래서 특별계시로서 이 세 가지 요소는 서로 분리되지 않습니다. 다만 거룩한 땅과 거룩한 나라를 위해서는 원계시가(original revelation)가 처음으로 알려지고, 거기에 반응한 그 땅과 그 백성의 이야기와 역사적 계시인 거룩한 책 곧 성경이 더해져야 한다는 것입니다.[8] 데일 무디의 이러한 언급은 일차적으로 구약의 이스라엘 백성을 염두에 둔 발언입니다. 제임스 가렐은 특별계시를 이스라엘과 예수 그리스도의 백

---

8) Moody, *The Word of Truth*, 38-40.

성들을 위하여 역사적으로 하나님을 보여 주신 이야기로 정의했습니다.[9]

그런가 하면, 에드가 멀린스는 특별계시란 말보다 궁극적인 최고의 계시(The supreme revelation)로서 '예호슈아'(יְהוֹשׁוּעַ, 예수)[10] 그리스도를 제시했습니다(참조, 요 1:1-18). 이는 예수 그리스도께서 성경 해석을 위한 열쇠라는 점을 강조하여 붙인 개념입니다. 그에 따르면, 구약에서 가장 두드러진 특징의 하나는 메시야적 요소입니다. 이는 메시야 대망사상이 구약에 다양한 형태로 표현되어 있다는 말입니다. 예컨대, 구약의 예언자들이 한 구출자, 한 위대한 지도자, 거룩한 나라, 의로운 왕의 통치, 사람들 가운데에서 하나님의 임재, 그리고 하나님께서 택하신 한 분의 능력 아래에서 변화된 한 세상을 기대한 사례들입니다. 그러한 노선에 서 있는 구약성경은 예호슈아(예수) 그리스도 안에서 최고의 정점에 도달하였습니다. 이런 점에서 에드가 멀린스는 예수 그리스도를 '궁극적인 최고의 계시'로 규정하였습니다.[11] 따라서 '특별계시'란 특정한 시대에 특정한 사람들에게 하나님의 존재와 성품 그리고 영원한 구원 계획과 하나님의 뜻을, 예호슈아(예수) 그리스도를 통해 나타내 보이신 하나님의 구속 및 속량 사역과 역사를 기록한 성경계시로 정의할 수 있을 것입니다(엡 3:1-6; 요 1:1-18).

한편, 에드가 멀린스는 '특별계시'란 말 대신에 '성경계시'란 말을 사용했습니다. 성경은 바로 하나님께서 계시로 주신 하나님의 말씀이기 때

---

9) Garrett, *Systematic Theology: Biblical, Historical, Evangelical*, 45.

10) 마태복음 1장 21절의 "이름을 예수라 하라"는 말씀에서 '예수'에 해당되는 '이에순'(Ἰησοῦν)은 '이에수스'(Ἰησοῦς)의 목적격 형태입니다. 이는 구약의 히브리어 이름 '예호슈아'(יְהוֹשׁוּעַ)에 대한 헬라어 음역으로서 '여호와는 구원이시다'라는 의미입니다. 특히 '죄로부터의 구원'이 그 이름에 담긴 주요 의미입니다. 이후부터 구약과 신약이 서로 연결되어 있는 상황에서는 '예호슈아'란 히브리어 이름을 '예수'라는 이름과 함께 사용할 것입니다. 이는 유대인과 이방인 그리스도인이 함께 만날 수 있는 접촉점으로 삼을 수 있기 때문입니다. 제자원 편, 「옥스퍼드원어성경대전: 마태복음 제1-11a장」(서울: 제자원, 2000), 97.

11) Mullins, *The Christian Religion In Its Doctrinal Expression*, 154.

문입니다. 그는 성경계시에 나타나 있는 몇 가지 특징에 대하여, 우리가 바르게 이해할 것을 강조하였습니다. 첫째, 성경계시는 역사적이고 체험적 계시입니다. 성경은 상상의 산물이 아니라 역사 안에서 실질적으로 일어난 사건을 기록한 것이라는 말입니다. 둘째, 성경계시는 중생적이며 도덕적인 변화의 계시입니다. 이는 사람들이 하나님의 말씀으로 '거듭난 하나님의 자녀'가 되어(벧전 1:23; 요 3:5-8; 약 1:18), 영적이고 도덕적인 삶의 변화를 일으키는 능력을 갖게 되었다는 것을 의미합니다. 셋째, 성경계시는 발생적(generative)입니다. 성경은 모든 것이 생명력을 가지고 있기에, 계시는 내적 생명의 원리 전개로 나타나며, 이로 인해 성경의 교훈은 계속성을 갖게 된다는 뜻입니다. 넷째, 성경계시는 점진적 계시(progressive revelation)입니다. 이는 율법에 따른 헌신이 신약의 헌신과 동일한 것은 아니라는 것입니다. 예컨대, 안식일(Sabbath)에서 주님의 날로(Lord's day) 전환되고(마 12:8; 행 20:7), 율법을 따라 드리는 제사와 예물과 번제와 속죄제가 예수 그리스도의 몸을 단번에 드리는 것으로 전환된 사례 등입니다(히 8-10장; 골 2:11-17). 다섯째, 성경계시는 통일적이고 목적적 계시입니다. 즉 구약성경과 신약성경은 서로 연속성과 상호 관계성을 가지고 있다는 것입니다. 신구약은 하나님의 목적을 중심으로 관계성을 가지고 있습니다. 하나님의 핵심 목적은 한 민족을 택하여 구원의 진리를 모든 민족에게로 가지고 가서 전하게 하시는 하나님의 역사입니다. 여섯째, 성경계시는 사람의 지적이고 종교적인 생활과 일치한다는 점입니다. 이는 모든 사람의 지적이고 종교적인 소망을 온전히 충족시켜 줄 수 있다는 말입니다(빌 3:8; 출 20:3; 사 44:6-7; 요 14:6; 행 4:12). 일곱째, 성경계시는 예호슈아(예수) 그리스도에 의한 완전 계시로서 초자연적 계시입니다(요 1:18; 14:9). 이는 예수 그리스도로 말미암아 구약의 계시의 말씀이 온전히 성취되었을 뿐 아니라, 하나님의 뜻에 따른 것임을 보여 줍니다(창 3:15; 요일 3:8; 히 2:14; 10:9-10). 여덟 번째, 성경계시는 모든 종교의 목적을 충족하며 최고의 권위를 가지고 있습니다. 성경은 종교적인 삶의 모든 요구를 충족시킬 수 있다는 것입니다(행 17:16-34; 롬 1:18-23; 딤후 3:15-17).[12]

4. 성경의 저자, 삼위일체 한 분 하나님

"누가 성경의 저자인지에 관한 내용입니다."

1) 성경의 저자, 사람이 아닌 오직 하나님

범신론 철학자 스피노자(De Spinoza)는 1670년에 모세 오경이 모세에 의해 쓰여졌을 가능성은 거의 없다고 주장하였습니다. 그는 신명기 33장에 나오는 '모세의 축복'에서 '내가 혹은 나'로 표현하지 않고 3인칭 '그가 혹은 그'라고 표현한 것을 근거로 삼아(신 33:2, 9, 17, 21), 만일 모세가 이 본문을 썼다면 당연히 '내가 및 나'로 표현했어야 한다고 의문을 제기했습니다. 게다가 그는 모세가 어떻게 자신의 죽음을 스스로 기록할 수 있었는지에 대해서도 깊이 의심하였습니다. 그러나 성경은 바울이 고린도후서 12장 1-4절에서 '내가'란 말과 '그가'란 말을 교체적으로 사용하여 계시를 증언한 사례를 보여 줍니다. 바울은 자신의 증언이 "주의 환상과 계시"를 증언한 것이라고 밝히고 있습니다. 스피노자의 이러한 의문은 그가 계시 개념조차 알지 못하고, 성경의 저자를 하나님으로 인식하지 못한 채 사람이 쓴 것으로 생각하는 데서 일어난 오류입니다. 그러나 성경은 여호와 하나님께서 구약성경의 모체가 되는 언약 곧 십계명(ten commandments, 신 4:13)과 율법(law, 신 29:21)을 친히 두 돌판에 써서 모세에게 주셨다고 증언합니다(출 24:12; 31:1-18; 34:1-4; 신 4:13-14;

---

12) Ibid., 145-53.

5:1-22; 9:6-11, 12-17; 10:1). 또한 성경은 "만일 선지자가 있어 여호와의 이름으로 말한 일에 증험도 없고 성취함도 없으면 이는 여호와께서 말씀하신 것이 아니요 그 선지자가 제 마음대로 한 말이니 너는 그를 두려워하지 말지니라"(신 18:22)는 말씀으로, 하나님이 말씀하신 성경 말씀은 증험과 성취함이 있는 말씀임을 강조하고 있습니다.

신약에서도 사도 베드로는 "먼저 알 것은 성경의 모든 예언은 사사로이 풀 것이 아니니, 예언은 언제든지 사람의 뜻으로 낸 것이 아니요 오직 성령의 감동하심을 받은 사람들이 하나님께 받아 말한 것임이라"(벧후 1:20-21)는 말씀으로, 성경은 사람의 뜻이 아니라 성령의 감동하심을 받은 사람들이 하나님께 받아 말한 것임을 분명히 밝히고 있습니다. 베드로는 베드로전후서를 자신이 썼다고 말하지 않았습니다. 사도 바울도 "또 어려서부터 성경을 알았나니 성경은 능히 너로 하여금 그리스도 예수 안에 있는 믿음으로 말미암아 구원에 이르는 지혜가 있게 하느니라, 모든 성경은 하나님의 감동으로 된 것으로 교훈과 책망과 바르게 함과 의로 교육하기에 유익하니, 이는 하나님의 사람으로 온전하게 하며 모든 선한 일을 행할 능력을 갖추게 하려 함이라"(딤후 3:15-17; 참조, 고전 11:17-23; 고후 12:1-9)는 말씀으로, 성경은 하나님의 감동으로 된 것임을 밝히고 있습니다. 바울도 자신이 서신서를 썼다고 말하지 않았습니다. 역시 사도 요한도 요한복음과 서신들을 자신이 썼다고 언급하지 않았습니다. 그도 자신이 '성령에 감동되어' 요한계시록을 기록했다고 증언하였습니다(계 1:10; 4:2).

2) 율법책, 여호와 하나님의 저작

여호와 하나님께서는 모세에게 율법과 계명을 친히 기록한 돌판을 주셨습니다(출 24:12; 31:18; 신 5:22; 9:9-11). 성경은 그 두 돌판에 쓴 계명과 율법은 하나님께서 친히 손으로 쓰신 것이라고 증언합니다(출 31:18; 34:1-4; 신 4:13; 9:10). 그리고 여호와께서 모세에게 율법책을 써서 언약궤에 넣어 증거로 삼으라고 명하셨습니다. 모세는 하나님의 명령에 순종하여 율법책을 써서 언약궤 곁에 두었습니다(신 31:24-26, 27-29; 수 8:30-35; 왕상 8:9; 왕하 16:17; 대하 5:10; 히 9:4). 어떤 사람은 그 언약궤가 어디에 있는지 의심하기도 합니다. 성경은 "이에 하늘에 있는 하나님의 성전이 열리니 성전 안에 하나님의 언약궤가 보이며…"(계 11:19)라는 말씀으로, 하나님의 언약궤(민 10:33; 14:44; 신 31:9-13, 25-26; 수 6:4-8; 삿 20:27; 삼상 4:4; 왕상 8:16; 대상 16:6; 대하 5:7; 히 9:4)가 하늘의 하나님께 있음을 보여 주고 있습니다.

3) 신구약 성경, 계시로 기록된 하나님의 말씀

구약의 모든 선지서와 신약의 복음서와 사도행전과 모든 서신서는 하나님과 예수 그리스도의 계시로 주신 말씀을, 선지자들과 사도들과 특정한 사람들이 하나님의 감동 곧 성령의 감동을 받아 기록한 하나님의 말씀입니다(출 34:27; 신 27:3; 왕상 17:2-8; 사 38:4; 렘 13:3; 16:1; 22:30; 30:2; 겔 3:16; 6:1; 학 1:3; 슥 4:8; 고전 11:23; 고후 12:1-7; 갈 1:12; 2:2; 3:23; 엡 1:17; 3:3; 딤후 3:15-16; 벧전 1:12; 벧후 1:19-21; 계 1:1, 10, 19; 4:1-2; 21:5). 여기서 '하나님의 말씀'이란 삼위일체 한 분 하나님의 말씀을 의미합니다. 주로 성경으로서의 계시나 예언은 구약에서 여호와 하나님께서 주신 말씀입니다. 하지만 신약에서는 예수 그리스도와 이분 안에서 계시하신 하나님의 말씀입니다(요 1:18; 14:10; 고후 5:19; 참조, 골 1:19-20). 특히 침례교 성도들은 '우리 주 예수 그리스도 안에 계신 하나님의 계시'를 그들의 신앙과 신학의 주제로 삼고 있는 사람들입니다.[13] 한편, 존 칼빈은 성경에 계시된 하나님의 말씀은 성령에 의해 해석되는 사람들에게 깨달아진다고 가르쳤습니다(엡 1:17-19; 고전 2:7-10). 성령의

---

13) George and Dockery, eds., *Baptist Theologians*, 16; Grenz, *The Theology for the Community of God* [조직신학], 32.

역할은 '하나님의 말씀의 전달자'이기 때문이라고 합니다(엡 1:17-19; 고전 2:7-10).[14] 성경은 하나님을 '말씀하신 이'(히 5:5), 예수 그리스도를 '말씀이신 이'(요 1:1; 요일 1:1), 그리고 성령님을 '말하는 이'(마 10:20; 막 13:11)로 표현하고 있습니다. 즉 성경 말씀은 삼위 하나님의 역사의 산물이라는 것입니다.

5. 성경의 기록, 하나님의 때와 장소에서

"성경은 언제 어디서 기록되었는가에 관한 내용입니다."

1) 성경, 하나님의 때에 기록된 것

구약성경은 하나님의 필요에 따라 주로 선지자에게 영으로 임하셔서 말씀하시는 형태로 기록된 하나님의 말씀입니다(렘 30:1, 3-7, 10-12, 17-18; 31:1-2, 7, 15-16, 23, 35-37; 32:1, 6, 14-15, 26; 36:1-4〈참조, 롬 16:22〉, 27-32; 겔 1:1-3; 슥 1:7; 8:1; 참조, 신 18:18-22). 신약성경은 그리스도 안에서 계시된 하나님께서 하나님의 때에, 누가나 마가처럼 부활하신 예수 그리스도를 믿음으로 영접하고 복음사역에 적극적으로 동참했던 특정한 사람과, 주께서 세우신 사도들에 의해 성령의 감동으로 오류 없이 기록된 말씀입니다(딤후 3:15-16; 벧후 1:17-21; 계 1:1, 9-10; 4:1-11).

2) 성경, 성도의 삶 속에서 주신 하나님의 말씀

구약성경은 하나님께서 택하신 사람과 이스라엘 백성들의 삶의 자리에 임하셔서, 선지자나 특정한 사람에게 계시하신 말씀과 예언을 기록한 하나님의 말씀입니다(창 12:1-20; 15:1-21; 17:1-19; 출애굽기~사사기; 참

---

14) John Calvin, 「칼빈의 성경관」, 편집부 편역 (서울: 도서출판 풍만, 1986), 95.

조, 갈 1:12; 고후 12:1-4; 엡 3:3-5; 벧전 1:12; 히 1:1-3). 여호와 하나님께서는 친히 아브라함과 그의 대대 후손 사이에 하나님의 영원한 언약을 세우셨습니다(창 15:13-21; 17:1-14). 하나님은 애굽에서 430년 동안 종살이 했던 아브라함의 후손들이 중노동으로 부르짖는 신음소리를 들으시고, 아브라함과 그의 후손 사이에 세우신 영원한 하나님의 언약을 기억하셨습니다(출 2:23-24; 6:5; 참조, 창 15:12-14). 그리고 여호와 하나님께서 그들이 종살이 하고 있는 삶의 자리로 찾아가셔서 그들을 독수리 날개로 업어 여호와께로 인도해 내셨습니다(출 19:4). 이스라엘 백성들은 자유와 해방을 맛보고 여호와 하나님을 경외하며 여호와 하나님과 그의 종 모세를 믿었습니다(출 14:31).

신약시대에는 예수 그리스도께서 보내심을 받아 성육신 하여 흑암에 갇혀 있는 모든 사람의 삶의 자리로 오셨습니다(마 4:16; 눅 2:1-40). 그리고 모든 사람이 지켜보는 갈보리에서 모든 사람의 죄와 질고를 지시고(요 1:29; 마 8:17), 대리 형벌을 받으시며, 피흘려 죽으시고 다시 사심으로 십자가 대속 사역을 성취하셨습니다. 이러한 사실들이 복음서와 서신서에 생동감 있게 기록되어 있습니다. 오늘날에는 바로 십자가에서 죽으시고 부활하신 예수 그리스도의 십자가 대속 사역을 회개하고 믿는 자들이 구원받아 하나님의 나라에 들어간 하나님의 백성이 되고 있습니다. 이처럼 하나님의 말씀은 구약이든 신약이든 모든 사람의 삶의 자리에서 주신 하나님의 살아 있는 말씀입니다(사 53:1-12; 롬 3:21-26; 갈 4:4-9; 마 4:23; 눅 4:43; 롬 8:1-4 등).

6. 성경의 목적, 구원과 하나님 앞에서의 삶

"성경의 기록 목적에 관한 내용입니다."

1) 성경 기록목적, 그리스도 안에 있는 생명

레이 섬머즈(Ray Summers)는 신약성경에 두 가지 기본 교리가 있다고 언급했습니다. 그것은 사람들이 어떻게 구원을 받게 되는가에 관한 것이고, 또 구원받은 성도들이 어떻게 살아야 할 것인가에 관련되어 있는 문제입니다.[15] 사도 요한은 "예수께서 제자들 앞에서 이 책에 기록되지 아니한 다른 표적도 많이 행하셨으나, 오직 이것을 기록함은 너희로 예수께서 하나님의 아들 그리스도이심을 믿게 하려 함이요 또 너희로 믿고 그 이름을 힘입어 생명을 얻게 하려 함이니라"(요 20:30-31)는 말씀으로, 성경의 기록목적은 하나님께서 보내신 예호슈아(예수)께서 바로 하나님의 아들 그리스도이심을 믿고 생명을 얻게 하려는 것이라고 증언했습니다. 그런데 요한은 이 생명은 영원한 생명으로서 "영생은 곧 유일하신 참 하나님과 그가 보내신 자 예호슈아(예수) 그리스도를 아는 것"(요 17:3)이라고 심화된 영생관을 증언하였습니다. '아는 것'으로 번역된 '기노스코신'(γινώσκωσιν)은 현재 시제 가정법으로 '계속해서 알아가야 하는 것'이란 뜻입니다. 그리고 이 동사가 나타내는 앎은 단순한 지적인 인식이 아니라, 인격적이고 영적인 친밀한 관계를 포함하는 것입니다. 즉 하나님과 예수님이 사랑 가운데서 서로를 아시는 것처럼(요 17:5, 24-26), 우리가 하나님과 예수님을 알아가는 것을 나타내는 말입니다(롬 5:5-11; 엡 1:16-19; 2:17-22).[16] 사도 바울도 "우리가 다 하나님의 아들을 믿는 것과 아는 일에 하나가 되어 온전한 사람을 이루어 그리스도의 장성한 분량이 충만한 데까지 이르리니"라는 말씀으로, 영생에 있어서 '믿음에 의한 됨의 측면'과 '앎에 의한 되어감의 측면'이 있음을 보여주었습니다.

---

15) Ray Summers, *Ephesians: Pattern for Christian Living* (Nashville: Broadman Press, 1960), preface v.

16) 제자원 편, 「옥스퍼드원어성경대전: 요한복음 제13-21장」(서울: 제자원, 2001), 321-2.

2) 성경의 목적, 하나님 앞에 바른 교훈과 삶

성경은 하나님께서 행하신 위대한 일을 기념하고(출 17:14; 수 4:1-7), 사람의 생사화복(신 30:15-20)을 주관하시는 여호와 하나님을 사랑하며 자녀들을 가르쳐서, 그들이 하나님 여호와를 믿어 의로 여김을 받을 수 있도록 계시로 주신 하나님의 말씀입니다(신 6:4-9; 창 15:6). 신약성경은 그 기록목적을, 예수께서 하나님의 아들 그리스도이심을 믿어 생명을 얻은 성도들이 실천하는 삶으로까지 나아가도록 확대하고 있습니다(요 20:31; 딤후 3:15-16). 이 지점에서 성도들이 실천하는 삶을 위해 심비에 새겨야 할 소중한 말씀이 있습니다. 그것은 바로 '생명을 얻은 하나님의 아들들은 하나님의 영으로 인도함을 받는 사람들'이라는 말씀입니다(롬 8:13-14; 참조, 롬 8:5-12; 갈 5:16-24). 약술하면, 성도의 삶은 성령님의 인도하심의 자리인 진리의 말씀과 기도와 예배 및 찬송의 자리에서, 우리 주 예수 그리스도와의 "주인과 종의 관계"를 경험하며, 그리스도 안에서 계시하신 아버지 하나님의 존재와 성품과 뜻과 소원을 깨달아 알고 헌신하는 실천의 삶입니다. 달리 말해 성령께서 성도를 주 예수 그리스도께로 인도하시는 그 자리에서 주인과 친구 같은 종으로 친밀한 사귐을 가지며(요 15:15), 아들 예수 그리스도 안에 계시는 아버지 하나님과 더불어 누림으로써, 기쁨이 충만한 삶을 살아가는 "사귐과 누림과 기쁨의 삶"입니다(요일 1:1-4). 이러한 삶은 성도의 마음 안에 내주하시는 성령과 함께 체험하는 현재적 하나님의 나라 백성으로의 삶입니다(롬 14:17; 갈 5:16-26). 성경은 성령께서 성도들을 인도하시는 그 길을 보여 줍니다. "또 **너희는** 많은 환난 가운데서 **성령**의 기쁨으로 **말씀을** 받아 우리와 **주를 본받은 자** 가 되었으니, 그러므로 너희가 마게도냐와 아가야에 있는 모든 믿는 자의 본이 되었느니라, 주의 말씀이 너희에게로부터 마게도냐와 아가야에만 들릴 뿐 아니라 **하나님을 향하는 너희 믿음의 소문**이 각처에 퍼졌으므로 우리는 아무 말도 할 것이 없노라"(살전 1:6-8)는 말씀에 나타나 있는 그 길입니다(참조, 히 9:14; 엡 2:17-18; 요 14:6; 16:12-15). 즉 성령 안에서 주 예수 그리스도로 말미암아 아버지께 나아감을 얻는 그 길입니다.[17]

7. 성경의 기록자, 성령의 감동을 받은 사람

"성경이 어떻게 기록되었는지에 관한 내용입니다."

1) 성경의 기록방식, 하나님의 감동

성경이 어떻게 기록되었는지 그 방식에 대하여는 사도 베드로와 사도 요한 그리고 사도 바울의 증언에 나타나 있습니다. 그들은 '모든 성경은 하나님의 감동 혹은 성령의 감동으로 기록되었다'고 명백하게 증언하고 있습니다. 그들은 복음과 성경의 모든 예언은 사람의 뜻을 따라 된 것이 아니며(갈 1:11; 벧후 1:20-21), 오직 하나님께 받아 말한 것으로 증언합니다(벧후 1:21; 갈 1:12). 성경의 기록방식과 관련한 "영감설"(inspiration)이 있습니다. 영감설은 '성경이 하나님의 감동을 받아 기록된 말씀이기 때문에, 성경은 오류가 없다'는 믿음의 표현입니다(참조, 신 18:19-22; 고전 4:6).

일반적으로 교회에서 수용할 있는 영감설은 "축자영감설(the plenary verbal inspiration) 혹은 기계적 영감설"(the mechanical inspiration)과 "유기적 영감설"(the organic inspiration) 두 가지입니다. 첫째, "축자영감설"은 하나님이 말씀하신 글자 하나하나가 영감을 받았다는 것입니다. 그러나 성경은 일반 사람들이나 공동체에 대한 영감에 대하여는 결코 말

---

17) Köstenberger and Swain, *Father, Son and Spirit* [아버지와 아들과 성경], 246; D. M. Lloyd-Jones, *God's Way of Reconciliation* [영적 화해], 서문강 역 (서울: 기독교문서선 교회, 1994), 402-6; 제자원 편, 「옥스퍼드원어성경대전: 갈라디아서·에베소서」, 544.

하지 않습니다. 영감을 받은 것은 선지자와 사도들과 특별한 사람들의 증언입니다. 예수께서도 선지자들의 예언을 하나님의 말씀과 같이 여기셨습니다. 예수님이 말씀에 순종하신 이유도 여기에 있습니다(마 4:4, 7, 10; 5:17-20; 19:4-6; 26:31, 52-54; 눅 4:16-21; 16:17; 18:31-33; 22:37; 24:25-27, 45-47; 요 10:35-38). "기계적 영감설"은 하나님께서 기록자인 사람을 무시하고 자신의 계시를 단어 한 자까지 받아쓰게 하셨다는 이론입니다. 둘째, "유기적 영감설"은 각 기록자의 체험이나 기질이 문체와 관심과 문화 언어적 상황의 다양성에서 분명히 나타나 있듯이, 기록자의 성격을 인정하는 견해입니다(참조, 벧후 1:17-19). 이 견해에 따르면 성경은 하나님에게서 나오지만, 그것은 사람을 통해 기록되었으며 오랜 세월에 걸쳐 구속 및 속량의 역사가 펼쳐짐에 따라 축적된 것입니다.[18] 이처럼 성경은 오직 하나님 곧 성령의 감동하심을 받은 사람들이 하나님께 받아 말한 것입니다(딤후 3:16; 벧후 1:21). 특히 성경은 성경의 저자이신 하나님과 그리스도와 성령께서 진리의 하나님이심을 증언합니다(딛 1:2; 롬 3:4; 사 65:16; 시 31:5; 요 14:6, 17; 15:26; 16:13; 고후 11:10; 참조, 요 17:17-19; 갈 2:5, 14; 딤전 2:4; 3:16; 참조, 히 10:26-27).

　이제 '하나님의 감동' 및 '성경의 감동'이란 말의 의미에 대하여 살펴보겠습니다. 디모데후서 3장 16절은 "모든 성경은 하나님의 감동으로 된 것으로 교훈과 책망과 바르게 함과 의로 교육하기에 유익하니"라는 말씀으로 '하나님의 감동'이란 말을 사용하였습니다. '하나님의 감동'은 헬라어로 '데오프뉴토스'(θεόπνευτος)로 번역되었습니다. 이 단어는 '하나님'을 뜻하는 '데오스'(θεός, 마 3:9)와 '바람이 불다'(마 7:25; 요 3:8), '호흡하다'란 뜻의 동사 '프네오'(πνέω)의 파생어와의 합성어입니다. 이는 '하나님께서 호흡하시는'이란 뜻을 지니고 있습니다.[19] 그리고 베드로후서 1

---

18)　Horton, *Pilgrim Theology*[천국 가는 순례자를 위한 조직신학], 69-71.
19)　제자원 편, 「옥스퍼드원어성경대전: 디모데전서·디모데후서」, 551.

장 21절에서는 "예언은 언제든지 사람의 뜻으로 낸 것이 아니요 오직 성령의 감동하심을 받은 사람들이 하나님께 받아 말한 것임이라"는 말씀으로 '성령의 감동'에 대하여 증언하였습니다. 여기서 '감동하심을 입은'에 해당하는 '페로메노이'(φερόμενοι)란 말은 기본적으로 '물건을 나르다,' '이동시키다'란 뜻을 가진 '페로'(φέρω)의 현재 분사 수동태로 사용된 말입니다. 따라서 '성령의 감동하심을 받았다'는 말은 성경이 기록자들의 마음대로 말하고 기록한 것이 아니라, 기록자들이 전적으로 하나님의 성령의 인도하심을 따라 움직여져서 기록하고 말한 성경임을 가리킵니다(참조, 출 17:6). 특히 베드로는 성경을 대하는 자세에서 "사람의 뜻"과 "성령의 감동하심"을 대조함으로써, 성경의 기록 동기와 내용에 사람의 뜻이 전혀 개입되지 않았다는 사실을 철저하게 강조하였습니다(참조, 창 41:38-39; 삼하 23:2; 겔 11:5; 벧후 1:21).[20]

참고적으로 성도가 성경을 잘 이해하며 읽을 수 있으려면 '계시' (revelation)와 '영감'(inspiration)과 '조명'(illumination)의 차이를 알아야 합니다. '계시'란 하나님께서 메신저인 선지자나 사도들에게 하나님 곧 성령님의 감동으로 기록한 '성경으로서의 계시'를 뜻합니다. '조명'은 성경을 읽는 독자들이 진리의 말씀의 의미를 이해할 수 있도록 성령님에 의해 부여된 영적 통찰력을 말합니다. 그리고 '영감'은 메시지를 전달하거나 기록하는 메신저에게 미치는 하나님의 인도하심과 통제를 말합니다.[21] 쉽게 말해 '계시'는 하나님이 사람에게 초자연적으로 진리를 전달하는 것이라면, '영감'은 성경의 기록자들이 계시에 담긴 하나님의 뜻을 오류 없이 기록할 수 있도록 하나님의 감동으로 역사하신 것을 말하며, '조명'은 성경을 읽는 독자가 성경을 쉽게 이해하여 순종할 수 있도록 돕는 성령님의 내적인 역사를 말합니다(엡 1:17-19; 고전 2:10).

---

20) 제자원 편, 「옥스퍼드원어성경대전: 베드로전서·베드로후서」, 475.
21) Mullins, *The Christian Religion In Its Doctrinal Expression*, 143.

2) 성경의 기록과정, 점진성과 정경화 작업

성경은 대략 1500여 년의 기간에 걸쳐, 특별한 시대와 특별한 사람들과 서로 다른 직업과 교육 수준을 가진 40여 명의 택함 받은 하나님의 사람들이 하나님 곧 성령의 감동으로 기록한 것으로 알려져 있습니다. 월터 카이저(Walter C. Kaiser, Jr.)는 "구약성경은 주전 1400년부터 400년까지의 천년에 걸친 이야기"라고 말했습니다. 여기서 '천년'이란 말은 "옛적에 선지자들을 통하여 여러 부분과 여러 모양으로 우리 조상들에게 말씀하신 하나님이"(히 1:1)라는 말씀에서와 같이, '여러 부분' 곧 모세의 시대로부터 역대기서가 완성된 때까지 천년을 포함하는 기간을 의미합니다.[22] 우리가 성경 기록의 정확한 연대를 산정하기란 쉽지 않지만 성경 자체에서 파악하려면, 창세기 5장에 증언되어 있는 아담의 계보, 셈의 족보(창 11:10-26), 모세가 활동하던 시기(B. C. 1527-1406), 그리스도의 성육신과 공생애, A. D. 70년 성전붕괴, 사도들의 사역을 참조할 수 있을 것입니다. 그리고 구약성경은 예수님이 누가복음 24장 27절과 44절에서 언급하신, 모세오경과 시편과 선지서가 기본이 되어 역사서로 구성되었습니다.

정경화 작업과 관련하여, 모세 오경을 기록한 모세는 하나님께서 이스라엘 민족 사이에 언약을 세우실 때, 그 언약의 조건 형식으로 율법을 수여받았던 중보자 모세였습니다(B. C. 1527-1406, 요 1:17; 갈 3:19).[23] 그 이후 B. C. 621년에 대제사장 힐기야가 율법책을 발견했습니다(왕하 22:8, 10). 요시아 왕은 이 율법책을 읽고 장로, 제사장, 선지자 등으로 구성된 대집회를 소집하였습니다(왕하 23:1-3). B. C. 500년경에는 에스라와 느헤미야 시대에 율법이 백성들에게 다시 읽혀졌고, 또 방백과 레위인과 제사장들이 이를 인증해 주었습니다(느 9:38; 10:1-12:26). 보수주의

---

22) Walter C. Kaiser, Jr., *The Old Testament Documents: Are The Reliable & Relevant?* [구약성서 다큐멘트], 김정봉 옮김 (서울: 도서출판 세움과비움, 2016), 11.

23) 제자원 편, 「옥스퍼드원어성경대전: 신명기 제12-26장」 (서울: 성서교재주식회사, 1999), 24.

신학자들은 이때 이미 모세 오경과 선지서와 성문서가 정경화 되었을 것으로 추정하고 있습니다.

좀 더 구체적으로 언급하면, 구약의 정경화 과정은 삼 단계를 거친 것으로 알려져 있습니다. 첫째, 그것은 모세로부터 시작하여 B. C. 400년경에 토라 혹은 모세의 율법인 오경, 전기 예언서인 여호수아서와 사사기와 사무엘상하, 그리고 열왕기상하를 포함한 예언서가 정경으로 수용되었습니다. 둘째, B. C. 200년경 이전에 완성된 후기 예언서인 이사야서, 예레미야서, 에스겔서, 그리고 12권의 소선지서를 포함하는 예언서가 정경으로 인정되었습니다. 셋째, B. C. 150-100년경에 성문서가 정경으로 수용되었습니다. 그리고 A. D. 90년에 얌니야(Jamnia) 회의는 39권을 정경으로 선포했습니다. 그 당시에 구약의 정경화 기준은 크게 네 가지였습니다. 그것은 히브리어로 기록되고, 그 내용은 토라와 동일해야 하며, 시기적으로는 말라기 이전에 기록된 것이었습니다. 더불어 그것은 예수님이 증거하신 것으로 그 내용에 모순이 없어야 했습니다(눅 24:44; 요 5:39). '정경'이란 용어 'canon'은 그리스도교 공동체 내에서 표준적 담론으로 고정되어 있었습니다. 즉 캐논은 히브리어 '카네'(קָנֶה)로부터 온 것으로 그 의미는 '갈대' 혹은 '식물의 줄기'(왕상 14:15; 욥 40:21)로서 길이를 측정하는 막대기로 사용되었습니다.[24] 신약의 경우 고린도후서 10장 13절에서 '한계'로 번역된 '카노노스'(κανόνος)란 용어가 있습니다. 이는 본래 '갈대,' '막대기'를 뜻하는 '카논'(κανών)의 소유격으로 파피루스 문서에서는 '길이를 재는 막대기,' 즉 '잣대'라는 의미로 주로 사용되었습니다(고후 10:15-16). 갈라디아서 6장 16절에서는 '규례'란 말로도 번역되었습니다.[25] 그래서 '카논'은 대체로 문자 그대로 측량을 위한 막대로 된 자 외

---

24) Kaiser, Jr., *The Old Testament Documents: Are The Reliable & Relevant?* [구약성서 다큐멘트, 27-8.

25) 제자원 편, 「옥스퍼드원어성경대전: 고린도후서 제1-13장」 (서울: 제자원, 2001), 570.

에도 어떤 사건의 진위를 가리기 위해 정한 규칙, 규범, 규준, 그리고 제정된 기준에 맞는 것을 선택하여 '캐논'이라 부르게 되었습니다. 따라서 '정경화'란 말은 '신앙의 규범이 되며 신앙생활의 규율을 세울 수 있는 성경에 대한 선택'을 의미합니다.[26]

　신약의 정경화와 관련하여, 그리스도교의 복음은 윤리강령이나 형이상학적 체계가 근본이 아니었습니다. 그리스도교의 복음은 기쁜 소식이었습니다(눅 2:10-11). 초기의 복음 전파자들도 기쁜 소식을 전하였습니다. 이들은 그리스도교를 '길,' '생명'으로 지칭했습니다. 그래서 그리스도교의 생명의 길은 '구주 곧 그리스도 주'를 기쁜 소식으로 영접하는 새로운 살 길입니다. 그리고 이 기쁜 소식은 역사적 순서, 즉 하나님이 이 세상을 구속 및 속량하시기 위하여 영존하시는 분이 어떻게 역사 안으로 들어오셨는지, 예수 그리스도의 성육신, 하나님 나라의 지상 세계 침투, 그리스도의 십자가 죽으심과 부활승천의 대사건에 관한 순서대로 이루어졌습니다. 이처럼 그리스도교는 그 근원을 역사에 두었습니다. 명백하게 그리스도교 신앙의 진리가 신약성경의 역사성에 크게 부착되어 있는 한, 신약성경의 역사성과 그리스도교 진리는 신약 문헌의 진위 문제와도 밀접한 관련을 맺고 있습니다.[27] 그러므로 '성경은 스스로 증거한다'는 '성경의 자증의 원리'대로 사도 베드로와 사도 바울은 신약 성경을 진리의 말씀으로 증언하였습니다(롬 4:3; 10:8-10; 갈 4:30; 참조, 행 2:22-42; 4:1-20; 17:1-34; 28:23; 고후 4:1-15; 11:1-15; 살전 2:1-4). 그리고 사도들로부터 배운 속사도 교부인 이그나티우스(Ignatius)는 복음서가 예언서와 동등한 권위를 가지고 있는 것으로 보았습니다. 교부 이레네우스 시대 이후에는 그리스도교 문헌이 지닌 영적 성격이 보편적으로 인정되었습니다.

---

26) 김철손 외 2인, 「신약성서 개론」, (서울: 기독교서회, 1972), 293.
27) F. F. Bruce, *The New Testament Documents* [신약성경문헌] (서울: 생명의말씀사, 1975), 1-2.

그 때부터 이 책들은 '신약성경'(New Testament)으로 부르는 것이 유행이었습니다. 이는 사도 바울이 유대교 성서를 '첫(옛) 언약'으로 증언한 데로 소급된 명칭입니다(히 8:7-13; 9:1-15).[28] 대체적으로 신약성경은 A. D. 100년경에 완성되었습니다. 예컨대, 마태복음(85-90년경), 마가복음(65년경), 누가복음(80-85년경, 요한복음(90-100년경), 사도행전(60년대), 그리고 바울서신(48~64년경)입니다.[29] 사도 시대의 교부로 알려져 있는 사람들은 주로 90~160년 사이에 책을 저술하였으며, 그들의 작품은 신약성경 전반에 정통해 있었습니다.[30]

한편, 흑해 연안의 시노페(Sinope) 출신으로 영지주의 이단자 말시온(Marcion)은 '유대교의 열등한 창조와 공의의 하나님'과 '지고하신 선의 하나님'이라는 인위적인 틀을 세우고 구약의 하나님을 거부했습니다. 이는 그가 철학자 플라톤이 제시한 '이데아계는 선하고, 물질계는 악하다'는 극단적 이원론을 가지고, 그리스도께서 마치 몸을 입은 것처럼 오셔서 계시자 역할만 행하셨다는 '가현설'(docetism)에 따른 오류입니다(요일 4:1-6). 그 결과 말시온은 구약 전체와 그리스도의 성육신을 거부했습니다. 이 같은 왜곡된 틀을 가지고 말시온은 오직 바울만을 지고하신 하나님의 사자로 간주하며, 바울이 증언한 빌레몬에게 보낸 편지와 일곱 교회에 보낸 아홉 서신만을 확실한 자료요, 보증이요, 참된 교회의 규범이라고 주장했습니다. 말시온이 제시한 열권의 목록은 그가 가장 중요한 것으로 여긴 순서대로 갈라디아서, 고린도전후서, 로마서, 데살로니가전후서, 에베소서, 골로새서 및 빌레몬서, 빌립보서입니다.[31] 이처럼 말시온은 예수

---

28) J. N. D. Kelly, *Early Christian Doctrines* [고대기독교 교리사], 김광식 역 (서울: 도서출판 한글, 1992), 69-70.
29) Bruce, *The New Testament Documents* [신약성경문헌], 6-8.
30) Ibid., 12.
31) Bruce M. Metzger, *The Canon of the New Testament* [신약정경형성사], 이정곤 역 (서울: 기독교문화사, 1993), 108-10.

그리스도의 성육신과 십자가 죽으심과 부활을 철저히 거부한 자였습니다.

다른 한편, 초기교회 교부 아타나시우스(Athanasius, A. D. 368)는 말시온이 작성한 10권의 목록에 맞서, 최초로 "정경"(canon)이란 말을 적용하여 27권의 신약 정경목록을 작성하였습니다. 마침내 A. D. 393년 힙포(Hippo)의 장로회의는 이 27권을 정경으로 결정하였습니다. 이어서 어거스틴이 참석한 가운데 A. D. 397년에 열린 제3차 카르타고(Carthago) 회의에서도 공식적으로 아타나시우스가 제시한 27권을 정경으로 결정하였습니다.[32] 이는 현재 우리가 소유하고 있는 신약성경의 27권입니다. 그 때 신약 27권의 정경목록의 기준은 첫째, 사도들이 전해준 사도성(apostleship)입니다(고전 9:1-6; 11:23; 15:1-4; 갈 1:8-11; 딤후 2:8-18). 둘째, 교회가 일반적으로 수용한 보편성(universality)입니다(딤전 3:15). 셋째, 하나님 곧 성령의 감동으로 된 영감성(inspiration)입니다(벧후 1:17-21). 넷째, 내용의 신빙성(reliability)입니다(살전 1:5). 브루스 메쯔거(Bruce M. Metzger)는 여기에 신앙의 규칙과 진리의 정경, 그리고 정통교회가 계속 수용하고 이용하는 책들이 정경에 대한 기본적인 선행조건이었다고 첨언하였습니다.[33] 정경화 작업에서 중요한 것은 교회가 정했기 때문에 정경이 된 것이 아니라는 점입니다. 정경은 본래 성령의 감동으로 기록된 책이기 때문입니다.

3) 교회 위의 말씀, 종교개혁과 성경 우선권

마틴 루터는 1520년에 "교회는 언약의 말씀에 대한 믿음을 통해 태어납니다. 이는 하나님의 말씀이 교회보다 비교할 수 없을 만큼 높기 때문입니다."라고 썼습니다. 그는 1526년 1월 7일 스위스 개혁자 그룹이 행한 논쟁에서 "교회는 하나님의 말씀으로부터 태어나 그 말씀 안에 거하며 외부

---

32) 김철손 외 2인, 「신약성서 개론」, 299.
33) Metzger, *The Canon of the New Testament*[신약정경형성사], 270-1.

인의 소리를 듣지 않습니다"라고 자신의 목소리를 내었습니다. 이후 그는 곧장 '교회'란 말 위에 '그리스도를 그 머리로 하는 교회'란 말을 첨가했습니다. 이 유명한 논쟁에서 '교회 위의 말씀'(Verbum supra ecclesia)이란 어구가 생겨났습니다. 즉 '교회는 하나님의 말씀으로부터 생겨났다'는 것입니다(Ecclecia nata est ex Dei verbo). 이때부터 종교개혁자들은 하나님의 말씀 곧 '성경의 우선권'을 앞세우기 시작하였습니다.[34] 이는 교회가 성경에 정경 개념을 부여할 수 있는 것은 아니며, 오직 성경 자체에서 나온다는 사실을 강조한 것입니다. 교회는 말씀의 자녀이지 결코 어머니가 아니기 때문입니다. 본래부터 구약과 신약은 하나님의 말씀을 가감하는 것을 강력하게 경고하였습니다(신 4:2; 12:32; 18:20-22; 고전 4:6; 계 22:18-19). 성경의 우선권을 강조했던 종교개혁기간에는 성경의 본질과 권위와 무오성에 대한 논쟁은 없었습니다.[35] 신약 27권이 진리이므로 교회 회의도 그것을 정경으로 인정한 것입니다. 그럼에도 불구하고 로마 가톨릭교회는 1546-49년 트렌트(Trent) 회의에서 외경을 정경에 첨가하는 실수를 범했습니다.[36]

본래 아타나시우스는 자신이 제시한 신약 27권 정경목록이 최종적으로 채택되자마자 "성경이 모든 것 중에서 우리에게 가장 충분하다"며 성경의 소중함을 강조하였습니다. 브루스(F. F. Bruce)에 의하면, 신약성경을 저술하신 성령께서 문서를 수집하고 규준에 따라 정경목록을 형성하기까지 주장하셨습니다. 이는 주께서 제자들에게 성령님이 모든 진리 가운데로 인도하실 것을 말씀하신 약속에 대한 성취라는 것입니다(요 14:26; 15:26;

---

34) Calvin, 「칼빈의 성경관」, 90.
35) Horton, *Pilgrim Theology* [천국 가는 순례자를 위한 조직신학], 85.
36) 외경(Apocrypha)이란 '숨겨 진 것'이란 뜻을 가지고 있으며, 정경으로 인정받지 못한 책을 지칭합니다. 영지주의적 요소가 있는 책들입니다. 위경(Pseudepigrapha)은 B. C. 200년경에서 A. D. 200년경에 쓰여진 위작들로서 그 수가 무수히 많습니다. 그러나 마틴 루터는 독일어 번역에서 그리스어와 라틴어 성경에 포함된 외경을 분리하여 1560년 제네바성경에서 이를 배제하였습니다.

16:12-14). 이러한 시각이 바로 그리스도교의 신앙입니다.[37] 현시대의 마이클 호튼도 "초기교회 교부들이 그들의 권위로 정경을 만들어 낸 것이 아니라, 그들은 단순히 정경적인 것을 식별하거나 인정하는 것이었다"고 진술했습니다.[38]

청교도 설교자 토머스 왓슨(Thomas Watson)은 "신구약 두 성경은 하나님이 우리에게 말씀하신 두 입술"이라고 표현했습니다. 교회가 66권의 책들을 하나님의 입에서 나온 말씀으로 인정했다는 뜻입니다. 토머스 왓슨의 진술에 의하면, 정경은 주교단이나 교회 회의를 통해 위로부터 주어진 것이 아니라 공동체를 통해 받아들여졌습니다. 제도권 교회가 정경을 만들어 낸 것이 아닙니다. 제도권 교회는 이미 만들어져 있던 정경을 인정했을 뿐입니다. 그는 성경이 교회를 만들었다고 강조했습니다.[39] 성경보다 앞서 가는 교회가 되어서는 아니 된다는 말입니다.

8. 성경 기록이유, 하나님의 백성 세우기

"성경이 왜 기록되었는지에 관한 내용입니다."

1) 성경의 발자취, 성경을 잃은 하나님의 백성

구약의 성도들은 신명기 6장에 나오는 '쉐마' 교육으로 부모가 자녀들에게 성경을 가르쳤습니다. 성경을 읽고 낭독하는 것은 일상적인 교육 방법이었으며, 정규적인 예배의식의 한 부분이기도 했습니다. 어린 아이들은 가정에서 성인들은 회당에서 사회자가 엄숙한 목소리로 들려주는 구약

---

37) Bruce, *The New Testament Documents* [신약성경문헌], 15.

38) Horton, *Pilgrim Theology* [천국 가는 순례자를 위한 조직신학], 87.

39) Bruce K. Waltke, *An Old Testament Theology* [구약신학], 김귀탁 옮김 (서울: 부흥과
개혁사, 2015), 39.

성경 '타나크'(תנ״ך)를 통해 경건한 삶을 살았습니다. 이스라엘 자손은 수 천 년 동안 각국에 이주하며 생활하면서도 성경에 기초한 '야훼신앙'을 지켜나가고자 노력하였습니다. 예컨대, 유다 마카비를 중심으로 유대인들이 우상 숭배를 강요하는 수리아 안티오쿠스에 맞서 싸울 때(B. C. 168~166년), 그들의 한 손에는 항상 "작은 성경 두루마리"가 쥐어져 있었습니다. 예루살렘이 멸망하기 직전 960여명의 유대인들이 로마 군단에 포위되어 저항하며 죽음을 맞이하는 순간까지(A. D. 70~73년) 그들의 입에서 성경을 읽는 소리가 끊이지 않았다고 합니다. 예수님께서도 회당에서 늘 하시던 대로 성경을 읽으셨습니다(눅 4:16). 사도 바울은 형제들에게 구약 외에 사도들의 서신을 읽어주도록 권하였습니다(살전 5:27).[40]

한편, 하나님의 백성 이스라엘이 하나님의 언약궤를 이방나라 바벨론에 빼앗긴 적이 있습니다(삼상 4:3-11; 참조, 신 31:24-26, 27; 히 9:4-5; 계 11:19). 언약궤 안에는 하나님의 말씀인 십계명이 쓰여진 두 돌판이 들어 있었고(출 25:15-22; 31:18; 32:15; 40:20; 신 4:13; 9:10-11; 10:1-5; 왕상 8:9), 아론의 싹난 지팡이와 만나를 담은 금 항아리도 들어 있었습니다(신 10:2; 출 16:33-34; 히 9:4). 그 때에 하나님의 언약궤를 다시 이스라엘 진영으로 되찾아 온 것은 당시에 선지자로 세움 받은 사무엘도 이스라엘 장로나 백성들도 아니었습니다. 여호와 하나님께서 친히 능력으로 되찾아 오셨습니다(삼상 5:6, 9-10; 6:19-20). 하나님께서 왜 그렇게 하

---

40) 중세기에는 성경을 번역하는 사람들을 장대에 매달거나 장작더미 위에 올려놓고 화형에 처하기도 했습니다. 성경을 번역한 존 위클리프((John Wycliffe, 1320년경)는 누군가에 의해 그의 무덤이 훼손되고 그의 뼈를 추스려 그의 저서들과 함께 불태워지기도 했다고 합니다. 그의 영향을 받아 코이네 그리스어 성경을 영어로 번역한 윌리엄 틴데일(William Tyndale, 1494~1536)을 비롯한 잔 후스(Jan Hus) 등도 화형에 처해졌습니다. 수년 전의 성경책 안쪽 표지에는 붉은 색종이가 삽지되어 있었습니다. 이 붉은 색은 예수님의 피를 상징했으며, 현재도 신약성경에서 예수님이 말씀하신 성구를 붉은 글씨로 인쇄한 성경책도 있습니다. 신약을 읽는 성도의 마음속에 예수님이 친히 말씀하신 말씀들을 새기며 순종할 때 더 깊은 말씀의 의미를 발견할 수 있을 것입니다.

섰는지 깊이 묵상하며 하나님의 속 깊은 마음을 헤아리는 우리가 되어야 할 줄로 믿습니다.[41]

성경은 이스라엘 백성이 하나님의 언약궤를 빼앗긴 이유 몇 가지 가운데 가장 근본적인 이유를 증언하고 있습니다. 그것은 "이스라엘 백성들이 젖과 꿀이 흐르는 가나안 땅에 들어가 배부르고 살찌면 돌이켜 다른 신들을 섬기며 나를 멸시하여 내 언약을 어기리니"라는 말씀과 같이, 이스라엘 백성들이 하나님께서 세우신 언약을 깨뜨리고 다른 신을 섬겼기 때문입니다(신 31:9-20; 렘 3:16). 또 다른 이유로는 이스라엘이 블레셋과의 전쟁에 패하여 사상자가 약 4000명 가량 발생하자, 이스라엘의 장로들은 하나님의 언약궤가 그들의 진영에 없었기 때문이라 생각하고 그들의 소견대로 사람을 보내어 언약궤를 진영으로 옮겨온 실수 때문입니다(삼상 4:1-5; 참조, 민 14:36-45). 그들은 언약궤만 있으면 원수들의 손에서 자신들을 구원할 수 있다고 생각한 것입니다. 언약궤는 하나님의 지시가 있을 때 거룩한 제사장들이 메어서 옮기도록 되어 있었습니다(출 25:10-16; 37:1-9; 신 10:8-9; 31:9-13, 24-26; 수 3:3, 8). 게다가 그 때 언약궤를 실로에서 에벤에셀 곁의 진영으로 옮긴 제사장은 하나님 앞에서 타락하여 하나님께로부터 버림받은 홉니와 비느하스였습니다(삼상 2:12-35; 3:1-18; 4:4).

한편, 이스라엘의 왕들은 율법서의 등사본을 레위 사람 제사장 앞에서 책에 기록하여, 평생 자기 옆에 두고 읽어 그의 하나님 여호와를 경외하도록 되어 있었습니다(신 17:1-17, 18-19; 참조, 신 31:9-13). 성경은 이스

---

41) 이스라엘 백성이 블레셋에게 빼앗긴 하나님의 언약궤를(삼상 4:1-22), 하나님께서 친히 역사하셔서 하나님의 궤를 되찾아 오신 이동로는 다음과 같습니다. 즉 "이스라엘의 진영 에벤에셀에서부터(삼상 4:1) 블레셋 지역의 아스돗(삼상 5:1-5), 가드(삼상 5:6-8), 에그론(삼상 5:9-6:9), 벧세메스(삼상 6:10-18), 그리고 기럇여아림의 아비나답의 집(삼상 6:19-7:2)"입니다. 그 후에 다윗이 온 이스라엘의 왕이 되어(삼하 5:1-10) 하나님의 궤를 바알레유다로 가서 아비나답의 집에서 오벧에돔의 집으로 옮겨왔고(삼하 6:1-10), 다시 석 달 뒤에 오벧에돔의 집에서 여호와의 궤를 다윗 성에 친 장막 가운데 준비한 그 자리에 두었습니다(삼하 6:11-17, 18-19).

라엘의 초대 왕 사울 왕 때는 하나님의 언약궤 앞에서 묻지 아니하였다고 기록하였습니다(대상 13:3). 도리어 사울 왕은 자신을 위해 기념비를 쌓고 하나님의 말씀을 버렸습니다(삼상 15:12-23). 다윗이 왕이 되어 언약 궤를 다윗 성의 장막에 안치하기까지는 여호와의 율법이 제대로 낭독되지 못하였습니다(대상 13장). 다윗은 왕이 되자 바알레유다로 가서 언약궤를 옮기려 했으나 규정을 무시하고 옮기다가 그만 실패했습니다(삼하 6:11; 참조, 출 25:14; 신 10:8; 수 3:36). 그러나 다윗은 2차 때에는 철저히 준비하여 예법대로 순조롭게 언약궤를 예루살렘으로 옮긴 후, 다윗 성 위에 마련한 장막에 여호와 하나님의 언약궤를 무사히 안치할 수 있었습니다(삼하 6:12-19; 대상 15:1-16:43). 이로써 그동안 이스라엘이 잃어버렸던 하나님의 말씀을 되찾고 전능하신 하나님께서 함께 하시는 강성한 나라가 되었습니다. 마침내 여호와께서 다윗의 아들 솔로몬을 여호와의 나라 왕 위에 앉혀 이스라엘을 다스리게 하셨습니다(대상 28:5-6). 솔로몬은 가장 크고 화려한 예루살렘 성전을 지어 그곳에 하나님의 언약궤를 안치한 후, 여호와 하나님께 성전 봉헌식을 올려드렸습니다(왕상 5:1-6:38; 8:1-66). 그러자 여호와께서 다시 솔로몬에게 나타나셔서 "나는 네가 건축한 이 성전을 거룩하게 구별하여 내 이름을 영원히 그 곳에 두며 내 눈길과 내 마음이 항상 거기에 있으리니"(왕상 9:3)라는 말씀과 더불어, 그러나 "만일 너희나 너희의 자손이 아주 돌아서서 나를 따르지 아니하며 내가 너희 앞에 둔 나의 계명과 법도를 지키지 아니하고 가서 다른 신을 섬겨 그것을 경배하면, 내가 이스라엘을 내가 그들에게 준 땅에서 끊어 버릴 것이요 내 이름을 위하여 내가 거룩하게 구별한 이 성전이라도 내 앞에서 던져버리리니 이스라엘은 모든 민족 가운데에서 속담거리와 이야기거리가 될 것이며"라는 경고의 말씀을 주셨습니다(왕상 9:6-7).

다른 한편, 솔로몬은 성전과 왕궁을 지을 때 자신을 도왔던 두로 왕 히람과 거래하고(삼하 5:11; 왕상 5:1-18; 9:10-14), 스바 여왕의 뇌물을 받아 축재하기 시작했습니다(왕상 10:1-29). 성경은 솔로몬이 바로의 딸 외에 이방의 많은 여인을 사랑하여 후궁 칠백 명과 첩 삼백 명을 두었으며, 그가 나이가 들어 이방 여인들의 미혹에 빠져 다른 신들을 섬기고 산당을 지어주는 큰 범죄에 빠져 그의 마음이 여호와를 떠났다고 책망하고 있습니다(왕상 11:1-9). 이로 인하여 이스라엘의 통일왕국이 분열되었습니다(왕상 11:9-12:33). 결국에는 북이스라엘이 B. C. 722년에 앗수르에 망하고, 남유다는 B. C. 586년에 바벨론에게 처절하게 멸망당하고 말았습니다. 하나님께서 세우신 왕들이 처음에는 하나님을 경외했지만, 곧장 말씀을 잃어버리고 타락하여 다른 신을 섬기는 우상숭배에 빠진 결과였습니다(왕상 10:1-22:53; 왕하 25:1-30). 물론 요시야 왕 때에는 대제사장 힐기야가 예루살렘 성전에서 발견한 여호와의 율법책을 유다의 모든 사람들에게 낭독하고 개혁정책을 펼쳤으나(왕하 22-23장), 결국에는 남유다도 우상숭배에 빠져 바벨론에 패망하고 말았습니다(대하 10:1-36:21). 이처럼 지도자의 영향력이 지대함을 실감할 수 있습니다. 미합중국 28대 대통령 윌슨(Woodrow Wilson)은 "내가 묻는 바는 미국의 운명은 여러분이 위대한 계시의 책인 성경을 열심히 읽느냐 안 읽느냐에 달렸다는 것을 인식하고 있느냐는 것입니다"라고 연설하였습니다. 노예 반대론자 호레이스 그릴리(Horace Greeley)는 "성경을 읽는 백성을 정신적이나 사회적으로 노예화하기는 불가능한 일이다"라는 소중한 말을 남겼습니다.

2) 성경의 기록이유, 하나님의 목적 성취

하나님께서 하나님의 말씀을 기록하여 한 권의 성경으로 우리에게 주신 목적이 있습니다. 출애굽기 34장 27절은 "여호와께서 모세에게 이르시되 너는 이 말들을 기록하라 내가 이 말들의 뜻대로 너와 이스라엘과 언약을 세웠음이니라 하시니라"는 말씀을 통해, 여호와 하나님의 말씀은 이스라엘과 세우신 언약의 말씀임을 보여 줍니다. 여호와 하나님께서는 아브라함과 그의 후손 사이에 세우신 하나님의 영원한 언약대로 애굽에서 종살이하던 아브라함의 후손 이스라엘을 애굽으로부터 구원하시고(창 15:1-14, 15-21; 17:1-14; 출 12:1-42; 14:1-31) 그들과 언약을 세우셨습니다(출 24:1-8; 34:10-28; 신 4:31-40). 또한 하나님께서는 이스라엘을 하나님의 성민으로 삼으시고 하나님의 기업 백성으로 택하여 그들을 통치하시며(출 15:1-18; 34:1-9; 신 7:6-26:19; 27:9-10), '하나님 사랑'과 '이웃 사랑'을 실천하며 살도록 명령과 규례도 주셨습니다(출 20:6; 레 19:18; 신 6:4-5; 10:12-22).

물론 성경은 하나님의 백성들이 하나님과 올바른 관계를 유지케 하려는 목적으로 주신 '심판과 회개 촉구'의 기능을 가지고 있습니다(신 9:1-29; 렘 36:1-32; 겔 24:2-26:21). 하지만 구약과 신약성경을 기록하신 하나님의 근본 목적은 '구원'(신 4:1-4, 5-13; 렘 30:1-11; 요 20:31)과 '하나님 사랑 및 이웃 사랑'에 있었습니다(레 19:1-18, 34; 신 6:5; 10:19; 수 23:3-11; 호 3:1-5; 요 15:12; 21:1-14, 15-17; 마 22:36-40; 막 12:30-31; 눅 10:27; 롬 13:8-10). 이러한 '구원'과 '사랑'은 '공동체'를 형성하고 그 안에서 살아가는 것이었습니다. 성경은 '그 구원'과 '그 사랑'에 의한 '그 공동체 형성'이 구속사적 및 속량사적 의미를 갖는, 창세 전부터 아버지께서 아들에게 주신 '그 사랑과 영광'에서 비롯되었음을 보여 줍니다(요 17:24; 엡 1:3-6; 신 4:31-37, 38-40). "곧 창세 전에 그리스도 안에서 우리를 택하사 우리로 사랑 안에서 그 앞에 거룩하고 흠이 없게 하시려고, 그 기쁘신 뜻대로 우리를 예정하사 예수 그리스도로 말미암아 자기의 아들들이 되게 하셨으니, 이는 그가 사랑하시는 자 안에서 우리에게 거저 주시는 바 그의 은혜의 영광을 찬송하게 하려는 것이라…교회는 그의 몸이니 만물 안에서 만물을 충만하게 하시는 이의 충만함이니라"(엡 1:4-6, 23; 요 17:24; 참조, 출 15:1-11; 18:8-10; 신 4:37-38; 26:18-19; 사 43:1-21).

한편, 제임스 스마트(James D. Smart)는 「왜 성서가 교회 안에서 침묵을 지키는가」라는 책에서 교회가 성서를 주로 사사로운 용도를 위한 신앙적 문헌으로 만들어 버린 채, 성서가 요구하는 것에 관심을 기울이지 않고 지나칠 정도로 개인주의적인 해석에 빠져있다고 지적했습니다. 제임스 스마트에 의하면, 예언자들은 그들의 '민족'을 하나님 앞에 인도하였으며, 모세 오경과 신명기 역사는 하나님의 백성인 '한 공동체'가 하나님께서 과거에 그들에게 어떤 일을 행하셨는지를 이해함으로써, 한 백성의 미래를 좀 더 분명히 내다 볼 수 있게 하려는 시도를 보여 주고 있습니다. 시편은 이스라엘 '공동체' 전체의 기도와 찬양입니다. 나아가 신약의 복음서와 서신서는 '교회'를 하나님의 새 백성, 즉 새 이스라엘로 불러내어 존재케 했던, 그리고 그들로 하여금 역사 속에서 구원의 선교에 헌신하게 했던 말씀과 그 사건들에 대한 교회의 기억이었습니다. 사도 바울의 주요 서신은 모두가 다 '교회들'에 보내진 것이며, 그 서신들은 과연 '교회'가 된다는 것의 의미가 무엇인지에 관한 교훈입니다. 따라서 제임스 스마트는 성서란 군인을 위한 행군 명령이지 결코 편안히 잠들기 위해 잠자리에서 읽는 책이 아니며, 성서는 그리스도교 공동체가 연구해야 할 책이라고 진술했습니다.[42] 나폴레옹(Napoleon Bonaparte)은 "성경은 그저 하나의 책만은 아니다. 그것은 살아 있는 책이다. 성경에 반대하는 모든 것을 정복하는 힘을 가지고 있는 것이다"라는 명언을 남겼습니다(참조, 시 33:6-10; 고후 10:1-6; 참조, 히 4:12-13).

다른 한편, 제임스 스마트는 교회 공동체 관점에서 '구원사'(Heils-geschichte)에 대한 관심을 증대시키는 일에 집중하였습니다. 그의 강조점에 따르면, 구원사 혹은 구속사란 하나님의 백성 가운데 나타나신 하나

---

42) James D. Smart, *The Strange Silence of the Bible in the Church: A Study in Hermeneutics* [왜 성서가 교회 안에서 침묵을 지키는가], 김득중 역 (서울: 컨콜디아사, 1985), 23.

님의 행동이 다만 구약과 신약에서만 나타나는 것이 아니라, 오늘날 교회의 생활 가운데서도 계속되고 있다는 사실입니다. 구속사는 창조 때부터 혹은 아브라함의 시대로부터, 또는 이스라엘의 탄생으로부터 그들의 생활 가운데서 때로는 명료하게 때로는 숨겨진 채로 계속되면서 예수 그리스도 안에서 결정적인 절정에 도달하였습니다. 그 후에 다시 이 구속사는 수세기를 통해 시간의 종말이 있게 될 최후 승리의 날까지 연속적인 하나의 선으로 이어지고 있습니다. 구속사는 우리로 하여금 성서에 나오는 모든 남녀와 함께, 그리고 교회 안에서 우리보다 앞서 간 모든 사람과 함께 '하나님의 목적과 행동'이라는 똑같은 흐름 가운데 설 수 있게 해주는 장점을 소유하고 있습니다. 그러나 그 흐름 전체가 결국에 가서는 우리에게 와 닿게 되며, 그 때 우리가 하나님과의 언약관계 속에서 이분의 백성이 되라는 하나님의 요구에 직면하게 됩니다. 이에 우리가 하나님의 요구에 응답하여 하나님의 구원의 목적 성취를 위해 우리 자신을 하나님의 뜻에 맡기게 될 때, 우리가 하나님의 종이었던 이스라엘 백성, 예수 그리스도, 그리고 이분의 종인 교회와 하나가 된 것을 발견하게 됩니다(갈 3:6-29; 엡 2:1-22).[43] 즉 우리가 주 예수 그리스도를 믿음으로 영접하면 구원받은 하나님의 자녀로만 남아있는 것이 아니라, 하나님 나라에 들어간 하나님의 백성 공동체인 주의 몸된 교회 일원이 되어, 복음화를 위한 소금과 빛으로 온 세상을 향해 나아가는 그리스도인이라는 것입니다.

참고로, '구속사'라는 신학 용어는 초기교회 교부 이레네우스가 최초로 제시하였습니다. 그는 구약과 신약의 통일성과 역사 안에서 행하시는 하나님의 구속적 참여를 강조한 교부였습니다.[44] 본래 구속사란 말 독일어 "Heilsgeschichte"는 후에 영어권에서 "거룩한 역사"(holy history)

---

43) Ibid., 147-8.
44) Raymond F. Surburg, "An Evaluation of Heilsgeschichte Theologies with Special Reference to Their Implications for Biblical Hermeneutics," *Springfielder* vol. 33, no 2 (Summer 1969): 5.

혹은 "구원 역사"(salvation history)로 번역되어 신학 용어로 자리 잡았습니다. 앨런 리처드슨(Alan Richardson)에 의하면, 구속사는 "사람의 역사 속에서 행하시는 하나님의 구원하는 행위"를 일컫는 말입니다.[45]

9. 성경의 주제, 하나님의 구속 및 속량

1) 성경을 증언한 바울의 관심, 구속 및 속량의 관점

사도 바울은 "형제들아 내 마음에 원하는 바와 하나님께 구하는 바는 이스라엘을 위함이니 곧 그들로 구원을 받게 함이라, 내가 증언하노니 그들이 하나님께 열심이 있으나 올바른 지식을 따른 것이 아니니라, 하나님의 의를 모르고 자기 의를 세우려고 힘써 하나님의 의에 복종하지 아니하였느니라"(롬 10:1-3)는 말씀으로, 올바른 지식에 따른 구원은 자기 의가 아닌 하나님의 의에 복종하는 것임을 강조했습니다. 그리고 바울은 구원과 관련된 문제에 관하여는 "성경이 무엇을 말하느냐"(롬 4:3; 10:8; 갈 4:30)라는 경구를 제시하며 이를 구속 및 속량의 관점에서 증언하였습니다(롬 4:1-25; 3:20-27; 갈 4:4-30, 31). '구속 및 속량의 관점'이란 하나님께서 모든 사람을 죄와 사망과 재난으로부터 구원하시기 위하여 '어떤 값으로 사신 것'을 것을 의미합니다. 그 어떤 값은 바로 '그리스도의 피 값'입니다(행 20:28; 고전 6:19-20; 7:22-23; 계 1:5-6; 5:9-10). 구약은 짐승의 피(출 6:6; 12:1-42; 24:1-8 등; 참조, 창 3:21)와 생명의 속전이었고(출 21:1-11, 12-32; 30:11-16; 민 3:40-51; 35:29-34; 시 49:1-8), 신약은 구약의 방식을 개혁하신(히 9:1-15) 그리스도의 피로 된 속량(벧전 1:2, 18-21; 엡 1:7; 눅 24:20-27; 롬 3:23-25; 갈 3:13; 골 1:13-14; 딛

---

45) Ibid., 4.

2:14; 히 9:15; 계 14:3-4)과 대속물(마 20:28; 막 10:45; 딤전 2:6)과 희생 제물로서 하나님께 드리셨습니다(엡 5:2). 그것은 십자가 죽으심과 부활에서 온전히 성취되었습니다.

한편, 침례교의 몇몇 신학자들이 소개한 침례교 성도들의 성경을 대하는 태도는 다음과 같습니다. 윈드롭 허드슨(Winthrop Hudson)에 의하면, 영국 청교도운동에서 시작한 17세기 초의 침례교 성도들의 관심은 "성경 말씀을 따라 오직 신실하고 순종적인 그리스도인"이 되는 것이었습니다. 월터 서든(Walter Shurden)은 "침례교 성도들은 성경 계시를 통해, 그리스도의 마음과 영적 성품을 알고자했던 사람들"로 소개했습니다.[46] 에드워드 히스칵스(Edward T. Hiscox)는 누군가가 침례교 성도에게 "첫째, 사람들은 무엇을 믿고 있는가? 둘째, 성경은 무엇을 가르치고 있는가?"라는 두 질문을 한다면 그들은 당연히 둘째 질문을 택하였다고 전해주었습니다.[47] 침례교 선조들은 다른 사람의 믿음과 견해보다도 성경의 가르침에 관심을 두며 성경 중심의 삶을 추구한 사람들이었다는 말입니다. 이 점은 침례교가 성경 해석의 핵심 원리를 "우리 주 예수 그리스도"로 삼은 것에서 잘 표현되어 있습니다. 이는 예수님이 친히 말씀하신 것입니다(눅 24:27, 44; 요 5:39). 사도 바울도 그렇게 증언했습니다(고후 3:13-16; 행 28:23; 롬 5:14〈엡 5:27-32〉; 고전 10:4). 실질적으로 침례교 성도들은 신앙과 행습에 있어서 가장 독특한 이념을, 십자가 죽으심과 부활하심으로 주어진 아름다운 이름인 "우리 주 예수 그리스도의 주인 되심으로 역사하는 속죄적 인격성(redeemed personality)"에 두었습니다(빌 2:5-11).[48] 노르만 칵스(Norman W. Cox)에 의하면, 하나님과 그리스도

---

46) Walter B. Shurden, *The Baptist Identity: Four Fragile Freedoms* (Macon: Smyth & Helwys Publishing, 1993), 1.

47) Edward T. Hiscox, *The New Directory for Baptist Churches* (Philadelphia: American Baptist Publication Society, 1894), 14.

48) Cox, *We Southern Baptists*, 5.

와 교회와 구원에 관한 침례교의 신념은 '오직 하나님의 말씀으로부터 최종적인 것을 끌어내려고 추구하는 성경의 사람들이 되는 것'입니다. 그리고 침례교의 교리에 대한 유일한 점검은 "과연 성경이 그것을 인정하는가?"라는 질문으로 답을 얻고자 노력한 것입니다. 역사적으로 침례교 성도들은 "성경이 계시하는 복음," "성경이 확증하는 믿음," "성경이 전달하는 이념," "성경이 요구하는 목표," 그리고 "성경이 불러내는 것에 대한 반응"에 힘쓴 사람들이었습니다.[49] 이러한 성경관 속에 구속 및 속량에 관한 내용이 더해지면 좋겠다는 생각이 듭니다.

2) 성경읽기, 하나님의 구원과 영광 중심으로

에베소서 1장 6절은 "이는 그가 사랑하시는 자 안에서 우리에게 거저 주시는 바 그의 은혜의 영광을 찬송하게 하려는 것이라"는 말씀으로, 하나님께서 구원받은 성도들을 향한 목표가 '거저 주시는 은혜의 영광을 찬송하는 것'이라고 증언합니다(엡 1:12, 14; 참조, 신 26:19; 사 43:21; 44:22-23). 본절은 하나님께서 죄 사함을 받고 하나님의 아들이 되어 거룩하게 된 성도들을 향한 한 가지 목적을 '하나님의 은혜의 영광을 찬송하는 것'이라고 명확히 증언하고 있습니다(엡 1:4-12, 14; 고전 10:31). 이사야 35장 2절은 "무성하게 피어 기쁜 노래로 즐거워하며 레바논의 영광과 갈멜과 사론의 아름다움을 얻을 것이라 그것들이 여호와의 영광 곧 우리 하나님의 아름다움을 보리로다"라는 말씀을 통해, 여호와의 영광을 하나님의 아름다움으로 표현하고 있습니다. 일명 '기쁨의 신학자'로 불리는 존 파이퍼(John Piper)에 의하면, 성경 자체가 보여주는 성경 읽기의 궁극적인 목표는 "하나님의 무한하신 존귀와 아름다우심이 각 족속과 백성과 나라 가운데서, 피 흘려 죽으시고 다시 사신 그리스도의 신부들(교

---

49) Ibid., 13-4.

회)을 통해 영원토록 드리는 뜨거운 예배 가운데 높임을 받으시는 것'입니다(사 35:2; 시 27:4; 행 7:55; 롬 5:2-11; 고후 4:6; 빌 1:11; 계 21:11, 23). 존 파이퍼는 하나님의 거룩하심의 아름다움을 하나님의 영광으로 표현하였습니다. 무엇보다 그는 '하나님의 영광'을 보여주는 구속의 여섯 단계를 성경의 큰 그림으로 그렸습니다.[50)]

첫째, 예정입니다. 존 파이퍼가 그린 큰 그림에 의하면, 예정은 구속 및 속량이 영원 전부터 하나님의 마음에서 시작된 것을 의미합니다(엡 1:4-5). 하나님께서는 한 민족을 택하여 예수 그리스도로 말미암아 자기의 아들들이 되게 하셨습니다(엡 1:4-5; 창 17:1-14; 신 7:6-10; 시 33:1-12, 13-21; 마 1:1-23; 갈 3:8-16, 17-29; 4:4-7). 영원부터 하나님의 계획은 "예수 그리스도를 통해 아들로 입양한 가족들을 세워 영원토록 하나님의 영광을 찬양하게 하는 것"이었습니다(엡 1:6, 12, 14; 계 21:24-26). 그리고 이 찬양은 영원 전부터 하나님의 계획이 영원한 미래로 이어지는 찬양입니다(시 98:1; 사 42:10; 43:21; 계 14:3). 둘째, 창조입니다. 이사야서 43장 7절은 "내 이름으로 불려지는 모든 자 곧 내가 내 영광을 위하여 창조한 자를 오게 하라 그를 내가 지었고 그를 내가 만들었느니라"(사 45:9-11)는 말씀으로, 창조가 하나님의 영광을 선포하거나 전달할 것을 내포한 창조였음을 보여 줍니다(시 19:1; 롬 1:18-23; 고전 10:31). 셋째, 그리스도의 성육신입니다. 성육신의 목표는 그리스도의 사역을 통해 하나님의 특별한 영광을 드러내는 것입니다(사 42:1-8; 요 1:14; 7:18; 13:31-32; 14:13; 17:24; 빌 2:5-11). 넷째, 화목제물입니다(요일 2:2; 4:10). 예수님은 우리에게 임하게 될 하나님의 진노로부터 피할 길을 제공하심으로써 하나님께 영광을 돌리셨습니다(요 12:28; 참조, 롬 3:23-26). 다섯째, 성화입니다. 하나님께서 자신의 자녀와 백성을 거룩하게 만드시는, 즉 그들

---

50) John Piper, *Reading the Bible Supernaturally* [존 파이퍼의 성경 읽기], 홍종락 옮김 (서울: 두란노서원, 2017), 48-50. 58.

을 성화시키시는 이유는 하나님의 영광을 드러내시기 위한 것입니다(사 42:5-8; 43:7; 44:21-23; 60:21; 61:3; 요 17:17-19, 22; 엡 1:4-6). 여섯째, 완성 단계입니다. "그 날에 그가 강림하사 그의 성도들에게서 영광을 받으시고 모든 믿는 자들에게서 놀랍게 여김을 얻으시리니 이는 (우리의 증거가 너희에게 믿어졌음이라, 살후 1:10)"[51]

3) 성경의 큰 그림, 구속사의 기본 축 세 가지

지금까지 살펴본 성경 말씀과 성경을 읽는 다양한 눈을 참작하여 구약성경과 신약성경에 흐르고 있는 구속사 및 속량사의 기본 축을 그려보면 다음과 같습니다.

첫째, "구속사 및 속량사"는 창세 전에 삼위일체 한 분 하나님의 영원한 협의(God's eternal council, 요 17:1-5, 24; 엡 1:4-14; 벧전 1:2, 20-21; 참조, 롬 16:25-26)에 따른 것입니다.[52] "구속"(redemption)과 "속량" (redemption)은 동일한 영어로 표기되어 있습니다. 다만 개역개정 (Revised version)은 "구속"을 구약에서만 사용하고, "속량"은 구약과 신약에서 함께 사용하였습니다. 구약에서 "구속"으로 번역된 '파다'(פָּדָה) 란 말은 '죄수나 노예를 몸값을 받고 석방하여 자유를 주는 것'을 의미합니다. 이는 죄 가운데 처해 있는 사람들을 구원하시는 하나님의 고유한 사역을 나타낼 때 사용되었고, 또한 하나님의 백성들 각자가 처해 있는 구체적인 삶의 현장에서 이루시는 구원 역사를 나타내는 말입니다(사 1:27; 29:22-24).[53] 개역개정은 출애굽기 6장 6절에서 '구속'이란 말 대신에 '너희를 속량하여'라는 말로 번역하였습니다. '속량'이란 말 '가알'(גָּאַל)

---

51) Ibid., 60-9.
52) D. M. Lloyd-Jones, *God's Ultimate Purpose* [영적 선택], 서문강 역 (서울: 기독교문서선교회, 1994), 59-60.
53) 제자원 편, 「옥스퍼드원어성경대전: 이사야 제24-35장」(서울: 제자원, 2006), 334-5; 제자원 편, 「옥스퍼드원어성경대전: 이사야 제1-10장」(서울: 제자원, 2006), 131.

은 '자기 친족을 어려움이나 위험에서 구하다'란 의미를 갖고 있습니다(레 25:35, 48). 특히 이 단어는 이스라엘의 "구속자"이신 하나님을 묘사하는 데 많이 등장합니다(출 15:13; 시 77:15; 78:35; 사 40-44장). 본절은 애굽으로부터 구원하시는 구속자(사 51:10; 63:9)로서의 하나님을 묘사하는 단어로 사용되었습니다.[54] "속량"은 "구속"과 동일한 '파다'(פָּדָה)로 사용되어 '소유권을 이전하는 데 필요한 대금을 지불하는 행위'를 가리키는 상업용의 의미를 갖기도 합니다. 즉 어떤 대상을 자유롭게 해방시키기 위해서 '대신 돈을 치러준다'는 뜻입니다.[55] 또한 '파다'는 '속량 및 구속'의 의미로 사용되어 이스라엘의 장자를 위한 '속전'의 의미(출 13:2, 11-16)와 '노예 상태로부터 해방된다'는 뜻으로도 사용되었습니다(출 21:8).[56]

나아가 성경으로 본 구속사 및 속량사의 구체적인 의미는 창세 전 삼위일체 한 분 하나님의 영원한 협의에 따른, 하나님의 뜻의 결정과 계획과 예정이 역사 안에서 전개되고 있다는 것을 의미합니다(엡 1:11; 행 2:23-42; 3:20-21; 히 9:26; 10:5-18). 이처럼 창세 전에 가지신 하나님의 뜻의 결정과 계획과 예정하신대로 역사 안에서 모든 사람의 죄와 그로 인한 고통, 재난, 질고, 슬픔, 억압 등의 무거운 짐으로부터 그들을 구속 및 속량하여 "빼내시는 하나님의 구원 행위"를 가리켜 구속사 및 속량사라고 말합니다(출 6:6). 그래서 "구속 및 속량"이란 말은 이스라엘의 구속자이신 하나님을 묘사하는 곳에서 등장하고 있습니다(출 15:13; 사 43:1-2, 14-19, 22-28).

둘째, "창세 전에 삼위일체 하나님께서 가지신 영원한 협의에 따른 인류 구원을 위한 '구속' 및 '속량' 사역은 하나님께서 세우신 '영원한 언약'

---

54) 제자원 편, 「옥스퍼드원어성경대전: 출애굽기 제1-12a장」 (서울: 성서교재주식회사, 1998), 299.
55) 제자원 편, 「옥스퍼드원어성경대전: 출애굽기 제12b-24장」 (서울: 성서교재주식회사, 1998), 491-2.
56) 제자원 편, 「옥스퍼드원어성경대전: 누가복음 제1-8장」 (서울: 제자원, 2000), 152.

(eternal covenant)을 통해 실현되고 있습니다(엡 1:7; 벧전 1:18-21; 히 13:20). 영원한 언약은 은혜의 풍성함을 따라 그리스도의 보배로운 피로 말미암아 속량 곧 죄 사함을 받게 된 것을 말합니다(엡 1:4-7; 벧전 1:18-21). 그리고 창세 전의 그리스도의 보배로운 피'는 '피 흘림이 있는 속량 곧 죄 사함의 원리'를 제공합니다. 존 대그(John L. Dagg)는 창세 전에 삼위일체 하나님 안에서 가지신 언약이야말로 '구속의 역사 전체를 이해하는 핵심'이라고 말했습니다.[57] 토머스 멕코미스키(Thomas E. McComiskey)는 「약속의 언약」(*The Covenants of Promise*)에서 수많은 사람들 가운데 일어나고 있는 성경의 구속사는 하나님의 언약으로 가득하다고 말했습니다.[58] 성경은 하나님의 구속 및 속량을 통항 거룩한 구원의 역사가 아담언약으로부터 시작하여 노아와 아브라함과 모세와 다윗을 거쳐, 예수 그리스도께서 세우신 새 언약으로 성취되고 있음을 보여 줍니다(아담, 창 2:16-17; 호 6:7; 노아, 창 6:18-19; 9:8-17; 아브라함, 창 15:1-18, 19-21; 17:1-14; 모세, 출 2:24-25; 6:5-8; 24:1-8; 다윗, 삼하 7:1-17; 대상 17:1-15; 예수 그리스도, 렘 31:31-34; 눅 22:20; 고전 11:25; 히 8-10장; 13:20-21). 토머스 슈라이너(Thomas R. Schreiner)는 이 같은 언약은 성경이 전하는 메시지의 조화와 통일을 유지하는 데 도움을 주며, 또 언약은 구속사 및 속량사 과정을 추적하는 데 중대한 역할을 한다고 말했습니다. 구속사 및 속량사는 하나님께서 모든 사람에게 구속 및 속량을 베풀어 주실 것이라는 약속을 중심으로 하기 때문입니다(창 3:15; 요일 3:8-12; 히 2:14-15; 계 20:1-10).[59]

---

57) Mark E. Daver, "John L. Dagg," *Baptist Theologians*, eds., Timothy George and David S. Dockery (Nashville: Broadman Press, 1990), 172.

58) Thomas E. McComiskey, *The Covenants of Promise* (Grand Rapids: Baker Book House, 1985), 9-10.

59) Thomas R. Schreiner, *Covenant God's Purpose for the World* [언약으로 성경 읽기], 임요한 옮김 (서울: 기독교문서선교회, 2020), 17.

셋째, 성경은 "창세 전의 구속 및 속량 사역"과 "언약"이 "전도 및 선교"를 통해 성취되도록 예정되어 있음을 보여 줍니다. 이는 창세 전 상황을 증언하는 에베소서 1장 3-13절과 베드로전서 1장 2-12절에서 보여 주고 있습니다. 선교신학자 아서 글라서(Arthur F. Glasser)는 "모든 성경은 하나님을 선교(전도)하시는 하나님으로, 교회를 선교(전도)하는 공동체로, 그리고 하나님의 백성을 선교(전도)하는 백성으로 보여 준다"고 강조하였습니다(참조, 출 19:3-6). 무엇보다 그는 하나님의 선교(전도)를 창조에 나타난 하나님의 위대한 계획의 핵심으로 보았습니다.[60] 창조에 나타난 하나님의 선교(전도)란 하나님께서 창조 사건을 말씀하시면서, '그러므로 나 외에 다른 신은 없다'고 강력하게 말씀하시는 패턴에서 볼 수 있습니다 (사 44:6-7; 45:12, 14; 참조. 사 42:5-8; 43:12-15; 44:1-6, 7; 45:5-8, 18-21; 롬 1:18-23; 행 17:24-31). 한편, 카이퍼(R. B. Kuiper)는 하나님을 복음 전도(선교)의 창시자로 간주하였습니다. 즉 아버지 하나님은 보내시는 자와 근원자로서(출 7:1-5, 8-10, 17; 9:16; 롬 9:17; 딛 1:2-3; 갈 3:8), 아들은 보냄을 받은 중보자로서(딤전 2:4-7; 요 1:1-18; 눅 4:43), 성령님은 복음을 전하는 자로서 구속 및 속량을 완성하시는 분이라는 것입니다(엡 1:13; 벧전 1:12; 행 1:8; 8:26, 29-40; 16:6; 20:22-27; 계 22:17).[61] 이처럼 창세 전 삼위일체 하나님의 영원한 협의를 통해 이루어진 "구속 및 속량 사역과 언약과 복음전도(선교)"는 서로 상호 관련을 가지며, 그것은 마치 끊어지지 않는 삼겹줄처럼(전 4:12) 견고하게 짜여 있음을 알 수 있을 것입니다.[62]

---

60) Arthur F. Glasser, 「성경에 나타난 하나님의 선교」, 임윤택 옮김 (서울: 생명의말씀사, 2009), 9.

61) R. B. Kuiper, 「하나님 중심의 복음전도」, 신현광 옮김 (서울: 대영사, 1988), 13-4.

62) 근광현, "구속사의 구조 연구-에베소서 1장과 베드로전서 1장을 중심으로-," 「복음과 실천」, 55집 (2015 봄): 77-104. 구속사의 구조를 이해하려면 이 논문을 참고하시기 바랍니다.

III.
삼위일체 한 분
하나님
(모든 이들의 본향 집)

1. 하나님의 존재 이해
2. 하나님의 존재 증명
3. 하나님의 성품 알기

III. 삼위일체 한 분 하나님
(모든 이들의 본향 집)

경건운동가 유진 피터슨(Eugene H. Peterson)은 "세상 사람들은 결코 그리스도인인 당신을 원하지 않는다. 그들은 하나님을 원한다"고 말했습니다. 그의 말은 나의 삶이 늘 하나님과 동행하며 이분과 함께 나누는 인격적 친교를 통해, 내가 만난 하나님을 보여줄 수 있는 하나님의 사람이 되어야 한다는 말로 여겨집니다. 성경이 증언하는 하나님은 장엄 복수의 삼위일체 한 분 하나님이시며, 존귀하시고, 전지하시고, 전능하시고, 편재하시고, 영원하시고, 모든 생명의 근원자이시고, 창조주와 구원자이시고, 사랑이시고, 거룩하시고, 공의와 정의가 그의 보좌의 기초이시고, 만물이 그 안에 함께 서 있으며, 모든 사람이 하나님의 자녀와 백성이 될 수 있도록 강권하시는 크신 하나님이십니다.

1. 하나님의 존재 이해

창세기 1장 1절은 "태초에 하나님이 천지를 창조하시니라"는 말씀으로, 창조주 하나님의 주권을 선포하고 있습니다(시 106:21; 사 43:1-3, 15; 44:23-24). 이 선포의 의미는 '하나님의 영광'(시 19:1)과 더불어 '하나님 외에 다른 신이 없다'는 선언입니다(신 4:32-35; 사 45:11-14). 하나님은 창세 전부터 스스로 존재하시고, 천지 만물을 창조하신 하나님의 주권으로 통치하시며, 구원자와 섭리자로 현존하십니다. 이처럼 성경은 처음부터 하나님 외에 다른 창조자가 없다는 위대한 선언으로 시작하고 있습니다(시 19:1-6; 사 40:12-21).

1) 하나님, 스스로 존재하시는 분

하나님은 창세 전부터 "스스로 있는 자"(I Am Who I Am)이십니다(엡 1:3-13; 출 3:14). 성경은 창세 전부터 존재하시는 하나님을 증언합니다(요 17:5, 24; 엡 1:3-4; 벧전 1:20). '스스로 있는 자'란 말은 히브리어로 '예흐예'(אֶהְיֶה)로서, '있다'(창 1:2)라는 뜻의 영어 'be' 동사에 해당하는 히브리어 '하야'(הָיָה)의 일인칭 미완료형으로 계속적으로 '나는 존재한다'(I Am)란 뜻입니다(출 3:14-15). '스스로 있는 자'란 절대 완전하시고 독립적이시며, 그러기에 모든 존재의 근거와 기반이 되는 하나님의 본질과 속성을 반영하는 말입니다(참조, 잠 8:22-31). '예흐예'란 말에서 유래한 '여호와'란 이름은 하나님과 그의 백성 사이의 언약 관계를 나타내는 문맥에서 주로 사용되었습니다.[1] '스스로 존재하신다'는 말은 하나님께서 피조물에 영향 받지 않으시고 그들을 주권적으로 통치하신다는 말입니다.

2) 엘로힘, 여호와, 아도나이, 하나님의 영

스스로 존재하시는 하나님께서는 자신의 이름과 칭호를 계시해 주셨습니다(출 3:15). 그리고 하나님께서는 그 이름과 칭호 안에 하나님의 전능하심과 하나님의 큰 은혜와 큰 사랑으로 말미암는 구속 및 속량에 의한 구

---

1) 제자원 편, 「옥스퍼드원어성경대전: 출애굽기 제1-12a장」, 163.

원을 가득 담아 주셨습니다(창 1:1; 17:1, 19; 민 3:41-51; 출 3:14-15; 6:2-8; 사 43:11; 45:5-8, 18). 구약에는 하나님을 가리키는 고유 명사로서 삼대 기본 칭호인 "엘로힘"(אֱלֹהִים), "여호와," "아도나이"가 있으며, "하나님의 영"이란 칭호도 나타나 있습니다. 첫째, "엘"(אֵל) 칭호는 창세기 1장 전체에서 나타나고 있습니다. '엘' 칭호는 복수형인 "엘로힘"으로 표현되어 있습니다. '엘'은 '권세가 있다,' '힘이 세다'란 뜻을 가진 '울'(אוּל)에서 유래한 것으로, 통치와 강하심과 능력을 소유하신 하나님을 지칭합니다(창 1:1-28). 창세기 1장에서 복수형의 하나님 칭호가 사용된 것은 천지 만물을 창조하신 하나님의 전능하시고, 위대하시며, 권세가 많으신 하나님의 권위를 강조하기 위해, 고대 근동 전반에서 사용하는 수사법인 '장엄 복수'(solemnity plural)로 표현한 것입니다. 특히 "엘로힘"은 '무에서 유'로 천지 만물을 창조하신 유일한 주체로서의 하나님을 표현하는 데 적절한 칭호였습니다. 또한 "엘로힘"은 자존하시는 초월자로서 천지 만물 창조에 임하시는 하나님만의 고유성과 이분의 위대하신 신분과 전능하신 능력을 집중적으로 부각시키기 위해 사용된 칭호입니다. 천지를 창조하신 유일한 "엘로힘"은 모든 만물과 역사의 유일한 궁극적 기원일 뿐 아니라, 이 모든 것에 대한 하나님의 소유권과 통치권을 증명해 주는 칭호입니다.[2]

한편, 창조자로서 하나님의 신명이 복수형 "엘로힘"으로 사용된 것은 하나님 특유의 존재 방식인 '삼위일체 하나님'을 반영한 것으로 보는 견해가 있습니다. 그것은 창세기 1장 2절에 나타나 있는 '성령'을 의미하는 '하나님의 영'이란 표현과 26절에서 '우리의 형상'으로 묘사한 것에 근거합니다.[3] 갑바도기아 세 교부 중 한 사람인 대 바실리우스(Basilius Magnus)는 창세기 1장 26절의 '우리'란 말에는 삼위일체의 제2위격이신 성자께서 나

---

2) 제자원 편, 「옥스퍼드원어성경대전: 창세기 제1-11장」, 42-3.
3) Ibid., 44.

타나 있는 말씀이라고 가르쳤습니다(고후 4:4; 히 1:3).[4] 그리고 "엘"은 술어로 사용되어 하나님의 사역이 사람들의 필요를 채워줄 수 있는 모든 분야로 확대되고 있음을 보여 줍니다. 예컨대, '지극히 높으신 하나님' 곧 "레엘 엘르욘(לְאֵל עֶלְיוֹן)"(창 14:19-20; 민 24:16), 창세기 17장 1절에 나오는 '전능하신 하나님'을 표현하는 "엘 샤다이"(אֵל שַׁדַּי)도 있고, 또 창세기 21장 33절의 '영원하신 하나님'을 표현하는 "엘 올람"(אֵל עוֹלָם) 도 있습니다.

둘째, 창세기 2장 4절부터 나타나 있는 "여호와 하나님"으로 번역된 '예호와 엘로힘'(יְהוָה אֱלֹהִים) 칭호입니다. "여호와"는 스스로 계신 하나님께서 친히 모세에게 주신 이름이자 대대로 기억할 하나님의 칭호입니다 (출 3:14-15). "여호와"라는 하나님의 이름은 출애굽기 3장 15-22절에서와 같이, 오직 우리 하나님에게만 사용된 교유한 이름으로 하나님만이 가지신 유일한 고유명사입니다. "여호와"는 하나님의 자존성을 강조하며 주로 택하신 백성과 언약을 세우시고, 또 죄인을 위하여 한없는 구원을 베푸시는 하나님의 능동적인 의지를 강조하는 이름입니다.[5] 주로 언약과 구원과 관련되어 사용되는 "여호와" 이름이 창조와 관련된 "엘로힘"과 함께 사용되어 "여호와 하나님"으로 계시된 것은, "엘로힘"과 "여호와"가 동일한 하나님이심을 나타내기 위한 것입니다. 특히 하나님께서 히브리어 '예호와'(יְהוָה)로 번역된 "여호와 하나님의 이름"으로 사역하시는 현장을 증언하는 창세기 2장 4절부터 25절까지의 내용은 창조의 하이라이트 (highlight)에 속하는 부분입니다. 그것은 '하나님의 호흡으로 생령이 된 사람,' '여호와 하나님의 에덴동산 창설,' '여호와 하나님의 나라 모형인 에덴동산의 모습,' '보기에 아름답고 먹기에 좋은 나무와 생명나무, 그리

---

4) Christopher A. Hall, *Reading Scripture With the Church Fathers* 「교부들과 함께 성경 읽기」, 이경직, 우병훈 옮김 (서울: 살림출판사, 2008), 159.
5) 제자원 편, 「옥스퍼드원어성경대전: 창세기 제1-11장」, 42-3.

고 선악을 알게 하는 나무,' '강이 에덴에서 흘러나와 에덴을 적시고 네 강
으로 흘러가고 있는 아름다운 풍경,' '아담에게 임무를 부여하시는 여호
와의 위임통치,' '아담을 에덴에 두시고 그곳을 경작하고 지키게 하신 청
지기 사명,' '선악을 알게 하는 나무 열매를 먹는 날에는 반드시 죽으리라
는 강한 금지 명령으로 생명과 죽음의 행위언약을 세우시는 여호와 하나
님,' '아담의 갈빗대 하나를 취하여 돕는 배필로 지으신 아담의 아내,' '사
람 사는 사회를 이루는 기본 단위인 가정의 제정,' 그리고 '아담과 하와가
예표하는 그리스도와 교회의 모형'(롬 5:14; 엡 5:31-33)에 관한 내용입
니다. 이처럼 "엘로힘"은 하나님의 전능하신 권세를 반영하는 칭호라면,
"여호와"는 언약을 세우시고 그 언약을 이루어 가시는 구원의 하나님이심
을 알 수 있습니다(창 3:21). 특히 사람 창조와 사회의 기본 단위인 가정의
제정은 하나님의 언약과 밀접한 관계 속에서 세워진 최초의 제도임을 보
여 줍니다.[6] 이러한 내용들은 '여호와 하나님의 아름다운 청사진'으로 보
여 집니다.

한편, "여호와" 이름도 술어적 기능을 가지고 있습니다. 특히 "여호와"
는 택하신 사람들이 처해 있는 문제 가운데 임하셔서 하나님을 체험케 하
시는 이름으로 계시되었습니다. 즉 '하나님이 준비하심'이란 뜻을 가진
'여호와 이레'(יְהוָה יִרְאֶה, 창 22:14)의 사건이 있고, '치료하시는 하나
님'이란 뜻의 여호와 라파(יְהוָה רֹפְאֶךָ, 출 15:26)가 있으며, 또 '하나님은
나의 깃발'을 의미하는 여호와 닛시(יְהוָה נִסִּי, 출 17:15)도 있고, '하나님
은 우리의 평강'이란 뜻을 가지고 있는 여호와 샬롬(יְהוָה שָׁלוֹם, 삿 6:24)
이 있습니다. 나아가 여호와는 나의 목자'란 뜻의 여호와 로이(יְהוָה רֹעִי,
시 23:1)가 있으며, 또한 '하나님은 우리의 의'란 뜻으로 번역된 '여호와
치드케누(יְהוָה צִדְקֵנוּ, 렘 23:6)와 마지막으로 '여호와가 거기 계시다'의

---

6) Ibid., 181-2.

뜻을 가지고 있는 '여호와 삼마'(יְהוָה שָׁמָּה, 겔 48:35)가 있습니다.

셋째, 창세기 15장 2절은 아브람이 "주 여호와여 무엇을 내게 주시려 하나이까"라는 질문 가운데 "아도나이 여호와"(אֲדֹנָי יְהוִה)라 부르는 칭호를 보여 줍니다. 여기서 "아도나이 여호와"란 칭호는 천지 만물의 창조주시며 역사의 주관자이신 하나님의 주권을 강조하는 "아도나이"와, 언약을 세우시고 신실하게 그 약속을 지키시는 모습을 강조하는 "여호와"란 이름이 서로 결합한 하나님의 칭호입니다. 구약에서 "주"(主)라는 칭호는 주로 하나님과 하나님이 사랑하는 자 사이에서 가지시는 엄격하면서도 신뢰가 넘치는 주종 관계를 의미합니다(단 9:4). 하나님께서 야곱과 그의 후손 이스라엘 자손을 "나의 종"이라 부른 것도 이를 반영한 표현입니다(레 25:55).[7]

넷째, 구약은 "하나님의 영"에 대해서도 증언하고 있습니다. "하나님의 영"은 창세기 1장 2절에 처음 나타나 있습니다. 히브리어로 "웨루아흐 엘로힘"(וְרוּחַ אֱלֹהִים)입니다. 직역하면 '하나님의 호흡,' '하나님의 바람'이란 뜻입니다. 히브리어는 인격의 실체를 이루는 영 또는 영혼을 표현할 때, 호흡이나 바람을 나타내는 '루아흐'(רוּחַ)를 관용적으로 사용합니다(욥 7:11; 시 143:7). 구약은 "하나님의 영" 외에도 "여호와의 영"에 대하여 증언합니다. 이처럼 '루아흐'가 여호와 하나님과 함께 사용되면, 그것은 삼위일체이신 하나님의 성령을 가리킵니다(사 40:13; 61:1; 63:14; 겔 11:5).[8] 실제로 구약의 다른 곳에서도 "성령"에 대하여 증언하고 있습니다(왕상 2:9; 시 51:11).

3) 신약, θεος, κυριος, πατηρ, πνεῦμα

신약에서 가장 독특한 하나님(θεος) 칭호는 삼위일체로 표현되어 있다

---

7) Ibid., 43.

8) 제자원 편, 「옥스퍼드원어성경대전: 사사기 제1-10a장」 (서울: 제자원, 2006), 189-90.

는 점입니다(마 28:19-20; 요 1:1-3; 고전 8:6; 고후 13:13; 엡 4:4-6; 히 9:14; 벧전 1:2 등). 삼위일체 하나님은 아버지(πατηρ) 하나님께서(마 16:17; 엡 1:3), 보내신 자 주(κυριος) 예수 그리스도(요 3:16-17; 17:3-5; 참조, 고전 8:5-7), 그리고 아버지와 아들이 보내신 하나님의 성령(πνεῦμα)이십니다(마 3:16; 요 14:16-17, 26; 15:26; 16:7-14; 행 1:4-5; 2:1-4, 32-33; 히 9:14; 고전 2:10-11). 일반적으로 삼위 가운데 성령님에 대하여는 관심도가 상당히 떨어져 있습니다. 존 스토트(John Stott)는 그리스도께서 우리에게 그처럼 강조하시고, 소개시켜 주시며 부탁하신 성령님을 무시하는 것은 대단히 어리석은 일이라고 말했습니다. 성령님은 성도 안에 내주하시고, 성도의 심령을 새롭게 하시며, 성도에게 위로부터 오는 힘을 주시는 하나님이십니다. 빌리 그레이엄(Billy Graham)은 "나에게서 성령의 능력이 떠나가시면, 나는 한 덩어리의 진흙에 불과하다"고 고백했습니다(창 2:7; 시 33:6; 51:11). 성령님에 대한 바른 인식이 없이 바른 신앙을 갖기란 매우 어려운 일입니다(요 14:26; 롬 8:15-16; 고전 12:3; 고후 1:20-22; 엡 4:30). 성령님은 성도의 구원의 시작에서부터 성장과 구원의 날에 이르기까지 성도를 인도하시고(요 16:13; 갈 5:18; 엡 4:30), 도우시고(빌 1:19), 가르치시며(요 14:26; 요일 2:27), 위로하시는(행 9:31) 하나님이시기 때문입니다.

4) 하나님, 거기 계시며 여기 계신 하나님

하나님께서는 피조물과의 관계에서 초월적이시며(하늘, heaven, 거기, there) 동시에 내재적으로(땅, earth, 여기, here) 존재하십니다(창 24:3; 시 11:4; 103:19; 고전 15:28; 엡 4:6; 골 3:11). 하나님의 초월적 존재(transcendental Being)는 위치적 초월(positional transcendence, 창 11:7)과 정신적 초월(mental transcendence)로 구별됩니다. 정신적 초월은 유한한 사람이 도달할 수 없는 하나님의 전능하신 측면을 말합니다(창

17:1). 초월적인 하나님께서는 자연과 특별히 성별한 건물이나 장소에 임재(presence)하시거나(출 25:8, 22; 29:42, 45), 성도들 가운데 거하시기도 하십니다(출 5:2-3; 6:1-9; 8:23).

신약성경은 하나님께서 '성도의 마음과 성도들의 공동체 가운데 거하시는 것'으로 묘사하고 있습니다(고전 12:3-31; 엡 2:16-22; 4:1-6). 이는 신학 용어로 '내주하심'(indwelling)이라고 합니다. 성경에 그리스도께서 성도의 마음 안에 거하시는 것으로 묘사하는 곳이 있습니다(요 15:4-7; 엡 3:17; 갈 2:20; 요일 3:23-24; 참조, 요 1:12-13). 성경은 하나님께서 성령님을 성도의 마음(요 7:37-39; 14:16-17; 행 2:38-39; 고후 1:20-22; 5:5)과 성도들의 모임 가운데 부어주셨다고 증언합니다(요 7:37-39; 행 1:5-8; 2:1-4, 33; 고전 3:16; 6:19; 딛 3:5-6). 그리고 성경은 "누구든지 예수를 하나님의 아들로 시인하면, 하나님이 그의 안에 거하시고 그도 하나님 안에 거하느니라"고 증언합니다(요일 4:12-15; 참조, 고전 12:4-6, 24-25; 엡 2:17-22). 또한 성경은 우리가 '내주하심'에 대하여 알 수 있는 것은 성령으로 말미암은 것이라고 증언합니다(요일 3:24; 4:13). 간혹 '내주하심'을 곡해하여 자신을 신격화 하는 이단의 교주가 있습니다. 우리는 이러한 미혹에 빠지지 않도록 유념해야 합니다.

5) 하나님이 거하시는 곳, 하늘

성경은 하나님께서 초월적으로 거하시는 하나님의 거룩한 존전을 '하늘'(heaven)로 표현합니다. 하나님께서 거하시는 곳은 "주의 거룩한 처소"입니다. 특히 "주의 거룩한 처소"란 말은 주께서 구속하신 백성들이 주의 인도하심과 주의 능력으로 들어가는 곳을 말합니다(출 15:13; 참조, 엡 2:6; 골 3:1-4). 성경은 주의 거룩한 처소를 하나님이 계시며, 말씀하시고, 일어나셔서 모든 인생을 굽어 살피시는 하나님의 존전으로 증언하고 있습니다(시 68:5; 렘 25:30; 슥 2:13; 참조, 시 14:1-3; 33:1-22). 따라서 하나님께서 거하시는 처소는 "주의 거룩한 처소 하늘"입니다(신 26:15). 게하르트 에벨링(Gehart Ebelling)이 "하나님은 하늘의 어느 곳에 계신 것이 아니라, 그가 계신 곳이 바로 하늘"이라고 말한 이유가 여기에 있습니다. 우리가 하나님의 존재를 바로 알 때, 우리의 신앙과 삶의 자리를 바로잡을 수 있습니다.

한편, 창세기 1장 1절에 등장하는 "하늘"은 히브리어 '핫쇠마임'(הַשָּׁמַיִם) 으로서 430여회 모두가 복수형인 '그 하늘들'(the heavens)로 표현되어 있습니다. 하늘이 복수형으로 사용된 것은 고대 히브리인들의 하늘 개념에서 온 것입니다. 성경은 셋째 하늘에 대한 정보를 제공하고 있습니다(고후 12:2). 일반적으로 첫째 하늘은 새들이 날아다니는 눈에 보이는 공중인 하늘을 말합니다. 둘째 하늘은 지구를 반원형으로 둘러싸고 있는 '거대한 금속판으로 된 궁창'(firmament)을 말합니다. 궁창은 많은 양의 물이 보관되어 있는 곳으로 표현되어 있습니다(창 1:6-7; 7:10-8:2; 참조, 시 29:3). 셋째 하늘은 둘째 하늘 너머에 존재하는 순수한 영적 존재들인 거룩한 천사들이 하나님의 영광과 그분의 현현을 바라보며 거하는 하늘을 의미합니다.[9]

다른 한편, 성경은 하나님의 거처를 주권 차원에서 '하나님의 통치의 보좌'로 증언하고 있습니다(시 33:12-22; 103:19). 하나님의 거룩한 처소 하늘은 빛이신 하나님께서(생명의 빛, 시 56:13; 요 1:4-9; 요일 1:5-7; 딤전 6:16; 벧전 2:9; 계 21:23-25) 통치하시는 하나님의 보좌를 일컫는 말입니다(시 11:4; 참조, 시 45:6; 47:8; 103:19). 그리고 성경은 하나님께서 그의 보좌의 기초인 공의와 정의로 다스리시는 하나님의 통치(나라)를 의의 통치로 묘사하고 있습니다(시 89:1-14, 15-18; 97:1-2, 3-11).

---

9) 제자원 편, 「옥스퍼드원어성경대전: 창세기 제1-11장」, 44-5.

2. 하나님의 존재 증명

1) 하나님의 존재 증명, 이성의 한계성

로마가톨릭의 바티칸 공의회(Vatican Council, 제1차, 1869-70)는 하나님을 이성으로 알 수 있다고 진술하였습니다. 하지만 로마서 1장 18-23절은 사람들이 하나님의 영원하신 능력과 신성을 알면서도 하나님을 영화롭게 하지 아니하고, 도리어 썩어지지 아니하는 하나님의 영광을 썩어질 우상으로 바꾸었다고 증언합니다. 사람의 이성은 하나님을 믿고 신뢰하는 데 분명한 한계가 있음을 밝혀주는 말씀입니다.

11세기의 안셀름(Anselm of Canterbury)은 본체론적 존재 논증(Ontological Argument)을 시도했습니다. 그는 아주 간략하게 '세상에 존재하는 것 가운데 완전하고 위대한 개념은 하나님 개념밖에 없으므로 하나님이 존재한다'는 관념적인 논증을 펼쳤습니다. 13세기 로마가톨릭의 신학자 토마스 아퀴나스(Thomas Aquinas)는 우주론적 신 존재 논증(Cosmological Argument)을 전개했습니다. 즉 만물은 운동(motion), 변화(change), 결과(effect), 필연(necessity)으로 존재하며, 그 만물에는 존재 질서가 있는데, 그 최고의 위치에 신적 존재가 존재한다는 식의 논증입니다. 18세기 사람 윌리엄 페일리(William Paley)는 목적론적 신 존재 논증(Teleological Argument)을 제시했습니다. 예컨대, 바닷가 모래 위에 떨어져 있는 시계를 발견하고, 아마도 그 시계는 누군가의 목적을 위해 만들어졌듯이, 이 우주는 지적인 존재에 의해서 지적인 법칙으로 창조되었을 것이라고 추론하는 방식입니다. 그는 나름대로 "귀를 지으신 자가 듣지 아니 하겠느냐"는 말씀에 근거하였습니다(시 94:9-10). 그리고 18세기 철학자 임마누엘 칸트(Immanuel Kant)는 도덕적 신 존재 논증(Moral Argument)을 즐겨했습니다. 그는 모든 사람이 가지고 있는 선한 의지, 정의감, 도덕적 의무감의 출처를 하나님의 명령에 의한 것으로 생각하였습니다. 나아가 역사적 신 존재 논증(Historical Argument)도 있습니다. 대표자는 프리드리히 쉘링(Friedrich Schelling)입니다. 그는 반복되는 역사란 하나님의 심판에 놓여 있는 과정이라고 말하였습니다.

이러한 신 존재 증명들은 일면 타당성이 있으나 관념적 추론에 의한 비인격적 존재로서 '전제된 신'일뿐, '인격적이고 관계적이며 살아계신 하나님'을 믿도록 이끄는 데는 효력이 없습니다. 하나님을 아는 길은 "오직 주 예수 그리스도 안에서"만 가능합니다(엡 1:3-4; 요 14:6, 10; 행 4:12; 16:31; 20:21; 고후 5:19-21). 신앙은 단순한 이성적 인식이 아니라, 성령으로 말미암아 예수님을 주와 그리스도로 마음으로 믿고 입으로 시인하는 의지적 결단이기 때문입니다. 그리고 성경은 하나님을 창조와 구속 및 속량으로 선포할 뿐, 이성으로 증명하기를 권장하지 않습니다. 그것은 사람의 이성의 한계성 때문입니다(시 33:6-11; 고후 10:4-5). 이는 다만 복음 전도를 위한 접촉점으로는 활용할 수 있을 것으로 여겨집니다(행 17:16-34).

2) 이성적 신 존재 거부, 십자가 신학으로

성경은 하나님의 존재를 증명하기보다는 하나님께서 천지 만물 창조를 통하여 하나님의 존재와 영원하신 능력과 신성을 선포하는 것으로 시작합니다(창 1:1). 하나님께서는 자신의 존재를 창조주와 구원자로서 증명하셨습니다(신 4:32-35; 출 10:1-2; 사 44:1-7, 8; 45:11-22; 요 1:1-18; 고전 1:21; 출 9:13-16; 롬 9:17; 딛 1:2-3).

종교개혁자 마틴 루터는 아리스토텔레스(Aristoteles) 철학으로 이성적 신 존재증명을 시도한 로마가톨릭교회를 향해 '스콜라신학' 곧 '학문적 신학'이라고 신랄하게 비판했습니다. 그는 단호하게 이성적 신 존재 증명을 거부하고, 성경으로서 "십자가 신학"(Theology of the cross)을 내세웠습니다. 그는 '십자가 신학'으로 학문적인 신학에 머물렀던 '스콜라신학'뿐 아니라, 에라스무스(Erasmus)의 '인문주의'도 비판하였습니다. 마틴 루터는 하나님의 존재와 세상을 향한 하나님의 뜻은 고난의 십자가에서 표현되었다고 이해하는 자가 참된 신학자라고 외쳤습니다(참조, 행 17:16-34).[10]

3. 하나님의 성품 알기

1) 하나님의 속성, 하나님의 본성의 특성

하나님의 속성이란 하나님의 존재를 이루고 있는 특성들(qualities)을 지칭하며, 이는 하나님의 본성(신성)의 특성들을 말합니다.[11] 윌리엄 스티븐스(William. W. Stevens)는 하나님의 영성과 인격과 생명을 본성의 특성으로 이해했습니다. 스미스(H. B. Smith)는 그것을 영성과 자존성과 무변성, 그리고 영원성으로 파악했습니다. 이 두 사람의 견해를 종합적으로 분석하면 다음과 같습니다. 첫째, 하나님의 본성의 특성은 영(Spirit)이십니다. 성경은 하나님을 '영성'(spirituality)이 아닌 '영'(Spirit)이란 말로 표현하고 있습니다. "하나님은 영이시니"(요 4:24)라는 말은 하나님께서 '생명'과 '생명의 근원자'로서(창 2:7; 요 1:1-4, 9; 5:26; 6:63; 14:6; 골 3:1-4), '비물질적이며(immaterial) 무형적으로(intangible) 존재하시는 하나님'이라는 점을 반영한 표현입니다(눅 24:39). 둘째, 그것은 하나님의 '인격'입니다(Personality). 하나님의 인격은 의지적이고 관계적임을 의미합니다(행 8:39; 16:7).[12] 셋째, 그것은 하나님의 자존하심입니다(Self-existence, 창 1:1; 출 3:14). 하나님께서 창조 이전부터 스스로 존재하셨

---

10) Bernhard Lohse, 「마틴 루터의 신학-역사적이며 조직신학적으로 본 루터 신학」, 정병식 옮김 (서울: 한국신학연구소, 2009), 61-3.

11) Millard J. Erickson, *Christian Theology* [복음주의 조직신학(상)], 신경수 옮김 (서울: 크리스챤다이제스트, 1996), 299.

12) Walter T. Conner, *Christian Doctrine* (Nashville: Broadman Press, 1937), 36.

음을 의미합니다. 이는 하나님께서 창조하신 모든 피조물은 자존하시는 하나님께 필연적으로 의존되어 있다는 사실을 반영한 표현입니다. 성경은 하나님을 의존하지 않고, 하나님을 떠나 사는 삶을 죄와 사망으로 표현합니다(창 4:16-24; 신 4:4; 삼하 22:22; 시 18:21; 잠 8:35-36; 롬 1:18-32; 엡 2:1-4). 넷째, 그것은 하나님의 무변하심입니다(Immensity). 이는 하나님께서 친히 세우신 언약에 대하여 변함없이 신실하게 그 약속을 지키신다는 뜻입니다(민 23:19).¹³⁾ 다섯째, 하나님의 본성의 특성은 영원하심입니다(Eternity). 하나님은 시공간을 초월하여 "늘 현재성"으로 현존하신다는 말입니다(창 21:33; 신 33:27; 롬 16:26). 영원하신 하나님의 현재성은 하나님 앞에서 "항상 새로움"으로 나아가도록 이끄시는 우리 삶의 능력입니다(롬 12:1-2; 골 3:9-10; 계 21:1-4, 5-7).

2) 하나님의 외적 성품, 비공유와 공유적 성품

하나님께서는 피조물 가운데 거하시며 하나님의 구원 행위를 통해 그들과 관계를 맺으시는 하나님이십니다(창 2:7-25; 3:1-21). 이는 신학적으로는 하나님의 외적 성품(character)이라 하며, 그것은 '비공유적인 성품'과 '공유적인 성품'으로 구분합니다.

첫째, 하나님의 비공유적 성품은 세 가지입니다. **하나**, 그것은 전지성입니다(Omniscience). 전지성은 하나님께서 창조하신 '모든 피조물을 다 아신다'는 뜻입니다. 그리고 '아신다'는 말은 모든 존재를 '진리 안에서 아신다'는 말입니다. 특히 하나님의 전지성은 하나님의 백성들의 필요가 무엇인지 복 및 복지 차원에서 다 아신다는 것을 의미합니다(마 6:25-34; 엡 1:3-7; 벧전 1:4; 창 1:26-28; 9:1, 7-17; 12:1-2, 3-8; 22:1-18; 26:1-

---

13) 여호와 하나님께서는 아브라함과 그의 대대 후손 사이에 세우신 하나님의 영원한 언약을 지키셨습니다. 이 사실을 "하나님 → 약속 → 고난 → 성취"로 도식화 하여 성도의 삶에 적용할 수 있을 것입니다.

5, 23-25; 28:1-5; 35:1-11, 12-15; 출 1:1-7; 시 33:1-12; 히 11:8-12; 마 6:5-6; 계 22:1-7). 둘, 그것은 전능성입니다(Omnipotence). 전능성이란 하나님께서 '무엇이든 다 하실 수 있다'는 말입니다. 이는 '진리 안에서,' '말씀과 언약 안에서,' 그리고 '하나님의 뜻 안에서' 모든 것을 다 하실 수 있다는 뜻입니다. 창세기 17장 1절은 "나는 전능한 하나님이라"는 말씀으로, 능력이 충족적이신 하나님을 묘사하고 있습니다. 그리고 전능하신 하나님은 특별히 사람과 언약을 세우시고, 그 약속 그 대로 신실하게 실행하시는 측면을 반영할 때 사용하는 하나님 칭호입니다(창 17:1-19). 이는 하나님께서 한 번 세우신 언약에 대하여는 그 어떤 경우에도, 반드시 지키실 수 있는 강력한 힘을 지니신 자기 충족적인 하나님이심을 보여 주기 위한 것입니다(출 2:23-25; 6:1-5, 13; 신 1:1-11, 12-46; 4:31: 참조, 출 33:12-14; 3:12). 이처럼 전능하신 하나님께서 예수 그리스도를 믿게 된 우리와 함께 하신다는 사실은 실로 크고 놀라운 은혜입니다.[14] 성경은 하나님의 전능하심도 약속으로 주신 복과 은혜와 관련되어 있음을 보여 줍니다(창 28:3; 43:1-14; 48:3-4). 특히 '전능성'을 곡해하여 문제가 발생하는 경우가 많이 있음을 감안하면, '진리 안에서의 전능성'이 갖는 의미를 잘 알고 있어야 합니다(마 4:3, 6; 27:40; 눅 4:3, 9; 23:37).[15] 셋, 그것은 편재성입니다(Omnipresence). 이는 하나님께서 어느 곳에서든지 존재하실 수 있다는 뜻입니다. 마찬가지로 하나님은 '진리 안에서 편재하신다'는 뜻입니다. 그러므로 하나님은 '스올'(שְׁאוֹל) 곧 '음부'와 영원한

---

14) 제자원 편, 「옥스퍼드원어성경대전: 창세기 제12-25a장」, 222.

15) 두 친구가 길을 걷고 있었습니다. 한 사람은 그리스도인이었고 다른 사람은 무신론자였습니다. 무신론자가 길가에 놓여 있는 큰 바위를 보고 '만일 네가 믿는 전능한 하나님께 기도하여 이 바위를 다른 곳으로 옮겨준다면, 나도 하나님을 믿겠다'고 제안했습니다. 그러나 그리스도인 친구는 무척 당혹스러운 나머지 그만 말문이 막혀 아무 말도 하지 못했습니다. 전능하신 하나님은 '진리 안에서 전능하시다'는 말을 잊고 있었기 때문입니다. 우리가 '하나님을 믿는다는 것'은 '그 길'이 되시는 오직 우리 주 예수 그리스도를 믿는 믿음으로만 가능하다는 진리를 잃어버려서는 이니 됩니다(요 12:44-45).

불못 지옥에는 계시지 않습니다(참조, 계 1:18). 그곳은 진리의 세계가 아니기 때문입니다. 특히 하나님의 편재성은 택하신 하나님의 기업 백성, 즉 자기 백성을 구원하러 오신 예호슈아(예수) 그리스도 안에 있는 믿음으로 구원받은 하나님의 자녀들 가운데 거하신다는 뜻입니다(출 15:17-18; 신 7:6-9; 마 1:21-23; 요 1:12-13; 딤후 3:15; 벧전 2:9-10; 계 21:1-4).

둘째, 하나님의 공유적 성품이 있습니다. 이는 하나님께서 자신의 성품 가운데 사람과 함께 공유할 수 있는 성품을 주셨다는 것을 뜻합니다. 이는 하나님께서 사람을 하나님의 형상대로 창조하셨다는 말씀에 근거합니다(창 1:27). 하나님의 공유적 성품은 크게 세 가지입니다. 하나는 거룩성(Holiness)입니다. "내가 거룩하니 너희도 거룩할지어다"(레 11:44-45; 벧전 1:16) '하나님의 거룩하심'은 모든 죄악과 절대적으로 분리 내지는 독립되어 있다는 뜻입니다. 다만 '사람들에게 적용되는 거룩'은 '구별'과 '성별'의 뜻입니다. 거룩은 부정한 음식(레 11:44-45), 이방신(수 24:19-20), 그리고 부정한 것으로부터의 분리이기도 합니다(고후 6:14-17). 구약은 거룩함을 위하여 규례대로 속죄제(a sin offering), 속건제(a guilt offering), 번제(burnt offerings), 소제(a grain offering), 화목제물(the sacrifice of peace offerings) 등을 하나님께 드려 성별되게 하였습니다. 하지만 신약에서는 구약의 율법에 따라 드리는 제사와 예물과 번제와 속죄제가 아니라, 하나님의 뜻을 따라 예수 그리스도의 몸을 단번에 드리심으로 말미암아 우리가 거룩함을 얻었다고 선언합니다(요 17:17-19〈요일 2:1-2; 4:9-10〉; 히 10:1-10; 참조, 벧전 1:2, 15-21; 엡 1:4; 고전 1:2; 참조, 살전 2:13). 그것은 구약에서 예언되었고(시 40:6-9) 예수 그리스도에 의해 성취되었습니다(히 10:5, 10). 다른 하나는 의(Righteousness)입니다. 시편 40편 9절에 "의의 기쁜 소식"이란 표현이 있습니다. 이는 예언적으로 제시된 말씀입니다. 그리고 '의의 기쁜 소식'이란 말은 로마서 1장 17절의 "복음에는 하나님의 의가 나타나서 믿음으로 믿음에 이르게 하나니"라는 말씀을 통해, 그것이 예수 그리스도 안에서 성취되었음을 보여줍니다(눅 2:10-11; 롬 3:21-26). 이처럼 '의'란 우리 주 예수 그리스도 안에 있는 믿음으로 말미암아 얻게 되는 하나님의 성품이었습니다(딤후 3:15; 고전 1:30; 6:11; 12:3). '하나님의 의'란 말 '디카이오쉬네 가르 데우'(δικαιοσύνη γὰρ θεοῦ)에서 '디카이오쉬네'란 단어는 헬라 세계에서 사회적 정의와 법률적 공의를 나타내는 개념이었습니다. 성경은 여기에 머물지 않고 절대적 공의를 가지신 하나님과 관련되어, 보다 엄격한 '하나님과의 올바른 관계'를 나타내는 말로 사용하고 있습니다. 즉 '디카이오쉬네'는 사람이 하나님과 바른 관계를 맺는 '칭의의 길'입니다. 이를 위해 하나님께서는 대속물로 예수 그리스도를 보내주셨고(마 20:28; 막 10:45; 딤전 2:6), 하나님의 한 의로 나타나신 그리스도 예수 안에 있는 속량 및 구속으로 말미암아 하나님의 은혜로 값없이 의롭다하심을 얻게 해주셨습니다(롬 1:17; 3:21-24, 25-31; 고후 5:19-21; 빌 3:8). 마틴 루터가 이 진리를 위해 목숨을 건 것은 참으로 귀한 선택이었습니다.[16]

구약에서는 주로 하나님의 의가 '보상적인 의'(신 7:9 등)와 '형벌적인 의'(창 2:17 등)로 제시되었습니다. 그러나 신약에서는 하나님의 의가 복음으로 나타났고(롬 1:17), 또 율법과 선지자들에게 증거를 받은 하나님의 의였으며, 이는 그리스도 예수 안에 있는 속량과 그의 피로써 믿음으로 말미암는 화목제물로 세워져, 모든 믿는 자에게 미치는 '차별이 없는 하나님의 의'였습니다(롬 3:21-26). 이는 신학적으로 믿음으로 말미암아 의롭다 함을 얻는 칭의(Justification by faith)라고 합니다. 그리고 칭의란 우리의 의가 아닌 '그리스도의 의'라는 점에서 믿음으로 말미암아 우리 것이 된 '전가된 의'(imputed righteousness)라고 부릅니다(롬 10:1-6; 고전 1:30; 6:11). 이런 내용을 기치(旗幟)로 종교개혁을 일으킨 마틴 루터는 한

---

16) 제자원 편, 「옥스퍼드원어성경대전: 로마서 제1-8장」 (서울: 제자원, 2001), 98.

사람이 하나님 앞에서 의롭게 되는 과정을 "은혜-믿음-의의 전가"로 설명했습니다.[17] 그는 모든 사람이 죄를 범하여 전적으로 부패했기 때문에, 하나님께서 아무런 공로 없이 믿음으로 받게 되는 죄 사함을 하나님의 은혜의 선물로 주셨다고 믿었습니다(롬 3:23-24; 엡 2:6-9).[18] **또 다른 하나**는 성도가 공유할 수 있는 하나님의 사랑입니다. 사랑의 본질은 모든 허물과 허다한 죄를 덮어주는 것입니다(잠 10:12; 벧전 4:8; 참조, 고전 13:4-7). 하나님의 사랑은 출애굽 사건에서 나타났습니다(신 4:37-40; 6:4-9; 7:6-11). 그리고 하나님의 사랑은 그리스도의 십자가 대속 사역에서 확증된 사랑입니다(요 3:16; 롬 4:25; 5:5-8; 요일 4:10). 따라서 하나님의 교회는 믿음으로 말미암아 우리 주 예수 그리스도와 한 몸으로 연합된 성도들이, 주 예수 그리스의 이름과 성령 안에서 씻음과 거룩함과 의로움으로 사랑을 나누며 누리는 교회 공동체라 할 수 있습니다(고전 6:9-11).

---

17) Gordon S. Dicker, "Luther's Doctrines of Justification and Sanctification," *The Reformed Theological Review* vol. 26, no. 1 (January-April 1967): 11.

18) Richard Klann, "Reflections on Disputes Regarding the Proper Distinction Between Law and Gospel," *Concordia Journal* vol. 1, no. 1 (January 1975); 35.

IV.
"엘로힘"의 창조 사역
(하나님의 큰 사랑)

1. '태초에'란 말, 그것의 창조적인 의미
2. 하나님의 영적 존재 창조, 거룩한 천사
3. 하나님의 물질계 창조, 사람의 거주지
4. 하나님의 사람 창조, 하나님의 걸작품

IV. "엘로힘"의 창조사역
(하나님의 큰 사랑)

　　4세기 갑바도기아 세 교부 중 한 명인 대 바실리우스(Basilius Magnus)는 천지 창조 자체가 하나님의 존재를 증명하는 척도라고 가르쳤습니다. 그는 창조 세계를 일종의 학교로 이해했습니다. 창조 세계는 이성적 영혼이 하나님을 배워 알게 되는 훈련소 같은 곳으로 본 것입니다. 특히 그는 하나님의 창조 활동과 구속 활동이 밀접하게 연결되어 있다는 사실을 강조하였습니다.[1]

1. '태초에'란 말, 그것의 창조적 의미

1) 창조, '무(無)로부터의 창조'

　　본래 '무로부터의 창조'(Creatio ex nihilo, 창 1:1)란 말은 속사도 교부 데오필루스(Theophilus)가 영지주의 이단자 바실리데스(Basilides)의 창

---

1) Hall, *Reading Scripture With the Church Fathers* 「교부들과 함께 성경읽기」, 154-5.

조 개념을 비판하기 위해 사용한 개념입니다. 바실리데스는 '무' (Nothing)와 '비존재의 하나님'(the non-being God), 그리고 '세계 씨' 개념을 가지고 관념적인 창조관을 전개했습니다. 그의 전개에 의하면, '무'는 말로 표현할 수 없는 태초의 순수한 무(the pure, ineffable Nothing)입니다. '비존재의 하나님'은 자신 안에 전체 세계와 우주의 씨 혼합을 포함한 '우주의 씨'를 창조하였습니다. 그리고 세계의 씨는 순수 함의 차이는 있으나 비존재 신과 동질인 세 자권(three sonship)인 순수한 층, 조잡한 층, 그리고 우주 형상을 포함하는 씨라는 것입니다. 바실리데 스의 이러한 주장은 지극히 추상적이고 관념적인 개념일 뿐입니다.[2] 그가 말하는 '무'는 '무로부터의 창조'와는 전혀 다른 개념입니다.

우리가 '무로부터의 창조' 개념을 이해할 수 있으려면, 창세기 1장 1절 의 '태초에'라는 말과 '창조하시니라'는 말의 의미가 무엇인지 알아야 합 니다. '태초에'로 번역된 '뻬레쉬트'(בְּרֵאשִׁית)는 시간이 막 흐르기 시작 한 시간의 원점 곧 시간의 출발점을 의미합니다. 천지 창조가 일어난 '때' 는 시간 자체도 그 때부터 흐르기 시작한 시간의 기원 및 시간의 원점임을 보여 줍니다. 즉 '뻬레쉬트'는 시간이 그 자체로서 홀로 영원히 흐르는 것 이 아니라, 창조자에 의하여 '무(無)로부터 유로(有)의 시작'이 있는 시간 임을 보여 주는 단어입니다. 따라서 '무로부터 유로의 천지 창조'는 '장엄 복수이신 엘로힘'에 의해 시간의 시작과 동시에 창조된 것을 의미합니다. 하나님께서는 완전히 초월하여 시간과는 무관하게 영원히 계시는 하나님 이십니다.[3] 창조주 하나님만 영원하시기 때문입니다(사 40:28). 또한 '창 조하시니라'는 말로 번역된 '빠라'(בָּרָא, κτιζειν, create)는 '실제로 만 들다,' '지어내다'의 뜻입니다. 빠라는 오직 하나님을 가리키는 단어와만 짝을 이루어, 하나님만이 하실 수 있는 새로운 것을 만드시고 존재케 하시

---

2) 근광현, 「기독교 이단 길라잡이」, 138.
3) 제자원 편, 「옥스퍼드원어성경대전: 창세기 제1-11장」, 39.

는 하나님의 절대적인 창조 행위를 나타내는 단어입니다. 그러기에 '빠라'는 하나님의 능동적인 창조 행위를 강조합니다. 특히 '빠라'는 하나님께서 '무로부터 유,' 즉 과거에 없었던 새로운 것을 만들 때 사용함으로써, '하나님의 명령에 의한 창조'를 뒷받침하는 말로 사용되고 있습니다(창 1:3, 6 등). 또한 "빠라"는 하나님께서 택한 백성의 구원을 위한 역사, 즉 선민 이스라엘을 창조하시고(사 43:1, 15), 죄인을 중생케 하시며(시 51:10; 엡 2:20; 고후 5:17), 장차 새 하늘과 새 땅을 창조하심으로 전 인류의 구원을 완성하실 일(사 65:17) 등에도 사용되었습니다. 따라서 하나님의 창조 사역과 구원 사역은 그 의미에 있어서 본질상 동일한 선상에 있음을 암시합니다(사 37:16-20; 43:1-7; 44:1-8, 21-28; 45:12-18, 20-25; 48:1-21; 엡 2:1-4, 8-10).[4]

한편, 웨인 그루뎀(Wayne Grudem)은 '무로부터의 창조' 교리가 주는 주요 의미 세 가지를 제시하였습니다. 첫째, 하나님께서 천지 만물을 창조하시기 이전에는 하나님 외에 아무 것도 존재하지 않았다는 의미입니다(시 90:1-3). 둘째, 하나님께서 온 우주를 다스리시기 때문에, 피조물 중에 어느 것도 하나님 대신에 혹은 하나님과 함께 경배를 받을 수 없다는 사실을 상기시켜 주는 의미입니다. 셋째, 하나님께서 무로부터 창조하셨다는 사실은 하나님의 긍정적인 목적과 의미를 포함하고 있다는 것입니다.[5] 즉 하나님께서는 창조를 통해 자신만이 창조주이시고(창 1:1; 참조, 출

---

4) Ibid., 46-8. 폰 라트(Von Rad)는 창조란 태초에 끝난 것이 아니며, 하나님은 이 땅 위에 죄, 죽음, 억압, 그리고 착취가 없는 상태를 구원 사건들을 통해 이루어 가신다고 말했습니다. 그리고 프렌터(R. Prenter)는 '빠라'의 연속적인 사용(창 1:1; 사 43:1; 65:17-18; 계 21:1)을 통해 창조란 구원의 시작이고, 또 구원은 창조의 시작이라고 말했습니다. 그에 의하면, 창조와 출애굽 사건은 아주 밀접한 사건이고(사 43:16-20), 창조는 구속과 밀접한 관련을 갖고 있으며(롬 8:19; 벧후 3:4-5), 그 순서는 "창조-새 창조-창조의 완성"으로 전개되는 구조였습니다(참조, 엡 2:1-22; 계 21:1-22:1-21).

5) Wayne Grudem, *Systematic Theology*[조직신학(상)], 노진준 옮김 (서울: 도서출판 은성, 1997), 382-5.

31:12-17; 왕하 19:15), 전능하시고, 유일하신 하나님이라는 긍정적인 목적을 제시하신 것입니다(사 37:14-16, 17-20; 40:26-28; 43:1-7, 11-21; 45:9-12; 렘 10:6-11; 32:17). 그리고 하나님께서는 천지를 창조하지 못한 신들은 장인이 철을 부어 만든 우상일 뿐, 그것을 섬기는 자들은 결단코 망할 수밖에 없다는 단호한 경고와 심판의 의미를 부여하셨습니다(시 96:3-5; 135:15-18; 사 2:5-22; 40:18-26, 27-31; 42:5-8; 43:8-15; 44:9-19; 45:5-8; 고전 8:1-6, 7-12). 존 칼빈도 성경은 천지 만물 창조를 통하여 참 하나님과 거짓 신들을 구별시킨다고 가르쳤습니다.[6]

2) '무로부터 창조,' 삼위일체 하나님의 창조

창세기 1장 1절은 천지 만물을 무로부터 창조하신 '엘'의 복수형 "엘로힘"으로 표현하였습니다. 창세기 1장은 기본적으로 '장엄 복수의 하나님'이신 "엘로힘"으로 호칭합니다. 그런 가운데 창세기 1장 2절과 26절은 "하나님의 영"과 "우리"라는 표현을 사용하여 "삼위일체 하나님"을 반영하고 있습니다. 존 월부우드(John F. Walvoord)는 "아버지는 설계자이시며, 아들은 설계를 진행하며 조력하시고, 성령님은 이 설계를 완성하여 종결하시는 분"으로 보았습니다.[7] 스탠리 그렌즈는 "하나님은 창조의 직접적인 행위자로서 창조의 근거이시고(고전 8:6), 아들은 창조의 간접 행위자로서 로고스 곧 만물을 하나로 통합하는 창조의 원리이시며(고전 8:6; 요 1:1-3), 성령님은 만유를 창조하는 데 있어서 활동하신 신적 능력 곧 창조라는 결과를 가져온 하나님의 능력"으로 설명했습니다.[8] 웨인 그루뎀은 "아버지 하나님은 창조 사역을 시작하셨고(고전 8:6), 아들은 아버지

---

6) McNeill ed., *Calvin: Institutes of the Christian Religion* [한·영 기독교강요 I], 309.
7) John F. Walvoord, *The Holy Spirit* [성령론], 이동원 역 (서울: 생명의말씀사, 1986), 69.
8) Grenz, *Theology for the Community of God* [조직신학], 169-74.

의 계획과 구상을 이루도록 실제적인 대리인 역할을 감당하셨으며(고전 8:6; 요 1:3; 골 1:16; 히 1:2), 성령님은 창조에 생명을 주시고 충만케 하여 완성하신다"고 진술했습니다(창 1:2; 시 104:30; 욥 26:13; 사 40:13; 고전 2:10).[9] 따라서 아버지 하나님께서는 창조의 근원자로서(창 1:1; 고전 8:6; 행 17:24-27) 명령자이시고(창 1:1, 3, 6, 9, 11, 14, 20, 24), 아들은 창조의 실행자이시며(고전 8:6; 요 1:1-3; 골 1:16-17; 히 1:2-3, 10), 성령님은 창조의 완성자라 할 수 있을 것입니다(창 1:2).[10] 그래서 성경은 시종일관 창조주만이 진정한 구원자이심을 보여 줍니다(하나님, 창 15:6; 롬 4:3; 갈 3:6; 약 2:23; 예수님, 요 3:16-21; 12:44; 20:31; 요일 5:10; 고전 8:6; 성령님, 고전 12:3; 갈 5:5; 참조, 창 1:1-2; 벧전 1:2).

2. 하나님의 영적 존재 창조, 거룩한 천사

1) 거룩한 천사, 하나님의 피조물

성경은 천사를 하나님의 지음 받은 피조물로 보여 줍니다(느 9:6; 시 13:19-22; 골 1:16). 하나님의 천사 창조 목적은 두 가지입니다. 하나는 하늘에 계신 하나님을 찬양으로 경배하는 일입니다(느 9:6; 시 103:19-22; 148:1-5). 다른 하나는 섬기는 영으로서 모든 천사는 구원 받을 상속자들을 위하여 섬기라고 보내시는 피조물입니다(히 1:14; 참조, 골 1:16). 천사들의 임무는 다양합니다. 어떤 천사는 하나님이 지정하신 에덴동산이나 지성소 등 거룩하고 특별한 곳을 지키는 그룹이었고(창 3:24; 출 25:18-22), 다른 천사는 하나님을 수행하거나 지시 사항을 전달하는 임무를 수행하기도 했습니다(삼하 22:11; 눅 1:26-38; 행 1:8-11).

---

9) Grudem, *Systematic Theology* (상), 388-9.
10) 제자원 편, 「옥스퍼드원어성경대전: 로마서 제9-16장」 (서울: 제자원, 2001), 287.

천사 창조의 시기에 관한 두 가지 설이 있습니다. 그것은 어거스틴과 케일(Keil)입니다. 어거스틴은 시간 안에서 천사들이 창조된 것으로 보았습니다. 그러나 케일은 시간 이전의 창조를 주장했습니다. 이는 창조 전에 이미 시간이 존재한 것으로 오해받을 소지가 있는 견해입니다. 자칫 천사들에 의한 물질세계 창조를 주장하는 영지주의적 창조관으로 오해받을 소지가 다분합니다. 어거스틴은 창세기 1장 1절의 "태초에"라는 말을 근거로, '무로부터'의 창조와 시간 안에서의 천사 창조를 확신했습니다. 그는 창세기 1장 1절의 '하늘'이란 말이 천사 창조를 암시하는 것으로 보았습니다(시 148:1-13). 그리고 그는 창세기 1장 3절에 나오는 '빛'이 시간 안에서 창조된 천사를 암시하는 것으로 추정하였습니다. 다만 그는 성경에서 영원한 빛은 그리스도를 뜻하기 때문에(요 1:9, 14), 창세기 1장 1절에서 창조된 천사들은 이 영원한 빛에 참여하는 존재로 보았습니다.[11] 어거스틴의 견해가 설득력이 있어 보입니다.

성경에서 '천사'로 번역한 히브리어 "말라크"(מַלְאָךְ)와 헬라어 "앙겔로스"(ἄγγελος)는 기본적으로 '사자'(창 22:12, 15)라는 뜻입니다. 천사는 그 기능에 따라 권능 자(시 89:6), 그룹(창 3:24), 사역자(시 104:4), 순찰자(단 4:13, 17), 스랍(사 6:2), 천군(창 32:1-2), 천사장(살전 4:16), 왕권과 주권과 통치자들과, 권세들과 능력(골 1:16; 엡 1:21), 그리고 섬기는 영(히 1:14)으로 표현되어 있습니다. 성경은 천사의 수가 많은 것으로 보여 줍니다(시 68:17; 단 7:10; 마 26:53). 성경에 나타나 있는 주요 천사는 천사장 미가엘과 그의 사자들(유 1:9; 계 12:7; 참조, 단 12:1), 소식을 전하는 가브리엘(눅 1:26; 참조, 단 9:21), 그리고 하나님의 명을 받아 심판을 대행하는 천사들입니다(창 19:1-22; 요한계시록). 본래 모든 천사들은 섬기는 영이었습니다(히 1:14). 성경이 증언하는 천사들의 본질은 영적

---

11) Augustine, 「하나님의 도성」, 조호연, 김종흡 역 (서울: 크리스챤다이제스트, 2016), 540-6.

존재로서(마 8:16; 눅 7:21; 행 19:12; 엡 6:12), 사람의 모습으로 현현하여 임무를 수행하기도 했던 인격적 존재입니다(창 18-19장; 마 28:2-5; 눅 1:26-38; 15:10; 벧전 1:12). 그러나 천사는 결혼하지 못하며(마 22:28-30; 막 12:24-25; 눅 20:35-36), 죽지 않고 영존하며(눅 20:36), 능력은 있으나(벧후 2:11; 히 1:4) 전능하지 못한 피조물입니다(골 1:16; 히 1:4-6; 12:22-23).

2) 하늘전쟁, 거룩한 천사와 범죄한 천사

창세기 1장 31절은 "하나님이 지으신 그 모든 것을 보시니 보시기에 심히 좋았더라"라고 증언합니다. 본래 천사들은 거룩한 천사로 창조되었습니다. 그러나 천사의 일부가 자기 지위를 지키지 아니하고 자기 처소를 떠나(유 1:6) 하나님을 대항한 엄청난 범죄를 저질렀습니다(계 12:7-9). 성경은 거룩한 천사(막 8:38; 눅 9:26; 행 10:22; 계 14:10)와 범죄한 천사로 구분하고 있습니다(벧후 2:4; 유 1:6). 거룩한 천사들은 하늘에서 하나님을 호위하고 경배와 찬양을 드리며 하나님의 지시를 수행하고 있습니다(마 4:11; 13:39, 41, 49; 16:27; 24:31; 28:2, 5; 행 10:22; 요한계시록). 범죄한 천사들은 그들이 일으킨 하늘전쟁에서 천사장 미가엘과 그의 사자들에 의해 패배하여 이 땅으로 쫓겨났습니다. 성경은 이들이 바로 큰 용과 그의 사자들 곧 '옛 뱀 사탄마귀'라고 폭로하였습니다(계 12:7-9). 하늘전쟁에서 승리한 거룩한 천사들은 여전히 하늘에서 존재하며(마 22:30), 택함 받은 천사로도 불리고 있습니다(딤전 5:20-21). 존 칼빈도 '사탄마귀'는 타락한 피조물로서 범죄한 천사를 가리킨다고 가르쳤습니다.[12]

---

12) McNeill ed., *Calvin: Institutes of the Christian Religion* [한·영 기독교강요 I], 341.

3. 하나님의 물질계 창조, 사람의 거주지(사 45:18)

1) 물질계 창조 방식, 하나님의 명령적 창조

성경은 하나님의 6일 창조가 사람 창조를 제외하고는 모두가 다 하나님의 명령에 의한 말씀으로의 창조임을 보여 줍니다(시 33:6; 히 11:3). 창세기 1장의 물질계 창조 이야기는 크게 창조의 주체와 창조의 방법과 창조의 내용으로 구성되어 있습니다. 창조의 주체는 '엘로힘'이십니다. 성경은 '엘로힘'을 반복적으로 묘사함으로써 창조의 주체가 바로 '장엄 복수이자 전능하신 삼위일체 하나님'이심을 강조하고 있습니다. 그리고 창조 방법은 창세기 1장 3절에 나타나 있는 것처럼, "하나님이 이르시되 빛이 있으라" 하신 명령의 형식입니다. '이르시되'로 번역된 '와요메르'(וַיֹּאמֶר)는 '말하다'(창 31:29), '지시하다'(창 22:3; 26:2), '허락하다'(에 9:14)로 번역되고 있습니다. 이는 이 세상에 존재하는 모든 것들이 하나님의 말씀 곧 하나님의 지시와 하나님에 의해서 존재할 수 있게 되었음을 보여 주는 결정적 증거입니다. 성경은 전능하신 하나님의 말씀의 창조력이 얼마나 위대한지를 보여 주고 있습니다. 하나님의 말씀은 사람의 말과 같이 공허하지 않습니다(신 32:44-47). 그러므로 우리의 삶도 하나님의 말씀을 소중히 여기며 믿음으로 순종할 때, 큰 역사가 일어날 수 있다는 사실을 알게 합니다.[13]

나아가 창조의 내용으로는 "엘로힘"께서 첫째 날부터 여섯째 날에 천지 만물과 하나님의 형상대로 사람을 창조하시되 남자와 여자로 창조하신 후, 칠일 째는 안식하셨다는 내용입니다. 성경은 이러한 창조의 내용을 통해 우리에게 몇 가지 교훈을 제시해 줍니다. 첫째, 창세기 1장 3절은 "하나님이 이르시되 빛이 있으라 하시니 빛이 있었고"라는 말씀으로, 천지

---

13) 제자원 편, 「옥스퍼드원어성경대전: 창세기 제1-11장」, 83.

만물이 하나님의 말씀으로 창조되었음을 보여 줍니다(창 1:3, 6, 9, 11, 14, 20, 24; 시 33:6-9; 요 1:1-3; 히 1:2-3; 11:3). 둘째, 창세기 1장 31절은 "하나님이 지으신 그 모든 것을 보시니 보시기에 심히 좋았더라"는 말씀으로, 하나님의 창조가 온전하고 아름다운 창조였음을 선언하고 있습니다. 즉 하나님의 창조는 진화론적 창조가 아니라는 뜻입니다. 천지 만물 창조는 전지하시고 전능하시며 권세가 충만하신 장엄 복수의 하나님께서 말씀으로 창조하신 하나님의 걸작품이기 때문입니다. 셋째, 창세기 1장 8절의 "저녁이 되고 아침이 되니 첫째 날이니라"는 말씀에 나오는 '날'로 번역된 '욤'(םוֹי)은 하루 24시간을 의미합니다. 이는 "엘로힘"의 6일간의 창조와 7일째 가지신 '안식'이 하나님의 자녀와 백성들의 삶의 근거로 작용하고 있기에 매우 중요한 의미를 갖습니다(출 20:9-11). 넷째, 성경은 '빠라'를 통해 하나님께서 전혀 새로운 것을 창조하신 사실을 밝혀줌으로써, 이스라엘 창조와 새 하늘과 새 땅에 대한 창조와 더불어, 하나님의 새 인류 구원에 대한 완성을 미리 볼 수 있게 하는 교훈적 가치를 보여 줍니다(사 43:1-7; 65:17-25; 엡 2:1-13; 벧후 3:8-13; 계 21:1-2).

2) 하나님의 명령적 창조, 모든 불신앙 배제

헨리 모리스(Henry M. Morris)는 "태초에 하나님이 천지를 창조하시니라"는 이 한 구절의 말씀은 세상의 기원과 그 의미를 왜곡시킨 모든 철학적 주장을 반박한다고 단호히 말했습니다(시 33:1-10; 고후 10:4-5). 첫째, 하나님께서 천지 만물을 직접 창조하셨으므로 무신론(atheism)을 반박합니다. 둘째, 하나님께서 모든 만물보다 뛰어나심으로 범신론(pantheism)을 반박합니다. 셋째, 삼위일체 한 분 하나님의 만물 창조이므로 다신론(polytheism)을 반박합니다. 넷째, 하나님의 창조물인 물질은 시작을 가지므로 유물론(materialism)을 반박합니다. 다섯째, 천지 만물을 창조하신 하나님은 홀로 하나님이심으로(왕하 19:15, 19; 욥 9:9; 시

72:18; 사 2:11, 17; 44:14; 딤전 1:17; 유 1:4, 25) 이원론(dualism)을 반박합니다. 여섯째, 이처럼 하나님께서 천지 만물을 창조하셨으므로 진화론(evolutionism)을 반박합니다.[14] "질그릇 조각 중 한 조각 같은 자가 자기를 지으신 이와 더불어 다툴진대 화 있을진저 진흙이 토기장이에게 너는 무엇을 만드느냐 또는 네가 만든 것이 그는 손이 없다 말할 수 있겠느냐"(사 45:9).

4. 하나님의 사람 창조, 하나님의 걸작품

1) 첫 사람 아담, 하나님의 형상

"엘로힘"은 "우리의 형상(뻬찰르메누, בְּצַלְמֵנוּ)을 따라 우리의 모양대로"(키드무테누, כִּדְמוּתֵנוּ)대로 사람을 창조하셨습니다(창 1:26-27). '뻬찰르메누'란 말에서 전치사 '뻬'(בְּ)는 '~안에, in'란 뜻입니다. 이는 하나님의 형상을 따라 창조된 사람은 하나님의 성품을 따라 '하나님과의 교제 안에서' 살도록 되어 있다는 사실을 의미합니다.[15] 초기교회 교부들은 '형상'(첼렘, צֶלֶם, image)이란 말을 외형적 신체로 보았고, 또 "모양"(떼무트, דְּמוּת, likeness)에 대하여는 하나님의 영원함과 거룩함과 같은 내부적 성품으로 이해했습니다.[16] 로마가톨릭은 하나님의 형상을 사람의 이성, 지성, 사회성, 창조적인 능력으로 해석하고, 모양에 대하여는 신적 초능력으로 간주하며 형상과 모양을 서로 구별하였습니다. 이들과 달리 종교개혁자들은 하나님의 형상과 모양을 동일한 것으로 보았습니다(창 1:27; 5:3). 존 칼빈에 의하면, '모양'이란 말은 형상을 설명하기 위해 첨가한 반

---

14) Henry M. Morris, 「창세기 연구(상)」, 정병은 옮김 (서울: 전도출판사, 1997), 50.
15) 제자원 편, 「옥스퍼드원어성경대전: 창세기 제1-11장」, 147.
16) Ibid.

복법이기에 두 단어는 동일한 개념입니다. 본래 히브리인들은 어느 하나를 강조하기 위해 두 낱말을 반복적으로 사용하였습니다. 창세기 1장 27절은 26절과 달리 '모양'이 빠지고 '형상'만 사용되어 있습니다. 존 칼빈은 이 점을 주목하였습니다.[17] 성경으로 푼 종교개혁자들의 견해가 바른 견해라 할 수 있습니다.

한편, 로마가톨릭은 아담의 타락으로 말미암아 하나님의 모양은 상실했으나, 하나님의 형상은 그대로 남아있다고 주장합니다. 그러나 존 칼빈은 아담의 타락으로 하나님의 형상이 추악하게 일그러져 심각하게 부패되었다는 입장을 취하였습니다. 이런 입장은 구원관 전개에 커다란 영향을 미치게 되었습니다. 로마가톨릭은 하나님의 형상이 여전히 남아 있다고 보기 때문에, 사람의 선행과 공로에 의한 구원관을 전개하였습니다. 그러나 성경은 그리스도의 공로에 의한 믿음에 따른 구원을 증언하고 있습니다. 존 칼빈에 의하면, 우리의 일그러진 하나님의 형상을 회복하는 길은 그리스도를 닮는 것입니다. 우리가 그리스도를 닮아 가면, 참된 경건과 의와 순결과 지성을 가진 하나님의 형상으로 회복될 수 있다는 말입니다(롬 8:29; 고후 4:4; 골 1:15; 3:10).[18]

다른 한편, 20세기 신학자들은 하나님의 형상이 무엇인지 그 특징에 대하여 폭넓은 견해를 밝혔습니다. 존 뉴포트(John. P. Newport)는 하나님의 형상을 인간의 자의식, 자기결정, 도덕적 식별, 지성, 피조물에 대한 지배, 사회관계, 그리고 하나님과의 친교로 보았습니다. 칼 바르트(Karl Barth)는 한 분 하나님 안에 세 인격이 상호관계 속에 존재하듯이, 사람도 '관계 속에 있다'는 점에서 하나님의 형상이라고 말했습니다. 즉 창세기 1장 27절의 "남자와 여자"의 관계는 "나와 그것"(I and It)이라는 '비인격적 관계'가 아닌, "나와 너"(I and You)라는 '인격적 만남의 관계'를 의미한다는

---

17) McNeill ed., *Calvin: Institutes of the Christian Religion* [한·영 기독교강요 I], 365.
18) Ibid., 369.

것입니다. 지그문드 모윙클(Sigmund Mowinckel)은 창세기 1장 26-27절에 근거하여 하나님의 형상을 피조물에 대한 통치권(sovereignty)으로 보았습니다(시 8:4-6). 이뿐 아니라 에드워드 뵐(Edward Böhl)은 '형상'에 붙어 있는 불분리 전치사 '뻬'(ㅂ)란 말이 '~안에'를 의미하기 때문에, 하나님의 형상으로서의 사람은 전적으로 하나님과의 영적 관계영역 안에서 살도록 창조된 사실을 의미한다고 말했습니다. 특히 그는 하나님과의 '영적인 관계영역 안에 있는 상태'를 '하나님의 성령의 추진력을 받아 그 영을 따라 사는 것'으로 이해하였습니다(갈 4:19-29; 5:16-25). 이처럼 하나님의 형상에 대한 초기교부와 로마가톨릭의 견해를 제외한 나머지 입장은 나름대로 성경 말씀을 반영한 것이라 할 수 있습니다. 다만 성경이 "그리스도는 하나님의 형상이니라"(고후 4:4; 골 1:15; 롬 8:29; 갈 4:19; 골 3:10)는 말씀으로 증언하고 있음을 볼 때, '일그러진 하나님의 형상은 그리스도와의 연합 관계에서 회복될 수 있다'는 점을 반영했더라면 더 좋았을 것으로 생각합니다.

2) 하나님의 형상, 영혼과 몸인 사람의 본질

여호와 하나님께서는 자신의 형상대로 창조하신 첫 사람이 하나님의 영역 안에서, 그의 성품으로 살아갈 수 있도록 그를 영혼과 몸으로 된 생령으로 지으셨습니다(참조, 창 2:8, 19, 23). 사람의 영혼과 관련하여 존 칼빈은 "하나님의 영광은 사람의 외형에서 비치고 있지만, 본래 하나님의 형상이 내재하는 곳은 영혼"이라는 사실을 의심할 수가 없다고 말했습니다.[19] 만일에 여호와 하나님께서 첫 사람의 코에 불어 넣어준 영혼이 없는 하나님의 형상이었다면, 하나님의 존재와 성품과 이분의 뜻을 온전히 드러내며 하나님의 영광을 비추는 하나님의 걸작품이 될 수 없었을 것입니

---

19) Ibid., 363.

다. 잠언 20장 27절은 "사람의 영혼은 여호와의 등불이라 사람의 깊은 속을 살피느니라"는 말씀으로, 사람의 영혼의 가치를 아름답게 표현하고 있습니다. 그리고 이사야 43장 7절은 "내 이름으로 불려지는 모든 자 곧 내가 내 영광을 위하여 창조한 자를 오게 하라 그를 내가 지었고 그를 내가 만들었느니라"는 말씀으로, 하나님의 사람 창조 목적을 "하나님의 영광"을 위한 것으로 증언하였습니다(엡 1:6). 창세기 2장 7절은 "여호와 하나님이 땅의 흙으로 사람을 지으시고 생기를 그 코에 불어넣으시니 사람이 생령이 되니라"는 말씀으로, 사람의 구성 요소가 무엇인지 밝히고 있습니다. 첫 사람은 물질적인 흙과 비물질적인 생기로 된 "생령"으로 지음 받았습니다. 즉 살아 있는 존재로 창조된 첫 사람의 본성은 물질적 본체와 비물질적인 생명의 원리로 구성되어 있다는 것입니다.[20] 이를 구체적으로 분석하면 크게 세 가지 요소로 설명할 수 있습니다.

먼저, 물질적인 흙은 사람의 외적 요소입니다. 이는 그 땅 곧 '아다마'(אֲדָמָה)로부터 취한 '흙'을 의미하는 '아파르'란 단어로 표현되었습니다. 이 '아파르'(עָפָר)는 '티끌,' '재'(민 19:17), '가루'(왕하 23:15)로도 번역되며, 그것이 동사로 사용될 때는 '부스러지다'(왕상 20:10)의 뜻도 있습니다. 이러한 티끌로 사람이 만들어졌다는 것은 원래 사람의 몸은 부서지기 쉬운 존재였음을 보여 줍니다(욥 4:18-19). 그러나 사람은 비록 무가치한 티끌로 만들어진 육체를 가진 존재라 할지라도, 티끌 같은 자신을 의지하지 아니하고 티끌을 가지고서도 자신을 하나님의 형상으로 창조하신 하나님을 의지하며 산다면, 누구나 참다운 가치 있는 삶을 살수 있다는 사실을 보여준 것이라 할 수 있습니다(신 1:21-31; 4:32-40; 7:7; 고전 1:26-29; 12:22-23; 약 2:5).[21]

---

20) C. F. Keil and F. Delitzsch, *Commentary on the Old Testament* vol. Ⅰ [카일·델리취 구약주해 ①], 고영민 역 (서울: 기독교문화출판사, 1984), 84.

21) 제자원 편, 「옥스퍼드원어성경대전: 창세기 제1-11장」, 185.

다음에, 여호와께서 '그 코에 불어넣으신 '생기'는 사람의 내적인 요소입니다. 생기 곧 '니쉬마트'(נִשְׁמַת, the breath of life)란 생명의 숨(왕상 17:17), '호흡'(신 20:16), '기운'(욥 4:9), 영혼(잠 20:27) 등으로 번역되는 '네샤마'(נְשָׁמָה)의 연계형 '니쉬마트'와 '살다'(창 23:1), '활발하다'(시 38:19)에서 유래하여, '생명'(창 1:30; 신 28:66)으로 번역되는 '네페쉬 하야'(נֶפֶשׁ חַיָּה)와 결합된 말입니다. 따라서 본문을 직역하면 '생명들의 기운'이며, 이는 생명을 갖게 하고 생동력 있는 활동을 가능케 하는 '생명력'으로 이해할 수 있습니다. 이처럼 첫 사람에게 생기를 불어 넣으신 분이 하나님이란 사실은 바로 사람의 생명의 주인이 하나님이시고, 또 하나님께서 생명을 주시는 분이란 뜻입니다. 달리 말해 하나님께서 사람에게 생명을 주시지만, 그들로부터 생명을 다시 취하시는 주권을 소유한 하나님이심을 알 수 있습니다(전 8:7-8). 그러기에 생기로 된 사람은 그 생명의 날들을 하나님의 영광을 추구하는 것으로 채워야 한다는 뜻입니다 (사 43:7; 48:9-11; 고전 10:31; 참조, 엡 1:6, 12, 14).[22]

한편, 델리취에 의하면, '네샤마'(נְשָׁמָה) 곧 생명을 산출하는 생명의 호흡은 일반적으로 사람의 '혼'(魂, soul)을 나타내는 말입니다(왕상 17:17-22, 23-24). 즉 "생기를 그 코에 불어넣으시니"라는 말씀은 하나님께서 단순히 사람에게 숨을 쉬는 공기를 넣어주셨다는 것을 의미하는 게 아닙니다. 그것은 "하나님께서 그 자신의 호흡을 통해 육체적 형태에 생명의 원리를 결합한 것인데, 이 생명의 원리가 모든 사람의 생명의 기원이 되었다는 것을 의미합니다. 그러나 사람 안에 있는 생명의 원리는 동물과는 다릅니다. 즉 사람의 영혼(soul)은 짐승의 혼(soul)과 다르다는 것입니다. 그것은 영혼이 주어지는 방법에 따라 구분되어 집니다. 짐승에게는 하나님의 창조적인 말씀이 주어졌을 때, 그들의 영혼과 육체적 존재의 기원이 동

---

22) Ibid., 185-6.

시에 주어졌습니다(창 1:20-25). 이와 달리 사람의 영(spirit)은 하나님의 영에 의하여 이미 세계에 부여된 생명(창 1:2), 그 자체가 모든 생물들처럼 사람 안에서 개성화된 것이 아닙니다. 또한 사람의 육신도 동물과 같이 하나님의 창조적인 말씀에 의해 자극된 땅의 소산이 아닙니다. 사람은 하나님께서 친히 자신의 형상대로 지으신 생령입니다. 오직 하나님께서는 그의 인격의 온전한 충만으로 생명의 호흡을 첫 사람의 코에 직접 불어넣으셨습니다. 그 때에 비로소 첫 사람은 '하나님의 인격과 일치되는 방식으로 살아있는 영혼'이 될 수 있었던 것입니다. 아울러 델리취는 첫 사람의 영과 혼은 하나님에 의해 함께 창조되었기 때문에, 이 기초에 의해 사람은 인격적인 존재로 형성되었다고 주석했습니다. 사람의 인격적 존재인 비물질적 부분은 단지 '영'(靈)만이 아니라, 하나님에 의해 전적으로 불어넣어진 영혼이기 때문이라는 것입니다.[23] 델리취는 영과 혼을 구별하여 설명하는 것처럼 보입니다.

그 다음에, '사람이 생령이 된지라'는 말씀은 사람의 전인격적인 요소를 의미합니다. '생령'(a living being)으로 번역된 '네페쉬 하야'(נֶפֶשׁ חַיָּה)란 짐승에게는 '생물'로 번역되지만(전 3:21), 사람에게 적용된 '네페쉬 하야'는 영혼(혼, soul)으로서의 생령을 의미합니다. 구약에서 '네페쉬'는 75회 정도 나타나며, 그 뜻은 '열렬한 생명력,' '생명의 약동'을 가리킵니다. 전통적으로 영어 역본은 이 '네페쉬'를 '영혼'(soul)으로 번역하였습니다. 그리고 히브리어 '네페쉬'는 신약에서 '육체적인 것을 초월하는 생명의 자리'를 의미하는 헬라어 '푸쉬케'(ψυχή, soul)와 같은 의미로 쓰였습니다. 신약에서 '푸쉬케'는 '영혼'(soul)과 같은 의미입니다. 그래서 브루스 월트키(Bruce K. Waltke)는 '네페쉬'란 말이 동물에게도 적용되기 때문에, 문맥에 따라 그것을 '갈망,' '생명'으로 번역하거나, 단지 '욕구'

---

23) Keil and Delitzsch, *Commentary on the Old Testament* vol. I [카일·델리취 구약주해 ①], 85-6.

를 가리킬 때에는 '영혼'으로 번역되어야 한다고 말합니다.[24] 이종성에 의하면, 여호와 하나님이 첫 사람을 "루아흐"(רוּחַ, πνεῦμα, Spirit)가 아니라, '니쉬마트 하임' 곧 생기를 그 코에 불어 넣어 "네페쉬"(혼, נֶפֶשׁ, soul)로 창조하셨습니다. 물론 이스라엘의 포로기에는 "루아흐"(영)가 '네페쉬'(혼)와 구별 없이 사용되기도 하였습니다(사 57:16; 참조, 왕상 17:22).[25] 하지만 김희보에 의하면, 영은 혼의 원동력이고 또 영은 혼의 근원입니다.[26] 최종진은 흙으로 말미암아 육신 혹은 육체(바사르. בָּשָׂר, flesh)를 가진 아담은 생기 곧 영(spirit)을 받음으로써, 한 인격체로서의 사람이 된 사실을 의미하는 것으로 해석하였습니다.[27] 이처럼 신학자들이 언급한 내용을 보면, '영'(Spirit)과 '영혼'(soul)과 '심령, 영'(spirit)이란 용어 사이의 미묘한 구별을 언급하지 않고 있습니다. 하지만 '생령'으로서의 사람 '네페쉬 하야'는 '영혼과 몸'을 가진 생령이며, 이에 대한 구체적인 설명이 필요합니다.

첫째, '영'(רוּחַ, πνεῦμα, Spirit, spirit)은 생명과 관련된 용어입니다. 대문자 '영'(The Spirit, πνεῦμα)은 모든 생명의 근원이신 하나님을 말합니다(요 5:26; 6:63; 롬 11:36; 8:11, 13-16). 성경은 '영'이 하나님과 관련될 때에는 대문자 'Spirit'으로 표현하였습니다(요 4:24; 롬 8:11, 13-16). 한편, 성경에 소문자로 표현된 '영'(spirit)도 나타나 있습니다(롬 8:15-16). 로마서 8장 15절은 '종의 영'(πνεῦμα δουλείας, the spirit of bondage)과 '양자의 영'(πνεῦμα υἱοθεσίας, the Spirit of adaption)을 소문자 'spirit'과 대문자 'Spirit'으로 구별하였습니다. 16절에서도 "성령이(the Spirit) 친히 우리의 영(the spirit)과 더불어"라는 말씀으로 구별하여 표현되었습니다. 이는 신앙적 의미에서 하나님이 신자에게 발원시킨

---

24) Waltke, *An Old Testament* [구약신학], 260-1.
25) 이종성, 「성령론」 (서울: 대한기독교출판사, 1984), 55.
26) 김희보, 「구약신학논고」 (서울: 예수교문서선교회, 1975), 56.
27) 최종진, 「구약성서개론」 (서울: 소망사, 1988), 130.

생명과 관련이 있습니다(롬 8:16). 신약성경은 소문자 '영'(sprit)을 '우리의 영'(롬 8:16)과 '심령'(마 5:3)으로 표현하고 있습니다. 로마서 8장 16절에 나오는 '우리의 영'(spirit, πνεῦμα)은 하나님께서 가장 직접적으로 사람을 만나는 대상입니다(심령, 갈 6:18; 빌 4:23; 딤후 4:22; 몬 1:25). 또한 이는 사람으로 하여금 가장 직접적으로 하나님께 접하여 교제하게 하는 전인격적인 차원의 대상이라 할 수 있습니다(심령, 마 5:3). 따라서 브라운(C Brown)에 의하면, '우리의 영'은 영적인 문제들에 대단히 민감한 사람의 인식의 영역을 말합니다.[28] 또한 '우리의 영'과 동일한 πνεύματι, spirit'으로 표현된 '심령'은 대다수 영역본에서 소문자 'spirit'으로 번역하였습니다(KJV, NASB, RSV).[29] 본래 심령에 해당하는 πνεύματι'는 '영'(spirit)과 '마음'(heart)을 의미합니다. 마태복음 5장 3절의 "심령이 가난한 자는 복이 있나니"라는 말씀에서 '심령'(spirit, πνεύματι)은 하나님과의 관계에서 사람의 보다 내면적이고 본질적인 부분을 가리키며, 전인격적인 사람을 나타내는 데 적합한 용어로 사용된 단어입니다(벧전 3:4).[30] 이처럼 심령은 성령님의 인도하심을 받는 성도가 그의 마음 안에 내주하시는 주님과의 교제에서 내면적이고 본질적인 것에 반응하는 영혼의 상태를 의미한다고 할 수 있습니다.

둘째, 사람의 '영혼'(혼, 네페쉬 נֶפֶשׁ, 푸쉬케 ψυχή, soul)은 혈육과 결합된 생명과 전인격을 의미하는 'soul'입니다. 그리고 혼(soul)은 영(Spirit)과 밀접한 관련을 맺고 있다는 점에서 '영혼'(soul)으로 표현합니다. 개역개정은 '혼'(soul)을 '영혼'(soul)으로 표기했습니다(벧전 1:9, souls). 성경은 '영혼'을 죽음과 부패에 종속된 것으로 묘사하고 있습니다(겔 18:4, 20). 나아가 우리 생명의 주체인 '영혼' 곧 '네페쉬 및 푸쉬케'는

---

28) 제자원 편, 「옥스퍼드원어성경대전: 로마서 제1-8장」, 604.
29) 제자원 편, 「옥스퍼드원어성경대전: 고린도후서 제1-13장」, 148; 제자원 편, 「옥스퍼드원어성경대전: 갈라디아서·에베소서」, 671.
30) 제자원 편, 「옥스퍼드원어성경대전: 마태복음 제1-11a장」, 321.

하나님께 속한 것입니다(겔 18:4). 성경은 사람의 생명의 주체인 '영혼'이 범죄하면 그 '영혼'은 죽는 것으로 증언하고 있습니다(겔 18:4, 20). 따라서 '영혼'은 "하나님 앞에서 반응하며 책임지는 전인격적 존재인 사람의 생명의 주체"라 할 수 있습니다.

셋째, '몸'이란 말은 구약에 나타나지 않으나, 신약에서는 '소마'(σῶμα, body)로 표현되어 있습니다. 그 대신에 구약에서는 '육체'란 용어로 사용되고 있습니다. '몸' 곧 '소마'는 죄로 가득한 상태를 의미하는 육체 및 육신(flesh)이란 말 '사륵스'(σαρξς)와 달리 긍정적인 의미로 표현되고 있습니다. 예컨대, 몸은 '성령의 전'을 의미합니다(고전 3:16; 6:19; 고후 6:16, 18). 그리고 '몸'은 장차 부활하게 될 몸입니다(롬 8:11; 고전 15:35-44; 빌 3:21).

넷째, 육체 및 육신(바사르 בָּשָׂר, 사륵스 σαρξς, flesh)은 아담이 범죄한 이후에 죄를 짓고 살아가는 모든 사람을 표현하는 말입니다(창 6:3-6; 갈 5:16-19). '바사르'는 하나님과 대조되는 존재를 말합니다(창 6:3; 사 31:3; 렘 17:5). 신약에서 '사륵스'는 하나님께 대항하는 사람의 모습 전체를 지칭하는 단어입니다(롬 8:6-9; 갈 5:19-27). 즉 '육체 및 육신'이란 말은 사람들이 하나님을 떠나 죄의 영향을 받아 더러워진 죄로 가득한 존재라는 사실과, 그들이 지은 죄의 심각성을 나타내는 말입니다(참조, 창 6: 3; 갈 6:16; 엡 2:1-3).[31] 사도 바울은 '육체'를 '자연적 육체'와 '윤리적 육체'로 구별하였습니다. '자연적 육체'는 부모로부터 물려받은 몸을 말합니다. 그리고 '윤리적 육체'란 '하나님의 법을 거역하는 속사람의 부패한 본성'을 지칭하는 말입니다(롬 7:18-23; 8:1-11; 갈 5:16-17).

---

31) 제자원 편, 「옥스퍼드원어성경대전: 갈라디아서·에베소서」, 335.

V.

하나님의 창조, 타락, 심판과 구속

(큰 은혜)

1. 아담 창조, 에덴동산에 펼치신 청사진
2. 타락, 하늘전쟁에 패한 옛 뱀과 아담
3. 심판과 구속, 하나님의 언약의 피

V. 하나님의 창조, 타락, 심판과 구속
(큰 은혜)

1. 아담 창조, 에덴동산에 펼치신 청사진

아담과 하와의 창조는 여호와 하나님의 목적과 이에 따른 하나님의 청사진을 내포하고 있습니다. 하나님의 창조 목적은 하나님의 형상대로 창조하신 남자와 여자에게 복을 주시고, 생육하고 번성하여 땅에 충만하고 땅을 정복하며, 바다의 물고기와 하늘의 새와 땅에 움직이는 모든 생물을 다스리게 하신 것입니다. 이를 위해 하나님께서 영혼과 몸을 지닌 생령의 사람을 친히 창설하신 동방의 에덴동산에 두어, 그것을 경작하고 지키게 하셨습니다. 여호와께서는 그 에덴동산에서 하나님의 창조 목적에 따라 하나님의 청사진을 펼쳐 보이셨습니다.

1) 첫 사람 아담, 영혼과 몸을 지닌 생령

여호와 하나님께서는 하나님의 형상으로 지음 받아 영혼을 소유한 첫 사람을 에덴의 동산으로 이끄시고 그곳을 경작하며 지키도록 위임하셨습니다. 그리고 여호와께서 "그 사람에게 명하여 동산 각종 나무의 열매는 네가 임의로 먹되, 선악을 알게 하는 나무의 열매는 먹지 말라 네가 먹는 날에는 반드시 죽으리라"는 '생명과 죽음의 언약'을 세우셨습니다(창 1:15-17; 호 6:7). 신학적으로 이를 '아담언약'과 '행위언약'이라 부릅니다. 하나님께서는 창조 목적을 달성하기 위해 첫 사람의 '영혼'에 '양심'과 '선택의 의지'를 주셨습니다(창 2:16-17; 롬 2:14-15). 아담의 영혼은 하나님과 영적 교제를 가지며 하나님의 형상으로 에덴동산을 다스릴 수 있는 생령이었습니다.

그리고 하나님께서는 첫 사람의 마음(창 6:5-6, 립보 לֵב, 카르디아 καρδια, mind) 안에 영혼을 불어넣으셨습니다. 마음으로 번역된 '립보'는 사람의 전인격, 즉 육체적 기능(창 18:5)과 '지·정·의'(삼상 1:8-18)의 원천입니다. 성경은 사람의 마음이 생명의 근원이라고 증언합니다(잠 4:23). 이밖에도 마음은 지식과 지혜의 자리이며 감정의 자리이기도 하고(출 4:14; 삿 16:25), 또 양심과 도덕의 자리로서(욥 27:10) 비판적 기능(수 14:7; 삿 5:15)과 사법적 기능(왕상 3:9)으로 간주되기도 합니다. 따라서 마음은 그 사람 자신을 대표하는 모든 사고, 욕망, 언어 및 행동의 원천입니다(창 20:6; 시 13:5; 22:26; 잠 4:4; 렘 17:9; 눅 2:35; 롬 10:9; 고후 1:21-22; 히 4:12). 이처럼 인간의 마음이 만들어 내는 생각은 계획으로 발전되는 성향을 갖고 있습니다(창 6:5; 렘 6:19; 롬 8:5-7).[1] 신약에서 마음 곧 "카르디아"(καρδια)는 내적 존재의 중심을 지칭합니다. 성경에서 '마음'이란 말은 사람이 알고 느끼고 결정하는 '지·정·의' 기능과 더불어, 외적 경건이나 의식적 정결과 대조되는 내적 정결을 보다 강조하기 위해 사용되고 있습니다. 그러므로 사람의 마음은 전인격의 좌소로서 하나님과 교통하는 통로가 되어야 한다는 점에서 '카르디아'를 사용한 것입니다.[2]

---

1) 제자원 편, 「옥스퍼드원어성경대전: 창세기 제1-11장」, 396.
2) 제자원 편, 「옥스퍼드원어성경대전: 마태복음 제1-11a장」, 330.

이밖에도 마음은 사람의 내면에서 흘러나오는 기쁨(행 2:26), 슬픔(요 16:6), 사랑(고후 7:3), 정욕 등의 좌소(롬 1:24), 기억과 인지의 좌소(막 7:21), 의지적 결단의 좌소(고후 9:7) 등을 표현하는 통로 역할을 합니다. 이처럼 마음은 사람의 인격 기관인 영혼의 중심 자리입니다(겔 36:26). 그래서 성경은 사람의 마음을 하나님의 성령께서 거하시는 성전으로 표현하거나(고후 1:20-22; 고전 3:16), 죄의 자리 혹은 사람의 부패와 죄로 가득한 성품으로 보기도 합니다(렘 17:9-11; 롬 7:15-25; 엡 4:17-24). 성경은 성도의 마음에 내주하시는 성령님과 그리스도에 대해서도 증언하고 있습니다(요 14:16-17; 고후 1:20-22; 고전 3:13; 엡 3:17; 갈 2:20; 요일 3:24). 이처럼 성경은 마음이 얼마나 소중한 곳인지 깨달아 알게 합니다(시 33:15; 잠 4:23).

나아가 하나님께서는 첫 사람과 모든 사람에게 '양심'(conscience)을 주셨습니다(롬 2:14-15). 이 양심은 속사람의 자기비판 기능을 말합니다. 양심은 영적이고 도덕적인 문제와 관련하여 그것을 택할 것인지 아니면 거부할 것인지를 관장하는 가장 수준 높은 마음의 기능입니다(요 8:9; 롬 2:15). 특히 성도가 소유하고 있는 양심은 거듭 난 영 혹은 프뉴마의 기능에 의한 것으로 간주되고 있습니다(시 26:2; 33:12-16; 롬 9:1-2; 참조, 딤전 4:1-2). 한편, 양심으로 번역된 '쉬네이데세오스'(συνειδήσεως)의 원형 '쉬네이데시스'(συνείδησις)는 '함께'라는 전치사 '쉰'(σύν)과 '보다,' '인식하다'의 뜻을 지닌 '쉬네이돈'(συνεῖδον)에서 유래하여 '함께 보는 것,' '공동으로 인식하는 것(공유감정, 상식)'이란 뜻을 갖고 있습니다. 영어 'conscience'도 어원상 헬라어의 경우처럼 '공동의 인식'이란 의미를 갖고 있습니다. 이처럼 '양심'이란 말 '쉬네이데시스'는 어원상 무엇이 옳고 그른지를 자신의 독단적 판단에 의한 것이 아니라(창 3:5; 4:5-24), '함께, 공동으로, 누구나 알 수 있는 것'을 말합니다. 사도 바울은 로마서 2장 15절에서 '쉬네이데시스'를 '생각'(고후 10:5)을 의미하는 '로기

스모스'(λογισμός)와 함께 사용하여, 그 양심이 마음의 생각에 기록된 율법을 알 수 있도록 깨우쳐 주는 역할을 부여하는 것으로 묘사했습니다(렘 31:33; 겔 11:19-21; 고후 3:3). 그러나 사람들이 하나님께서 선물로 주신 양심을 따라 살지 않는 데에서 많은 문제가 발생하고 있습니다(롬 1:18-28, 29-32; 참조, 딤전 4:1-2). 양심은 사람의 속마음을 살피시는 하나님의 서치라이트(searchlight)와도 같습니다.[3] 양심은 영혼의 판단기능으로서 책임을 수반하는 영혼의 선택 능력인 것입니다(창 6:7-8; 렘 6:19; 롬 1:28-32).

2) 아담 창조목적, 에덴동산에 펼치신 청사진

여호와 하나님께서는 에덴동산에서 하나님이 주신 영혼 곧 살아 있는 양심과 선택 의지를 가진 아담을 통해, 모든 인류를 향한 하나님의 위대하신 일을 시작하셨습니다. 그것은 하나님께서 전인격적인 생령의 사람 아담에게 하나님의 청사진 1.~3.을 하나씩 하나씩 펼치신 일입니다.

첫 번째 하나님의 청사진은 여호와께서 생령인 아담이 하나님의 임재 안에서 살 수 있도록 동방의 에덴에 동산을 창설하신 일입니다(창 2:8; 사 45:18-19). 그리고 하나님께서 아담을 그곳으로 이끌어 에덴동산의 아름다운 광경을 보이시고 그에게 위임사명을 주신 일입니다. 여기서 '동산'으로 번역된 '깐'(גָּן)은 '울타리가 있는 정원'이었습니다. 라틴어 번역본인 벌게이트(Vulgate) 성경은 에덴동산을 '하나님의 특별한 보호의 손길이 미치는 기쁨의 낙원'으로 번역하였습니다. 이처럼 아담이 에덴동산에서 잠시 동안 누렸던 기쁨의 낙원은 장차 하나님께서 성도를 영원한 기쁨의 장소인 천국으로 인도하심으로써, 다시 회복될 새로운 세계를 미리 보여 주고 있습니다(계 21:1-4; 참조, 히 11:16).[4] '회복'은 요한계시록 21-

---

3) 제자원 편, 「옥스퍼드원어성경대전: 로마서 제1-8장」, 209.
4) 제자원 편, 「옥스퍼드원어성경대전: 창세기 제1-11장」, 192.

22장의 온전한 새로운 세계를 말합니다.

두 번째 하나님의 청사진은 다음과 같습니다. 에덴동산에 보시기에 아름답고 먹기에 좋은 나무와 생명나무와 선악을 알게 하는 나무도 자라게 하셨습니다. 그리고 강이 에덴에서 흘러나와 동산을 적시며 거기로부터 네 강의 근원이 세상을 향해 도도히 흐르고 있는 아름다운 장면을 조성하셨습니다. 이를 통해 여호와 하나님께서 임재하고 계신 성전과 하나님의 나라가 어떠해야 하는지에 대한 그 모형을 제시하신 일입니다(참조, 겔 47:1-48:35; 계 22:1-7).[5] 기쁨의 낙원은 아담이 하나님의 임재 안에서 다스리며 그곳을 지켜야 할 하나님의 집이었습니다. 에덴에 있었던 생명나무는 생기와 활력으로 영원히 생존하게 하는 나무입니다(Luther, 창 3:22). 그리고 '선악을 알게 하는 나무'에서 '선'이란 말 '토브'(מוֹב)는 긍정적인 것을 포함하고 있습니다. 하지만 '악'으로 표현된 '와라'(וְרָע)는 '죄악,' '재앙,' 등 온갖 부정적인 것을 포괄하는 단어입니다. 이처럼 하나님께서 선악을 알게 하는 나무를 동산에 두신 까닭은 사람이 선택의지를 가진 존재로서, 양심적 판단에 의해 하나님을 믿음으로 순종할 수 있는 자유를 주시기 위한 것으로 보입니다. 만일에 자유로운 선택권이 사람에게 주어지지 않았더라면, 사람은 잘 만들어진 '로봇'에 지나지 않았을 것입니다.[6]

한편, 에덴에서 강이 흘러 나와 동산을 적시고 거기서부터 네 강의 근원이 되었습니다. 첫째 강의 이름은 비손 강이었습니다. 그곳은 금이 있는 하윌라 온 땅을 둘렀으며, 그 땅은 순금과 베델리엄(진주)과 호마노도 있었습니다. 둘째 강의 이름은 구스 온 땅을 두르고 있는 기혼 강이었습니다. 셋째 강의 이름은 앗수르 동쪽으로 흐르는 힛데겔 강이었습니다. 넷째 강은 유브라데 강이었습니다(창 2:11-14). 에덴동산은 아담과 모든 생물

---

5) T. Desmond Alexander, *From Eden to the New Jerusalem* [에덴에서 새 예루살렘까지], 배용덕 옮김 (서울: 부흥과개혁사, 2012), 23-34; Vaughan Roberts, *God's Big Picture* [성경의 큰 그림], 전의우 옮김 (서울: 한국성서유니온선교회, 2020), 28.

6) 제자원 편, 「옥스퍼드원어성경대전: 창세기 제1-11장」, 193-4.

의 갈증을 흡족하게 채워주는 생명수 강(계 22:1)이 흐르는 생명수 샘의 모형으로 보입니다(계 7:17; 21:6). 아담이 거처하고 있었던 에덴동산은 에덴에서 강이 흘러나와 적시고 있었습니다(참조, 창 2:5-6). 그곳에는 하나님의 은혜로 말미암은 복, 번성, 충만, 부요, 청지기적 위임사명, 여호와 하나님과의 영적 교제, 둘이 하나가 된 신성한 결혼, 그리고 복된 가정이 실재하고 있었습니다(창 1:24-30; 2:8-25). 그곳에는 죄, 재난, 눈물, 슬픔, 고통, 그리고 사망이 없었습니다. 그 아름답고 부요한 땅을 첫 사람 아담에게 공급하신 하나님은 생명(요 5:26), 사랑(요일 4:8, 16), 거룩(벧전 1:15-16), 의 자체이시고(시 89:14; 97:2), 은혜로우시며 긍휼이 많으신 하나님이십니다(시 145:8). 게다가 창조주 하나님은 전지하시고, 전능하시며, 편재하시고, 언약에 신실하신 장엄 복수의 삼위일체 한 분 하나님이십니다. 이러하신 하나님께서 첫 사람 아담에게 이 모든 것을 은혜로 거저 주신 것은 그 은혜의 영광을 찬송하게 하려는 것이었습니다(참조, 엡 1:3-6, 12, 14; 출 15:11; 사 43:21; 계 7:12; 19:5; 고전 10:23-33). 이와 같이 여호와 하나님께서 보이신 청사진은 에덴동산으로부터 흘러나오는 강물이 네 강줄기를 따라 흐르며, 하나님의 창조 세계로 스며들어가 하나님의 생명과 사랑과 거룩과 의로 말미암은 하나님과의 화목, 평강, 부요, 만족, 기쁨, 그리고 누림이 있는 기쁨의 낙원에 대한 청사진으로 보입니다.

다른 한편, 에덴동산은 여호와 하나님께서 그곳에 임재하시며 다스리시는 천국 및 하나님의 나라(통치) 모형이었습니다. 예컨대, 요한계시록 2장 7절이 "하나님의 낙원에 있는 생명나무의 열매"를 증언한 내용(비교, 창 2:9)과, 21장 2절이 "하나님께로부터 하늘에서 내려온 거룩한 성 새 예루살렘을 신부가 남편을 위하여 단장한 것" 같은 모습으로 묘사한 장면(비교, 창 2:18, 25; 히 11:8-16), 그리고 21장 18-21절이 "성곽을 벽옥과 보석과 호마노와 진주와 정금으로 된 곳"으로 표현한 장면(비교, 창 2:11-12)입니다. 나아가 요한계시록 22장 1-2절이 "수정같이 맑은 생수의 강과 하나님과 어린 양, 그리고 강 가운데로 흐르는 강 좌우의 생명나무”로 증언하고 있는 내용은, 하나님께서 에덴동산에서 아담에게 보여 주신 청사진과 동일한 이미지를 보여 주고 있습니다(비교, 창 2:9-10). 에덴동산을 하나님 나라 모형으로 전개한 본 로버츠(Vaughan E. Roberts)는 「성경의 큰 그림」에서 “성경—한 저자—한 권짜리 책—에덴동산—하나님 나라”를 제시하였습니다.[7] 성경의 큰 그림은 하나님 나라라는 것입니다. 카일과 델리취는 천지 창조로부터 시작하여 족장 야곱과 요셉의 죽음으로 끝나는 창세기는 세계와 인류의 첫 시작뿐 아니라, 하나님의 왕국의 기초를 놓은 신적인 제도들에 관한 정보를 제공하는 것으로 보았습니다. 그리고 하늘과 땅은 시간과 공간에 관한 한, 하나님의 통치(나라, 다스림)를 지정하는 영역을 형성하는 공간이었습니다. 그러므로 카일과 델리취는 하나님께서 세계를 하나님의 왕국으로, 또 그 세계가 왕국이 되도록 창조하셨다는 사실이 창세기의 내용이라고 주석하였습니다(참조, 출 15:1-18; 19:5-40:38; 계 11:15).[8] 성경은 하나님의 나라를 창세로부터 예비된 나라로 증언하고 있습니다(마 25:34; 참조, 계 13:8).

세 번째 하나님의 청사진은 여호와 하나님께서 기쁨의 낙원에 대한 청사진을 전개하시기 위하여 네 가지 기초석을 세우신 일입니다. 하나, 여호와께서 세우신 기초석은 아담에게 ‘에덴동산을 경작하며 지키게 하신 일’입니다(창 2:15). 여기서 ‘경작하며’란 말 ‘아바드’(עָבַד)는 ‘봉사하며 다스리라’는 뜻입니다. 그리고 ‘지키다’란 말로 번역된 ‘솨마르’(שָׁמַר)는 ‘살피다’(욥 13:27), ‘보존하다’(시 86:2), ‘주관하다’(왕하 22:14)의 뜻입니다.[9] 이는 하나님께서 하나님의 형상대로 창조하신 아담을 하나님과 교

---

7) Roberts, *God's Big Picture* [성경의 큰 그림], 17-28; Alexander, *From Eden to the New Jerusalem* [에덴에서 새 예루살렘까지], 21-45.
8) Keil and Delitzsch, *Commentary on the Old Testament* vol. I [카일·델리취 구약주해 ①], 37.
9) 제자원 편, 「옥스퍼드원어성경대전: 창세기 제1-11장」, 198.

제하며, 그의 아름다운 성품으로 하나님의 집을 잘 관리하는 거룩한 청지기로 세우신 것을 의미합니다. 둘, 하나님이 세우신 기초석은 여호와께서 아담과 '생명과 죽음의 행위언약'을 세우시고 그로 하여금 '영원한 생명을 얻게 하려 하신 일'입니다(호 6:7; 창 3:22). 셋, 하나님께서 세우신 기초석은 여호와 하나님께서 흙으로 각종 들짐승과 공중의 각종 새를 지으시고, 아담이 무엇이라 부르는지 보시려고 그것들을 그에게로 이끌어가시자, 아담이 각 생물을 부르는 것이 곧 그 이름이 되게 하신 '청지기적 위임통치를 허용하신 일'입니다. 넷, 여호와 하나님께서 세우신 기초석은 아담이 혼자 사는 것을 좋지 않게 여기시고, 그의 갈빗대 하나를 취해 그를 돕는 배필을 지어 '둘이 한 몸이 된 가정'을 세우신 일입니다(창 2:18-25). 특히 하나님께서 아담의 갈빗대로 여자를 만드시고 아담이 그 여자(아내)와 합하여 둘이 한 몸을 이루게 하신 결혼제도는, 동시에 그리스도의 신부로 비유된 성도 및 교회가 어떠한 원리로 주 예수 그리스도와 연합하여 한 몸을 이루게 되는지를 미리 보여 준다는 점에서 커다란 의의를 지니고 있습니다(엡 5:27-32; 참조, 계 21:2; 22:16-17).[10] "여호와의 계획은 영원히 서고 그의 생각은 대대에 이르리로다…여호와여 주께서 행하신 일로 나를 기쁘게 하셨으니 주의 손이 행하신 일로 말미암아 내가 높이 외치리이다, 여호와여 주께서 행하신 일이 어찌 그리 크신지요 주의 생각이 매우 깊으시니이다"(시 33:11; 92:4-5).

2. 타락, 하늘전쟁에 패한 옛 뱀과 아담

창세기 3장과 4장은 여호와 하나님의 주권적 통치에 기름부음 받은 그룹이 반역하여 발생한 "반역죄―첫 사람 아담의 범죄―하나님의 심판―

---

10) Ibid., 218.

하나님의 구속 및 속량―하나님의 자녀와 나라 백성 세우기"로 전개되는 하나님의 구원 사역의 시작을 보여 줍니다.

1) 하나님께 대한 반역, 범죄한 천사들

죄가 세상에 들어오기 전에 일부의 천사들이 자기 지위를 떠나 하나님의 위치에 오르려고 하나님께 대항하여 하늘전쟁을 일으켰습니다. 그러자 천사장 미가엘과 그의 사자들이 범죄한 천사들(벧후 2:4; 유 1:6), 곧 옛 뱀 사탄마귀라고 하는 큰 용과 맞서 싸워 하늘전쟁에서 승리했습니다. 하늘전쟁에서 패한 자들은 하늘에서 있을 곳을 찾지 못하고 이 땅으로 쫓겨났습니다. 범죄한 천사 옛 뱀 사탄마귀는 에덴동산에서 그의 거짓말로 하와를 미혹하여 선악과를 따먹게 하였고, 또한 언약의 당사자인 아담도 하와로 인해 하나님의 강한 명령으로 금하신 선악과를 먹고 범죄에 빠지게 되었습니다(창 3:1-6). 예수님은 바로 이 사탄마귀를 거짓의 아비로 칭하셨습니다(요 8:44). 그리고 바울은 "그러므로 한 사람으로 말미암아 죄가 세상에 들어오고 죄로 말미암아 사망이 들어왔나니 이와 같이 모든 사람이 죄를 지었으므로 사망이 모든 사람에게 이르렀느니라"(롬 5:12; 참조, 고전 15:19-21, 22-23)는 말씀으로, 에덴동산의 청지기인 아담의 대표성을 보여 주었습니다. 대다수 복음주의 신학자들은 아담과 하와를 미혹하여 하나님을 불순종하게 만든 '그 뱀'이 옛 뱀 사탄마귀라는 사실을 인정합니다. 즉 옛 뱀 사탄마귀는 뱀의 모습으로 가장하고 아담과 하와를 유혹한 자라는 것입니다(고후 11:3-15).[11] '옛 뱀'으로 번역된 '호 오피스 호 아르카이오스'(ὁ ὄφις ὁ ἀρχαῖος)에서 '옛'이란 말 '아르카이오스'는 만물의 기본 단위로 이해되는 '아르케'(ἀρχή)에서 파생되어 '태초,' '시작'이란 의미를 함축하고 있습니다. '뱀'에 해당하는 '호 오피스'는 아

---

11) Theodore H. Epp, *Practical Studies In Revelation* [계시록의 실제적 연구 II], 고광자 역 (서울: 바울서신사, 1991), 220.

담의 아내 하와에게 접근하여 '하나님이 참으로 너희에게 동산 모든 나무의 열매를 먹지 말라 하시더냐'(창 3:1)라는 말로 미혹한 후, '너희가 결코 죽지 아니하리라, 너희가 그것을 먹는 날에는 너희 눈이 밝아져 하나님과 같이 되어 선악을 알 줄 하나님이 아심이니라'(창 3:4-5)는 거짓말로 범죄하게 만든 '그 뱀'이었습니다.[12]

성경은 이 옛 뱀 사탄마귀가 하늘전쟁을 일으킨 우두머리이며 그를 따랐던 사자들 모두가 '범죄한 천사들'로 전락했음을 보여 줍니다(계 12:7-9; 유 1:6; 벧후 2:1-4). 그들은 하늘전쟁에서 패하여 하늘에서 땅으로 쫓겨나 '천하를 꾀는 자'로 전락했습니다(계 12:9; 창 3:1-5; 욥 1:6-12; 2:1-7). 그들 중 일부의 범죄한 천사들은 심판 때까지 지옥 어두운 구덩이에 갇혀 영원한 결박으로 흑암에 갇혀있습니다(벧후 2:4; 유 1:6). 천하를 꾀는 자 옛 뱀 사탄마귀는 한 사람 아담을 범죄케 하여 세상에 죄가 들어오게 만들었습니다(창 3:1-21; 롬 5:12-21; 참조, 고전 15:19-27). 그 옛 뱀은 사람들을 자신의 자녀로 삼고 있습니다(요일 3:8-12). 그는 복음을 변질시켰고(고후 4:3-6; 벧후 2:1-4), 사람을 변질시켰으며(창 4:1-16; 롬 1:23-32), 이 세상에 거하며 사람들이 하나님을 대적하도록 조종하고 있습니다(요 8:44; 13:2, 27; 엡 2:1-4). 지금도 사탄은 우는 사자처럼 삼킬 자를 찾아 사람들을 유혹하고 있습니다(벧전 5:8). 그는 하나님의 백성들을 참소하며(욥 1:6-12; 2:1-7) 시험하는 자로 활동하고 있습니다(마 4:1-3). 그는 불순종의 아들들 가운데 역사하는 영입니다(고전 2:12; 엡 2:2). 그는 죽음의 세력을 잡은 자입니다(엡 2:1-4; 히 2:14; 계 1:18). 성경은 하와를 미혹한 뱀을 다른 영으로 밝히고 있습니다(고후 11:3-4; 참조, 요일 4:1-6). 사탄은 전혀 하나님의 영이 아니라는 말입니다. 결국 옛 뱀 사탄마귀는 하나님께 저주받고 제일 먼저 영원한 불못으로 들어갈 운

---

12) 제자원 편, 「옥스퍼드원어성경대전: 요한계시록 제12-22장」 (서울: 제자원, 2002), 51.

명에 처해있습니다(창 3:14-15; 계 20:2-3, 7-10).

성경은 범죄한 천사들이 하늘전쟁을 일으킨 원인에 대하여 증언하고 있습니다. 이는 하나님께로부터 기름 부음을 받은 그룹의 교만에 의한 것이었습니다(겔 28:2, 5, 17). 그의 교만은 자신을 신으로 내세우며, 자신이 하나님의 자리에 앉아 자신을 신격화 한 것입니다(겔 28:1-19). 이는 이사야 14장 13절에 나오는 "내가 하늘에 올라 하나님의 뭇 별 위에 내 자리를 높이리라"는 말씀에서도 드러나고 있습니다. 사탄마귀의 본질은 그가 '하나님의 자리에 앉아 있다'는 점입니다. 즉 '자기 우상화'입니다.

한편, 사탄과 마귀는 동일한 존재입니다(마 4:1, 5, 10; 막 1:13; 계 12:9). 그는 단수형으로 자주 언급되고 있습니다. 이는 악의 왕국이 의의 왕국에 대립되어 있음을 드러내기 위한 것입니다. 왜냐하면 교회와 성도가 그리스도를 머리로 모시고 있는 것처럼, 사악한 자들의 무리와 그들의 경건치 않은 모습은 최고의 지배권을 가진 그들의 왕과 함께 묘사되고 있기 때문입니다. 성경은 "또 왼편에 있는 자들에게 이르시되 저주를 받은 자들아 나를 떠나 마귀와 그 사자들을 위하여 예비된 영원한 불에 들어가라"(마 25:41)고 최후의 심판을 내리고 있습니다.[13]

다른 한편, 신약은 사탄마귀를 기능에 따라 여러 가지 명칭으로 폭로하고 있습니다. 광야에서 40일간 시험받으셨던 예수님께서 '사탄아 물러가라'(마 4:10)고 명하신 '사탄'으로 번역된 '사타나'($\Sigma\alpha\tau\alpha\nu\hat{\alpha}$) 호칭은 '사타나스'($\Sigma\alpha\tau\alpha\nu\hat{\alpha}\varsigma$)의 호격입니다. 이러한 호칭은 적대감정으로 호명한 것입니다. 예수님은 사탄과 마귀를 동일한 존재로 여겼지만, 사탄에게 명령할 때 마귀로 번역한 '디아볼로스'($\delta\iota\acute{\alpha}\beta o\lambda o\varsigma$, שָׂטָן)로 호명하지는 않았습니다. '디아볼로스'는 '이간질 하는 자,' '비방하는 자,' '중상자,' '거짓으로 고발하는 자' 등의 의미를 내포하는 반면에(창 3:1-7; 신 32:7; 마 4:1;

---

13) McNeill ed., *Calvin: Institutes of the Christian Religion* [한·영 기독교강요 I], 339.

복음서 전체), '사타나스'는 히브리어 '사탄'(שָׂטָן)의 음역으로 '대적자,' '저항자'라는 직접적인 죄와 죄의 근원자란 의미를 지니고 있습니다(계 12:7-9; 왕상 11:23; 대상 21:1; 욥 1;6-12; 2:1-7; 시 109:6; 슥 3:1). 예수님은 사탄마귀를 메시야의 구속 및 속량 사역을 대적하는 자로 간주하셨기 때문으로 보입니다.[14] 이밖에도 사탄마귀는 '죽음의 세력을 잡은 자'(히 2:14; 계 1:18), '귀신의 왕,' '귀신의 두목,' '불결,' '똥'을 의미하는 바알세불(마 10:25; 12:24, 27; 막 3:22; 눅 11:15-19), 부정적이고 기민성을 의미하는 '뱀'(창 3:1; 계 12:9), 무가치성을 의미하는 '벨리알'(고후 6:15), 범죄자와 적그리스도의 영과 미혹의 영으로서(요일 4:3, 6; 딤전 4:1; 계 20:2-3) 마귀의 자녀가 되게 하는 자(요일 3:8), 시험하는 자(마 4:1-3), 폭군으로서 거짓 이적도 행하는 악한 자(마 13:19; 살후 2:9-12), 그리고 이 세상 신(고후 4:4)과 공중권세 잡은 자로 행세하고 있습니다(엡 2:2). 성경은 사탄마귀를 공중 권세 잡은 자로서 불순종의 아들들 가운데 역사하는 영이자 세상의 영이라고 폭로하고 있습니다(엡 2:2-3; 고전 2:11-12).

뿐만 아니라 신약성경은 사탄마귀의 사자인 귀신에 대해서도 여러 명칭으로 그들의 정체를 낱낱이 드러내고 있습니다. '다이모니온'(δαιμόνιον, demon)은 마귀로 번역되기도 하지만, 귀신은 타락한 천사 가운데 으뜸이 되는 사탄마귀를 추종하는 그의 사자들을 의미합니다(마 12:24; 25:41; 고후 11:15; 계 12:9). 귀신들은 거룩한 천사들에게서 떨어져 나온 반역자들로서, 성경은 그들을 '더러운 영들,' '범죄한 천사들,' '마귀의 사자들'로 폭로하고 있습니다(마 25:41; 계 12:7-9).

성경은 필연적으로 모든 성도가 평생 동안에 어두움의 세상 주관자들과 영적 싸움을 해야 한다고 증언합니다(눅 8:12; 요 6:70; 8:44; 13:2, 27;

---

14) 제자원 편, 「옥스퍼드원어성경대전: 마태복음 제1-11a장」, 232. 246.

행 13:19; 엡 4:27; 6:11-12; 딤전 3:7; 약 4:7; 벧전 5:8; 요일 3:8-12; 유 1:9; 계 12:12; 20:10). 예수님께서는 광야에서 40일 동안 사탄마귀와의 영적 싸움에서 '하나님의 말씀'과 '사탄아 물러가라'는 적대적인 명령으로 그를 물리치셨습니다(마 4:1, 4, 7, 10; 눅 4:2-4, 8, 12). 사도 바울은 "마귀의 간계를 능히 대적하기 위하여 하나님의 전신 갑주를 입으라"고 증언했습니다. 하나님의 전신 갑주는 "진리의 허리띠, 의의 호심경, 평안의 복음, 믿음의 방패, 구원의 투구, 성령의 검 곧 하나님의 말씀, 그리고 항상 성령 안에서 모든 기도와 간구로 늘 깨어서 여러 성도들을 위해 구하는 것"이었습니다(엡 6:10-20). 아울러 성경은 성도들을 위해 탄식하시고 간구하시는 성령님과 우리 주 예수 그리스도의 아름다우신 모습(롬 8:26, 34)과, 성도의 마음 안에서 육체의 소욕과 대적해 주셔서 사탄마귀의 올무에 넘어가지 못하도록 도우시는 성령님의 든든한 모습도 보여 주셨습니다(갈 5:17-21). 토레이(R. A. Torrey)는 "나의 사역을 후원하는 삼천 명의 후원자의 커다란 도움이 있지만, 나를 위해 간구하시는 두 위격의 성자와 성령님이 더 든든하다"고 고백하였습니다.

이밖에도 성경은 사탄의 사자 귀신들이 무엇을 하고 있는지 적나라하게 폭로하였습니다. 귀신은 일반적으로 '다이모니온'(δαιμόνιον, demon, 고전 10:20), '다이몬'(δαίμων, 마 8:31), '프뉴마'(πνεῦμα, 마 8:16)로 호명되고 있으며, 그들은 구원받은 성도들을 시험하고 괴롭히는 존재입니다(마 8:16, 31). 귀신은 사탄의 일꾼으로(고후 11:15), 질병을 일으키기도 하며(마 9:32-33; 12:28, 43-45; 눅 11:20-26; 막 16:9), 더러운 귀신으로 드러나 있습니다(슥 13:2; 마 10:1; 막 1:26; 3:11, 30; 5:2, 8, 13; 눅 4:33). 그리고 성경은 귀신이란 존재는 미혹케 하는 영(딤전 4:1)으로서 제사를 지내도록 미혹하거나(신 32:17; 고전 10:20), 점을 치게 하며(행 16:16), 두려움을 주는 영이자(롬 8:15), 그리스도를 시인하지 않는 영이며(요일 4;3), 상습적으로 거짓말하게 하는 영이라는 사실을 폭로해 주었습니다(왕상 22:22; 요 8:44). 최종적으로 성경은 최후의 심판 때에 사탄마귀와 그의 사자 귀신과 거짓 선지자들이(슥 13:2) 제일 먼저 불과 유황 못에 들어가는 장면을 선명하게 보여 주었습니다(계 20:2-3, 7-10). 그리고 우리 주 예수 그리스도를 믿지 않아 생명책에 기록되어 있지 않은 사람들이 영원한 불못에 들어가는 장면도 보여 주고 있습니다(계 20:10-15; 21:8; 22:15).

그럼에도 불구하고 오늘날 현대인들의 마음에서 세상을 죄악과 사망으로 물들인 이 사탄마귀의 존재를 인식하지 못하는 것 같다며 이를 크게 염려하는 사람들이 있습니다. 제임스 스튜어트(James Stewart)는 그동안 신약성경신학이 소홀히 여긴 한 가지가 있는 데, 그것은 사탄마귀를 도외시한 나머지 신학사상 전체에 손상을 준 점이라고 지적했습니다.[15] 제임스 칼라스(James Kallas)도 오늘날 크리스천의 임무는 "예수 그리스도께서 죄와 죽음과 사탄마귀보다 훨씬 더 강하다"는 복음의 새 소식을 선포하는 일이라고 힘주어 강조하였습니다.[16]

2) 옛 뱀 사탄마귀, 죄의 근원자

아담의 타락과 직접적으로 관련된 옛 뱀 사탄마귀가 유혹한 메시지는 "너희가 그것을 먹는 날에는 너희도 눈이 밝아져 하나님과 같이 되어 선악을 알 줄을 하나님이 아심이니라"(창 3:5)라는 거짓말입니다(참조, 요 8:44). 옛 뱀 사탄마귀의 거짓 메시지의 핵심 내용은 '자기 우상화'였습니다. 창세기 3장과 4장에 나타나 있는 아담과 하와의 후손 가인이 지은 죄를 분석하면, "죄의 근원"(根源, the root of sin)과 그 죄의 본래의 모양을 가리키는 "죄의 원형(原形, the original form)," 그리고 그 죄의 모양과 상태를 표현하는 "죄의 형상(形象, image)"을 발견할 수 있습니다.

---

15) James Kallas, *The Real Satan* [사탄의 생태], 박창환 옮김 (서울: 컨콜디아사, 1985), 6.
16) Ibid., 137.

첫째, "죄의 근원자"는 하나님의 지위를 탐내어 하늘전쟁을 일으켜 반역죄를 짓고, 그 전쟁에서 패하여 이 땅으로 쫓겨난 옛 뱀 사탄마귀입니다 (계 12:7-9). 성경에서 이를 뒷받침하는 말씀은 이사야서 14장과 에스겔서 28장입니다. 선지자 이사야는 압제자였던 바벨론 왕을 통해, 그의 배후에 있는 본질적인 존재가 누구인지 하나님의 명을 받아 지은 '노래'로 폭로하였습니다(사 14:1-20). 그 본질적인 존재는 유대교의 사탄에 관한 전승에 나오는 '루시퍼'(Lucifer)입니다. 이는 '아침의 아들 계명성'이란 말에 중점을 두어 사탄마귀와 연결하여 얻은 결론입니다. '아침'이란 말은 계명성과 관련된 '새벽별'을 의미합니다. 그리고 '계명성'에 해당하는 '헬렐'(הֵילֵל)은 '빛나다'는 의미를 지닌 명사 '할랄'에서 유래한 단어로써, 영어 번역본인 KJV와 NKJV(New King James Version)가 라틴어 벌게이트의 영향을 받아 '루시퍼'로 번역한 것입니다. 그리고 '루시퍼'는 '빛을 내는 자'라는 의미를 지닌 단어로써, 이는 전통적으로 '사탄'의 다른 명칭으로 통했습니다. 특히 유대교의 사탄에 대한 전승에 의하면, 루시퍼는 원래 일곱 천사장들 가운데서 여호와의 신임을 가장 많이 받아 영화롭고 높은 위치를 차지한 천사장이었습니다. 루시퍼는 자신의 위치를 활용하여 자신이 거느리고 있던 수종 천사들을 대동하고 하나님께 반기를 들었지만, 결국은 다른 천사장 미가엘과 그의 사자들에게 대패하여 하늘로부터 이 땅으로 내쫓기고 말았습니다(계 12:7-9).[17)

그러자 하나님께서 이사야에게 바벨론 왕에 대한 노래를 지어 그의 정체를 드러내도록 명령하셨습니다(사 14:4-20). '바벨론 왕에 대한 노래'에 의하면, 그는 열국을 엎은 자, 하늘에서 떨어져 땅에 찍힌 자, 교만한 자, 그리고 하늘에 올라 하나님의 뭇 별들 위에 자신의 자리를 높여 지극히 높으신 하나님과 같아지려고 시도한 반역자였습니다(사 14:12-14; 유

---

17) 제자원 편, 「옥스퍼드원어성경대전: 이사야 제11-23장」 (서울: 제자원, 2006), 170.

1:6). 그가 바로 아침의 아들 계명성 곧 루시퍼로서, 그는 스올 곧 구덩이의 맨 밑에 떨어짐을 당하게 될 것입니다(사 14:15; 계 20:1-3, 7-10).

한편, 에스겔서 28장은 창세기 2장과 3장에 나오는 용어들과 흡사한 내용으로 구성되어 있습니다. 예컨대, '에덴동산'(창 2:8, 10, 15; 겔 28:13), '금과 보석'(창 2:12; 겔 28:13), 그리고 '그룹'(창 3:24; 겔 28:14)이란 용어들입니다. 주 여호와 하나님께서는 선지자 에스겔에게도 두로 왕을 위하여 슬픈 노래(겔 27:2; 28:12)를 지어 그의 정체가 누구인지 폭로하도록 명령하셨습니다. '두로 왕에 대한 슬픈 노래'에 따르면, 두로 왕은 옛적에 하나님의 동산 에덴에서 각종 보석과 황금으로 단장한 자였습니다. 그가 지음을 받던 날에 그를 위하여 소고와 비파가 준비되어 있었습니다. 이는 그가 찬양과 관련된 위치에 있는 천사임을 암시합니다(시 103:20; 148:1-7, 13-14; 겔 28:13; 계 4:6-11). 또한 그는 기름 부음을 받고 지키는 그룹으로서 하나님의 성산에서 불타는 돌들 사이에 왕래한 자였습니다(겔 28:12-14; 참조, 창 3:24). 여기서 '그룹'으로 번역된 '케루브'(כְּרוּב, cherubim)는 에스겔서 9장 3절과 10장에서 하나님의 거룩하심과 영광을 드러내는 역할을 수행한 그룹을 말합니다(참조, 시 18:10; 80:1; 겔 10:2-3).[18] 그러나 '두로 왕에 대한 슬픈 노래'에 의하면, 그가 무역이 많고 아름다웠으나 마음이 교만하여 하나님께로부터 저주를 받았습니다. 하나님께서는 그를 땅에 던져 땅의 왕들의 구경거리가 되게 하셨으며, 또 모든 자 앞에서 땅 위의 재가 되게 하셨습니다. 마침내 그는 그를 아는 만민 중에서 공포의 대상이 되고 영원히 다시 있지 못하게 될 것으로 되어 있습니다(겔 28:17-19; 계 20:7-10).

따라서 이사야가 지은 '바벨론 왕에 대한 노래'와 에스겔이 지은 '두로 왕에 대한 슬픈 노래'는 다음과 같이 여섯 가지 공통점을 가지고 있습니

---

18) 제자원 편, 「옥스퍼드원어성경대전: 에스겔 제21-30장」 (서울: 제자원, 2008), 502.

다. 하나, 계명성과 기름 부음을 받은 그룹은 교만함으로 자신을 하나님으로 신격화(우상화)시킨 천사장이었습니다(사 14:13-14; 겔 28:2; 계 12:1-4). 둘, 그들은 이 땅으로 쫓겨난 자였습니다(사 14:12; 겔 28:16, 18; 계 12:8-9). 셋, 그들은 영원히 그 이름이 불려지지 않거나 영원히 다시 있지 않게 될 비천한 자였습니다(사 14:20; 겔 28:19). 넷, 그들은 땅을 진동시키며 열국을 놀라게 하거나 구경거리가 되어 화를 꾀하는 자였습니다(사 14:16; 겔 28:17; 계 12:9). 다섯, 그들은 교만한 자였습니다(사 14:13; 겔 28:2, 5, 17). 여섯, 그들은 스올에 처할 자였습니다(사 14:11, 15; 겔 28:8; 계 20:7-10). 이처럼 죄의 근원자는 하나님을 대적한 기름 부음을 받은 천사장이었습니다.

둘째, "죄의 원형"이란 하늘전쟁에 패하고 하늘에서 이 땅으로 쫓겨난, "죄의 근원자" 사탄마귀가 아담에게 심어놓은 '죄의 본래의 모양'을 말합니다. 그는 "교만에 의한 자기 우상화로 말미암아 하늘에서 땅으로 쫓겨나 하나님으로부터 분리된 자가 되어 영원한 사망"에 처하게 되었습니다. 사탄마귀는 간교한 뱀을 통해 하와에게 '너희도 눈이 밝아져 하나님과 같이 되어 선악을 알 줄 하나님이 아심이니라'는 거짓 메시지로 유혹했습니다(창 3:1-5). 히브리어에서 '눈'으로 번역된 '아인'(עַיִן)은 단순히 보는 기능만이 아닌, 사람의 외모(삼상 16:7), 마음의 여러 감정을 표출하는 창구(신 15:9; 시 18:27; 잠 6:17; 아 4:9), 때로는 지력을 나타내기도 합니다(29:17). 따라서 '눈이 밝아진다'는 말은 잘 볼 수 있다는 기본 의미 외에, 외모와 지력이 하나님처럼 된다는 이면적 의미까지 포함하는 말입니다. 그리고 '하나님과 같이'란 말은 언약을 세우시는 '여호와'가 아닌, 하나님의 권능을 강조하는 '엘로힘' 곧 '켈로힘'(כֵּאלֹהִים)으로 사용되었습니다(창 3:1, 5). 이처럼 뱀이 이 명칭만을 사용한 것은 하와로 하여금 '선악을 알게 하는 나무의 열매는 먹지 말라'고 명령하신 여호와 하나님의 언약을 망각하게 하고(창 2:16-17), 하나님의 권능을 가질 수 있다는 허영심을 부추기고자 하는 의도를 볼 수 있습니다. 결과적으로 아담과 하와는 뱀의 말을 듣고 선악과를 따 먹었지만, 선악을 알 정도의 지력을 갖기는커녕, 그들은 물론 그들의 후손인 모든 인류가 선에는 오히려 무지하며 오직 악을 알고 행하는 능력만 커졌습니다(창 4:1-24).[19] 이 과정에서 여호와 하나님이 언약을 세우신 아담과 하와는 뱀의 유혹의 길을 걸어가면서 불순종에 빠지고 말았습니다.

브루스 월트키에 의하면, 불순종의 죄는 사람의 존재의 중심을 전도시켜 불순종으로 이끌고 있습니다. 그 죄는 사람이 피조물임을 거부하고 하나님 같이 되려는 욕심(교만)의 죄입니다. 따라서 죄는 적극적인 불순종을 일으키며, 하나님의 성품과 하나님의 말씀을 신뢰하지 않는 내적이고 영적인 위반입니다. 그 결과 사람은 하나님으로부터의 단절로 영적인 죽음에 처하게 되었습니다.[20] 성경에서 불순종은 곧 불신앙을 의미합니다(롬 1:5; 16:25; 히 3:17-19). 따라서 아담이 범하게 된 "죄의 본래의 모양으로서 죄의 원형"은 "교만(욕심)에 의한 불신앙과 불순종, 그리고 자기 중심의 선악판단의 죄의 결과로서, 여호와 하나님의 낯을 피하여 숨는 영적 일시적 분리와 사망"을 초래하게 된 것입니다(창 2:16-17; 3:5, 8; 요 3:16-21). 신학적으로 죄는 원죄(original sin)와 자범죄(actual sins)로 구별됩니다. 존 칼빈에 의하면, 원죄란 자연발생에 의해 전달되어지는 것으로 원죄의 본질상 근본적인 타락을 의미합니다.[21] 이는 아담이 그의 후손에게 물려준 죄를 가리키는 말입니다. 일명 '유전죄'라고 부릅니다(참조, 창 3:6-15; 4:5-8, 16-24; 시 51:5; 롬 5:12-21; 7:17-25; 엡 2:1-4; 왕상 8:46; 요일 1:9-10). 성경에 '유전'이란 말을 사용한 곳이 있습니다(창 7:3; 벧전 1:14-18). 그리고 자범죄는 원죄로 말미암아 짓는 온갖 죄를 말

---

19) 제자원 편, 「옥스퍼드원어성경대전: 창세기 제1-11장」, 236-7.
20) Waltke, *An Old Testament Theology* [구약신학], 308.
21) John Murray, *The Imputation of Adam's Sin* [아담의 죄는 왜 원죄인가], 신성철 옮김 (서울: 도서출판 형상사, 1994), 40.

합니다. 성경은 아담의 죄로 인해 그의 후손에게 유전된 죄의 보편성을 보여 줍니다(시 51:5; 창 4:5-24; 롬 3:23; 5:12-14; 요일 3:8-12). 어거스틴은 아담의 범죄로 인하여 모든 사람의 자유로운 선택 의지가 전도(the perversion of the will) 되어 죄에 빠지게 되었다는 죄의 보편성을 제시하였습니다. 그래서 그는 사람의 죄를 치유할 수 있는 유일한 길은 하나님의 은혜뿐이라는 사실을 강조했습니다.[22]

셋째, "죄의 형상"은 최초의 살인자 가인에게서 나타나고 있습니다. 이는 아담으로부터 물려받은 죄의 원형인 "교만(욕심)에 의한 불신앙과 불순종, 그리고 자기중심의 선악판단의 죄의 결과로서, 여호와 하나님의 낯을 피하여 숨는 영적 일시적 분리와 사망"이, 가인에게서는 그 죄의 모양과 상태로 드러난 모습을 말합니다. 성경에서 '죄'란 말은 가인이 그의 동생 아벨을 살해하는 현장에서 처음으로 사용되었습니다(창 4:7). 가인은 그의 아버지 아담과 같이 하나님의 강력한 금지명령에 불순종하여 아벨을 살해했습니다. 이러한 가인의 범죄 행위에서 구체화된 죄의 형상은 "자기중심의 선악판단에 의한 분노(창 4:5; 3:5), 전도된 자기 의지와 교만에 따른 하나님의 금지명령에 대한 불순종과 살인 죄(창 4:7-8; 2:17), 하나님께 대한 거짓말(창 4:9; 3:11-12), 그리고 여호와의 은혜에도 불구하고 여호와의 앞을 떠나 사망의 길로 걸어간 사실"(창 4:16-24; 3:8)로 나타나 있습니다. 소위 '은혜 박사'로 불리는 어거스틴은 아담의 타락 이후 그의 후손들이 짓는 죄를 '사람의 본질적인 악함'(sinfulness)에 의한 것으로 간주하고, 이러한 본질적인 악함의 죄를 조건으로 한 '하나님의 구속적 은혜'를 필요로 한다고 말하였습니다(참조, 엡 2:1-15).[23]

---

22) 최윤배 편, 「어거스틴, 루터, 깔뱅, 오늘의 개혁교회」 (서울: 장로회신학대학교출판부, 2004), 17-9.
23) Lew, Ji-Whang, "Free Will, Self-Consciousness, and the Spiritual Journey of Conversion: St. Augustine and Friedrich Schleiermacher on the Origin of Sin," *Korean Journal of Christian Studies* Vol. 25 (2002): 95-6.

3. 심판과 구속, 하나님의 언약의 피

크레머(H. Cremer)는 "하나님과 사람 사이에 있는 두 인격체간의 실제적 관계로부터 비롯된 행동의 중심에는 항상 의(righteousness)에 관한 것이 자리 잡고 있다"고 진술했습니다. 성경은 '피'로 말미암는 '죄 사함과 관련된 의'에 관한 이야기로 가득하다는 말입니다(암 5:24; 합 2:4; 롬 1:17; 3:21-27; 고후 5:19-21; 빌 3:9).

1) 하나님의 심판, 하나님의 구속 및 속량

여호와 하나님께서는 옛 뱀에게 영원한 심판을 내렸지만, 아담과 하와에게는 '임신하는 고통'과 '땅이 저주받고 평생 땀을 흘리며 수고의 소산을 먹을 것'과 '흙으로 돌아가는 죽음,' 그리고 '에덴동산으로부터의 추방'의 심판을 내리셨습니다(창 3:14-23). 하지만 여호와 하나님께서는 아담과 하와를 에덴동산에서 추방하시기 전에, 그들을 위하여 '가죽옷'을 지어 입히셨습니다(창 3:21). 이는 아담과 하와가 범한 죄로부터 그들을 구속 및 속량하시기 위한 하나님의 주권적 구원 행위였습니다(창 3:9-21). 그리고 여호와 하나님께 범죄한 아담과 하와에게 내리신 하나님의 심판은 죄 가운데 있는 모든 사람도 하나님의 심판으로부터 자유로울 수 없다는 사실을 분명히 밝히신 것입니다(히 9:27; 롬 5:12; 14:10; 고전 15:21-22; 엡 2:1-4). 성경은 이 심판이 하나님의 은혜와 사랑과 공의에 따른 구원을 위한 심판임을 보여 줍니다(창 3:9-21; 시 76:9; 89:14; 요 5:22-30; 참조, 롬 3:23-36; 히 12:5-13; 약 5:1-9).[24] 따라서 여호와 하나님께서 아담과 하와가 지은 죄를 심판하시고 그들을 위해 가죽옷을 지어 입히신 것은, '짐승의 피로 말미암는 대속적 죄 사함을 보여주신 하나

---

24) 제자원 편, 「옥스퍼드원어성경대전: 마태복음 제11b-20장」, 135.

님의 위대하신 주권적 구원 행위라 할 수 있습니다(창 3:21; 출 6:6; 12:1-28; 15:13-18; 24:1-8; 히 9:19-26; 10:1-18).[25] 성경은 여호와 하나님께서 '창조주'이시고 '구속자 및 구원자'이심을 보여 주셨습니다(창 3:14-21; 4:15; 사 42:5-8; 43:1-7, 14-15, 21; 참조, 엡 1:3-7; 2:1-10).

한편, 하나님의 '구속 및 속량' 개념은 출애굽기 6장 6절에서 '구속 혹은 속량하여'로 번역된 '웨가알티'(וְגָאַלְתִּי)라는 말에 처음 나타나 있습니다. '웨가알티'란 말의 원형은 '가알'(גָּאַל)입니다. 이 동사는 기본적으로 '근친의 역할을 하다'라는 말입니다. 이는 '자기 친족을 어려움이나 위험에서 구하다'란 의미를 가지고 있습니다(레 25:35, 48). 이 단어는 주로 이스라엘의 '구속자'이신 하나님을 묘사하는 곳에서 등장하며(출 15:13; 시 77:15; 78:35), 특히 애굽으로부터 구원하시는 '구속자' 및 '구원자'로서의 여호와 하나님을 표현하는 단어로 사용되었습니다(출 6:6; 참조, 사 43:1-26).[26] 아울러 '구원'이란 말이 명사형으로 사용되어 있는 곳은 출애굽기 14장 13절에 나오는 '여호와께서 오늘 너희를 위하여 행하시는 구원을 보라'는 말씀입니다. 여기서 '구원'에 해당하는 '예슈아트'(יְשׁוּעַת)는 '예슈아'의 연계형입니다. '예슈아'는 '넓히다'라는 의미를 갖는 '야솨'(יָשַׁע)에서 나온 말로서 '압박으로부터의 자유'를 뜻합니다. 하지만 본절이 바로와 애굽 군대로부터 이스라엘 백성이 해방되는 데 사용된 '예슈아'(יְשׁוּעָה)라는 점에서, 이는 '그가 자기 백성을 그들의 죄에서 구원할 자'라는 이름으로 오신 '예수' 이름의 어원이기도 합니다. 이러한 사실을 통하여 우리는 택한 백성 이스라엘의 출애굽 사건의 여러 여정 가운데 나타나는 하나님의 구원의 역사가, 장차 예수 그리스도를 통하여 영적 이스라엘 백성인 성도들에게 임하게 될 진정한 구원의 예표임을 확인

---

25) 제자원 편, 「옥스퍼드원어성경대전: 창세기 제1-11장」, 288.
26) 제자원 편, 「옥스퍼드원어성경대전: 출애굽기 제1-12a장」, 299.
27) 제자원 편, 「옥스퍼드원어성경대전: 출애굽기 제12b-24장」, 109.

할 수 있습니다.[27] 이로 보건대, 하나님의 주권적 구원은 '구속 및 속량'을 통하여 이루어지는 것임을 알 수 있을 것입니다.

다른 한편, 여호와께서는 옛 뱀 사탄마귀에게 "너로 여자와 원수가 되게 하고 네 후손도 여자의 후손과 원수가 되게 하리니 여자의 후손은 네 머리를 상하게 할 것이요 너는 그의 발꿈치를 상하게 할 것이니라 하시고"(창 3:15)라는 말씀으로, 여자의 후손에 의해 옛 뱀은 영원한 멸망의 심판을 받게 될 것이라고 말씀하셨습니다(참조, 계 20:1-10). 이 말씀은 '뱀과 여자,' '뱀의 후손과 여자의 후손,' 그리고 '여자의 후손과 뱀' 사이의 적대적인 대결과, 그것이 그리스도의 십자가 죽으심과 부활을 통하여 옛 뱀 사탄마귀가 멸하게 될 것을 예언한 말씀입니다(히 2:14; 요일 3:8). '여자의 후손'이란 말 '자르아흐'(זרעה)는 동정녀 마리아에게서 탄생하신 예수 그리스도를 말합니다. 하나님께서 사람이 타락하여 영원한 멸망을 받을 운명에 처하게 되자, 때가 차매 그 아들을 보내사 여자에게서 나게 하셨습니다(사 7:14; 마 1:21-23; 롬 5:12-21; 갈 4:4-7).[28] 성경은 여자의 후손이 뱀의 머리를 상하게 하고(창 3:15; 히 2:14), 뱀이 여자의 후손의 발꿈치를 물리라는 예언이 십자가 대속 사역으로 성취되었음을 보여 주었습니다(창 3:15; 시 41:9; 요 13:2, 18, 27). 초기교회로부터 그리스도의 몸된 교회는 복음 전도라는 영적 전투를 통해(딤후 2:3-8) 사탄마귀의 일을 멸하고 있으며(마 16:16-19; 약 4:7; 엡 6:10-20; 계 5:9-10; 12:1-17; 11:15), 그리스도의 재림으로 사탄마귀는 무저갱과 불과 유황 못에 영원히 던져질 것입니다(계 20:1-10).

이와 같이 성경은 창세기 3장 1-15절의 예언의 말씀대로 구속사 및 속량사가 '사탄마귀—죄—사망—음부 및 지옥' 대 '예수님—의—생명—낙원 및 천국' 사이의 영적 전투로 전개되고 있음을 보여 줍니다(창 3:15; 사 7:11-14; 갈 3:8-16; 4:4-7; 요일 3:8-12; 히 2:14-18; 계 5:9-10; 11:15;

---

28) 제자원 편, 「옥스퍼드원어성경대전: 창세기 제1-11장」, 271-2.

12:7-8; 20:1-10, 11-15; 21:1-22:21).

2) 하나님의 주권적 구속 및 속량, 언약의 피

구약에서 여호와 하나님의 주권적 구속 및 속량은 "피 흘림이 있는 죄 사함인 언약의 피"로 이루어졌습니다(창 3:21; 출 24:1-9; 히 9:19-21, 22). '하나님의 주권적 구속 및 속량'이란 하나님께서 인류 구원을 위해 하나님의 주권으로 '희생의 피'를 통해 이루어 나가시는 구원 행위를 말합니다. 그것은 하나님께서 창세 전에 예정하시고(엡 1:7-11; 벧전 1:18-20), 구약에서 '짐승의 피'로 전개하시며, 신약에서 '그리스도의 보배로운 피'로 성취하신 것을 말합니다. 이는 여호와 하나님께서 범죄한 아담과 하와에게 제공하신 '짐승의 희생과 대속의 피 흘림이 있는 가죽옷' 사건에서부터 시작되었습니다. 가죽옷은 '희생의 피 흘림을 통한 죄 사함인 언약의 피'를 세우는 구속사 및 속량사적 의미를 가지고 있습니다(참조, 엡 1:7; 벧전 1:2, 18-20; 출 12:21-28, 29-42; 14:13-30, 31; 24:1-8; 히 9:10-26; 10:5-18; 13:20-21; 계 1:5-6; 5:9-10; 11:15; 19:11-16). 가죽옷은 하나님의 큰 사랑과 큰 은혜와 큰 긍휼로 제공된 구약의 '대리적 희생'과 하나님의 주권적 구속 및 속량을 통한 구원 행위를 보여준 사건이었습니다. 한편, 가죽옷을 짓기 위해 짐승이 피를 흘리고 죽어간 것은 죄를 지은 사람을 감싸기 위해, 죄가 없는 짐승이 대신 희생된 것을 의미합니다. 이처럼 최초로 범죄한 아담과 하와를 위해 짐승이 피를 흘린 것은, 구약 시대에 계속되고 있는 짐승의 피를 통한 희생 제사가 이때부터 시작되었음을 보여 줍니다. 이는 장차 사람의 죄를 대속하기 위해 십자가에서 희생제물과 피를 흘리실 예수 그리스도의 속죄 사역을 예표하는 것입니다(엡 1:7; 벧전 1:2, 18-21; 참조, 롬 5:12-21).[29]

다른 한편, 주석가 렌스키(R. C. H. Lenski)는 "구속"이란 말은 일반적

---

29) 제자원 편, 「옥스퍼드원어성경대전: 창세기 제1-11장」, 288.

용법에 있어서 구원 개념의 의미를 현저히 약화시키는 개념이기 때문에, "속량"이란 용어가 더 바람직하다는 견해를 밝혔습니다. 예컨대, 에베소서 1장 7절의 "우리는 그리스도 안에서 그의 은혜의 풍성함을 따라 그의 피로 말미암는 속량 곧 죄 사함을 받았느니라"는 말씀에서, '피'에 관한 언급은 '죽음'에 관한 언급보다 더 가치 있는 개념으로 표현되어 있기 때문입니다. "그의 피로 말미암아"라는 구절은 속량과 대속과 희생제물을 의미합니다 (엡 1:7; 5:2; 벧전 1:18-21). 실제로 성경은 그리스도의 피로 말미암는 '속량과 화목제물'(엡 1:7; 롬 3:23-26; 갈 3:13; 4:4-5; 딛 2:14; 히 9:15), '희생과 희생제물'(고전 5:7; 엡 5:2), '대리'(롬 14:15; 고후 5:14-15, 20-21; 딛 2:14; 벧전 3:18), '대속물'(마 20:28; 막 10:45; 딤전 2:6) 등이 서로 결부되어 있음을 보여 줍니다. 그리하여 '속량 곧 죄 사함'(엡 1:7)으로 번역된 '텐 아폴뤼트로신...텐 아페신'(τὴν ἀπολύτρωσιν...τὴν ἄφεσιν)은 크게 두 가지 행위로 표현되었습니다. 하나는 그리스도의 피가 모든 사람을 위하여 속죄 대가로 지불될 때 갈보리 산상에서 일어난 사건입니다(보편적 속죄, 딤전 2:4-7). 다른 하나는 죄인의 회개와 하나님께서 회개하는 죄인의 죄와 범죄를 처치할 때 일어나는 행위입니다(믿음에 의한 실질적 속죄, 딤전 4:10; 요 3:21). 그러므로 죄 사함은 속량에 의존하고 있다는 것입니다.[30]

이와 같이 성경은 여호와 하나님께서 아담과 하와에게 베푸신 가죽옷의 영적인 의미가 하나님의 주권적 구원을 위한 구속 및 속량으로서 '대리적 희생과 짐승의 피 흘림에 의한 죄 사함인 언약의 피'로 이어지고 있음을 보여 줍니다. 그것은 아담 이후 아벨(창 4:4; 히 11:4), 노아(창 8:20), 아브라함(창 12:8), 이삭(창 26:25), 야곱(창 35:3, 6-10), 이스라엘 백성이 드린 유월절 어린 양의 피로 말미암은 출애굽 사건으로 이어졌습니다

---

30) R. C. H. Lenski, *The Interpretation of St. Paul's Epistles to the Galatians and to the Ephesians* [갈라디아서·에베소서], 장병일 역 (서울: 백합출판사, 1979), 314.

(출 12:1-41). 또한 출애굽 이후에는(B. C. 1446년 경) 하나님께서 시내 산에서 이스라엘 백성과 세우신 "언약의 피"(출 24:1-8)가 율법으로 제정 되어 회막과 성전에서 시행되기에 이르렀습니다(레 1-9장; 히 9:18-22). 이것은 구약의 사람들이 '죄 사함을 받고 하나님과 바른 관계를 회복하는 수단'이었습니다. 그러나 세월이 흘러 다윗은 여호와께서 자신에게 주신 "제사와 예물을 기뻐하지 아니하시며 번제와 속죄제를 요구하지 아니하 신다"는 말씀을 예언하였습니다(시 40:6). 그리고 사도 바울은 다윗의 이 예언의 말씀이 하나님의 뜻을 행하러 오신 예수 그리스도의 한 영원한 제 사로 온전히 성취되었음을 증언하였습니다(히 10:1-9, 10-22).

3) 예수 그리스도, 둘째 것을 세우심

히브리서 8장 7절은 "저 첫 언약이 무흠하였더라면 둘째 것을 요구할 일이 없으려니와"라는 말씀으로 첫 언약의 한계성을 밝히고, 둘째 것이 필요한 때가 왔음을 밝히고 있습니다. 여기서 '첫 언약'이란 율법 전체를 말하거나 구약을 의미하는 것은 아닙니다. 이는 하나님의 주권적 구원을 위한 구속 및 속량의 방식이 율법에 의한 언약의 피로부터, 새 언약의 중 보자이신 온전한 예수 그리스도의 영원한 언약의 피(히 9:15; 13:20)와 몸 을 단번에 드리신 둘째 것으로 전환된 것을 의미합니다. 히브리서 9장 11-12절은 "그리스도께서 장래 좋은 일의 대제사장으로 오사 손으로 짓 지 아니한 것 곧 이 창조에 속하지 아니한 더 크고 온전한 장막으로 말미 암아, 염소와 송아지 피로 하지 아니하고 오직 자기의 피로 영원한 속죄를 이루사 단번에 성소에 들어가셨느니라"는 말씀으로, 이제는 사람의 손으 로 만든 구약의 장막이 아니라, 창조에 속하지 아니한 더 크고 온전한 장 막으로 전환되었음을 보여 주었습니다. 성경은 온전한 장막으로의 전환 을 통해 주어진 네 가지 의미를 제시합니다. 하나, 구약의 장막이 그리스 도에 의해 개혁되었다는 의미입니다(히 9:1-10). 둘, 그리스도께서 개혁하신 것은 오직 그리스도의 피로 영원한 속죄를 이루사, 단번에 주께서 세우신 참 장막에 있는 성소에 들어가셨다는 의미입니다(히 9:10-12; 8:1-5). 셋, 그리스도께서 하늘에 있는 성소와 참 장막에 들어가신 것은 영원하신 성령으로 말미암아, 흠 없는 자기를 하나님께 드린 그리스도의 피로 우리의 양심을 죽은 행실에서 깨끗하게 하고, 살아계신 하나님을 섬기게 하신 것을 의미합니다(히 9:11-14). 넷, 그것은 새 언약의 중보자인 그리스도께서 부르심을 입은 자로 하여금, 첫 언약 때에 범한 죄에서 속량되어 영원한 기업의 약속을 얻게 하셨다는 것을 의미합니다(히 9:15).

한편, 히브리서 10장 9-10절은 "그 후에 말씀하시기를 보시옵소서 내가 하나님의 뜻을 행하러 왔나이다 하셨으니 그 첫째 것을 폐하심은 둘째 것을 세우려 하심이라, 이 뜻을 따라 예수 그리스도의 몸을 단번에 드리심으로 말미암아 우리가 거룩함을 얻었노라"는 말씀으로, 그리스도의 몸을 통한 영원한 제사로 둘째 것이 온전히 세워졌음을 선언하였습니다. 본문 말씀의 선언 요지는 다음과 같습니다. 먼저, '첫째 것'은 율법을 따라 황소와 염소의 피로(히 10:4) 드리는 제사와 예물과 번제와 속죄제로서(히 10:8), 그것은 흠결이 있기 때문에 하나님께서 폐하시기로 정하셨다는 것입니다(히 8:7). 첫째 것은 해마다 황소와 염소의 피를 드림으로써 그 제사로 나오는 자들의 죄를 기억하게는 했지만, 그들을 온전하게 하거나 죄를 없이 하지도 못했다는 것입니다(히 10:1-4, 11). 다음에, '둘째 것'은 하나님의 뜻을 따라 예비된 한 몸(히 10:5)으로 오신 예수 그리스도께서 그의 몸을 단번에 드리심으로 말미암아, 우리가 거룩함을 얻었다는 선언입니다(히 10:9-10). 둘째 것은 오직 그리스도께서 죄를 위하여 한 영원한 제사를 드리시고 하나님 우편에 앉으심으로써, 거룩하게 된 자들을 한 번의 제사로 영원히 온전하게 하셨다는 것입니다(히 10:10, 12, 14). 성경은 이 둘째 것은 이미 예레미야 31장 31-34절에서 예언된 새 언약에 대한 온전한 성취로서 더 좋은 새 언약이라고 증언합니다(히 8:1-13; 10:15-

18). 이제 더 이상 죄를 위하여 제사 드릴 것이 없게 된 것입니다(히 10:19). 따라서 이 둘째 것은 장차 올 좋은 일의 그림자였던 율법의 참 형상으로 온전히 드러나게 된 것입니다(히 10:1; 참조, 골 2:12-17).

다른 한편, 성경은 예수 그리스도께서 그의 몸으로 첫째 것을 폐하시고, 둘째 것을 세우신 후에는, 그를 믿고 따르는 사람들이 그의 피를 힘입어 성소에 들어갈 담력을 얻었다고 선언합니다(히 9:12-15; 10:19). 그 길은 우리를 위하여 휘장 가운데로 열어 놓으신 새로운 살 길입니다(히 10:20). 그 새로운 살길은 우리가 마음에 뿌림을 받아 악한 양심으로부터 벗어나고, 몸은 맑은 물로 씻음을 받아 참 마음과 온전한 믿음으로 하나님께 나아갈 수 있는 유일한 그 길입니다(히 10:22). 즉 구약이든 신약이든 '오직 믿음'으로 구원을 받지만(창 15:6; 출 14:13-31; 롬 4:3-9, 13-24, 25), 그 구원의 수단과 믿음의 내용이 이제부터는 짐승의 피로부터, 예수 그리스도의 피와 몸을 단번에 한 영원한 제사로 하나님께 드리심으로 말미암아, 하나님의 주권적 구속 및 속량을 온전히 성취하신 십자가 대속 사역으로 전환되었다는 것입니다(엡 1:7; 벧전 1:18-21; 롬 3:21-27; 4:3, 23-25 등; 히 9:10-15; 10:1-20, 22).

4) 홀로 하나이신 주재, 예수께 대한 예언 성취

예호슈아(예수) 그리스도의 오심에 대한 선지자들의 예언은 성취되었습니다. 구약 선지자들의 예언대로 다윗 가문을 통해 여자의 후손으로(창 3:15; 사 7:13-14; 마 1:1, 18-25; 눅 1:26-38; 롬 1:3; 딤후 2:8; 계 5:5; 22:16) 보내심을 받은 예호슈아(예수) 그리스도께서 고난 받는 종 메시야로 오셨습니다(사 53:1-12; 마 8:17; 요 1:29, 41; 벧전 2:24-25). 이러한 예언과 성취는 이미 창세 전에 하나님의 뜻대로 결정하시고 계획하시며 예정하신 대로, 그리스도의 피로 말미암아 속량 곧 죄 사함을 받게 되는 온전한 성취입니다(엡 1:4-7, 11; 벧전 1:18-21; 행 3:11-20, 21; 참조,

롬 1:2-4; 3:24-25; 딛 2:14; 행 2:22-36). 예수 그리스도께서도 이 같은 사실을 친히 말씀하셨습니다(눅 24:26-27, 44-48; 요 5:39; 8:56-59).[31]

요한 세바스티안 바흐(Johann Sebastian Bach)는 "예수는 내 기쁨의 원천이고 내 마음의 본질이며 희망, 예수는 모든 근심에서 나를 보호하고 내 생명의 힘의 근원이 되고 내 눈의 태양과 기쁨이 되며, 내 영혼의 기쁨이며 보물, 그래서 나는 내 마음과 눈에서 예수를 멀리하지 않으려 하네"라는 시로서 우리 주 예수 그리스도를 찬양하였습니다.

---

31) 첫째, 예수 그리스도께서 여자의 후손으로 성육신하실 것에 대한 예언이 성취되었습니다 (창 3:15; 49:10; 갈 4:4). 그것은 처녀에게서 나실 것으로 예언된 것이었습니다(사 7:14; 마 1:23-25; 눅 1:26-35; 2:7; 갈 4:4-7). 둘째, 예수 그리스도께서는 언약 관계에서 메시야로 오실 것이 예언되었고, 그것이 성취되었습니다(마 1:1; 갈 3:16). 즉 아브라함의 후손으로 오실 것(창 22:18〈씨가 단수임〉; 마 1:1; 갈 3:16), 이삭의 후손으로 오실 것(창 21:12; 마 1:2; 눅 3:34; 히 11:17-19, 야곱의 후손으로 오실 것(창 35:10-12; 민 24:17; 눅 1:33; 3:23-24), 유다 족속으로 오실 것(창 49:10; 미 5:2; 마 1:2; 눅 3:33; 히 7:14), 이새의 줄기로 오실 것(사 11:1, 10; 마 1:6; 눅 3:32), 다윗의 뿌리(혈통)로 오실 것(삼하 7:12-16; 시 132:10-11; 마 1:1, 20; 눅 1:27, 32-33; 3:31-32; 요 7:42; 롬 1:3; 딤후 2:8; 계 3:7; 5:5; 22:16), 탄생의 징조(사 7:10-14; 단 9:25; 마 1:16, 23; 2:1; 눅 2:11), 베들레헴에서 나실 것(미 5:2; 마 2:1-6; 눅 2:4-7, 15; 요 7:42), 동방박사의 방문이 있을 것(사 60:6-9; 시 72:10, 12-15; 마 2:1, 11), 왕으로 오실 것(렘 23:5; 시 2:6; 슥 9:9; 마 2:1-2; 27:37; 요 18:33-37), 선지자 하나를 세울 것(신 18:18-22; 마 21:11; 행 3:21-23), 제사장 신분으로 오실 것(시 110:4; 히 5:5-6), 예수님의 신성 및 선재성에 대하여(미 5:2; 잠 8:22-32; 사 9:6-7; 참조, 시 102:24-27; 골 1:17; 요 1:1-2; 8:58; 17:5; 빌 2:6), 임마누엘로 불릴 것(사 7:14; 마 1:23), 하나님의 아들로 오실 것(삼하 7:12-16; 대상 17:11-14; 시 2:7; 132:12; 마 4:3; 8:29; 14:33; 16:16; 27:40-43, 54; 막 1:1; 눅 1:32, 35; 요 1:49; 10:36; 11:27; 20:31; 행 9:20; 롬 1:4; 고후 1:19; 갈 2:20; 4:4-5; 엡 4:13; 히 4:14; 7:3; 10:29; 요일 3:8; 4:15; 5:5, 10, 12-13, 20) 등입니다. 셋째, 예수 그리스도께서 고난 받는 종 메시야로 오시실 것이라는 예언이 성취되었습니다. 즉 헤롯이 아이를 죽일 것(렘 31:15〈렘 30:20에서부터 네 장이 메시야 예언으로 되어 있습니다.〉; 마 2:16-18), '주'라고 불릴 것(시 110:1-4; 눅 2:11; 20:41-44), 버린 돌과 머릿돌이 되실 것(시 118:22; 마 21:42; 행 4:11; 롬 9:32; 벧전 2:7), 심판자로 오실 것(사 33:22; 요 5:21-22, 30; 고후 5:10; 딤후 4:1), 성령의 특별한 기름부음을 받으실 것(사 11:2; 시 45:7; 마 3:16-17; 12:17-21; 막 1:10; 눅 3:22; 요 1:32; 3:34; 행 10:38), 침례(세례) 요한이 주의 길을 예비할 것(사 40:3; 마 3:1-2; 막 1:3; 눅 3:4), 갈릴리에서 공생애를 시작하실 것(사 9:1; 마 4:12-13, 17), 기적으로 역사 하실 것(사 35:5-6; 마 9:35), 비유로 말씀하실 것(시 78:2; 마 13:3-35; 참조, 요 16:25, 29-30), 성전에 들어가실 것(말 3:1; 마 21:12-16; 막 11:15-18; 눅 19:45-48; 요 2:13-22), 나귀를 타고 입성 하실 것(슥 9:9; 마 21:6-11; 눅 19:35-37), 이방인에게 빛이 되실 것(사

42:6; 45:33; 49:6; 행 13:47-48), 가룟 유다의 배반이 있을 것(시 41:9; 마 10:4; 26:49-50; 요 13:21), 은 30에 팔릴 것(슥 11:12; 마 26:15; 27:3), 은 30을 가룟 유다가 성전에 던질 것(슥 11:13; 마 27:5-6), 토기장이의 밭을 은 30개로 살 것(슥 11:12-13; 마 27:7-10), 거짓증인들에 의해서 고소될 것(시 35:11; 마 26:59-61), 송사하는 자들 앞에서 침묵하실 것(사 53:7; 마 27:12-19), 고난 받으시고 죽으실 것(사 53:4-8; 마 27:1-66; 막 15:1-47; 눅 23:1-49; 요 18:1-19:42), 상함을 받으실 것(사 53:5; 슥 13:6; 마 27:26), 매 맞고 침 뱉음을 당하실 것(사 50:6; 미 5:1; 마 26:67; 막 15:19; 눅 22:63), 조롱을 받으며 곤욕을 당하실 것(사 53:7; 마 27:31), 십자가에서 질고를 지시고 대리 형벌을 받아 여호와께서 기뻐하시는 뜻을 성취하심으로써 만족케 하실 것(사 53:1-12; 요 19:30), 수족이 찔리실 것(시 22:16; 슥 12:10; 눅 23:33; 요 20:25), 죄인을 위해 대신 기도하실 것(사 53:12; 눅 23:34), 친구들과 친척들이 멀리서 바라볼 것(시 38:11; 마 27:55-56; 눅 23:49), 사람들이 비웃으며 입을 비쭉거리고 머리를 흔들 것(시 22:7; 109:25; 마 27:39; 막 15:29), 사람들이 쳐다볼 것(시 22:17; 눅 23:35), 옷을 제비 뽑을 것(시 22:18; 마 27:35; 요 19:23-24), 십자가상에서 목말라 하실 것(시 69:21; 요 19:28), 쓸개 탄 포도주를 마시게 될 것(시 69:21; 마 27:34; 요 19:29), 십자가상에서 '내 하나님이여 내 하나님이여 어찌 나를 버리셨나이까'(엘리 엘리 라마 사박다니)라고 절규하실 것(시 22:1; 마 27:46), 영혼을 하나님께 부탁하실 것(시 31:5; 눅 23:46), 뼈가 부러지지 않으실 것(시 34:20; 요 19:33), 옆구리를 찔려 물과 피를 흘리실 것(시 22:14; 슥 12:10; 요 19:34), 해가 어두워질 것(암 8:9-11; 마 27:45), 부자의 무덤에 장사 될 것(사 53:9; 마 27:57-60), 부활하실 것(시 16:9-11; 118:16-18; 막 16:6; 눅 24:46; 행 2:31; 고전 15:4), 하나님 우편에 앉으실 것(시 110:1; 마 22:44; 막 16:19; 행 2:29-36; 고전 15:20-25; 히 10:9-13) 등입니다. 마지막 넷째, 우리 주 예수 그리스도의 재림에 대한 예언이 있습니다(마 24:14, 30-31; 요 14:1-3; 행 1:11; 고전 15:23; 살전 1:10; 2:19; 3:13; 4:15-16; 5:23; 살후 1:10; 2:1, 8; 히 9:28; 약 5:7; 벧후 1:16; 3:4; 요일 2:28; 계 1:1-4; 14:1; 20:1-7; 22:20).

하나님의 주권적 구원
(강권적 은혜와 큰 구원)

1. 창세 전, "예지, 선택, 예정"으로
2. 하나님의 뜻, 그리스도의 영원한 제사
3. 그리스도의 한 영원한 제사, 속죄
4. 삼위일체 한 분 하나님의 주권적 구원

VI. 하나님의 주권적 구원
(강권적 은혜와 큰 구원)

1. 창세 전, "예지, 선택, 예정"으로

1) '예지, 선택, 예정,' 하나님의 계획

성경은 아버지 하나님께서 하나님의 주권적 구원을 위한 구속 및 속량, 즉 속죄 사역을 위하여, 하나님의 아들 주 예수 그리스도의 '보배로운 피'를 창세 전부터 미리 알리셨으며, 이 말세에 우리를 위해 나타내신바 되었다고 명백히 밝히고 있습니다(벧전 1:18-21; 엡 1:4-7; 참조, 암 3:7). 그리고 성경은 '창세 전'에 무슨 일이 있었는지에 대하여도 증언하고 있습니다. 바울은 하나님의 행위로서 '예지'(foreknowledge, 롬 8:29; 11:2)와 '선택'(election, 엡 1:4)과 '예정'(predestination, 엡 1:4-5, 9, 11)을 증언했습니다. 베드로도 '예지'(벧전 1:2)와 '선택'(벧전 1:2)과 '예정'(행 4:28; 참조, 행 2:23; 3:20)을 증언하였습니다. 다만 '예정'에 대해서는 설교 형태로 표현했습니다. 이처럼 베드로와 바울은 '예지,' '선택,' '예정'이란 용어를 다 같이 사용하였습니다.

2) "예지, 선택, 예정," 사도들의 증언

먼저, 베드로가 사용한 '예지,' '선택,' '예정'이란 용어는 어떤 의미를 갖는지 살펴보겠습니다. 베드로전서 1장 2절은 "곧 하나님 아버지의 미리 아심을 따라 성령이 거룩하게 하심으로 순종함과 예수 그리스도의 피 뿌림을 얻기 위하여 택하심을 받은 자들에게 편지하노니 은혜와 평강이 너희에게 더욱 많을지어다"라는 말씀으로, '예지'와 '선택'이란 용어를 사용하였습니다. 본절에서 베드로는 사람의 구원을 위해 삼위일체 하나님의 협력 사역을 간략하게 진술하고 있습니다. 아버지의 '미리 아심'(예지)에 해당하는 '프로그노신'(πρόγνωσιν)의 원형 '프로그노시스'(πρόγνωσις)는 문자적으로 '미리 앎' 즉 '예지'의 뜻이지만, 성경적으로는 미래의 일을 미리 아는 정도의 선지(先知) 개념을 훨씬 뛰어넘는 의미를 지니고 있습니다. 즉 예지란 '결과가 분명한 하나님의 효과적인 선택'을 내포하는 개념입니다. 하나님은 '미리 아신 자들을 반드시 선택하시고 구원에 이르게 하신다'는 의미입니다(롬 8:27).[1] 그리고 '택하심을 받았다'는 말에서 '택하심'(선택)이란 말 '에클렉토스(ἐκλεκτὸς)는 '특별히 선택된 것'을 표시할 때 쓰는 말입니다. 이 단어는 70인 역에서 '하나님께 특별한 선택을 받은 민족 이스라엘에게 한정적으로 쓰였지만(신 7:6-8; 대상 16:12-13; 호 11:1; 겔 20:5; 사 41:8; 43:1-7, 11-21; 65:9, 15; 시 105:5, 42-45; 참조, 암 3:1-2), 예수 그리스도의 구속사역 이후에는 택함받은 자들의 범주에서 민족적이고 계층적인 의미는 사라졌습니다. 그리스도께서는 이스라엘 민족만의 구원이 아니라, 이방인 모두를 포함하는 구원자로 오셨기 때문입니다(롬 3:29-30). 이제는 오직 예수 그리스도의 피 뿌림을 받고 구속함을 받았느냐 받지 않았느냐가 관건입니다.[2]

나아가 베드로는 사도행전 2장 23절에서 이스라엘 사람들을 향하여

---

1) 제자원 편, 「옥스퍼드원어성경대전: 베드로전서·베드로후서」, 47.
2) Ibid., 48.

"그가 하나님께서 정하신 뜻과 미리 아신 대로 내준 바 되었거늘 너희가 법 없는 자들의 손을 빌려 못 박아 죽였으나"라는 말씀으로 설교하였습니다. 베드로에 의하면, 예수님의 죽음은 '하나님의 정하신 뜻과 미리 아신 대로 내어주신 바 된 것'입니다. 여기서 '정하신'이란 말 '호리스메네'(ὡρισμένῃ)는 '고정되어진,' '결정되어진'이란 뜻으로, 이는 그 하나님의 뜻을 영원 속에 두는 말입니다. 즉 하나님께서 영원 속에 그의 아들의 희생적 죽음을 내포한 구원 계획을 결정하셨다는 것입니다.[3] 또한 '미리 아신 대로'라는 말 '프로그노세이'(προγνώσει)는 하나님의 전지하심에 대한 표현임과 동시에, 그리스도께서도 자신의 대속의 피를 통하여 인류 구원의 대업을 완성하실 것을 알고 계셨음을 보여 주는 말입니다.[4] 이뿐 아니라 베드로는 사도행전 4장 28절의 "하나님의 권능과 뜻대로 이루려고 예정하신 그것을 행하려고 이 성에 모였나이다"라는 구절에서 '예정하신'이란 말을 사용했습니다. '예정하신'이란 말 '프로오리센'(προώρισεν)은 로마서 8장 29-30절에서 바울이 '구원받을 성도들을 미리 정하셨다'는 내용으로 사용한 말이기도 합니다. 이는 하나님께서 구원받을 성도도 예정하시고, 또 그 구원을 이룰 십자가 사건도 예정하셨다는 것을 의미하는 말입니다.[5]

다음에, 사도 바울이 사용한 '예지,' '선택,' '예정'에 대하여 알아보겠습니다. 바울이 증언한 로마서 8장 29-30절은 "하나님이 미리 아신 자들을 또한 그 아들의 형상을 본받게 하기 위하여 미리 정하셨으니 이는 그로 많은 형제 중에서 맏아들이 되게 하려 하심이니라, 또 미리 정하신 그들을 또한 부르시고 부르신 그들을 또한 의롭다 하시고 의롭다 하신 그들을 또한 영화롭게 하셨느니라"는 말씀으로, '미리 아신 자들'과 '미리 정하신

---

3) R. C. H. Lenski, *The Interpretation of Acts of the Apostles I* [사도행전(상)], 배영철 역 (서울: 백합출판사, 1980), 69.
4) 제자원 편, 「옥스퍼드원어성경대전: 사도행전 제1-7장」 (서울: 제자원, 2001), 185.
5) Ibid., 377.

그들'이라는 '예지와 예정'의 구조를 보여 줍니다. '미리 아심'으로 번역된 '프로에그노'(προέγνω)는 '~전에'라는 뜻을 가지고 있는 전치사 '프로' (πρό)와 '알다'라는 뜻을 가진 동사 '기노스코'(γινώσκω)의 합성어로, '미리 알다'란 뜻을 가진 '프로기노스코'(προγινώσκω)의 부정 과거형으로 쓰였습니다(롬 1:11). '미리 아셨다'는 말은 '어떠한 사실이 있기 전에, 또한 나타나기 전에 아셨다'는 것으로 '하나님의 예지'를 말합니다.[6]

그리고 바울은 에베소서 1장 4절에서 "창세 전에 그리스도 안에서 우리를 택하사"라는 말로 '선택'에 대한 용어를 사용했습니다. '선택'으로 번역된 '엑셀렉사토'(ἐξελέξατο)는 '에클레고'(ἐκλέγω)의 부정 과거 중간태입니다. 헬라어에서 중간태는 자기 자신을 위해 스스로 행동하는 것을 나타냅니다. 그 의미는 두 가지입니다. 첫째, 하나님의 선택은 자신을 위해서 선택하셨다는 의미입니다. 이는 선택을 통해 영광 받을 대상은 하나님 자신이라는 뜻입니다(엡 1:3, 6, 12, 14). 둘째, 하나님의 선택은 하나님 스스로 하신 일이라는 의미입니다. 이는 선택의 독자성을 나타냅니다. 다시 말해 구원을 위한 선택은 사람의 뜻이나 노력이 전혀 개입되지 않은 하나님의 주권적 은혜로 말미암은 것이라는 뜻입니다(엡 2:8; 딤후 1:9). 하지만 바울은 하나님의 선택의 근거가 '창세 전에 그리스도 안에서'(ἐν Χριστω)임을 명확히 밝히고 있습니다(엡 1:4). '그리스도 안에서'라는 말은 이미 창세 전에 계획된 인류 구원을 위한 아버지 하나님의 계획 가운데, 그리스도를 통한 구속이 예정되어 있었다는 말입니다. 분명한 것은 선택의 근거가 '엔 크리스토'라는 말은 바울 서신에서 총 164회가 나타나며, 이는 그리스도교 구원론의 핵심을 함축적으로 잘 표현하는 말입니다. 본절에서는(엡 1:4) 그리스도의 구속 사역을 전제로 하나님의 선택이 이루어지는 것에 관계되어 있습니다. '엔 크리스토'란 말은 성도가 대속 주 그리스도를 믿음으로 말미암아 그와 신비적인 연합 상태에 있다는 것을 말

---

6) 제자원 편, 「옥스퍼드원어성경대전: 로마서 제1-8장」, 653.

합니다(요 15:1-16; 롬 6:8; 고전 12:12-13). 따라서 그리스도를 믿음으로 받아들이지 않는 사람들은 누구든지 선택의 대상에서 제외된다는 뜻입니다(벧전 1:9, 18-21; 딤전 4:10; 참조, 딤후 3:15; 참조, 행 3:16).[7]

나아가 바울은 에베소서 1장 5절의 "그 기쁘신 뜻대로 우리를 예정하사 예수 그리스도로 말미암아 자기의 아들들이 되게 하셨으니"라는 말씀으로 '예정'이란 용어를 사용했습니다. '예정하사'라는 말로 번역된 '프로오리사스'(προορίσας)란 단어는 하나님께서 사람들을 구원하시기 위하여 택하신 행위가(엡 1:4) 무작위에 의한 것이 아니라, 하나님의 세밀하신 계획에 의한 것임을 말해주는 단어입니다. 그것은 하나님께서 예수 그리스도로 말미암아 성도를 하나님의 아들들 곧 양자가 되게 하셨다는 것입니다(롬 8:17; 엡 1:4-7; 골 3:3). 즉 예수 그리스도께서 십자가 대속적 죽음과 부활을 통해서 죄인들을 하나님의 양자가 되도록 중보하신 것입니다. 하나님께서는 이러한 과정을 그 기쁘신 '뜻대로' 예정하셨으며, 또 그대로 이루셨습니다. 그리고 '뜻대로'란 말에서 '뜻'으로 번역된 '델레마토스'(θελήματος)는 하나님 자신의 주권으로 계획하신 경륜과 목적을 말합니다(엡 1:9). 그러기에 하나님의 뜻은 시간과 환경을 초월하며 영원히 변하지 않습니다. 따라서 그것에 기초한 성도의 예정과 하나님의 아들들로서 양자됨은 결코 취소되거나 철회되지 않는다는 사실을 의미합니다.[8] 이처럼 성경은 이 모든 사실이 "우리 주 예수 그리스도 안에서"(엡 1:1, 2, 3, 4, 6, 7, 9, 10, 12) 이루어지도록 "예지—선택—예정" 되어 있다는 사실

---

7) 제자원 편, 「옥스퍼드원어성경대전: 갈라디아서·에베소서」, 441. 443-4. 렌스키(R. C. H. Lenski)에 의하면, "그리스도 안에서 우리를 택했다"는 말은 두 가지 형태로 제시될 수 있습니다. 하나는 넓은 형태의 해석으로 칼빈주의 입장입니다. 이는 '하나님의 능력'에 중점을 두어 '선택 행위로부터 구원과 모든 영성의 영광에 이르기까지 시종을 다 포함하는 형태'입니다. 다른 하나는 보다 더 좁은 형태로서 루터주의 입장입니다. 이는 '그리스도 안에서 신자들을 선택하셨다'는 말을 '믿음의 관점에서의 선택'으로 보는 입장입니다. Lenski, *The Interpretation of St. Paul's Epistles to the Galatians and to the Ephesians* [갈라디아서·에베소서], 306-7.

8) 제자원 편, 「옥스퍼드원어성경대전: 갈라디아서·에베소서」, 445.

을 매우 강조하고 있습니다.

사도 바울은 창세 전에 그리스도 안에서 우리를 택하시고, 그 기쁘신 뜻대로 예정하신 것은, 하나님 곧 우리 주 예수 그리스도의 아버지께서 '그리스도 안에서 하늘에 속한 모든 신령한 복을 우리에게 주시기 위한 것'이라고 증언하였습니다(엡 1:3-14).

2. 하나님의 뜻, 그리스도의 영원한 제사

1) 하나님이 예비하신 한 몸, 예수 그리스도

히브리서 10장 5절은 "그러므로 주께서 세상에 임하실 때에 이르시되 하나님이 제사와 예물을 원하지 아니하시고 오직 나를 위하여 한 몸을 예비하셨도다"라는 말씀으로, "하나님께서 예비하신 한 몸"에 대하여 증언하고 있습니다. 히브리서 10장 10절은 하나님께서 예비하신 한 몸은 바로 "예수 그리스도의 몸"이라는 사실을 보여 줍니다. 성경은 "하나님께서 예비하신 한 몸인 예수 그리스도의 몸"을 통하여 이루어진 몇 가지 교훈을 제공하고 있습니다. 첫째, 예수 그리스도의 몸은 '첫째 것' 곧 율법을 따라 드리는 제사, 예물, 번제, 속죄제를 폐하시고 '둘째 것'을 세우시기 위한 것이었습니다(히 10:8-9). 둘째, 둘째 것은 하나님의 뜻을 따라 예수 그리스도의 몸을 단번에 드림으로 말미암아 우리가 거룩함을 얻게 되었다는 것입니다(히 10:9-10). 셋째, 단번에 드리신 예수 그리스도의 몸은 죄를 위하여 한 영원한 제사로 자신을 드리신 것을 말합니다(히 10:12). 넷째, 예수 그리스도의 몸으로 드린 한 영원한 제사는 거룩하게 된 자들을 한 번의 제사로 영원히 온전하게 하신 것을 의미합니다(히 10:14). 다섯째, 예수 그리스도의 몸으로 드려진 한 번의 완전한 속죄 제사로 온전하게 된 사람은 죄와 불법을 다시는 기억하지 아니하며, 예수의 피를 힘입어 성소에 들어갈 새로운 살 길을 얻었다는 것을 의미합니다(히 10:17-19). 성경은 이러한 새로운 살 길을 제공하신 예수 그리스도의 몸을 가리켜 '새 언약의 중보자'(히 9:15), '대속물'(딤전 2:4-6; 마 20:28; 막 10:45), '화목제물'(롬 3:25; 요일 4:10), '희생제물'(엡 5:2) 등으로 표현하고 있습니다.

2) 예수 그리스도의 몸, 한 영원한 제사

성경은 둘째 것으로 세워진 예수 그리스도의 몸을 단번에 드리심으로 말미암아, 우리가 거룩함을 얻게 된 것을(히 10:10; 7:27) 가리켜 '죄를 위하여 한 영원한 제사를 드리신 것'으로 증언하고 있습니다(히 10:12). '죄를 위한 한 영원한 제사를 드리시고'라는 말씀에서 '드리시고'란 말 '프로세넹카스'(προσενέγκας)는 과거 시제로 사용되었습니다. 이는 그리스도께서 드리신 한 영원한 제사의 특징이 구약과 달리 단회성에 있음을 보여준 것입니다. 그리스도께서는 구약의 제사장들이나 대제사장이 도저히 이룰 수 없었던 '죄를 제거하는 일'을 해내셨습니다. 그리스도의 한 영원한 제사는 단 한번으로 영원한 속죄의 효력을 지니게 되었기 때문입니다.[9]

성경은 예수 그리스도께서 몸으로 드리신 한 영원한 속죄의 효력에 대한 근거를 제시하고 있습니다. 첫째, 예수 그리스도께서는 하나님의 뜻을 행하러 오셔서 이 뜻을 따라 자신의 몸을 단번에 죄를 위하여 한 영원한 제사를 드리시고, 하나님 우편에 앉으심으로써 첫째 것을 폐하시고 둘째 것을 세우셨기 때문입니다(히 10:5, 8-10, 12). 성경이 예수 그리스도의 오심을 하나님께로부터 '보내심을 받았다'(요 3:31-36), '내어줌이 되셨다'(요 3:16; 롬 4:24-25)라고 증언하는 이유가 바로 여기에 있습니다. 둘째, 예수 그리스도께서는 스스로 대제사장이 된 것이 아니라, 받으신 고난으로 순종함을 배워 온전하게 되어 하나님께 멜기세덱의 반차를 따른 대제사장이라 칭함을 받으셨기 때문입니다(히 5:4-10; 6:20; 7:17, 21). 셋

---

9) 제자원 편, 「옥스퍼드원어성경대전: 히브리서 제8-13장」, 195-6.

째, 예수 그리스도께서는 신실한 대제사장이 되어 백성의 죄를 속량하려고 보내심을 받아 십자가 대속 사역을 온전히 성취하시고 승천하셨기 때문입니다(히 2:17; 4:14; 10:10-12). 넷째, 예수 그리스도께서는 모든 일에 우리와 똑같이 시험을 받으셨으나, 거룩하시고 악이 없으시고 죄인에게서 떠나 계시고, 하늘보다 높이 되셨으며, 전혀 죄가 없으셨기 때문입니다(히 4:15; 7:22-26, 28; 참조, 고후 5:21; 요일 3:5). 따라서 성경은 예수 그리스도께서 죄를 없이 하실 수 있으신 제2위격의 하나님이심을 명백히 증언합니다(히 9:14; 10:12, 14; 10:12; 요 1:1-3; 5:19-27, 28-29; 롬 9:5).

3. 그리스도의 한 영원한 제사, 속죄

'속죄'란 말은 신약성경 히브리서에서만 7회 나타나 있고 그 나머지는 구약에서 186회가 사용되었습니다. 속죄와 관련하여 히브리서에 나타나 있는 말씀은 '속죄하는 제사'(히 5:1), '속죄제'(히 5:3; 10:6, 8), '속죄소'(히 9:5), '오직 자기의 피로 영원한 속죄를 이루사'(히 9:12)라는 말씀입니다. 그러므로 속죄에 대한 이해를 돕기 위해 먼저 신학적인 이해를 시도한 후, 성경이 증언하는 속죄의 의미를 살펴보겠습니다.

1) 속죄에 대한 신학적 표현

일반적인 용어로 속죄(atonement)란 '하나가 되게 하는 것'(at-one-ment)으로 사용하는 고전 영어에서 나온 말입니다.[10] 즉 'atonement'란 이전에 소외되었던 당사자 간에 '하나 됨'을 통해 화해(화목)된 상태를 표현하는 용어였습니다(고후 5:19).[11] 속죄에 대한 신학적인 다양한 표현들이

---

10) Walter D. Draughon Ⅲ, "속죄," 「침례교 신학의 흐름: 1845년부터 최근까지」, Paul Basden 편, 침례교신학연구소 옮김 (대전: 침례신학대학교 출판부, 1999), 123.

있습니다. 예컨대, '그리스도의 구원 사역'(에드가 멀린스), '희생제사에 의한 화목'(데일 무디), 그리고 '그리스도의 구속 사역'(월터 카너)입니다. 특히 월터 카너는 속죄란 말이 "구약의 용어이기 때문에, 자신은 신약의 용어인 '십자가'로 대신하겠다"고 말했습니다.[12] 조지 래드(George. E. Ladd)는 '속죄'란 단어는 신약의 용어는 아니지만 '그리스도의 죽음이 사람의 죄 문제를 해결하여, 하나님과 사람이 그를 통해 화목하게 한다'는 신약의 중심 개념 가운데 하나임을 강조하였습니다(롬 5:10; 고후 5:15-21).[13]

2) 교회사에서 전개된 속죄 교리

속죄 교리는 그리스도의 구원 사역을 설명하는 주요 방법과 구성 요소임에도 불구하고 보다 깊이 있는 연구가 부족했습니다. 속죄 교리는 고대 교부들도 관심을 가지고 연구한 주제였으나 그것을 충분히 다루지 못하고 부분적으로 다루었습니다. 그러다가 12세기에 이르러 좀 더 체계적으로 논의되기 시작했습니다. 대표적인 인물은 캔터베리의 안셀름(Anselm of Canterbury, 1033-1109)과 피터 아벨라드(Peter Abelard, 1079-1142)입니다. 주로 고대 교부들이 연구한 속죄 교리의 주제는 '하나님께서 사탄의 지배하에 있는 인류를 구하기 위해 예수 그리스도의 죽음을 사탄에게 지불했다'는 '속전설'(ransom theory)이었습니다. 그 대표자는 순교자 져스틴입니다. 하지만 성경은 그리스도의 죽음은 사탄에게 준 속전이 아니라 '하나님께 드린 것'으로 증언합니다(엡 5:2; 히 9:14). "영원하신 성령으로 말미암아 흠 없는 자기를 하나님께 드린 그리스도의 피가 어찌 너희 양심을 죽은 행실에서 깨끗하게 하고, 살아 계신 하나님을 섬기게 하지 못하겠느냐"(히 9:14).

---

11) Gregory A. Boyd, et al., 「속죄의 본질 논쟁」, 김광남 옮김 (서울: 새물결플러스, 2018), 11.

12) Walter T. Conner, *The Gospel of Redemption* (Nashville: Broadman Press, 1945), 76-7.

13) G. E. Ladd, *A Theology of the New Testament* [신약신학], 신성종, 이한수 공역 (서울: 대한기독교출판사, 1984), 475.

그러자 안셀름은 고대 교부들의 속전설을 반박하기 위해 「인간이 되신 하나님」(*Cur Deus Homo*)을 저술하고, 그의 "만족설"(The satisfaction theory)을 제시하였습니다. 만족설은 '하나님의 정의'에 초점을 두었습니다. 안셀름이 제시한 만족설에 의하면, 죄는 하나님의 본성을 따라 반드시 형벌을 받아야 합니다. 하나님의 본성상 죄 문제에 대해서는 선택의 여지가 없습니다. 하나님은 자비를 베푸실 수 있지만 반드시 정의로워야 합니다. 죄 용서는 하나님의 선택에 의한 것이지만, 죄의 형벌은 선택에 달린 것이 아니라 반드시 정의롭게 처리해야 할 대상입니다. 그래야만 하나님의 정의가 죄를 처벌하도록 구속력을 갖기 때문이라는 주장입니다. 그리하여 만족설은 하나님께서 죄를 징계하지 않으시면 불의한 일이 되고, 또 세상의 도덕 질서의 기초가 무너지게 될 것이라는 사실을 매우 강조하였습니다.[14] 이렇게 만족설은 '죄—형벌—하나님의 정의'를 강조한 속죄론이었습니다. 하지만 만족설은 '하나님의 정의'를 앞세우다보니 '하나님의 사랑'이 들어갈 자리를 제공하지 않는다는 비판이 있습니다.

이와 달리 아벨라드는 '만족설'에 반대하여 도덕 감화설(The moral influence theory)을 제시했습니다.[15] 하지만 도덕 감화설은 예수 그리스도의 십자가 죽으심과 부활의 의미를 사람의 죄와 관련짓기보다는, 단지 사람들이 윤리 도덕적으로 살아갈 수 있도록 영향력을 끼치는 정도의 십자가로 인식한 이론이었습니다. 이처럼 도덕 감화설은 보다 크고 넓고 높고 깊이 있는 속죄를 표현하기에는 역부족으로 보입니다.

한편, 종교개혁자들은 안셀름이 전개한 만족설에 "대리자"(substitute, 롬 14:15; 고후 5:14-15, 20-21; 딛 2:14; 벧전 3:18; 참조, 마 20:28; 막 10:45; 딤전 2:6; 벧전 1:18-19) 개념을 더하여 "형벌 대속설"(The penal

---

14) Walter T. Conner, "Three Theories of the Atonement," *Review & Expositor* vol. 43, no. 3 (July 1946): 275-6.

15) 김동건, 「그리스도론의 역사」 (서울: 대한기독교서회, 2018), 363-4.

substitution theory)을 발전시켰습니다. 형벌 대속설은 그리스도께서 그가 '대리한 사람들'을 위해 십자가 고난과 죽으심으로 죄 형벌을 담당하심으로써, 그들이 깨뜨린 율법에 대한 '하나님의 정의'를 '실질적으로 만족'시켰다는 이론입니다. 즉 이로 인해 하나님께서는 그리스도께서 대리하신 모든 사람의 죄를 용서해 주시고 그들과 충분한 화해(화목)를 이루셨다는 것입니다.[16] 이는 하나님이 그리스도께서 자신에게 드리신 "속죄제물"을 받으시고 "만족"하심으로써, "실제적인 속죄"(The actual atonement)가 이루어졌다는 것입니다.

다른 한편, 구스타프 아울렌(Gustaf Aulén)은 현대인들에게 속죄 교리를 보다 쉽게 이해할 수 있도록 「승리자 그리스도」(*Christus Victor*)란 책을 썼습니다. 이 책은 그리스도의 죽음을 악의 세력에 대한 '영원한 승리'에 초점을 맞추었습니다. 즉 속죄란 하나님의 전투와 승리로서의 속죄라는 것입니다. 그래서 아울렌의 "승리설"(The victory theory)은 그리스도께서 세상의 악의 권세들과 싸워 승리하시고, 하나님이 그리스도 안에서 세상을 자기와 화해시켰다는 속죄설입니다(고후 5:18-21).[17] 이처럼 교회사에서 신학적으로 논의된 속죄 교리는 "속전설─만족설─도덕 감화설─형벌 대속설-승리설"로 발전해왔습니다. 이 가운데 만족설을 포함하고 있는 형벌 대속설과 승리설에 하나님의 사랑이 가미된 속죄설이 성경적일 것입니다(요일 4:9-10).

3) 하나님의 영원한 협의, 그리스도의 피

에베소서 1장 7절은 "우리는 그리스도 안에서 그의 은혜의 풍성함을 따라 그의 피로 말미암아 속량 곧 죄 사함을 받았느니라"는 말씀으로 "그

---

16) J. P. Boyce, *Abstract Systematic Theology* (Escondido: Dulk Christian Foundation, 1887), 317.
17) Gustaf Aulén, *Christus Victor*, trans. A. G. Hebert (New York: The Macmillan Company, 1956), 4.

리스도의 피로 말미암은 구속 및 속량"에 대하여 증언합니다(참조, 롬 3:21-27). 성경은 이미 창세 전에 그리스도의 보배로운 피로 말미암는 대속 곧 구속 및 속량에 관하여 증언하고 있습니다(벧전 1:18-20; 엡 1:4-7). 특히 에베소서 1장과 베드로전서 1장은 창세 전에 하나님께서 세우신 영원한 구원 계획을 삼위일체론적으로 증언하고 있습니다. 데일 무디에 의하면, 베드로전서 1장 2-12절과 에베소서 1장 3-14절은 삼위일체 하나님의 사역 구조로 된 말씀입니다.[18] 그리고 폴크스(Francis Foulkes)는 에베소서의 주제가 창세 전 하나님의 목적인 그리스도 안에 있는 구속 사역에 대한 교리적이고 실천적인 적용이라고 말했습니다(엡 1:4; 벧전 1:19-20).[19] 나아가 로이드 존스(D. M. Lloyd-Jones)는 에베소서 1장 7절의 '구속 및 속량'은 '속전(ransom)을 주고 구출한다'는 의미로써 이는 신구약을 관통하는 개념이며, 베드로전서 1장 18-19절과 동일한 의미를 갖고 있다고 강해했습니다.[20] 특히 오스카 쿨만(Oscar Cullmann)은 "구속사"라는 용어가 에베소서 1장 9절의 '때가 찬 경륜'으로 번역된 '오이코노미안'(οἰκονομίαν)에서 나왔다고 밝혔습니다.[21] 그리고 그는 에베소서 1장 13-14절에 나오는 '약속의 성령으로 인치심을 받은 것'이란 말은 구속사와 성령과의 기본 관계를 보여 주는 것이라고 말하였습니다.[22] 그리하여 믹 하베츠(Myk Habets)는 구속사 및 속량사는 이미 창세 전에 하나님께서 계획하신 것이며, 또 창조는 이 구속에 의해 조건 지워져있음을 알 수 있다고 진술했습니다(참조, 사 43:1-7, 12-15; 45:12-15).[23]

---

18) Dale Moody, *Christ and Church* (Grand Rapids: Wm. B. Eerdmans Publishing Company, 1963), 16-9.

19) Francis Foulkes, 「에베소서 주석」, 양용의 역 (서울: 기독교문서선교회, 1979), 29.

20) Lloyd-Jones, *God's Ultimate Purpose* [영적 선택], 182.

21) Oscar Cullmann, 「구원의 역사」, 김광식 역 (서울: 대한기독교출판사, 1978), 81.

22) Ibid., 281.

23) Myk Habets, "How 'Creation is Proleptically Conditioned by Redemption," *Colloquium* vol. 41, no 1 (May 2009): 15.

한편, 로이드 존스는 에베소서 1장 3-14절(벧전 1:1-21) 말씀을 '언약의 구조'로 간주했습니다. 그는 이 본문을 기초로 삼아 '창세 전 하나님의 영원한 협의'(God's eternal council)를 통해, "구속언약"과 "은혜언약"이 이루어졌다며 이를 하나님의 위대한 언약으로 이해하였습니다.[24] 에드문드 클라우니(Edmund P. Clowney)는 베드로전서 1장 2절에 나오는 "예수 그리스도의 피 뿌림"을 하나님께서 시내 산에서 이스라엘 백성과 함께 세우신 언약에 대한 반영으로 보았습니다(출 24:4-8).[25] 따라서 '창세 전 하나님의 영원한 계획 가운데에는 그리스도의 보배로운 피가 예정되어 있었다'는 사실을 알 수 있습니다(벧전 1:18-20; 엡 1:4-7). 성경은 이 같은 사실이 율법과 선지자들에게 증거를 받은 것이라고 증언합니다(사 53:1-12; 눅 24:26-27, 44-48; 롬 3:21-25; 벧전 1:9-11, 13-21; 참조, 요 19:28, 34-36; 행 28:23; 고전 15:3-4).

4) 그리스도의 피, 속죄 및 대속물

창세 이후로 '속죄'란 말은 출애굽기에 처음으로 등장하고 있습니다. 예컨대, 속죄금(출 21:30), 속죄소(출 25:17), 속죄제(출 29:14), 속죄물(출 29:33), 그리고 '속죄하여'(출 29:36-37)란 말 '뻬캅페르카'(בְּכַפֶּרְךָ) 입니다. 구약의 속죄는 186회가 주로 '사람에 대한 속죄'(레 1:4)와 '제단에 대한 속죄'(출 29:36-37)였습니다. 사람에 대한 속죄는 레위기 1장 4절의 "그는 번제물의 머리에 안수할지니 그를 위하여 기쁘게 받으심이 되어 그를 위하여 속죄가 될 것이라"는 말씀에 나타나 있습니다. 여기서 '속죄가 된다'는 말이 무엇을 의미하는지에 대하여 두 가지 견해가 있습니다. 먼저, '속죄가 되다'로 번역된 '레캅페르'(לְכַפֵּר)의 원형 '카페르'는 '~을 덮다,' '가리우다'에서 유추한 단어입니다. 이처럼 '덮다'란 의미를 적용

24) Lloyd-Jones, *God's Ultimate Purpose* [영적 선택], 59-60.
25) Edmund P. Clowney, 「베드로전서 주석」, 오광만 옮김 (서울: 여수룬, 1992), 47.

해 볼 때 속죄의 의미는 죄를 덮을 수 있는 덮개를 사람이 스스로 마련할 수 없으므로, 하나님께서 친히 그 덮개를 마련하셔서 사람의 죄악을 덮어 주신다는 의미가 됩니다. 말하자면 '속죄가 된다'는 것은 '덮개가 된다'는 것이며, 이는 바로 번제물이 예배자의 죄를 덮을 덮개 역할을 한다는 의미입니다. 그런 의미에서 '속죄'란 하나님께서 '죄를 완전히 덮어 마치 죄가 없는 것처럼 만든다'는 의미로 이해할 수 있습니다(레 4:26, 31; 5:6, 10). 다음에, '레캎페르'가 대속물(ransom)이란 뜻을 가진 '코페르'(כֹּפֶר)라는 명사에서 나왔다는 추론에 근거한 해석입니다(민 35:31; 사 43:3). 이 경우에 예물은 예배자가 받을 죄값을 대신 속량해 주는 대속물이 된다는 의미를 지니게 됩니다. 이 두 가지 견해는 구약의 제물이 예표하는 것이며, 이는 완전한 제물이 되셨던 그리스도 안에서 모두 발견되고 있습니다(마 20:28; 막 10:45; 딤전 2:5; 롬 3:24-25; 히 2:17; 벧전 1:18-21; 요일 2:2; 4:10).[26] 그래서 범죄한 아담과 하와가 수치를 가리고자 무화과나무 잎을 엮어 치마로 삼았던 것을, 여호와께서 떼어내고 짐승의 희생의 피를 흘린 가죽옷으로 외투를 지어 그들의 온 몸을 감싸주셨습니다. 이것은 하나님의 은혜와 긍휼로 된 사랑의 외투이자, 죄 사함이 있는 속죄의 원리입니다(엡 1:4-7; 벧전 1:18-21; 창 3:21; 롬 3:23-26; 4:3-8).

히브리서 9장 11-12절은 "그리스도께서는 장래 좋은 일의 대제사장으로 오사 손으로 짓지 아니한 것 곧 이 창조에 속하지 아니한 더 크고 온전한 장막으로 말미암아, 염소와 송아지의 피로 하지 아니하고 오직 자기의 피로 영원한 속죄를 이루사 단번에 성소에 들어가셨느니라"(히 9:11-12)는 말씀으로, 오직 그리스도의 피로 된 영원한 속죄를 증언하였습니다. 본 절에서 '영원한 속죄'란 말 '아이오니안 뤼트로신'(αἰωνίαν λύτρωσιν)은 그리스도의 속죄가 시간적으로 영원한 효력을 나타낼 뿐 아니라, 내용

---

26) 제자원 편, 「옥스퍼드원어성경대전: 레위기 제1-17장」(서울: 성서교재주식회사, 1998), 49.

적으로도 완전한 속죄임을 나타내는 말입니다(히 10:18-22). 힐(D. Hill)은 속죄일 의식(출 30:1-10; 레 5:1-10; 12:6-8; 16:1-34; 23:26-32)으로 말미암아 구약에서는 염소와 송아지의 피가 비록 제한된 기간이지만, 일 년 동안 지은 죄로부터 이스라엘 회중을 정결하게 하고 자유롭게 하는 수단이었듯이, 위대한 대제사장이신 그리스도의 피는 죄로부터의 구원을 가져오는 수단이자 모든 사람이 하나님과 관계를 맺을 수 있는 영원한 새로운 관계수단이라고 설명하였습니다.[27] 이처럼 그리스도의 피로 말미암은 영원한 속죄는 죄로부터 해방을 위해 지불하는 대가인 진정한 속전(ransom)의 성격을 띠고 있습니다(민 5:5-8; 시 49:1-8; 고전 6:20; 7:23; 계 1:5-6; 5:9-10). 그리스도께서는 친히 "인자가 온 것은 섬김을 받으려 함이 아니라 도리어 섬기려 하고 자기 목숨을 많은 사람의 대속물로 주려 함이니라"고 말씀하셨습니다(마 20:28; 막 10:45; 딤전 2:6). 성경은 속전과 대속물을 동일한 'ransom'으로 사용하였습니다.

여기서 우리가 반드시 알아야 할 주요 내용이 있습니다. 그것은 어떻게 예수님께서 모든 사람의 죄를 대속할 수 있는 대속물과 속죄물과 화목제물과 희생제물이 될 수 있었는지에 대한 질문입니다. 구약에서 속죄와 대속을 위한 유월절 어린 양, 제사, 예물, 번제, 속죄제는 전혀 '흠 없는 것'이어야 했습니다(출 12:5; 13:13-15; 레 1:3, 10; 4:4, 23, 28, 32 등). 성경은 예수님께서 구약의 이 모든 것을 성취하시고, 그의 몸을 대속물과 속죄물과 화목제물과 희생제물로 하나님께 드리셨다고 증언합니다(요 19:32-36; 마 22:28; 막 10:45; 딤전 2:5-6; 히 9:12-14; 10:5-10; 롬 3:25; 요일 2:1-2; 4:9-10; 엡 5:2). 무엇보다 예수님은 죄가 없으신(고후 5:21; 히 4:15; 요일 3:5) 하나님이십니다(요 10:30; 빌 2:5-11; 요 1:1-3, 18; 롬 9:1-5; 참조, 요 17:5, 24; 고전 8:6; 참조, 마 4:3, 6; 8:29; 16:16; 26:61-65; 27:54;

---

27) 제자원 편, 「옥스퍼드원어성경대전: 히브리서 제8-13장」, 110.

요 10:33-38; 행 2:36-37). 성경은 "다른 이로써는 구원을 받을 수 없나니 천하 사람 중에 구원을 받을 만한 다른 이름을 우리에게 주신 일이 없음이라 하였더라"(행 4:12)는 말씀으로, 속죄를 위한 예수님의 충족성을 증언합니다. 이제 모든 사람이 하나님의 주권적 구속 및 속량에 의한 속죄를 성취하신 주 예수 그리스도를 믿음으로, 구원받아 하나님의 자녀와 나라 백성이 될 수 있는 새로운 살 길이 활짝 열리게 되었습니다.

4. 삼위일체 한 분 하나님의 주권적 구원

1) 아버지 하나님, 예수 그리스도를 보내심

성경은 "하나님이 세상을 이처럼 사랑하사 독생자를 주셨으니 이는 그를 믿는 자마다 멸망하지 않고 영생을 얻게 하려 하심이라, 하나님이 그 아들을 세상에 보내신 것은 세상을 심판하려 하심이 아니요 그로 말미암아 세상이 구원을 받게 하려 하심이라"(요 3:16-17)는 말씀으로, 아버지 하나님께서 행하신 일 세 가지를 제시하고 있습니다. 첫째, 아버지께서 독생자를 보내심으로써 이 세상을 이처럼 사랑하신 일입니다. '세상'으로 번역된 '코스몬'(κόσμον)은 일차적으로 '인류'를 가리키지만, 특히 하나님이 보내신 독생자 예수 그리스도를 믿어 구원받게 될 성도들을 가리킵니다.[28] 둘째, 아버지께서 독생자를 보내신 것은 예수 그리스도를 믿는 자에게 영생을 얻게 하려는 일입니다. 요한복음에서 '영생'이란 말 '조엔 아이오니온'(ζωὴν αἰώνιον)은 '하나님의 나라' 대용으로 사용하여 종말론적인 성격을 드러내는 말입니다.[29] 셋째, 아버지께서 독생자를 보내신 것은 그로 말미암아 세상이 구원받게 하려는 일입니다. 여기서 '구원'이

---

28) 제자원 편, 「옥스퍼드원어성경대전: 요한복음 제1-6장」, 257.

란 말로 번역된 '소데'(σωθῇ)의 원형 '소조'(σῴζω)는 '구원하다,' '해를 받지 않게 하다,' '보전하다,' '구출하다'의 뜻을 가지고 있습니다. 그리고 '소조'가 수동형으로 쓰였으므로, 구원은 사람 자신에 의해서가 아니라 하나님에 의하여 구원을 받게 된다는 뜻을 나타내고 있습니다.[30] 이것이 바로 하나님께서 세상을 이처럼 사랑하신 이유입니다. 범죄한 사람이 스스로 자신의 죄를 없이할 수 없기 때문입니다(롬 4:25).

그리고 독생자 예호슈아(예수) 그리스도께서도 친히 아버지께서 자신을 보내신 이유를 다음과 같이 말씀하셨습니다. "내가 진실로 진실로 너희에게 이르노니 내 말을 듣고 또 나 보내신 이를 믿는 자는 영생을 얻었고 심판에 이르지 아니하나니 사망에서 생명으로 옮겼느니라"(요 5:24; 참조, 요 5:30). "예수께서 외쳐 이르시되 나를 믿는 자는 나를 믿는 것이 아니요 나를 보내신 이를 믿는 것이며, 나를 보는 자는 나를 보내신 이를 보는 것이니라"(요 12:44-45; 참조, 요 14:24). 그리고 "영생은 곧 유일하신 참 하나님과 그가 보내신 자 예수 그리스도를 아는 것이니이다"(요 17:3). "본래 하나님을 본 사람이 없으되 아버지 품 속에 있는 독생하신 하나님이 나타내셨느니라"(요 1:1; 히 1:1-3)는 말씀과 같이, 그리스도 안에 있는 하나님의 중심성은 구원의 역사, 하나님의 약속들의 성취와 아주 밀접하게 연결되고 있음을 보여 줍니다.[31]

2) 보냄 받으신 그리스도, 십자가의 도 성취

존 웨슬리(John Wesley)는 "제가 알고 싶은 한 가지는 하늘로 가는 길입니다. 하나님이 직접 내려오셔서 그 길을 가르쳐주셨습니다"라고 말했습니다. 성경은 예수께서 그 길이 되심을 증언합니다(요 14:6; 히 10:19-20).

---

29) Thomas R. Schreiner, *New Testament Theology* [신약신학], 임범진 옮김 (서울: 부흥과 개혁사, 2017), 23.
30) 제자원 편, 「옥스퍼드원어성경대전: 요한복음 제1-6장」, 259.
31) Thomas R. Schreiner, *New Testament Theology* [신약신학], 10.

그 길은 우리를 위하여 휘장 가운데로 열어놓으신 '새로운 살 길'이며, 휘장은 예수 그리스도의 육체입니다(히 10:20). 성경은 그러므로 우리가 예수님의 피를 힘입어 성소에 들어갈 담력을 얻었다고 선언합니다. 이 같은 새로운 살 길은 예수 그리스도의 십자가 죽으심과 부활승천을 통해 활짝 열려진 살 길입니다. 사도 바울은 고린도전서 1장 18절에서 "십자가의 도가 멸망하는 자들에게는 미련한 것이요 구원을 받는 우리에게는 하나님의 능력"이라며, 우리가 "십자가의 도"에 주목할 것을 권하였습니다. 여기서 "십자가의 도"로 번역된 '호 로고스 가르 호 투우 스타우루'('Ο λόγος γὰρ ὁ τοῦ σταυροῦ)는 문자적으로 '십자가의 말씀'이란 뜻입니다. 십자가의 도는 고린도전서 1장 17절에서와 같이 '말의 지혜'에 치우쳐 있는 고린도 교회 성도들의 어리석음을 깨우치고, 온 인류를 향하여는 오직 예수 그리스도의 십자가로 말미암아 구원받을 수 있는 길이 열리게 되었다는 사실을 강력하게 선포한 메시지입니다.[32] 이어서 바울은 "형제들아 내가 너희에게 나아가 하나님의 증거를 전할 때에 말과 지혜의 아름다운 것으로 아니하였나니, 내가 너희 중에서 예수 그리스도와 그가 십자가에 못 박히신 것 외에는 아무 것도 알지 아니하기로 작정하였음이라"는 말씀으로 십자가의 도의 중요성을 일깨워주었습니다.

한편, 바울은 고린도전서에서 "십자가의 도"를 "십자가에 못 박히신 예수 그리스도"(고전 1:23-2:1-2)와, "부활하신 주 예수 그리스도"(고전 15:1-18)라는 '하나의 두 측면'으로 성도들의 삶에 필요한 메시지를 증언하였습니다. 십자가의 말씀으로서 십자가의 도는 "그리스도의 십자가 죽으심과 부활"로 구성된 '하나의 두 측면'을 이루고 있습니다. 이처럼 성경은 그리스도의 죽으심과 부활을 결코 분리하지 않습니다(참조, 마 16:21; 17:23; 20:19; 눅 24:46; 롬 5:10; 6:10-11). 다만 성경은 그리스도의 죽으

---

32) 제자원 편, 「옥스퍼드원어성경대전: 고린도전서 제1-9장」(서울: 제자원, 2001), 96.

심과 부활에 대한 그 목적과 그 의미를 각각 구별하여 증언함으로써, 그리스도의 십자가 대속 사역의 의미를 보다 더 풍성하게 표현하고 있습니다. 예컨대, 로마서 5장 10은 "곧 우리가 원수 되었을 때에 그의 아들의 죽으심으로 말미암아 하나님과 화목하게 되었은즉 화목하게 된 자로서는 더욱 그의 살아나심으로 말미암아 구원을 받을 것이니라"는 말씀으로, '하나의 두 측면'의 구조, 즉 '십자가 죽으심으로 말미암은 하나님과의 화목'과 '부활하심으로 말미암은 구원'을 섬세하게 증언하고 있습니다(참조, 롬 6:4-11; 벧전 2:24). 그리고 바울은 이러한 사실이 '우리가 원수 되었을 때'에 일어난 것임을 밝히고 있습니다. 즉 '우리가 죄인 되었을 때' 일어난 것입니다(롬 5:8). 그렇다면 그리스도의 십자가 죽으심과 부활을 통해 처리된 '우리의 죄'가 무엇인지 간략하게 살핀 후, 그리스도의 십자가 죽으심과 부활의 목적과 의미를 알아보겠습니다.

첫째, 구약성경에서 '죄'란 말이 처음으로 등장하는 곳은 창세기 4장 7절입니다. '죄'에 해당하는 어휘 '핫타트'(חַטָּאת)는 원래 '목표물에서 벗어나다,' '빗나가다'라는 뜻을 가지고 있는 '하타'(חָטָא)에서 유래한 말입니다. '하타'는 활을 쏘는 자가 쏜 화살이 과녁을 벗어나 빗나간 상태나, 가야할 길을 바로 가지 아니하고 정도에서 벗어나 방황하다가 넘어진 상태를 묘사하는 말입니다. 그런 의미에서 성경이 말하는 죄는 하나님이 설정하신 목표에 이르지 못하는 모든 행위와 하나님의 뜻을 벗어나 방황하는 것을 의미합니다(창 4:7; 20:9).[33] 신약성경에서는 대부분 죄를 하나님에 대한 불신앙으로 간주합니다(요 16:9; 롬 14:23). 구약의 "하타"를 70인 역으로 번역한 죄 개념은 '하마르타노'(ἁμαρτάνω)입니다. 이 어휘는 '놓치다,' '표적을 못 맞추다,' '어떤 것에 참가하지 않다'의 뜻을 지니고 있습니다. 명사형 '하마르티아'(ἁμαρτια)는 하나님께 대항하는 죄, 그리

---

33) 제자원 편, 『옥스퍼드원어성경대전: 창세기 제1-11장』, 308.

고 하나님께서 세우신 표적과 기준을 맞추지 못한 모든 것에 대한 뜻과 그 행동의 결과를 의미합니다. 즉 죄란 먼저 '하나님을 믿지 아니하는 불신앙의 죄'(요 16:9; 막 16:16)와 그 결과로서 하나님과 사람 사이에서 생겨난 '영적 분리'를 말합니다(창 3:8; 4:16; 롬 1:18-32). 한편, 주기도문에 나오는 "우리 죄를 사하여 주시옵고"(마 6:12)라는 말씀에서, '죄'로 번역된 '오페일레마'(ὀφείλημα)는 문자적으로 '부채'(debt)란 뜻을 나타냅니다. 이는 죄를 하나님께 진 부채로 표현한 것입니다. 즉 부채를 진 사람은 빚을 갚기 전에는 그 부채로부터 자유로울 수 없는 것처럼, 하나님과 사람과의 관계에서 지은 부채는 자신의 힘으로는 도저히 갚을 수 없을 만큼 크다는 의미입니다.[34] 그래서 다윗은 시편 49편 2절, 7-8절에서 "귀천 빈부를 막론하고 다 들을지어다…아무도 자기의 형제를 구원하지 못하며 그를 위한 속전을 하나님께 바치지도 못할 것은, 그들의 생명을 속량하는 값이 너무 엄청나서 영원히 마련하지 못할 것임이니라"는 말씀으로, 장차 이루어지게 될 그리스도의 대속에 의한 새로운 살 길을 예표로 보여 주었습니다(참조, 민 5:7-8). '그리스도의 대속'이란 '우리의 죄를 대신하여 그리스도께서 세상 죄를 지고 십자가에 못 박혀 대리 형벌을 받으시고, 피흘려 죽으셨다가 제3일에 부활하신 승리의 사건을 말합니다(사 53:3-12; 요 1:29; 고후 5:15, 20-21; 딛 2:14; 벧전 3:18). 이는 전적으로 하나님의 사랑으로 시작하여 하나님의 사랑을 확증한 대속 사역입니다(엡 1:3, 6; 요 3:16; 롬 5:8; 요일 4:8-10).

사도 바울은 그리스도의 피로 말미암은 구속 및 속량 사역을 가리켜 고린도전서 6장 19-20절에서 "…너희는 너희 자신의 것이 아니니라, 값으로 산 것이 되었으니…"라는 말씀을 통해, '값으로 산 존재'로서의 성도의 지위를 증언하였습니다. 그런데 '산 것이 되었다'는 의미로 번역된 '에고

---

34) 제자원 편, 「옥스퍼드원어성경대전: 마태복음 제1-11a장」, 436.

라스데테'(ἠγοράσθητε)는 '시장'이란 뜻을 지닌 '아고라'(ἀγορά)에서 유래하였습니다. 이는 노예 매매와 관련하여 노예로 있던 자를 사서 풀어 주어 자유를 얻게 하는 것을 표현하는 데 사용한 말입니다. 즉 '아고라'는 '풀어주는 자가 희생을 치름으로써, 어떤 사람을 풀어주다'라는 뜻을 함축하는 말입니다. 본절은 죄의 노예가 된 사람을 위해 갈보리 십자가상에서 피 흘려 죽으신 그리스도의 대속적 죽음을 의미합니다. 그리고 '값으로'란 표현을 덧붙여서 이는 공정한 거래의 대가임과 동시에, 다른 어떤 값이 더 이상 요구되지 않는 완벽한 지불이라는 점을 강조하고 있습니다. 특히 '값'은 그리스도께서 흘리신 대속의 피를 뜻하는 것으로, 이는 모든 사람의 죄를 사하시기 위한 모든 조건을 충족한다는 뜻으로 사용한 말입니다(행 20:28; 고전 7:22-23; 계 1:5-6; 5:9-10). 이로써 바울은 성도 각각의 전인격적인 몸이 그리스도의 십자가상의 대속적인 피 흘림을 통한 죄로부터의 해방과 구속의 대상임을 명확하게 밝힌 것입니다.[35]

사도 베드로도 "너희가 알거니와 너희 조상이 물려 준 헛된 행실에서 대속함을 받은 것은 은이나 금 같이 없어질 것으로 된 것이 아니요, 오직 흠 없고 점 없는 어린 양 같은 그리스도의 보배로운 피로 된 것이니라"(벧전 1:18-19)라는 말씀으로, 그리스도의 보배로운 피의 대속적 의미를 증언하였습니다. 여기서 '너희 조상이 물려 준'이란 말에 해당하는 '파트로파라도투'(πατροπαδότου)는 '아버지, 조상'을 뜻하는 '파테르'(πατήρ)와 '전해 주다'란 뜻의 '파라디도미'(παραδίδωμι)의 합성어에서 유래한 것으로서, '조상들로부터 대대로 전해 내려온'이란 의미입니다. 그리고 '헛된'으로 번역된 '마타이아스'(ματαίας)란 말은 우상숭배나(자손 삼사 대에 이를 죄, 출 20:1-5; 34:7-17; 민 14:1-18, 19; 신 5:2-9) 하나님과 대조되는 이교도들의 우상이나 하나님으로부터 변절한 자들에 대해 경멸

---

35) 제자원 편, 「옥스퍼드원어성경대전: 고린도전서 제1-9장」, 402-3.

적으로 쓰인 단어입니다(레 17:7; 대하 11:15; 렘 8:19). 즉 성도들이 하나님을 믿고 중생하기 이전의 우상 숭배의 삶을 살았던 상태를 가리키는 말입니다(행 17:23; 엡 2:1-4).[36] 개역 한글은 '너희 조상이 물려 준'이란 말을 '너희 조상이 유전한'으로 번역하였습니다. 이처럼 베드로는 사람들이 조상 대대로 내려온 우상숭배의 죄로부터, 십자가에서 흘리신 그리스도의 보배로운 피값으로 대속함을 받게 되는 길이 활짝 열렸음을 명확하게 증언하였습니다. 이제 십자가의 도의 목적과 의미를 살펴보겠습니다. 특히 십자가의 도의 '하나의 두 측면'인 그리스도의 십자가 죽으심과 부활은, 영생 및 구원의 조건인 '믿음'(faith)의 핵심 내용이라는 점에서 매우 중요한 목적과 의미를 가지고 있습니다.

둘째, 십자가의 도의 한 측면인 그리스도의 십자가 죽으심은 그 목적과 그 의미를 가지고 있습니다. 십자가는 그리스도교의 핵심입니다. 에이든 토저(Aiden W. Tozer)는 우리가 흔히 사용하는 일상어, 즉 '문제의 핵심' (the crux of the matter)과 '상황의 핵심'(the crux of the situation)이란 말에 나타나 있는 '핵심'이란 단어를 분석하였습니다. '핵심'이란 말 'crux'는 라틴어 'cross'에서 유래했습니다. 그 뜻은 '십자가'(σταυρός, cross)입니다. 그렇다면 'crux'가 왜 '중대한 사건'인 'cross'와 연관성을 갖게 되었을까요? 에이든 토저에 의하면, 바로 예수 그리스도의 십자가는 진정으로 역사의 핵심입니다. 만일 십자가가 없었더라면, 역사의 의미를 밝히는 것이나 그 역사를 올바른 방향으로 이끄는 것이 불가능하기 때문입니다.[37]

구약과 신약에 흐르고 있는 구원의 역사 곧 구속사에서 그리스도의 십자가 대속 사역은 창세 전 삼위일체 한 분 하나님의 뜻의 결정과 계획을 따라 된 예정 가운데 있었습니다(엡 1:4, 11; 벧전 1:18-21). 그것은 '그

---

36) 제자원 편, 「옥스퍼드원어성경대전: 베드로전서·베드로후서」, 98.
37) Aiden W. Tozer, *The Radical Cross: Living the Passion of Christ* [철저한 십자가], 이용복 옮김 (서울: 규장, 2011), 4.

리스도의 피'(엡 1:7) 곧 '그리스도의 보배로운 피'(벧전 1:18-20)였습니다. 이처럼 창세 전부터 하나님의 계획 가운데 있었던 '흠 없고 점 없는 그리스도의 보배로운 피'는 구약과 신약을 관통하는 구속사 및 속량사의 '핵'으로 역사하고 있습니다(벧전 1:18-21; 엡 1:4-7; 창 3:21; 4:4, 26; 8:20-21; 12:7-8; 26:25; 35:1-3, 9-15; 출 12:1-42; 24:1-8; 요 19:31-37; 히 9:1-28; 13:20-21; 계 19:13-14). 성경은 창세 전에 예정된 그리스도의 보배로운 피가 선지자들에 의해 증거를 받았으며(눅 24:26-27, 44-47; 롬 3:21-26; 벧전 1:9-21), '그의 죽으심과 부활'이 사도들과 성도들에 의해 전파된 사실을 보여 주고 있습니다(눅 24:44-48; 행 1:8; 2:22-42; 3:11-21; 4:1-20; 20:21; 24:10-15). 이 사실은 그리스도께서도 친히 말씀하신 바가 있습니다(눅 24:25-27, 44-48; 행 1:3; 고전 15:1-11).

먼저, 십자가의 도의 한 측면인 예수 그리스도의 보배로운 피, 즉 그리스도의 죽으심에 담겨 있는 그 목적은 다음과 같습니다. 하나, 그리스도의 십자가 죽으심은 창세 전부터 정하신 뜻과 미리 아신 대로 내준 바 되셨고, 선지자들을 통해 미리 약속하신 대로 죽으셨다가 다시 살아나심으로써, 하나님의 아들 예수께서 주와 그리스도가 되게 하려는 목적이었습니다(행 13:15-39; 28:23; 2:23-36; 롬 14:7-9). 둘, 그리스도의 십자가 죽으심은 온 인류가 죄와 허물로 인하여 하나님께 형벌을 받아 마땅하지만, 그들을 위한 하나님의 사랑으로 말미암아 예호슈아(예수) 그리스도께서 우리의 죄악과 질고를 대신 지시고, 십자가에서 우리 죄의 형벌을 담당하심으로써, 우리가 나음을 얻게 하실 목적으로 하나님이 독생자를 십자가에 내어 주신 것입니다(사 53:3-12; 요 3:16; 롬 4:24-25; 행 2:23; 참조, 마 8:17; 벧전 2:24; 행 4:10). 에이든 토저에 의하면, 사람들이 말로 다할 수 없는 고통을 느낄 때 종종 사용하는 표현이 있습니다. 그것은 'excruciating)입니다. 이는 라틴어에서 유래한 단어로 '십자가로부터' (out of the cross)라는 뜻을 가지고 있습니다. 그는 시대를 초월하여 무수한 사람들의 체험 속에서 '십자가'는 시간과 공간을 뛰어넘어, 사람의 마음에 있는 가장 깊은 상처들에게 말을 거는 역사적 사건이었다고 표현했습니다.[38] 그의 표현은 참 아름답고 설득력 있게 다가옵니다. 셋. 그리스도의 십자가 죽으심은 이스라엘 백성과 이방인을 한 몸으로 하나님과 화목케 하여, 새로운 하나님의 나라 시민과 하나님의 권속과 주 안에서 하나님이 거하실 성전을 세우시기 위한 하나님의 목적이었습니다(엡 2:10-16, 17-22; 참조, 롬 3:24-29; 5:8-10; 골 1:20; 고후 5:13-21). 이는 하나님께서 '하늘에 있는 것이나 땅에 있는 것이 다 그리스도 안에서 통일되게 하시려는 것'과 연계되어 있습니다(엡 1:3-10). 선교사로 헌신한 휘걸(F. J. Fuegel)은 「십자가와 나」란 책에서 우리가 내 안에 여전히 악취를 내는 독초 같은 죄들을 그대로 놔둔 채, 내 삶의 방식이 어떠할지라도 단지 내가 구세주의 희생을 받아들이기 때문에, 내게 그리스도의 죽음의 공로가 전가되어 나는 하나님 앞에 설 수 있다고 말하는 사람들의 수준에 깊은 회의감을 가졌다고 진술했습니다. 그러면서 그는 이런 마음이야말로 현대 그리스도인들이 '훼손한 십자가'라고 지적했습니다.[39] 넷. 그리스도의 십자가 죽으심은 죽음을 통하여 죽음의 세력을 가진 자 곧 마귀를 멸하시며, 또 죽기를 무서워하므로 한평생 매여 종노릇 하는 모든 자들을 놓아주고, 오직 아브라함의 자손들을 붙들어 주려는 목적이었습니다(히 2:14-16, 17-18; 참조, 갈 3:26-29). 포사이드(P. T. Forsythe)는 죄인들을 위한 하나님의 역사 가운데 가장 중요한 핵심은 바로 십자가라며, 만일 이 십자가에 대한 믿음을 제거하면, 교회는 그만큼 생명력을 잃게 되어 호흡이 끊긴 채 사라질 운명에 처하게 될 것이라고 경고했습니다. 교회는 오직 십자가 앞에서만 생명력을 가지고 호흡할 수 있기 때문입니다. 십자가가 없다면 생명도 있을 수 없고 교회도 존재할 이유도 없습니다. 어떤 사람은 십자

---

38) Ibid.
39) F. J. Fuegel, *Bone of His Bone* [십자가와 나], 서문강 옮김 (서울: 생명의말씀사, 2014), 34.

가를 감상적으로만 받아들이기 때문에, 그 속에는 회개하는 심령이 없다고 포사이드는 우려를 표했습니다.[40] 다섯, 그리스도의 십자가 죽으심은 우리로 하여금 항상 그리스도와 함께 살게 하려는 주님의 목적이었습니다 (살전 5:10; 참조, 롬 14:7-9). 여섯, 그리스도의 십자가 죽으심은 이 세상이 나를 대하여 십자가에 못 박히고, 나 또한 세상을 대하여 십자가에 못 박히게 하려는 목적이었습니다(갈 6:14; 참조, 롬 6:6; 갈 2:19-20; 5:24). 바울은 "그 때에 너희는 그 가운데서 행하여 이 세상 풍조를 따르고 공중의 권세 잡은 자를 따랐으니 곧 지금 불순종의 아들들 가운데서 역사하는 영이라"(엡 2:2)는 말씀으로 경각심을 더해 주었습니다. 일곱, 그리스도의 십자가 죽으심은 우리로 죄에 대하여 죽고 의에 대하여 살게 할 뿐 아니라, 전인격적인 치유도 있게 하려는 목적이었습니다(벧전 2:24; 히 2:14-18).

19세기 마지막 청교도 목회자로 불리는 찰스 스펄전(Charles H. Spurgeon)은 「십자가, 승리의 복음: 이사야 53장 강론」에서, 십자가에서 고난 받는 그리스도를 만나보지 못한 사람은 장차 영광의 나라에서 그리스도를 결코 만날 수 없다고 선언하였습니다(참조, 벧전 1:21). 그래서 그는 "내 손에는 그 어떤 것도 지니고 있지 않습니다. 오직 십자가만을 붙잡고 있을 뿐입니다"라고 고백했습니다(고전 2:2; 갈 6:14).[41]

다음에, 그리스도의 십자가 죽으심은 매우 중요한 그 의미를 가지고 있습니다. 하나, 십자가는 '자기 십자가,' '자기 부인,' 그리고 자기 목숨을 잃더라도 예수님을 따르며 예수님께 합당한 삶을 사는 '자기 위탁의 삶의 의미'를 지니고 있습니다(마 10:38-39; 16:24-25; 참조, 빌 2:8). 마가는 '자기 목숨을 잃는'다는 것을 '예수님과 복음을 위하여 자기 목숨을 잃으면 구원하리라'는 의미로 증언하였습니다(막 8:35; 눅 14:26-27). 둘, 그

---

40) Erwin W. Lutzer, *Cries from the Cross* [십자가를 바라보다], 김영길 옮김 (서울: 도서출판 디모데, 2007), 24-5.

41) Charles H. Spurgeon, *C. H. Spurgeon's Sermons on Isaiah 53* [십자가, 승리의 복음], 송용자 옮김 (서울: 지평서원, 2004), 표지. 341.

리스도의 십자가 죽으심은 사람들이 예수님을 목수의 아들로 보고 유대인의 왕으로 인정하지 않았던 사람들 앞에서, 나사렛 예수 유대인의 왕으로 드러나는 '참된 왕의 의미'를 보여 주신 사건입니다. 이는 로마의 디베료(Tiberius, A. D. 14-37년 통치) 황제 치하에서 파견 받아 유대 지역을 다스린, 유대의 제5대 총독으로 A. D. 26-36년의 십년 동안 통치한 빌라도가 히브리와 로마와 헬라 말로 써서 십자가 위에 붙인 죄패에 나타난 내용입니다(요 19:19-22; 참조, 마 27:32-37; 막 15:26; 눅 23:35-38).[42] **셋**, 그리스도의 십자가 죽으심은 '우리에 대한 하나님의 사랑을 확증하는 의미'를 갖고 있습니다(롬 5:8; 참조, 요일 4:7-12). **넷**, 그리스도의 십자가 죽으심은 우리와 온 세상의 죄악과 질고와 사망을 대속하기 위한 '대속물'(출 13:13; 21:11, 30; 욥 33:24; 사 53:1-12; 마 20:28; 막 10:45; 딤전 2:6)과 '희생제물'(출 18:12; 엡 5:2)과 '화목제물'(레 7:11-34; 요일 2:2; 4:10; 롬 3:25-26; 참조, 히 9:23-28), 그리고 '한 영원한 제사'를 의미합니다(창 46:1; 출 24:1-8; 히 9:22-26; 10:10-12, 14; 13:20-21). **다섯**, 그리스도의 십자가 죽으심은 '하나님의 능력'을 의미합니다(고전 1:17, 23; 고후 13:4). 그러하기에 바울은 "예수 그리스도와 그가 십자가에 못 박히신 것 외에는 아무 것도 알지 아니하기로 작정하였다"고 고백했습니다(고전 2:2; 참조, 갈 6:14-17). **여섯**, 그리스도의 십자가 죽으심은 믿음으로 말미암아 내가 그리스도와 함께 십자가에 못 박히고, 내 안에 그리스도께서 사시는 '새로운 살 길'이라는 심오한 의미를 담고 있습니다(갈 2:20; 참조, 히 10:19-22). **일곱**, 그리스도의 십자가 죽으심은 "그리스도 예수의 사람들이 육체와 함께 그 정욕과 탐심을 십자가에 못 박았다"(갈 5:24; 롬 6:5-6)는 자기 정체성을 확립하게 하는 큰 의미를 가져다줍니다. 성경은 그러므로 "우리가 성령으로 살고 성령으로 행하며 헛된 영광을 구

---

42) 제자원 편, 「옥스퍼드원어성경대전: 마태복음 제21-28장」, 614.

하여 서로 노엽게 하거나 서로 투기하지 말라"고 권면합니다(갈 5:25-26). **여덟**, 그리스도의 십자가 죽으심은 성령 안에서 하나님이 거하실 처소가 되기 위하여, 그리스도 예수 안에서 함께 지어가는 '성전의 의미'를 가지고 있습니다(엡 2:22; 참조 요 2:19-22). 바울은 그 과정을 에베소서 2장 1-21에서 증언하고 있습니다. **아홉**, 그리스도의 십자가 죽으심의 소중한 의미는 십자가상의 7언에서 잘 묘사해 주고 있습니다. 그것은 예수께서 십자가상에서 기도하신 "아버지 저들을 사하여 주옵소서 자기들이 하는 것을 알지 못함이니이다"라는 말씀입니다. 이는 '죄를 담당하시고 범죄자를 위하여 기도하셨다'는 예언의 말씀에 대한 성취를 의미합니다(눅 23:34; 참조, 사 53:12하). 그것은 십자가상의 한 강도가 간구한 '예수여 당신의 나라에 임하실 때에 나를 기억하소서'라는 고백을 예수께서 들으시고 "내가 진실로 네게 이르노니 오늘 네가 나와 함께 낙원에 있으리라" 하신 말씀입니다(눅 23:42-43). 이는 비록 삶의 마지막 순간일지라도 예수님을 인정하고 신뢰하는 자에게 구원이 있다는 사실과 더불어, 그리스도를 영접한 사람은 그와 함께 죽고 다시 살게 된다는 의미를 보여 준 것입니다(참조, 롬 8:10-13; 고후 13:4; 엡 2:1-6; 골 2:13-14; 벧전 2:24). 그것은 예수께서 자기의 어머니와 사랑하시는 제자가 곁에 서 있는 것을 보시고 "여자여 보소서 아들이니이다"라고 마지막 인사를 드리시고, 그 제자에게 "보라 네 어머니라"고 하신 말씀입니다. 이는 우리에게 '하나님의 참 가족'의 의미를 일깨워 주신 것입니다(요 19:26-27; 참조 마 12:46-50; 막 3:31-35; 눅 8:19-31). 그것은 예수께서 제9시쯤(오후 3시)에 "엘리 엘리 라마 사박다니 곧 나의 하나님, 나의 하나님, 어찌하여 나를 버리셨나이까"라고 외치심으로써(마 27:46), 시편 22편 1-8절 말씀에 대한 성취이자, 모든 인류를 향한 구원에로의 초청의 의미로 여겨집니다(참조, 갈 3:1-13, 14; 히 2:12-16). 그것은 예수께서 "내가 목마르다"라고 외치심으로써 '이 세대의 모든 사람을 향한 예수님의 영적 갈증'을 보여 주신 것으로 보입니다(요 19:28; 4:10, 13-15; 7:37-39). 그것은 예수께서 "다 이루었다"고 선언하신 말씀입니다. 이를 통해 '창세 전에 아버지와 함께 하시며 영화와 사랑으로 계획하신, 그리스도의 피로 말미암는 십자가 대속 사역이 온전히 성취되었다'는 선언적 의미라 할 수 있을 것입니다(요 19:28, 30; 참조, 요 17:5, 34; 히 10:1-18; 사 53:10-11). 그것은 예수께서 십자가상에서 "아버지 내 영혼을 아버지 손에 부탁하나이다"(눅 23:46)라는 마지막 말씀을 통해, 모든 사람을 구원하시기 위해 그의 영혼까지도 속건제물로 다 내어주셨다는 사실을 의미합니다(사 53:10). 이사야 53장 10절은 "…그의 영혼을 속건제물로 드리기에 이르면 그가 씨를 보게 되며 그의 날은 길 것이요 또 그의 손으로 여호와께서 기뻐하시는 뜻을 성취하리로다"라는 말씀으로, '영혼의 속건제물'의 의미를 보여 주고 있습니다. 즉 메시야의 죽음은 하나님의 뜻에 따라 대속의 죽음으로 죽게 됨을 나타내는 표현이자(참조, 행 2:23), 메시야의 죽음으로 그의 영적인 후손들이 생겨날 것과 그의 생명이 영원히 지속될 것을 예언한 것입니다. '씨'에 해당하는 '제라으'(זֶרַע)란 말은 후손 곧 그리스도의 대속 사역을 바탕으로 그를 믿어 하나님의 생명을 받는 모든 그리스도인을 지칭합니다. 즉 그리스도는 지상에서 그의 영적 후손인 그리스도인을 만들어 그의 영적인 나라를 확장시키는 한편(골 1:13-14; 벧후 1:11; 계 11:15), 천상에서 영원한 생명을 누리게 될 것입니다.[43] 오늘날 그 '씨'는 그리스도의 몸된 교회가 복음 전도를 통해 음부의 세력을 물리치며 거두게 될 열매를 의미하는 것으로 보입니다(참조, 시 22:30; 사 53:10; 히 2:14-17, 18; 12:2; 참조, 창 3:15; 계 20:1-10).

제게는 평생 잊을 수 없는 시 한 편이 있습니다. 제 마음의 빈 공간을 가득 채워주신 스승님의 시 "십자가 위에"입니다. "어떤 이는 십자가 위에

---

43) 제자원 편, 「옥스퍼드원어성경대전: 이사야 제45-56a장」 (서울: 제자원, 2006), 476-7.

제 이름 석자 새겨놓고 어떤 이는 십자가 위에 제 자랑 늘어놓고 어떤 이는 십자기 위에 학위 가운 걸쳐놓고 어떤 이는 십자가 위에 자기 고난 걸어놓았다 그러나, 그대들은 십자가에 오직 예수의 공로만 걸으라 그밖에 것은 모두 그를 욕되게 하는 것이라"(전 한국침례신학대학교 총장 도한호 님)[44]

셋째, 십자가의 도의 다른 한 측면인 그리스도의 부활도 그 목적과 그 의미를 소유하고 있습니다. 부활은 십자가와 더불어 그리스도교의 최대의 핵심입니다. 사도 바울은 "자녀들은 혈과 육에 속하였으매 그도 또한 같은 모양으로 혈과 육을 함께 지니심은 죽음을 통하여 죽음의 세력을 잡은 자 곧 마귀를 멸하시며"(히 2:14; 참조, 요일 3:8)라는 말씀으로, 성육신하신 예수 그리스도의 십자가 죽으심의 목적을 마귀를 멸하기 위한 것으로 증언하였습니다. 그러나 바울은 여기서 멈추지 않고 고린도전서 15장 17절에서 "그리스도께서 다시 살아나신 일이 없으면 너희의 믿음도 헛되고 너희가 여전히 죄 가운데 있을 것이요"라는 말씀을 증언하며, 그리스도의 십자가 죽으심과 부활로서 사탄마귀를 멸하시고 완전한 승리를 거두셨음을 보여 주었습니다.

먼저, 예수 그리스도의 부활은 '하나님의 입장'과 '모든 사람의 입장'을 동시에 충족시키려는 목적이 있습니다. 그것은 보내심을 받은 예호슈아(예수)께서 부활하심으로 "하나님의 아들로 선포되신 우리 주 예수 그리스도가 되셨다"는 사실을 확증하는 데 있습니다(마 16:16, 21; 행 2:36; 롬 1:4). 이 토대 위에 바울은 예수 그리스도의 부활하심을 통해 이루시려는 하나님의 목적 두 가지를 제시했습니다. 하나, 그리스도의 부활의 목적은 우리의 삶이 그리스도를 주인으로 모시고 사는 '주 되심의 삶'이어야 한다는 것입니다(롬 14:7-9; 참조, 고후 5:14-15; 갈 2:19-20). 다른 하

---

44) 도한호, 「나무를 심으며」(대전: 시와정신사, 2011), 65.

나, 그리스도의 부활의 목적은 우리의 삶이 죄에 대하여 죽고 하나님께 대하여 사는 '부활신앙'이어야 한다는 것입니다(롬 6:10-11; 참조, 벧전 2:24; 빌 3:5-12, 13-21; 딤후 2:8).

다음에, 예수 그리스도의 부활이 내포하고 있는 그 의미도 매우 풍부합니다. 하나, 그리스도의 부활은 죽음으로서 죽음의 세력을 잡은 자 사탄마귀를 멸하시고(히 2:14; 요일 3:8), 사탄마귀와 그의 사자들을 이기신 것을 의미합니다(마 28:11-15; 요 8:44; 행 4:1-22; 요일 4:1-4; 5:1, 4-6; 계 5:5-10; 12:10-17; 20:1-6; 고전 15:1-26). 둘, 그리스도의 부활은 믿음의 핵심 내용으로서, 모든 사람이 의에 이르고 구원에 이르게 하는 유일한 '믿음의 말씀'이라는 데 큰 의미를 지니고 있습니다(롬 10:8-10). 이는 죄와 사망과 사탄의 세력 가운데 있는 모든 사람에게(롬 1:18-32; 엡 2:1-4), 하나님의 은혜의 풍성함을 따라 그리스도의 피로 말미암아 속량 곧 죄 사함을 받을 수 있는 새로운 살 길을 제공하신 것이기 때문입니다(엡 1:7; 히 10:12-20; 참조, 마 16:16, 21; 요 11:25-27; 20:31; 행 20:21; 롬 1:1-6; 10:8, 9-10; 행 4:1-12; 11:20-21; 고전 6:11). 셋, 그리스도의 부활은 이미 구약에서 예언되어 신약에서 성취된 구속사적인 의미를 가지고 있습니다. 이는 예수님께서 부활이 없다고 주장하는 사두개인들과 논쟁하면서 말씀하신 내용에 나타나 있습니다. 그것은 "나는 아브라함의 하나님이요 이삭의 하나님이요 야곱의 하나님이로다 하신 것을 읽어보지 못하였느냐 하나님은 죽은 자의 하나님이 아니요 산 자의 하나님이시니라"는 말씀입니다(마 22:31-33; 참조, 요 8:31-58; 롬 4:16-18, 23-25; 히 11:19). 성경에서 '아브라함과 이삭과 야곱'은 언약으로 묶여진 구약 전체에 해당되며, 이는 예수 그리스도의 계보로 이어져 새 언약과 밀접한 구속 및 속량사로 귀결되고 있습니다(창 17:7-8, 19; 35:10-11; 삼하 7:1-16; 시 2:1-7; 사 7:13-14; 11:1-5; 마 1:1; 눅 1:26-38; 행 2:22-36; 3:11-25; 28:23; 롬 1:1-4, 17; 3:21-27; 갈 3:8-16, 29; 딤후 2:8-10; 계 3:7; 5:5;

22:16). 넷, 그리스도의 부활은 구원의 확신을 갖게 하는 큰 의미를 가지고 있습니다. 성경은 믿는 자들이 그리스도와 함께 살리시고, 또 함께 일으키시어 그리스도 예수 안에서 함께 하늘에 앉히신바 되었다는 놀라운 사실을 증언하고 있습니다(엡 2:1-6, 19-22; 참조, 롬 6:4-11; 골 2:12; 3:1-3). 다섯, 그리스도의 부활은 주께서 재림하실 때에 성도의 몸도 부활한다는 부활신앙을 갖게 합니다(롬 8:9-11; 고전 15:1-58; 빌 3:10-11). 나아가 부활신앙은 성도들이 첫째 부활에 참여하여 하나님과 그리스도의 제사장이 되어, 천년 동안 그리스도와 함께 왕 노릇한다는 엄청난 의미를 제공합니다(계 20:4-6; 고전 15:20-25; 살전 4:14-17; 참조, 벧전 2:9; 계 5:9-10; 11:15). 여섯, 그리스도의 부활은 철학자들의 종교성과 다른 종교와도 결정적인 차이점과 구분선이 된다는 점에서 큰 의미가 있습니다(행 17:16-31). 그리스도교만 부활하신 우리 주 예수 그리스도의 부활신앙에 깊이 뿌리박고 있습니다(행 4:1-2, 8-20, 21; 23:5-6; 24:1-21; 26:1-23, 24-32; 28:16-31; 롬 1:1-7; 참조, 마 28:11-13; 행 4:1-20, 21). 일곱, 그리스도의 부활은 신약에서 정형화된 '우리 주 예수 그리스도 이름'으로 표현되었다는 점에서 큰 의미가 있습니다(유 1:4, 17, 21, 25; 고전 1:10; 6:11; 엡 5:20; 살후 3:6; 참조, 요일 3:23). 특히 '우리 주 예수 그리스도의 이름'은 복음의 시작(막 1:1; 행 1:3), 전파되는 복음(롬 1:1-4; 행 9:20-22; 16:31; 28:31; 참조, 행 1:3, 8; 눅 24:46-48; 행 20:21; 롬 16:25-27), 믿음의 말씀(요 11:25-27; 20:31; 행 20:21; 롬 10:8-9), 그리고 성경은 성도에게 미치는 '우리 주 예수 그리스도의 이름의 가치'를 보여 주었습니다. 그것은 "하나님 곧 우리 주 예수 그리스도의 아버지께서 그리스도 안에서 하늘에 속한 모든 신령한 복을 우리에게 주시되"(엡 1:3)라는 말씀입니다(참조, 벧전 1:3-4). 즉 하늘에 속한 모든 신령한 복이 '우리 주 예수 그리스도의 이름' 안에서 주어지게 된다는 말씀입니다(행 2:36; 롬 1:1-7; 16:25-27).

이제 남아 있는 문제는 그리스도의 십자가 죽으심과 부활의 목적과 의미가 어떻게 나의 것이 될 수 있는지, 그 효력에 관한 문제입니다. 이에 대한 답은 두 가지입니다. 하나는 '하나님의 은혜에 의한 회개와 믿음'입니다(엡 2:1-22; 막 1:15; 행 20:21). 다른 하나는 '믿게 하시는 하나님과 반응하는 사람'의 기본 틀입니다(마 16:13-17; 요 1:2-3; 3:3-8, 16-21〈딤전 2:4-7; 4:10〉; 행 16:14; 고전 12:3; 갈 5:5; 빌 1:19; 살후 2:13; 참조, 행 1:8; 4:29-32; 6:4-7; 8:29-39; 9:17-22, 31; 11:12-18, 19-21; 벧전 1:9-12; 계 3:20〈요 10:3〉). 이는 하나님만의 '불가항력적 은혜'(Irresistible grace)와 사람의 자유의지에 따른 '충족은혜'(Sufficient grace, 롬 2:4-6)에 의한 것이 아닙니다. 이는 하나님의 '강권하는 은혜'(Constraining grace, 고후 5:14-21; 눅 14:23)에 따른 믿음의 반응으로써, 그리스도의 십자가 죽으심과 부활의 목적과 의미가 내 것이 된다는 말입니다. 어느 입장을 취하느냐에 따라 하나님과 동행하는 삶의 방식이 달라질 것입니다.

3) 성령님, 구원의 복음의 적용과 완성자

먼저, 성령께서 복음을 적용하시고 완성하시는 일을 우리가 이해하려면 몇 가지 선이해가 필요합니다. 첫째, 오순절 날 성령 강림 사건은 구속사 및 속량사의 의미를 갖는다는 점입니다. 성령님은 오순절 성령강림 이전에 이미 활동하셨으며(창 1:2; 6:3; 출 31:3; 민 27:18; 삿 3:10 등; 사 11:2; 겔 11:5; 미 3:8; 왕하 2:9, 15-16; 시 51:11; 사 63:10-11), 또 예수님의 탄생 과정에서 역사하셨습니다(마 1:20; 눅 1:35, 41, 67; 2:25-26 등). 그럼에도 불구하고 우리 주 예수 그리스도께서 아버지께로부터 받아 약속하신 성령님을(갈 3:14) 부어주셨습니다(행 2:31-33). 이는 침례 요한이 '예수께서 성령과 불로 침례를 베푸실 것'을 예언하였고(막 1:8; 요 1:32-33; 마 3:11; 눅 3:16), 예수님께서도 친히 말씀하셨으며 오순절 날에 그대로 실행하신 것입니다(요 14:16-17, 25-26; 15:26; 16:7-16; 행

1:4-8; 2:1-4, 31-33). 그 날은 우리 주 예수 그리스도께서 부활하시고, 40일 동안 확실한 많은 증거로 친히 살아 계심을 보이시며 하나님 나라 일을 말씀하시고 승천하신 후, 열흘 정도 지나서 성령님을 아버지께로부터 받아 부어주신 날입니다. 이처럼 이스라엘 민족이 애굽으로부터 자유를 얻은 날을 기념하는 유월절에(출 12장) 예수님이 수난당하시고(마 26:2, 17-19; 막 14:12-16; 눅 22:11-16; 요 12:1; 13:1; 18:28, 39; 19:14-17, 31), 오순절에 성령님이 임하시는 일은 우연히 이루어진 것이 아니었습니다. 그것은 하나님께서 계획하신 치밀한 구속사 및 속량사 과정 속에서 이루어진 것입니다.[45]

둘째, 우리 주 예수 그리스도께서, 아버지께 구하여 자신이 보내 주실 또 다른 보혜사 성령님의 '인격'과 '사역'에 관하여 말씀하신 것이 무엇인지 알아야 합니다. 하나, 성령님은 진리의 영으로서 성도들 가운데 거하신다는 사실입니다. "그는 진리의 영이라…그러나 너희는 그를 아나니 그는 너희와 함께 거하심이요 또 너희 속에 계시겠음이라"(요 14:17). 여기서 '거하심이요'와 '속에 계시겠음이라'는 구절에 대하여, 벵겔(John A. Bengel)은 '성령님의 내주하심'으로 주석하였습니다. 그리고 렌스키는 '너희와 내적으로 영적인 결합을 이루어 너의 마음과 영혼 속에 계신다'는 의미로 주석했습니다.[46] 고린도후서 1장 21-22절은 "우리를 너희와 함께 그리스도 안에서 굳건하게 하시고 우리에게 기름을 부으신 이는 하나님이시니, 그가 또한 우리에게 인치시고 보증으로 우리 마음에 성령을 주셨느니라"는 말씀으로, 믿는 자들의 마음에 주시는 성령님의 내주하심을 뒷받침하고 있습니다(참조, 고전 3:16). 그리고 '보혜사'란 말로 번역된 '파라

---

45) 제자원 편, 「옥스퍼드원어성경대전: 사도행전 제1-7장」, 133.

46) John A. Bengel, *Bengel's New Testament Commentary* [벵겔 신약주석], 서문강 역 (서울: 도서출판 로고스, 1992), 123; R. C. H. Lenski, *The Interpretation of St. John's Gospel II* [요한복음 주석(하)], 장병일 역 (서울: 백합출판사, 1979), 262.

클레토스'(παράκλητος)는 원래 '돕기 위해서 부름을 받은 자'라는 수동적 의미를 가지고 있습니다. 신약에서 이 단어는 그리스도와 성령님을 가리키며 이는 '남을 위해 나타난 자,' '돕는 자,' '위로자,' '중재자' 등을 뜻하였습니다. 예수님은 항상 믿고 따르는 제자들의 영원한 인생 및 사역의 파트너로서, 늘 그들 곁에 함께 계시며 자기 사람들을 끝까지 사랑하셨습니다(요 13:1). 그리고 성경은 늘 우리 안에 거하시며 우리 곁에서 도우시는 성령님의 인도하심에 순종하는 사람들이 그들의 인생과 사역에서 성공하는 사람이 될 수 있다는 사실을 보여 주고 있습니다.[47] 둘, 성령께서는 성도들을 '가르치시고 생각나게 하시는 사역'을 담당하신다는 사실입니다. "보혜사 곧 아버지께서 내 이름으로 보내실 성령 그가 너희에게 모든 것을 가르치고 내가 너희에게 말한 모든 것을 생각나게 하리라"(요 14:26; 참조, 요 16:15). 셋, 성령께서는 우리 주 예수 그리스도를 증언하시는 구원의 복음전도 사역을 행하신다는 사실입니다. "내가 아버지께로부터 너희에게 보낼 보혜사 곧 아버지께로부터 나오시는 진리의 성령이 오실 때에 그가 나를 증언하실 것이요"(요 15:26; 16:7-9, 12-15; 참조, 행 1:2, 8; 고전 12:3; 엡 1:13; 벧전 1:12). 넷, 성령께서는 죄와 의와 심판에 대하여 세상을 책망하신다는 사실입니다(요 16:7-9). 특히 성령께서 '죄'에 대하여 세상을 책망하시는 이유는 '그들이 예수님을 믿지 아니하는 것' 때문입니다(요 16:9; 참조, 요 12:44; 14:6-7; 막 16:16; 롬 8:1). 예수님은 성령으로부터 이 세상이 정죄를 받게 되는 근본 이유를 예수님 자신을 믿지 않는 데서 찾으셨습니다. 이는 많은 사람이 여전히 예수님에 대한 불신앙을 죄의 범주에 포함시키지 않으나, 성령께서 임하시면 이 일이 얼마나 큰 죄가 되는지 깨달아 알게 하실 것이라는 사실을 말씀하신 것입니다.[48] 성경은 다음과 같이 왜 예수님을 믿지 않는 것이 죄가 되는지에 대하여 세

---

47) 제자원 편, 「옥스퍼드원어성경대전: 요한복음 제13-21장」, 148.
48) Ibid., 257-8.

상에 검(마 10:34)과 불(눅 12:49)을 던지셨습니다. 그것은 "예수께서 외쳐 이르시되 나를 믿는 자는 나를 믿는 것이 아니요 나를 보내신 이를 믿는 것이며"(요 12:44), 또한 "죄에 대하여라 함은 그들이 나를 믿지 아니함이요"(요 16:9)라는 말씀입니다. **다섯**, 진리의 성령께서는 사람들을 '진리 가운데로 인도하시는 사역'과, 들은 것을 말하며 장래 일을 알리시는 사역, 그리고 '예수님의 것을 가지고 사람들에게 알리셔서 우리 주 예수 그리스도의 영광을 나타내시는 섬김의 사역'을 행하신다는 사실입니다(요 16:13-15). 그런데 예수님께서는 자기의 것의 근원이 '아버지께 있는 것'임을 명백히 밝히심으로써, 성령의 인도하심이 어떻게 이루어지는지 그 길을 보여 주셨습니다. 즉 진리의 성령께서는 사람들을 모든 진리 가운데로 인도하시고, 그 자리에서(모든 진리 가운데서) 예수님의 것(즉 아버지의 계획과 목적, 그리고 하나님의 뜻을 따라 우리 주 예수 그리스도께서 성취하신 구원 사역)을 깨달아 알게 하여, 그들에게 장래 일을 알려줌으로써 예수님의 영광을 나타내는 가운데 하나님의 계획과 목적과 하나님의 뜻을 알게 해주시는 신앙의 길입니다.[49] 다시 말해 창세 전에 아버지 하나님께서 구원의 모든 내용을 계획하시고, 우리 주 예수 그리스도께서 그 모든 것을 객관적으로 성취하신 것을, 성령께서 전도를 통해 믿지 않는 모든 사람과 성도들에게 그것이 주관적으로 효과가 나타나도록 적용시키는 방식으로 알리신다는 것입니다.[50] '성령께서 전도하신다'는 말은 성령님의 인도하심을 따라 살고 성령으로 행하는 전도자들과 함께 전도에 참여하신다는 말입니다(눅 4:1; 행 1:8; 4:29-31; 7:55-60; 8:40; 13:1-9; 16:1-7; 20:21, 22-28; 벧전 1:12; 참조, 엡 2:18). 그래서 토머스 슈라이너는 신약성경이 철저하게 하나님 중심적이며, 그것은 그리스도 안에서

---

49) Ibid., 264.
50) 이순한, 「요한복음서 강해」 (서울: 한국기독교교육연구원, 1993), 361.
51) Schreiner, *New Testament Theology*[신약신학], 10.

성령님을 통해 자신을 높이시는 하나님에 대한 이야기라 할 수 있다고 말했습니다.[51] 우리가 성령님이 일하시는 방식을 알 때 믿음과 그 이후의 신앙의 의미를 깊이 이해할 수 있을 것입니다.

다음에, 그리스도의 죽으심과 부활하심으로 말미암아 사람들이 어떻게 속량 곧 죄 사함을 받아 의롭다 함을 입어 하나님의 자녀(아들)와 거룩한 성도와 교회 일원이 되어, '엔 크리스토' 곧 그리스도 안에서 하늘에 속한 모든 신령한 복을 얻고 그것을 누릴 수 있게 되는지에 관하여 알아야 합니다. 즉 구원의 조건과 구원의 복음이 무엇인지에 관한 것입니다. 참고로 '속량 곧 죄 사함과 의롭다 함을 얻음'(엡 1:7), '하나님의 아들'(자녀, 양자, 엡 1:5), '거룩함'(엡 1:4; 5:27, 성도, 교회)이란 용어들은 '구원'을 좀 더 풍성하게 표현한 '구원의 용어'입니다. 죄 사함 및 의롭다 함을 얻는 것은 '신분의 변화 혹은 위치의 변화'를 의미합니다(칭의, justification). 하나님의 아들(자녀, 양자)은 '거듭남'을 말하며, 이는 영적인 변화와 도덕적인 변화, 그리고 상속자를 뜻합니다(중생, regeneration). 그리고 거룩함은 세속 혹은 세상으로부터 성별된 헌신과 그리스도의 형상을 본받아 사는 삶을 말합니다(성화, sanctification, 개인과 교회). 그렇다면 구원의 조건은 무엇일까요?

첫째, 구원의 조건은 "하나님의 은혜(κάρις, grace)에 의한 회개(μετάνοια, repentance)와 믿음(πίστις, faith)"입니다. 물론 구원의 조건과 관련하여, 어떤 이는 '회개와 믿음'(막 1:15; 행 20:21)을 말합니다. 다른 이는 '은혜와 믿음'(엡 2:8)을 이야기 합니다. 또 다른 이는 '은혜'(행 15:11; 롬 3:24; 엡 2:5)만을 이야기하는 경우도 간혹 있습니다. 이런 경우에는 종합의 원리로 접근하는 게 바람직합니다. 그렇다고 해서 다른 견해들은 틀린 것으로 간주해서는 아니 됩니다. 성경은 '은혜'란 하나님

---

51) Schreiner, *New Testament Theology*[신약신학], 10.

께서 그가 사랑하시는 자 안에서 우리에게 거저 주시는 것으로 증언합니다(엡 1:6). 성경은 '회개'도 하나님께서 주시는 것으로 묘사하고 있습니다(행 5:30-31; 11:18; 딤후 2:25). "너희가 나무에 달아 죽인 예수를 우리 조상의 하나님이 살리시고, 이스라엘에게 회개함과 죄 사함을 주시려고 그를 오른손으로 높이사 임금과 구주로 삼으셨느니라"(행 5:30-31). 그래서 신약신학자 프랭크 스테그(Frank Stagg)는 '회개'를 '은혜'에 포함되는 것으로 이해하였습니다.[52] 그렇다면 구원의 복음은 무엇일까요?

둘째, 구원의 복음(유앙겔리온, εὐαγγέλιον, gospel)은 이사야 52장 7절과 누가복음 2장 10-11절에서 잘 표현하고 있습니다. 이사야 52장 7절은 "좋은 소식을 가져오며 평화를 공포하며 복된 좋은 소식을 가져오며 구원을 공포하며 시온을 향하여 이르기를 네 하나님이 통치하신다 하는 자의 산을 넘는 발이 어찌 그리 아름다운고"라는 말씀으로, 복음의 정의와 내용을 제시하였습니다. 복음은 '좋은 소식,' '복된 좋은 소식'입니다. 그리고 복음의 내용은 '평화와 구원을 공포하며 네 하나님이 통치하신다'는 것, 즉 '평화와 구원과 하나님 나라'입니다. 또한 누가복음 2장 10-11절은 "천사가 이르되 무서워하지 말라 보라 내가 온 백성에게 미칠 큰 기쁨의 좋은 소식을 너희에게 전하노라, 오늘 다윗의 동네에 너희를 위하여 구주가 나셨으니 곧 그리스도 주시니라"는 말씀으로, 역시 복음의 정의와 내용을 구체적으로 제시하였습니다. 여기서 '복음'은 "큰 기쁨의 좋은 소식"입니다. 그리고 복음의 내용은 "구주가 나셨으니 곧 그리스도 주시니라"는 내용입니다. '구주'로 번역된 '소테르'(σωτὲρ, a saviour)란 말은 '질병이나 위험으로부터 구하다'란 뜻을 지닌 '소조'(σώζω)에서 온 명사로 '구원자'란 뜻입니다. 그리고 이 '소테르'란 단어는 구약성경에서 자주 등장하는 하나님의 명칭이며(창 15:12-21; 출 6:1-9; 12:29-42; 14:1-

---

52) Frank Stagg, *New Testament Theology* (Nashville: Brodman Press, 1962), 119.

31; 15:1-18; 삼하 22:3; 시 24:5; 106:21; 사 43:11; 렘 50:34), 또 하나님
께서 구원자라는 사실은 구약 전반에 걸쳐 선포되는 메시지입니다(삼하
22:4; 사 43:3; 44:6; 45:15; 47:4; 60:16; 호 13:4; 롬 11:26). 그 명칭이 바
로 예수 그리스도에게 붙여진 것은 본절 누가복음 2장 11절이 처음입니다.
이는 예수님이 바로 하나님이심을 보여 주는 명칭입니다(요 1:1-3; 롬 9:5;
참조, 빌 2:7; 히 1:1-3).[53] 나아가 '그리스도 주'란 말로 번역된 '크리스
토스 퀴리오스'(Χριστὸς κύριος, Christ the Lord)라는 구절은 '기름부
음을 받은 주님'을 의미합니다. '주'로 번역된 '퀴리오스'는 헬라어 구약
성경인 70인 역(LXX, Septuagint)에서 하나님의 이름인 '여호와'(창 2:8)
에 대한 번역이기도 합니다. 따라서 '구주 곧 그리스도 주'란 말은 그가 바
로 본격적으로 구속 및 속량을 통한 구원 사역을 행하기 이전일지라도,
'구주'로서의 자격을 지니고 이 땅에 성육신하신 하나님이시라는 사실이
본절을 통해 확증되고 있는 것입니다.[54]

그러므로 이사야 52장 7절과 누가복음 2장 10-11절을 종합하면, 복음
의 정의는 '큰 기쁨의 복된 좋은 소식'으로, 그리고 복음의 핵심 내용은
"구원과 하나님의 나라, 그리고 구주 곧 예수 그리스도"라 할 수 있을 것
입니다(막 1:1, 14-15; 참조, 마 10:3-13). 사도행전은 처음(행 1:3)과 중간
(행 8:12)과 마지막 절(행 28:31)에서 "하나님의 나라와 주 예수 그리스
도"를 한 구절로 표현하였습니다. 따라서 구원의 복음은 "하나님의 은혜
로 사람이 회개하고, 주 예수 그리스도의 이름을 믿음으로 말미암아 구원
받아 하나님 나라에 들어간다'는 큰 기쁨의 복된 좋은 소식이라 할 수 있
을 것입니다(참조, 딤후 4:17-18). 성경은 복음을 다양하게 표현합니다.
예컨대, 구원의 복음(엡 1:13), 하나님의 복음(막 1:14; 롬 1:1; 15:16, 19;
벧전 4:17; 참조, 막 1:1; 살후 1:8), 천국 및 하나님의 나라 복음(마 4:17;

---

53) 제자원, 「옥스퍼드원어성경대전: 누가복음 제1-8장」, 197.
54) Ibid.

눅 4:43; 8:1; 16:16), 화평의 복음(행 10:36; 엡 6:15), 하나님의 은혜의 복음(행 20:14), 그리스도의 영광의 복음(고후 4:4), 영원한 복음(계 14:6)입니다. 이를 동시에 보면 복음의 의미가 더해질 것입니다.

그 다음에, 또 다른 보혜사 성령께서 인류 구원과 관련하여 행하시는 역할이 무엇인지 알아야 합니다. 그것은 한 문장으로 표현하면, "구원의 복음에 대한 적용과 완성"입니다(엡 1:13-14). 이는 "성령께서 아버지 하나님이 보내신 하나님의 아들 주 예수 그리스도를 증언하여 사람들이 회개하고(적용, 요 15:26; 16:7-9; 행 2:32-38), 그들의 죄를 대속하기 위해 십자가에서 죽으시고 부활하신 우리 주 예수 그리스도를 마음으로 믿고 입으로 주라 시인하여 하나님의 자녀가 되도록 도우시는 능력의 역사(완성, 빌 1:19; 갈 5:5; 롬 10:9-10; 고전 6:11; 12:3; 딛 3:5)"입니다. 성경에 나타나 있는 구원의 과정은 '하나님의 부르심(히 11:8) 혹은 복음 전도(갈 3:8)'와 '사람의 인격적 반응'입니다(창 12:1-8; 15:1-11; 요 3:16-21; 4:6-42; 행 8:26-39). 즉 하나님의 '은혜'와 그 은혜에 대한 사람의 인격적 반응으로서 '회개와 믿음'입니다. 그 과정과 내용은 다음과 같습니다.

첫째, 하나님 편에서 모든 사람들이 하나님의 주권적 구속 및 속량을 성취하신 주 예수 그리스도를 믿음으로 구원받아 하나님 나라에 들어갈 수 있도록, 하나님의 큰 은혜를(출 18:9; 행 4:33) 베풀어 주셨습니다. 하나님의 큰 은혜란 하나님께서 거저주신 "율법과 그리스도"를 말합니다. 요한복음 1장 16-17절은 "우리가 다 그의 충만한 데서 받으니 은혜 위에 은혜러라, 율법은 모세로 말미암아 주어진 것이요 은혜와 진리는 예수 그리스도로 말미암아 온 것이라"는 말씀으로, 율법과 그리스도와의 관계를 증언합니다. 은혜 위에 은혜(Χάριν ἀντὶ Χάριτος, grace for grace)란 말은 '가장 큰 은혜' 혹은 '끊임없이 계속되는 은혜'라는 최상급의 의미를 지니고 있습니다.[55]

---

55) 제자원 편, 「옥스퍼드원어성경대전: 요한복음 제1-6장」, 77.

한편, 하나님의 은혜로서 율법은 사람들로 하여금 죄를 깨닫게 하는 기능을 가지고 있습니다(롬 3:20; 7:5-7; 참조, 레 4:2-3, 13-21, 22-26, 27-35). 본래 율법은 범죄함으로 더하여졌습니다(갈 3:19). 율법은 사람에게 죄성과 영적인 무능력을 깨닫게 하는 제한적 역할만 할 뿐입니다. 그리고 성경은 모든 것을 죄 아래 가두어 믿음이 오기 전에는, 우리가 율법 아래 매인바 되고 계시될 믿음의 때까지 갇혀 있었다고 증언합니다(갈 3:22-23; 참조, 히 10:1-14). 율법의 실제적인 기능은 모든 사람을 죄의 속박에 완전히 가두는 것임을 분명히 밝힌 것입니다. 이처럼 하나님께서 율법을 은혜로 주신 목적은 사람으로 하여금 죄 아래 완전히 갇혀 어찌할 수 없는 자신의 실체를 절감하게 하여, 그리스도를 통한 하나님의 구원의 은혜를 전적으로 바라보게 하기 위한 것입니다.[56] 그래서 바울은 신약의 의미에서 "이같이 율법이 우리를 그리스도께로 인도하는 초등교사가 되어 우리로 하여금 믿음으로 말미암아 의롭다 함을 얻게 하려 함"(갈 3:24)이라고 증언하였습니다. 렌스키에 의하면, 본절은 결코 율법이 믿음을 달성하여 칭의를 가져왔다는 것을 의미하는 말씀이 아닙니다. 본래 율법은 사람으로 하여금 능히 살게 하지 못하기 때문입니다(갈 3:21).[57]

실제로 바울은 "믿음이 온 후로는 우리가 초등교사 아래에 있지 아니하도다, 너희가 다 믿음으로 말미암아 그리스도 예수 안에서 하나님의 아들이 되었으니"(갈 3:25-26)라는 말씀으로, '믿음으로 말미암는 하나님의 아들'의 문제로 초점을 전환하였습니다. 믿음에 해당하는 '텐 피스틴'(τὴν πίστιν)은 정관사가 붙어서 '그 믿음'이 바로 예수님에 대한 믿음이라는 사실을 보여 줍니다. 그러나 한걸음 더 나아가서 '그 믿음'은 구원에 이르는 믿음을 가져다주는 예수 그리스도라고 볼 수도 있습니다. 그리고 '예

---

56) 제자원 편, 「옥스퍼드원어성경대전: 갈라디아서·에베소서」, 212.
57) Lenski, *The Interpretation of St. Paul's Epistles to the Galatians and to the Ephesians*[갈라디아서·에베소서], 157.

수 안에서 하나님의 아들이 되었으니'라는 말은 바로 죄 아래 놓여 있던 사람들이 그리스도 예수 안에서 믿음으로 말미암아, 창조주 하나님과 바른 관계로 회복되어 하나님의 아들로서의 특권과 자유를 향유할 수 있게 되었음을 나타냅니다(참조, 갈 3:14). 사람이 하나님의 아들이 되어 상속자가 되고 하나님을 아바 아버지로 부르며, 우리가 하나님의 자녀인 것을 증언하시는 분은 바로 성령님이십니다. 이처럼 사람이 주 예수를 마음으로 믿고 입으로 주라 시인하게 하는 일도 성령께서 하십니다(롬 8:14-17; 고전 12:3; 갈 5:5; 빌 1:19; 벧전 1:12).[58]

다른 한편, 은혜 위에 은혜이신 우리 주 예수 그리스도께서는 하늘 아버지께로부터 보내심을 받아, 길과 진리와 생명이신 그를 믿는 자에게 하나님의 자녀가 되는 권세를 얻게 하셨습니다(요 1:16-17; 14:6; 1:12-13; 3:16-17). 사도 바울은 고린도전서 1장 30절에서 "너희는 하나님으로부터 나서 그리스도 예수 안에 있고 예수는 하나님으로부터 나와서 우리에게 지혜와 의로움과 거룩함과 구원함이 되셨으니"라는 말씀으로, 우리가 그리스도 예수 안에서 하나님의 자녀가 된 것은, 예수께서 우리에게 '지혜와 의로움과 거룩함과 구원함'이 되셨기 때문이라고 증언합니다. 이는 구원에 있어서 사람의 인격적 반응이 요구되지만, 구원은 사람에게서 나는 것이 아니라, 예수님으로 말미암은 것이므로 주 안에서 자랑하라는 뜻입니다(고전 1:31; 참조, 롬 10:1-4).

둘째, 사람 편에서 구원받아 하나님 나라에 들어가려면, 하나님의 은혜로 주어지는 '회개'(repentance)가 필요합니다. 사람은 회개를 통해서 죄가 무엇인지 깨닫고 그리스도께로 인도되기 때문입니다(갈 3:19-24). 즉

---

58) 제자원 편, 「옥스퍼드원어성경대전: 갈라디아서·에베소서」, 215-6.
59) 존 칼빈은 회개를 죄에 대한 양심의 가책으로 불안에 사로잡혀 있는 "율법 아래에서의 회개"와, 죄인이 두려움과 큰 고통을 치유하기 위해 그리스도를 피난처로 의지하는 "복음 아래에서의 회개"로 구별하였습니다. McNeill ed., *Calvin: Institutes of the Christian Religion* [한·영 기독교강요 III], 125-35.

회개는 믿음의 전 단계라는 것입니다. 그래서 종교개혁자들은 이런 회개를 "율법적 회개"라 불렀습니다.[59] '율법적 회개'란 율법의 주요 기능인 '죄를 깨닫게 하는 기능'에 따른 '인격적 회개'를 말합니다. 인격적 회개는 '지·정·의'에 따른 회개입니다. 회개가 중요한 이유는 자신이 지은 죄가 무엇인지 깨달아 아는 것을 통해, 그 죄를 사하시기 위해 십자가 대속 사역을 감당하신 예수 그리스도께로 인도되기 때문입니다. 따라서 사람들은 회개의 과정을 거쳐 그리스도를 주로 믿음으로 말미암아 구원받기 때문에, 회개는 매우 중요한 자리에 있습니다(참조, 롬 7:12-25; 고후 7:8-11; 롬 8:1-17). 그래서 밀라드 에릭슨(Millard J. Erickson)은 초기 교회의 설교에서 회개는 핵심적인 단어였으며, 이는 구원을 위한 필요조건이었다고 말했습니다(마 4:17; 행 2:38).[60]

한편, 에드가 멀린스는 구원의 시작에 나타나 있는 하나님의 은혜 사역을 "부르심"(calling)과 "회개"로 이해하였습니다. '부르심'은 하나님께서 사람들에게 그리스도 안에 있는 믿음으로 말미암아(딤후 3:15) 구원을 받아들일 수 있도록 은혜를 베푸시는 '하나님의 구원에로의 초대'입니다. 하나님의 은혜에 따른 구원의 초대는 성경과 복음전파(설교)와 여러 방식으로 보내어진 초청입니다. 그리고 '회개'는 죄에 대하여 깨닫는 자각을 의미합니다. 이는 성령께서 죄 특히 불신앙 때문에 나타나는 죄책감과 정죄 의식을 사람들의 마음속에 불러일으키신 결과로 주어진 회개입니다.[61] 그리고 에드가 멀린스는 성령의 은혜 사역은 지성(the intellect), 감정(the emotions), 양심(the conscience), 그리고 의지(the will)를 통해 역사하신다고 진술했습니다.[62]

다른 한편, 신약에서 주로 회개를 표현하는 말은 두 가지입니다. 하나는

---

60) Millard J. Erickson, *Christian Theology* [복음주의 조직신학(하)], 신경수 옮김 (서울: 크리스챤다이제스트, 1995), 118.

61) Mullins, *The Christian Religion in Its Doctrinal Expression*, 365-6.

62) Ibid., 362.

'메타멜로마이'(μεταμέλομαι)입니다. 이 말은 회개의 감정적인 요소로서 단순히 죄지은 것을 후회하는 감정입니다, 다른 하나는 '메타노이아' (μετάνοια)입니다. 이 단어는 마음 혹은 생각의 변화를 나타내는 말입니다(마 3:8, 11). 마음의 변화란 지적인 변화를 넘어 그 이상으로 의지적 사상의 변화를 수반하는 진정한 변화를 말합니다(눅 17:3; 행 2:38; 롬 2:4; 막 1:4, 14). 정리하면, 회개의 지적 요소는 생각(사상)의 변화이고, 정적 요소는 순전한 마음으로 후회하는 것이며, 회개의 의지적 요소는 의지의 변화를 뜻합니다. 이 과정에서 매우 중요한 사실은 회개란 사람의 영혼 (soul)에 대한 하나님의 은혜로운 행동의 결과라는 것입니다(행 5:31; 11:18; 딤후 2:25; 롬 2:4). 즉 하나님께서 사람들이 회개하도록 복음전도, 그리스도인들의 거룩한 삶, 교회의 영향력, 그리고 섭리 사건을 수단으로 삼으시기 때문입니다. 섭리 사건은 하나님의 진리가 사람들에게 전달되어 그들의 죄를 떠나 하나님께로 돌아오게 하는 온갖 수단과 통로를 말합니다.[63] 여기에 회개는 '죄로부터 돌아서는 것'이므로, 죄와 관련된 십계명(출 20:1-17; 신 5:1-21)과 성령께서 '예수님을 믿지 아니하는 죄'(요 16:9)를 증언하는 내용이 더해지면 좋겠다는 생각이 듭니다. 그러나 회개가 이루어졌다고 해서 구원이 온전히 이루어진 것은 아닙니다. 오직 구원은 믿음으로만 주어지는 최종적인 하나님의 은혜이기 때문입니다 (엡 2:8; 살후 2:13; 딤후 3:15). 그래서 에드가 멀린스는 "믿음은 구약과 마찬가지로 신약에서도 성경의 중심부를 차지한다"는 사실을 강조하며, 그 믿음을 '구원하는 믿음'(saving faith)으로 표현하였습니다(롬 1:17; 3:21-27).[64]

셋째, 사람의 편에서 구원받아 하나님 나라에 들어가려면, 하나님의 은

---

62) Ibid., 362.
63) Ibid., 369-70.
64) Ibid., 371.

혜에 의한 회개와 더불어 결정적이고 최종적인 '믿음'이 반드시 수반되어
야 합니다(행 20:21; 26:15-18, 20-23, 28; 롬 10:8-10). 왜냐하면 죄가
무엇인지 깨달아 알고 마음에 변화를 받아 하나님께로 돌아서는 회개와
더불어, 그 죄를 대속하기 위하여 제공된 우리 주 예수 그리스도의 십자가
대속 사역, 즉 십자가 죽으심과 부활하심을 마음으로 믿고 입으로 '주'라
시인하는 '믿음으로 말미암아' 구원의 선물을 받기 때문입니다(엡 2:8; 창
15:6; 합 2:4; 히 10:38; 롬 3:22, 30; 갈 3:8, 24, 26; 딤후 3:15; 벧전 1:5).
그리하여 밀라드 에릭슨은 '회개'가 자신의 죄로부터 돌아서는 소극적 측
면이라면, '믿음'은 그리스도의 약속과 사역을 붙잡는 적극적인 측면이라
고 표현하였습니다. 믿음은 우리가 하나님의 은혜를 받을 수 있게 하는 결
정적 수단이기에 복음의 진정한 핵심이라는 것입니다.[65] 따라서 우리가
믿음의 과정을 취급하기 전에 '믿음'의 개념에 대한 선이해가 필요합니다.
먼저, 구약성경 하박국 2장 4절은 "그의 믿음으로 말미암아"라는 말로 번
역된 '뻬에무나토'(בֶּאֱמוּנָתוֹ)란 단어를 통해 단 한 번 '믿음'을 명사형 '에
무나'로 표현하였습니다. 이 '에무나'(אֱמוּנָה)란 단어는 거짓이 없으시고
진실하시며, 의인들의 참된 의지가 되는 '하나님의 신실성'을 표현하는
말입니다. 그러나 이 단어가 사람에게 적용되면 일차적으로 하나님을 향
한 사람의 태도와 면모를 묘사하는 것에 그치지 않고, 타인들에게도 신실
하며 진실한 태도를 가지는 것을 의미합니다. 그런 점에서 본절의 '믿음'
이라는 표현은 하나님에 대한 강한 신뢰를 의미할 뿐만 아니라, 하나님 보
시기에 의로운 삶을 살려고 애쓰며 타인들에게도 진실한 면모를 나타내는
것으로 이해할 수 있습니다.[66] 주로 히브리어는 동사형으로 믿음을 표현
하였습니다. 하나님께서 하박국 선지자를 통해 히브리인들이 가져야 할
믿음에 대하여, 이는 '누군가가 가지고 있는 어떤 것'으로 이해하기보다

---

65) Erickson, *Christian Theology* [복음주의 조직신학(하)], 119.
66) 제자원 편, 「옥스퍼드원어성경대전: 미가·하박국」 (서울: 제자원, 2009), 469.

는, '누군가가 행하는 어떤 것'으로 계시하셨기 때문으로 보입니다. 즉 믿음은 소유라기보다는 오히려 행하는 믿음이라는 것입니다. 신약성경에는 믿음을 나타내는 한 가지 일차적인 단어가 있습니다. 그것은 명사형 '피스티스'(πίστις)와 동사형 '피스튜오'(πιστεύω)입니다. 이 동사는 두 가지 기본적인 의미를 갖고 있습니다. 하나는 '누군가가 말하는 것을 믿는다,' '어떤 진술을 참된 것으로 받아들인다'는 의미입니다(요일 4:1; 마 8:13; 5:36; 눅 8:50; 히 11:16). 다른 하나는 '피스튜오'와 '피스티스'란 단순한 신임이나 신념과는 구분되는 '인격적인 신뢰'를 의미합니다(막 1:15; 마 18:6; 요 2:11, 23; 3:18; 요일 5:10; 행 19:4; 갈 2:16; 빌 1:29; 벧전 1:8-9).[67] 여기서 '누군가 말하는 것을 믿는다'는 말은 삼위일체 하나님께서 세우신 선지자들과 사도들을 통해 전해준 말씀과 복음을 말합니다. 다음에, 구원에 필요한 믿음의 과정은 '지·정·의'에 따른 '인격적 믿음'으로 구성됩니다. 이와 관련하여 에드가 멀린스가 전개한 믿음의 '지·정·의'에 따른 '구원하는 믿음'의 과정은 다음과 같습니다.[68] 하나, 믿음의 지적 요소는 우리가 복음의 진리(갈 2:5, 14), 즉 하나님께서 우리의 구원을 위하여 그리스도를 준비하셨다는 사실을 아는 것입니다(롬 3:1-23, 24-30; 고전 2:2-9; 엡 2:1-10, 11-16; 히 10:5-22; 벧전 1:4-11; 마 25:34-41; 갈 1:4-6; 4:1-7 등). 아직 '구원하는 믿음'은 아닙니다(약 2:19). 둘, 믿음의 정적 요소는 하나님께서 준비하신 복음의 진리에 동의하는 것입니다. 이는 사람이 그의 죄와 필요를 인식하고 그의 필요를 위해 하나님께서 복음의 진리를 준비하셨다는 사실을 마음으로 인정(동의)하는 것입니다. 그러기에 이 부분은 감정의 요소를 포함하고 있습니다. 여기서 에드가 멀린스는 '이러한 동의가 구원의 조건이 되는 믿음에는 아직 이르지 못한다'고 진술합니다. 그는 예수께서 '사람들이 동의한다고 말하면서도 일시적이

---

67) Erickson, *Christian Theology* [복음주의 조직신학(하)], 119-21.
68) Mullins, *The Christian Religion in Its Doctrinal Expression*, 371.

거나 감정적인 신자들이 있다는 점을 인식하시고, 그의 말씀 안에 거하는 자가 참 제자의 증거라고 선언하셨기 때문'이라고 말합니다(요 8:30-31; 참조, 마 13:20-21).[69] 이같은 에드가 멀린스의 언급은 사람들이 단순한 믿음의 정적인 동의에 그치지 아니하고, 의지적인 믿음의 신뢰와 결단으로 나아가야 한다는 사실을 강조하기 위한 것으로 보입니다. 하지만 에드가 멀린스가 믿음의 지적인 단계와 정적인 단계에서 '복음의 진리'를 "하나님이 구원을 위해 그리스도를 준비한 것"으로 표현한 문장을, '진리의 말씀 곧 구원의 복음'(엡 1:13)인 "하나님 나라와 십자가에서 죽으시고 부활하신 우리 주 예수 그리스도의 이름"(행 1:3; 8:12; 28:31)으로 풀어서 설명했더라면 더 좋았겠다는 생각이 듭니다(엡 1:3-13; 마 16:16, 21; 요 11:25-27; 20:31; 행 1:3; 8:12; 19:4-8; 20:17-25; 28:23, 31). 셋, 에드가 멀린스가 강조하는 '구원하는 믿음'의 세 번째 요소는 의지적 결단입니다. 그는 '믿음의 최후의 행선지는 의지의 행위'라는 점을 강조합니다. 대단히 바람직한 견해입니다. 그리고 믿음의 의지적 행위는 '그리스도를 구주로 믿고 신뢰'하는 것을 의미합니다. 이는 그가 침례교 교회관의 가장 핵심적인 특징을 보여 준 대목입니다. 또한 그는 그것이 그리스도께서 신뢰할만한 가치가 있다는 '확신에 토대를 둔 믿음'을 의미한다고 덧붙여 설명했습니다. 이는 하나님께서 사람이 처해 있는 '죄와 사망과 사탄마귀의 굴레'로부터 그들을 구원하기 위하여 하나님의 아들 예수 그리스도를 마련하셨기 때문에, 예수 그리스도는 신뢰할 만한 충분한 가치가 있으시다는 설명입니다. 실제로 그리스도께서는 속죄적 구속자로서 신뢰할 만한 가치를 소유하셨습니다. 그리스도께서는 모든 사람이 지은 죄를 위한 온전한 화목제물이십니다(롬 3:23-26; 요일 4:9-10; 참조, 엡 5:2). 그리스도께서는 우리의 생명의 주로서 가치를 지니고 계십니다(요 5:26-27).

---

69) Ibid., 371-2.

따라서 우리가 이분을 믿고 신뢰하며 이분께 우리의 의지를 맡기고 순종할 때, 우리는 그리스도 안에서 '구원하는 믿음'을 행사할 수 있는 것입니다.[70] 에드가 멀린스는 믿음의 의지적 과정을 잘 전개하였습니다.

성경은 우리가 예수님을 '주로 시인'하는 과정에서, 그것은 '나의 단독적인 행위'가 아닌, '성령님과 함께한 나의 믿음의 반응'으로 증언합니다(마 16:16-17; 요 1:12-13; 참조, 요 3:5-8; 고전 12:3; 갈 5:5). "…또 성령으로 아니하고는 누구든지 예수를 주라 할 수 없느니라"(고전 12:3; 참조, 마 22:43-44). 우리는 이러한 사실을 성경으로 믿을 때, 진정으로 우리를 이처럼 사랑하신 삼위일체 하나님을 신뢰하며 존귀와 영광을 찬송할 수 있을 것입니다(요 3:16-17; 요일 4:9-17; 빌 2:5-11; 참조, 롬 4:20; 고전 6:14-20; 참조, 사 43:1-7, 11-21; 엡 1:6, 12, 14; 계 21:22-26). "이스라엘 자손은 다 여호와로 말미암아 의롭다 함을 얻고 자랑하리라 하느니라"(사 45:25)

한편, 에드가 멀린스는 믿음의 정적 요소인 '동의'란 필연적으로 믿음의 지적 요소와 의지적 요소의 한 부분이면서, 어느 정도는 '동의'가 지적 신념(belief)과 함께 하며, 또 '동의'는 필연적으로 신뢰(trust) 행위 가운데 있다는 점을 부연하였습니다. 즉 우리의 전체적 영적 본성은 믿음의 '지·정·의'라는 '구원하는 믿음' 안에서 실행되도록 부름 받은 것이 명백하다는 말로서 믿음의 과정에 대한 설명을 마무리했습니다.[71]

다른 한편, 사도 바울은 로마서 10장 8-10절에서 "그러면 무엇을 말하느냐 말씀이 네게 가까워 네 입에 있으며 네 마음에 있다 하였으니 곧 우리가 전파하는 믿음의 말씀이라, 네가 만일 네 입으로 예수를 주로 시인하며 또 하나님께서 그를 죽은 자 가운데서 살리신 것을 네 마음에 믿으면 구원을 받으리라, 사람이 마음으로 믿어 의에 이르고 입으로 시인하여 구원

---

70) Ibid., 372.
71) Ibid.

에 이르느니라"는 말씀으로, "믿음의 말씀과 그 내용"을 밝히고 있습니다. '믿음의 말씀'이란 믿음의 반응을 요구하는 메시지인 '복음'을 가리킵니다.[72] 그리고 믿음의 말씀의 내용은 '예수 그리스도의 주 되심'(Lordship)과 '부활'(resurrection)입니다(요 11:25-27; 행 4:10-12; 11:20-21; 16:31; 롬 1:1-5; 10:9; 14:7-9 등). 즉 '예수께서 주님이시다'라는 신앙고백(마 16:16-17; 요 11:25-27; 롬 10:9)과 하나님께서 '그를 죽은 자 가운데서 살리셨다'는 믿음의 말씀입니다(행 2:22-38; 3:15; 4:10; 10:41; 13:34; 17:3, 31; 26:23 등). '예수님은 주님이시다'라는 신앙고백은 예수께서 승천하심으로 말미암아 발휘된 '주님 되심'을 가리킵니다(행 2:36; 롬 1:4; 14:7-9; 벧전 3:18-22). 그러므로 예수 그리스도의 '주 되심'은 그리스도의 성육신, 죽음, 부활승천을 전제로 하며, 이는 그리스도께서 우주적인 통치권을 받은 사실에서 근거하고 있습니다(행 2:30-36; 빌 2:5-11; 유 1:4, 25).[73] 나아가 '예수님은 주님이시다'라는 신앙고백의 핵심은 초기의 그리스도교가 고백했던 최고의 핵심 요소였을 뿐만 아니라, 그것은 복음 선포의 중심 요소였습니다. 당시의 그리스도인들은 이 신앙고백을 위하여 기꺼이 순교를 자청하기까지 그들의 믿음의 중심에 두었던 핵심 메시지였습니다.[74] 그들은 "주 예수"를 전했습니다(행 4:33; 7:59; 11:20-21; 15:11, 25-26; 16:31). 즉 우리 주 예수 그리스도이십니다(행 20:21-24).

그러나 그 당시에 예수님을 '주'로 고백하는 신앙은 결코 쉬운 일이 아니었습니다. 그리스도인들에게 이 같은 고백은 로마제국의 황제나 다른

---

72) John R. W. Stott, *The Message of Romans* [로마서 강해], 정옥배 옮김 (서울: 한국기독학생회출판부, 1998), 376.

73) John Murray, *The Epistle to Romans* [로마서 주석], 아바서원 번역팀 (서울: 아바서원, 2017), 457-8.

74) James Montgomery Boice, *Romans vol. III* [로마서 III], 김덕천 역 (서울: 도서출판 줄과 추, 1998), 266-7.

어떤 위대한 존재보다도, 더 우리 주 예수 그리스도를 최우선시하는 행위였습니다. 당시의 로마에서 예수 그리스도를 '주'로 고백하는 충성심을 갖고 사는 것은 심각한 도전에 맞서는 것을 의미했습니다. 그럼에도 당시의 그리스도인들은 그리스도 예수를 '주'로 믿고 따르는데 우유부단함이 없었습니다. 이분들의 신앙고백은 명확하고, 단호하며, 확고부동했습니다. 단순히 '예수님이 주인이시고 위대한 인물이다'라고 말하는 것만으로는 부족했습니다. 예수님을 '주'로 고백하는 것은 '이분 외에는 아무도 없음을 시인하는 것'이었습니다(롬 14:7-9; 고후 5:14-15; 빌 3:7-11 등). 마치 신랑과 신부가 어떤 상황 속에서도 서로를 용납하기로 약속하듯이, 예수님에 대한 헌신은 이분을 '주'로 고백하는 순간부터 시작되었습니다(마 25:1-13; 막 2:19-20; 눅 5:34-35; 요 3:29-30; 계 21:9; 22:17; 고후 11:2-4).[75] 따라서 구원의 복음의 핵심 내용인 '하나님의 나라와 우리 주 예수 그리스도의 이름'이 믿음의 요소에서 얼마나 중요한 위치를 차지하는지 알 수 있습니다(행 1:3; 28:31; 롬 10:1-11:5). "사람을 택하여 우리 주 예수 그리스도의 이름을 위하여 생명을 아끼지 아니하는 자인 우리가 사랑하는 바나바와 바울과 함께 너희에게 보내기를 만장일치로 결정하였노라"(행 15:25-26)

마지막으로, 우리가 알아야 할 내용은 구원받은 이후의 성도의 삶에 주도적으로 작용하는 믿음에 대한 이해입니다. 로마서 1장 17절은 "복음에는 하나님의 의가 나타나서 믿음으로 믿음에 이르게 하나니 기록된 바 오직 의인은 믿음으로 말미암아 살리라 함과 같으니라"는 말씀으로, '믿음'이란 말이 세 번이나 반복적으로 사용되어 있음을 보여 줍니다. 하나, "믿음으로"로 번역된 '에크 피스테오스'(ἐκ πίστεως, from faith)에서 'from faith'는 예수 그리스도를 마음으로 믿고 입으로 '구주 혹은 주'로 고백하

---

75) Tom Holland, *Romans: The Divine Marriage* [로마서 주석], 최성호, 정지영 옮김 (서울: 기독교문서선교회, 2016), 579.

는 기본적인 믿음을 가리킵니다. 이는 '하나님의 의'의 출발점입니다. 다시 말해 우리가 우리 주 예수 그리스도의 주 되심과 부활하심을 믿는 믿음으로부터, '하나님과 바른 관계를 맺는 길로 새 출발한다'는 뜻입니다.[76] 즉 믿음으로 구원받아 하나님의 나라에 들어간 백성들의 공동체인 교회 일원이 된 것입니다(Being). 다른 하나, "믿음에 이르게"란 말로 번역된 '에이스 피스틴'(εἰς πίστιν, to faith)은 '그리스도 예수를'주'로 고백하는 기본적인 믿음'의 결과로 나타나는 그리스도인의 삶을 특징짓는 '성숙한 믿음'을 가리킵니다. '에크'는 '~로부터'라는 뜻이라면, '에이스'는 '어떤 목표나 결과'를 가리키는 표현이기 때문입니다.[77] 즉 하나님의 나라 백성이자 교회 일원으로서 그리스도의 형상을 본받아 살아가는 'Lordship'의 삶입니다(Becoming). 또 다른 하나, "믿음으로 말미암아 살리라"로 번역된 '에크 피스테오스 제세타이'(ἐκ πίστεως ζήσεται, by faith shall be)는 하박국 2장 4절의 "보라 그의 마음은 교만하며 그 속에서 정직하지 못하나 의인은 그의 믿음으로 말미암아 살리라"는 말씀을 인용한 점에서, 의인이 어떻게 살아야 하는가에 대한 방법을 강조한 말씀입니다. 이는 하나님께서 바울을 통해 '하나님과 올바른 관계를 맺은 사람들'에게 주시는 결론적인 말씀입니다. 즉 '믿음으로 의롭게 된 의인은 그 믿음으로 말미암아 살 것'이라는 말씀입니다.[78] 이는 하나님의 나라와 주 예수 그리스도의 이름에 관하여 전도하며 사는 전도자의 삶입니다(Working, 행 21:8; 딤후 4:5). 달리 설명하면, "믿음으로 의롭다 함을 얻은 그리스도인"(from faith, Being)은, "그리스도의 주 되심 안에서 주께서 주시는 그 믿음(히 12:2, the author of our faith)을 따라 주를 본받아 의로운 삶을 살아가며"(to faith, Becoming, 요일 2:28-29), "날마다 성령

---

76) 제자원 편, 「옥스퍼드원어성경대전: 로마서 제1-8장」, 99.

님의 인도하심을 따라, 우리 주 예수 그리스도와의 연합 안에서 그 믿음으로 말미암는 의를 전도하며 살아가는 성도의 삶"이라 할 수 있을 것입니다(by faith, Working). 한편, 로마서 1장 17절 말씀으로 종교개혁의 기치를 들었던 마틴 루터는 아담과 하와가 "하나님 앞에서(Coram Deo, 창 3:8-13)" 본래의 위치와 목표가 아닌 사탄마귀의 이간질에 넘어가 하나님께 범죄했으며, "사람 앞에서"(Coram Hominibus, 창 3:12-16)와 "세상 앞에서"(Coram Mundo, 창 3:17-19) 하나님의 부요하심을 떠나, 고난의 삶을 사는 비참한 나락으로 떨어졌다고 표현했습니다(창 3:16-19; 참조, 롬 1:18-32; 엡 2:1-4).[79]

---

79) 마틴 루터는 세 부류의 세상 사람들을 묘사했습니다. 첫째, 자신의 부패한 본성과 행동을 인정하지 않으며, 죄를 깨닫지도 못하고 양심의 가책도 없이 태평스럽게 살아가는 가장 흔한 유형입니다. 둘째, 율법 앞에서 두려워하고, 하나님의 진노를 느끼고, 좌절감에 시달리며 사는 사람들입니다. 셋째, 자신들의 죄를 인정하고, 하나님의 진노를 당연한 것으로 여기며, 자신들이 죄 가운데서 잉태되어 태어났으며, 따라서 멸망할 자들임을 잘 알면서도, 복음에 귀를 기울이고, 하나님께서 예수 그리스도의 공로를 인하여 은혜로 죄를 사하시는 것을 믿고, 그로써 하나님 앞에 의롭다함을 받으며, 온갖 선행으로써 믿음의 열매를 나타내는 사람들입니다. Martin Luther, *Table Talk* [탁상담화], 이길상 옮김 (서울: 크리스챤 다이제스트, 2008), 113-4.

VII.
삼위일체
하나님이 세우신 교회
(유기적 생명체)

1. 교회는 누가 세웠을까요?

2. 교회는 언제부터 존재했을까요?

3. 교회는 어디서 시작되었을까요?

4. 교회는 무엇을 위한 교회일까요?

5. 교회는 어떻게 세워졌을까요?

6. 교회는 왜 세워졌을까요?

VII. 삼위일체 하나님이
세우신 교회
(유기적 생명체)

구약과 신약의 동시대에 살았던 순교자 스데반의 설교(행 7:1-38)에 의하면, 시내 산에서 '광야교회'(행 7:38)가 존재한 것으로 표현되어 있습니다. '교회'로 번역된 '에클레시아'(ἐκκλησία)는 문자적으로 '밖으로 불리어져 모인 사람들, 즉 그들의 모임'을 가리킵니다. 이는 구약에서 이스라엘 백성들의 총회를 지칭하여 '너희 총회'(신 5:22)로 번역된 '학카할'(הַקָּהָל) 곧 '카할'과 관련되어 있습니다(창 35:11; 민 16:2; 신 9:10; 18:16-22 등). 구약의 총회라는 말 '카할'(קָהָל)을 번역한 '에클레시아'는 신약에서 거의 모두가 그리스도교의 교회를 가리키는 단어입니다(마 18:18; 행 8:3 등). 이는 이스라엘 백성의 모임인 총회가 신약의 성도들의 모임인 신약교회의 예표이자 그림자임을 시사합니다.[1] 존 헤딩(John Heading)은 이스라엘이 속박과 주위의 적개심으로부터 불러내어졌듯이,

---

1) 제자원 편, 「옥스퍼드원어성경대전: 사도행전 제1-7장」, 603.

스데반 당시의 믿는 자들도 종교적 속박으로부터 불러내어진 사람들이라고 말했습니다.[2] 이제 육하원칙에 따라 교회관을 살펴보겠습니다.

1. 교회는 누가 세웠을까요?

1) 교회, 하나님이 자기 피로 사신 교회

사도 바울은 "…성령이 그들 가운데 여러분을 감독자로 삼고 하나님이 자기 피로 사신 교회를 보살피게 하셨느니라"는 말씀으로, 하나님께서 자기 피로 사신 교회의 주인이심을 밝히고 있습니다. '자기 피'란 예수 그리스도의 피를 일컫는 말인데, 왜 '그리스도께서'라 하지 않고 '하나님께서'라고 표현했는지에 대하여 견해 차이가 있습니다. 시내 사본과 바티칸 사본은 '하나님의'로 표기했고, 베자 사본을 비롯한 많은 사본들은 '주의'란 말 '퀴리우'(κυριυ)로 표현했습니다. 성경은 예수 그리스도를 '하나님'으로 증언하고 있다는 점을 염두에 두면 큰 차이점은 아니라고 봅니다(요 1:1-3; 롬 9:5; 참조, 계 1:5-6; 5:9-10).[3]

2) 교회의 주인, 삼위일체 한 분 하나님

복음서 중에서 '교회'란 말이 등장하는 곳은 마태복음 뿐 입니다. 마태복음 16장 18절은 "또 내가 네게 이르노니 너는 베드로라 내가 이 반석 위에 내 교회를 세우리니 음부의 권세가 이기지 못하리라"는 말씀으로, 교회의 존재와 주인과 특성을 밝히고 있습니다(참조, 마 18:17-20). 여기서 '내 교회'란 말 '무 텐 에클레시안'(μου τὴν ἐκκλησίαν)은 '~로부터'라는 '에크'와 '부르다'란 뜻을 가진 '칼레오'(καλέω)가 결합된 단어로, '부

---

2) John Heading, *Acts* [사도행전 강해(상)], 김병희 옮김 (서울: 전도출판사, 1993), 222.
3) 제자원 편, 「옥스퍼드원어성경대전: 사도행전 제15-21a장」, 560.

르심을 받은 자들의 모임'이란 뜻을 가진 문자적 의미입니다. 이는 일차적으로 교회란 '세상으로부터 하나님의 나라 백성으로 부르심을 받은 자들의 공동체'라 할 수 있습니다. 구약에서 집회(창 49:6)와 회중(민 16:33)이라는 뜻을 가진 '카할'은 어떤 종류의 집회와 관련되어 사용되었으나, 점차 하나님의 백성들을 가리키는 말로 사용되어 왔습니다. 이러한 구약 히브리어와의 상관성을 고려해 볼 때, 본절에서 사용된 '에클레시아'는 제도, 조직, 예배 형태 또는 예배 처소로서의 회당을 강조하기 위해 사용된 것은 아니었습니다. 오히려 에클레시아는 예수님에 의해 확립된 공동체가 구약의 이스라엘과 영적인 의미에서 긴밀하게 연결되어 있음을 보여 주고 있습니다. 즉 하나님의 공동체가 곧 예수님의 공동체라는 것입니다.[4]

　　신약은 마태복음 16장 18절의 "내 교회"란 말을 제외하고 나머지는 '하나님의 교회'란 말로 표현하고 있습니다(고전 1:2; 10:32; 11:22; 15:9; 고후 1:1; 갈 1:3; 살전 2:14; 딤전 3:5, 15). '교회' 개념을 가장 잘 정의하고 있는 고린도전서 1장 2절은 "고린도에 있는 하나님의 교회 곧 그리스도 예수 안에서 거룩하여지고 성도라 부르심을 받은 자들과 또 각처에서 우리의 주 곧 그들과 우리의 주 되신 예수 그리스도의 이름을 부르는 모든 자들에게"라는 말로써, 교회의 지역적 성격과 우주적 성격, 교회의 주인, 그리고 교회의 특성을 묘사하고 있습니다. 본절에서 '하나님의 교회'는 단수형으로 사용되었습니다. 이는 고린도에 있는 지역 교회를 뜻하기도 하지만 하나의 보편 교회(행 9:31)를 의미하기 때문입니다. 즉 고린도에 있는 교회 역시 예루살렘, 안디옥, 갈라디아 여러 교회들(갈 1:2), 빌레몬의 집(빌 1:2), 브리스길라와 아굴라의 집에 있는 교회(롬 16:5)처럼, 그리스도의 몸된 우주적 교회의 일부라는 것입니다. 그리고 '하나님의'란 뜻

---

4) 제자원 편, 「옥스퍼드원어성경대전: 마태복음 제11b-20장」 (서울: 제자원, 2000), 481.

이 '에클레시아'와 함께 쓰이면, 바울의 어법에서는 '부활하신 그리스도를 주로 모시고 그의 재림을 고대하며 새롭게 형성된 하나님의 종말론적 공동체'란 의미로 사용됩니다.[5] 하나님의 교회는 "그리스도 예수 안에서 거룩한 성도로 부르심을 받은 자들"로 구성된 참 아름다운 교회입니다. 특히 '~에 있는 하나님의 교회 곧 그리스도 안에서 ~한 사람들'이라는 패턴과 '그리스도 예수 안에서 ~에 있는 하나님의 교회'라는 패턴은 성부와 성자 사이가 떼려야 뗄 수 없는 관계임을 보여 줍니다(참조, 살전 1:1; 2:14 등). 이러한 표현은 하나님의 교회가 그 교회의 머리이신 예수 그리스도(엡 1:22; 골 1:18)의 말씀과 통치로 운행되어 가는 영적인 모임이라는 사실을 표현한 것입니다.[6] 어느 단체는 띄어쓰기를 하지 않고 "하나님의교회"라 칭하며 혼선을 야기하고 있습니다. 그러나 이들과 달리 성경은 띄어쓰기가 있는 "하나님의 교회"로 표현하고 있습니다. 그리고 "하나님의 교회"는 '그리스도 안에서 거룩하여지고 성도라 부르심을 받은 헌신된 사람들'을 지칭합니다.

3) 약속의 성령, 성도들의 최대의 선물

성경은 하나님의 선물을 사람의 육체적 필요를 채워주시는 몸적 선물(전 3:13; 5:19)과 영혼의 필요를 채워주는 영적 선물(엡 2:8; 행 2:38)로 표현하고 있습니다. 성경은 예수님을 주와 그리스도로 믿는 자들에게 인생의 갈증을 풀어줄 수 있는 생수와 같은 성령님을 선물로 주신다고 증언하였습니다(요 4:10; 7:38-39; 고후 1:20-22; 참조, 갈 3:13-14; 행 2:38). 성령님이 우리에게 최대의 선물이 될 수 있는 중요한 이유가 있습니다. 그것은 성령께서 성도 개인의 전인격적인 삶을 바꾸셨고, 또 우리 마음의 눈을 밝히셔서 새로운 세계를 보게 하시는 능력이시기 때문입니다(고전

---

5) 제자원 편, 「옥스퍼드원어성경대전: 고린도전서 제1-9장」, 44.
6) 제자원 편, 「옥스퍼드원어성경대전: 데살로니가전후서·디도서·빌레몬서」, 125.

2:10-16; 엡 1:17-23). 하나님께서 예수 그리스도를 통하여 오순절 날에 약 120명의 제자들이 다 한 곳에 모였을 때에 약속하신 성령님을 보내셨습니다. 그것은 우리 주 예수 그리스도를 주로 믿고 따르는 사람들에게 주어진 하나님의 구원의 선물(엡 2:8)이자 성령의 선물(행 2:38; 11:17; 갈 3:13-14)이었습니다. 그 때에 성령께서 새 사람과 새 공동체를 세우시는 새로운 일을 시작하셨습니다. 이러한 새 일은 성령께서 자신을 힘입어 복음을 전하는 자들과 함께 예수 그리스도의 십자가 죽으심과 부활하심을 전파하시고(벧전 1:12; 행 1:8; 8:29-39; 9:31; 16:1-7; 20:21-28), 그 복음을 믿음으로 받아들이는 사람들을 하나님께서 새 사람과 새 공동체인 교회로 세우는 방식으로 진행되고 있습니다. 새 세상의 기준은 예수 그리스도의 피값에 의한 것입니다(벧전 1:5, 18-21; 고전 6:20; 계 5:9-10). 예수님은 새 포도주와 새 부대로 오셔서(마 9:17), 새 교훈으로 가르치시고(막 1:21-27), 새 언약의 중보자로서 새 언약을 세우셨습니다(히 8:6; 9:15). 그리고 우리 주 예수 그리스도께서는 피값으로 사신 새 교회(신약교회)의 머리가 되셨습니다. 이제 우리는 그리스도 안에서 새로운 피조물이 되었고(고후 5:17-21), 또 그리스도의 피로 말미암아 이스라엘과 이방인이 한 새 사람으로 지어져 화평하게 되었습니다(엡 2:11-15). 이는 하나님께서 예수 그리스도를 믿고 새 사람이 된 우리 마음에 인치시고 보증으로 성령님을 주셨기 때문입니다(고후 1:21-22; 겔 11:18-21).

이제는 성령으로 말미암아 예수 그리스도의 피값으로 새 공동체가 세워지고 있습니다. 새 계명이 주어졌고(마 22:36-40; 막 12:28-33; 눅 10:25-27), 새 성전이 세워지고 있으며(요 2:19-22; 마 26:61; 막 14:58; 고전 3:16-17; 엡 2:20-22), 그리고 새 방식으로 하나님 나라가 세워졌습니다. 구약의 신정통치로서의 여호와의 나라(대상 28:1-5)가 성령으로 말미암아 우리 주 예수 그리스도를 믿고 구원받아 하나님의 나라에 들어가도록 전환되었습니다(요 3:3-8; 딤후 4:18). 신약의 하나님 나라는 "이미와 아직 아니"(already-not yet) 사이에 놓여 있는 형태로 진행하고 있습니다. 그것은 성도의 마음 안에 세워진 현재적 하나님의 나라(마 12:28; 13:19; 눅 8:10-12; 11:20; 17:20)와 아직 완성되지 아니한 미래의 온전한 하나님의 나라입니다(고전 15:20-24; 계 19-22장). 조지 래드는 예수님의 사상의 기본적인 구조가 "종말론적인 두 세대의 이원론"에 의한 것이라고 말합니다. 이는 구약의 예언자들이 죄악으로 물든 세계를 깨끗하게 하고, 땅 위에서 하나님의 완전한 통치를 구현시킬 주의 날과 하나님의 심판을 기대한 데서 비롯되어(암 9:13-15; 사 65:17), 후기 유대교 문헌들의 역사적 발전을 거쳐 '이 세대와 오는 세대'라는 관용어가 생겨난 것을 의미합니다. 그러나 조지 래드는 현 세계와 미래의 구속된 질서 사이를 대조시키는 구약적인 진술로 소급하고, 공관복음서에 증언된 예수님의 전체 메시지와 사역의 뼈대를 제공하는 마태복음 12장 32절에서 "이 세대-오는 세대"라는 완전한 형태의 관용어가 나타나 있다는 점을 강조하였습니다. "또 누구든지 말로 인자를 거역하면 사하심을 얻되 누구든지 말로 성령을 거역하면 이 세상과 오는 세상에서도 사하심을 얻지 못하리라"[7] '이 세대'에서 '세대'로 번역된 '아이오니'(αἰωνι)는 '세상'(world)과 '시대'(age)를 의미하며, 여기에 관사 '이'라는 말 '투토'(τούτῳ, this)가 있으므로 '이 세상' '이 시대'란 예수 그리스도께서 세상에 살아 있던 세대, 혹은 사람들이 지상에서 살아가는 모든 세대를 의미한다고 볼 수 있습니다. 뿐만 아니라 장차 다가올 오는 세상 및 시대란 예수님의 심판 이후에 전개될 영원무궁한 시대를 의미합니다.[8] 따라서 신약시대 하나님 나라의 "이미-아직 아니"의 개념은 이러한 내용으로 이해할 수 있을 것입니다.

---

7) Ladd, *A Theology of the New Testament* [신약신학], 47-50. 68.
8) 제자원 편, 「옥스퍼드원어성경대전: 마태복음 제11b-20장」, 158.

2. 교회는 언제부터 존재했을까요?

1) 교회, 그 기원의 문제

사도적 교부(Apostolic Fathers) 헤르마스(Hermas)는 이 세상에 있는 제도 가운데 가장 연세가 많으신 할머니는 '교회'라고 말했습니다. 교회는 가장 오래된 기원을 가지고 있다는 말입니다. 하나님의 교회의 기원에 관한 다양한 논의가 있습니다. 로마가톨릭은 이스라엘 백성공동체를 교회의 시작으로 이해하였습니다. 종교개혁자들은 교회의 뿌리를 유대교로 간주하며, 교회가 아담으로부터 시작되었다고 믿었습니다. 언약신학은 아브라함과 그 후손에게서 교회 기원을 찾았습니다(롬 11:17-24). 세대주의(dispensationalism)는 처음에는 유대인으로 구성된 교회였으나(행 2장), 나중에는 이방인들로 구성된 교회로 발전했다고 가르칩니다(행 9장; 13장; 28장). 미국 남침례교는 교회가 그리스도로부터 시작되었다고 가르칩니다(마16:18). 그래서 남침례교의 모토(motto)는 '신약교회 세우기'에 있습니다. 따라서 교회의 기원을 이해하려면, 종합적 접근으로 본 '창세 전'과 '창세로부터'로 이어지는 구속사 및 속량사적 연속성의 틀에서 볼 것을 권하고 싶습니다.

2) 하나님의 피로 사신 교회, 창세 전부터

성경은 하나님의 교회를 '하나님이 자기 피로 사신 교회'로 증언합니다. 그리고 그 피는 그리스도의 보배로운 피를 말합니다. 사도 베드로는 그리스도의 보배로운 피가 창세 전부터 알린바 되었다고 증언합니다(벧전 1:19-20; 엡 1:4-7). 특히 에베소서 1장 4절의 "곧 창세 전에…사랑 안에서 그 앞에 거룩하고 흠이 없게 하려고"라는 말씀 가운데, '그 앞에 거룩하고 흠이 없게 하려고'라는 구절은, 에베소서 5장 27절의 "자기 앞에 영광스러운 교회로 세우사 티나 주름 잡힌 것이나 이런 것들이 없이 거룩하고 흠이 없게 하려 하심이라"는 말씀과 연결되어 있음을 보여 줍니다. 즉 '하나님께서 거룩하고 흠이 없게 하려는 것'으로 표현한 이 구절은 거룩하게 된 성도 혹은 교회를 의미한다는 것입니다(엡 1:4; 고전 1:2; 엡 5:27-32).[9] 데오도르 에프(Theodore H. Epp)에 의하면, 에베소서 1장 4절은 "창세 전에 그리스도 안에서 선택된 에베소에 있는 성도들과 그리스도 예수 안에 있는 신실한 자들"을 가리키는 말씀입니다.[10] 교회는 그리스도 예수 안에서 거룩하여진 성도들의 모임이기 때문입니다(고전 1:2). 따라서 우리는 에베소서에서 교회가 영원한 때부터 하나님에 의해 계획되었다는 사실을 배우게 됩니다. 즉 교회에 대한 하나님의 계획은 영원한 과거로부터 이미 계획되었다는 것입니다. 영원한 과거란 '창세 전에'라는 시간적 요소를 의미합니다.[11] 저의 스승이신 권혁봉 님은 "창세 이전에 하나님의 심중에 누워 있던 교회를 역사 속에 가져와서 세워놓겠다는 것이었다"라는 말로 하나님의 의중을 잘 표현해 주었습니다.[12]

3. 교회는 어디서 시작되었을까요?

1) 교회, 구약과 신약교회의 연속과 비연속성

신약교회는 구약에 나타난 언약 백성인(창 17:7-8, 9-14; 출 3:2; 6:7; 신 6:6) 이스라엘과 이방인이 그리스도 안에서 그의 피로 가까워진 새 이스라엘 공동체를 지칭합니다(엡 2:8-22; 행 6:1; 고전 12:12-13, 14-28).

---

9) Lenski, *The Interpretation of St. Paul's Epistles to the Galatians and to the Ephesians* [갈라디아서·에베소서], 308.

10) Theodore H. Epp, *Living Abundantly: Studies in Ephesians* [풍성한 삶을 위하여], 고광자 옮김 (서울: 바울서신사, 1992), 25.

11) Ibid., 53.

12) 권혁봉, 「조직신학이 흐르는 교회 일생론」 (서울: 요단출판사, 2008), 109.

그 형태와 구조는 각기 다르지만, 그것은 많은 경우에 연속성과 비연속성을 가지고 역사 안에 출현했습니다. 신약의 '에클레시아'는 구약 공동체와 유형적 연속성을 지니면서도, 그 신앙적이고 역사적인 경험의 내용에 관한 한 전적으로 새로운 사건이라는 점에서 비연속성을 가지고 있습니다. 하지만 구약 공동체나 신약 '에클레시아'의 다양한 형태와 존재양식의 표현 뒤에는 하나님의 주권적 통치와 구원 사건이 일관성 있게 깔려 있음을 볼 수 있습니다. 구약의 공동체 형성 뒤에는 출애굽 사건이라는 대단원의 하나님의 구원 행위가 개입되어 있었습니다. 또한 신약의 '에클레시아' 뒤에는 예수 그리스도의 성육신과, 말씀과 이적, 십자가와 부활, 승천, 그리고 재림에 대한 약속이라는 하나님의 개입이 존재론적으로 자리 잡고 있습니다. 그러기에 성경적인 교회관에 대한 모색은 역사적 상황이라는 경험적 특색과 하나님의 주권적 행위와 개입이라는 양면에서 이루어져야 할 것으로 여겨집니다.[13)]

2) 구약 교회의 시초, 시내 산 광야에서

구약의 신앙 공동체는 다양하게 표출된 형태 뒤에 흐르는 '구원적 동기'에 의해 특징지어져 왔습니다. 구약 신학자들은 구원적 동기를 '여호와 하나님이 이스라엘과 세우신 언약' 관계에서 해석하는 경향이 있습니다. 즉 "나는 너희 하나님이 되고…너희는 내 백성이 되리라"는 언약의 내용입니다(창 17:7-8; 출 3:6-7; 6:2-8; 레 26:12; 렘 31:31-33; 마 1:21; 고후 6:14-18; 계 21:1-3, 4-7). 이 같은 언약은 이스라엘 자손의 신앙의 근거가 될 뿐 아니라, 이스라엘을 언약 공동체로 결속했던 원초적 힘이었습니다. 바로 이 언약에서 온 "야훼 신앙"은 이스라엘을 이방 문화와 종교로부터 구별하는 주요 요인이었습니다. 예컨대, 고대 이방종교는 고대 메

---

13) 은준관, 「신학적 교회론」 (서울: 대한기독서회, 1999), 69.

소포타미아 신화에서 유출되어 바벨론 신화, 시리아, 그리고 페니키아 종교로 이어오면서 형성되었습니다. 그들은 천상천하가 신비롭게 결합되어 있다는 우주론적 신관을 가지고 있었습니다. 그들과 달리 이스라엘 백성 공동체는 오히려 창조와 역사를 통하여, 자신을 드러내시고 말씀하시는 여호와 하나님과의 만남에서 신앙의 관계를 가졌습니다(사 44:6-8). 그것은 하나님의 창조, 언약, 족장들과의 언약, 출애굽, 광야에서의 인도, 시내 산 언약, 약속의 가나안 땅 정복, 부족 공동체 형성, 다윗 왕조 수립에 이르는 일련의 역사적 경험들입니다. 바로 이러한 역사적 사건들 속에서 만난 여호와 하나님과의 관계에서 태동된 공동체들은 '성막 공동체'(출 25:8-31:18; 33:7-11; 민 11:16-17), '성전 공동체'(대상 28:1-21; 왕상 5:1-9:9; 대하 2:1-7:22), 그리고 '회당 공동체'(시 74:1-8; 겔 33:1-9, 21-31)였습니다.[14]

사도 베드로와 사도 바울이 증언한 교회관은 '하나님의 백성' 사상이었습니다. 베드로전서 2장 9절에 나타나 있는 "택하신 족속," "왕 같은 제사장들," "거룩한 나라," "그의 소유가 된 백성"입니다. 신약성경 전체에 흐르는 "새로 지음 받은 이스라엘"(갈 6:14-15; 엡 2:10-19, 20-22)과 "아브라함의 자손들"(눅 19:9; 갈 3:6-16, 29; 히 2:14-16)이란 개념은 모두가 하나님의 백성으로서의 교회를 지칭하는 말입니다(엡 1:23; 2:8-22). 물론 이는 하나님의 "그리스도 안에서의 선택"에 기초하고 있습니다(엡 1:4-7; 벧전 1:2). 하나님의 백성은 '피로 세운 언약'에 의해 세워진 백성이었습니다(벧전 1:2, 18-21; 엡 1:4-7; 참조, 창 17:1-14, 19-27; 출 12:1-42; 24:1-8; 히 9:10-15, 18-26, 28). 이는 이스라엘 공동체와 신약 교회가 연속성을 지니고 있음을 보여 주는 대목입니다. 그러나 헬렌 두한(Helen Doohan)은 신약교회가 "그리스도 안에 있는 믿음"(딤후 3:15),

---

14) Ibid., 71-2.

또는 "그리스도 안에서"(엡 1:3, 4, 6, 9, 10, 12; 골 1:19-28, 29; 벧전 5:10) 일어난 '하나의 새로운 사건'으로 증언되어 있다는 점에서, 하나님의 백성으로서의 교회는 이스라엘과의 비연속성 가운데 놓여 있다고 말했습니다. 다시 말해 하나님의 백성으로서 신약교회는 이스라엘의 언약과 선민사상에 그 뿌리를 두면서도, 그것은 우리 주 예수 그리스도에 의해 새로운 차원의 백성으로 불리어진 것을 의미한다는 말입니다.[15) 이는 언약적 측면에서 보면, 구약의 아담언약, 노아언약, 아브라함언약, 모세언약, 다윗언약, 그리고 이 언약들에 대한 성취로서 예수 그리스도께서 세우신 새 언약으로, 구속사 및 속량사가 진행되고 있기 때문에 그러한 것으로 여겨집니다(렘 31:31-34; 마 1:1; 갈 3:8-29; 히 8:1-13; 10:1-17, 18-22).

3) 신약교회, 오순절 날 예루살렘에서

벵겔에 의하면, 구약에 나오는 시내 산에서의 오순절(출 12:1-42〈민 9:1-14〉; 23:14-16; 34:18-35; 레 23:1-44; 민 28:16-31; 신 16:1-17; 대하 8:13; 행 7:38)과 신약에 나오는 예루살렘에서의 오순절은 가장 분명하게 하나님의 두 현현, 즉 율법과 복음에서의 현현을 나타내고 있습니다.[16) 오순절 날에 약 120명이 모인 자리에 임하신 성령님은 하나님의 은혜로 회개하고 예수 그리스도의 죽으심과 부활하심을 믿는 자들에게 주신 하나님의 선물이었습니다(행 2:38; 갈 3:13-14). 사도행전 2장 1절의 '오순절 날이 이미 이르매'라는 말씀에서 '오순절'로 번역된 '펜테코스테스' (πεντηκοστῆς, pentecost)는 '그 50일 째 되는 날'이란 뜻입니다. 농업적 배경을 가지고 있는 오순절은 유월절 후 첫 안식일 다음날로부터 7주 후, 그 다음날을 계산하여 지키는 날로서 이 날은 보리 추수를 기념하여 지켰

---

15) Ibid., 153-4.
16) John A. Bengel, *Bengel's New Testament Commentary* [벵겔 신약주석: 사도행전 (상)], 고영민 역 (서울: 도서출판 로고스, 1991), 69.

습니다. 이 날은 맥추절(출 23:14-16) 혹은 맥추의 초실절(출 34:18-22)이라고도 부릅니다. 이는 구약의 용어인 '칠칠절'이라는 이름에서 잘 드러나 있습니다. 사실 '오순절'이란 말은 우리말로 '다섯'을 가리키는 '오'(五)와 '열'을 가리키는 '순'(旬)을 결합시켜 '50일째 되는 절기'란 말입니다. 오순절은 칠칠절을 헬라어로 번역하면서 '다섯'을 뜻하는 '펜테'(πέντε)의 '배수'에서 '서수'로 바꾸어, '오십 번째'란 의미의 '펜테코스테'(πεντηκοστή)를 우리말로 번역한 데서 생겨난 이름입니다. 오순절은 구약 시대부터 유월절과 장막절(민 29:12-40; 레 23:33-44) 사이에 지켜지던 3대 절기 중의 하나였습니다(출 34:22-23). 구약의 칠칠절은 40년 광야생활 동안 만나와 메추라기를 먹었던 이스라엘 백성들이, 가나안 땅에서 첫 곡식을 수확한 것에 대한 감사의 의미로 드린 절기였습니다. 바로 이러한 오순절 날에 성령 강림이 이루어졌다는 것은 죽어가는 영혼에게 복음을 전하여, 그들을 사망의 권세에서 건져낼 능력으로서 하나님의 성령이 영혼의 양식으로 부어진 것을 상징적으로 보여 주는 것이라 할 수 있습니다. 뿐만 아니라 유월절은 이스라엘 민족이 애굽으로부터 자유를 얻은 날을 기념하는 절기였다면, 오순절은 그들이 하나님의 약속하신 가나안 땅에 들어가게 된 것을 기념하는 절기라는 데 의의가 있었습니다. 즉 광야 생활을 청산하고 하나님께서 주신 약속의 땅에서 하나님의 백성으로서의 새로운 시작을 기념하는 의미였습니다. 오순절의 이 같은 구약적인 의의는 신약 시대의 새로운 하나님 나라의 본격적인 시작이라 할 수 있는 신약교회의 태동으로 이어진 것입니다.[17] 이는 신약교회의 태동으로 천국 열쇠를 가진 교회가 하나님 나라를 전파하여 본격적으로 하나님의 나라를 세우는데 전념할 수 있게 되었다는 말입니다(눅 22:28-30; 행 1:3; 8:12; 19:8; 20:21-25, 28; 28:23, 31).

---

17) 제자원 편, 「옥스퍼드원어성경대전: 사도행전 제1-7장」, 132.

바로 오순절 날에 아버지께로부터 예수께서 보내주신 성령 강림이 이루어졌다는 것은, 보다 직접적으로 초기 교회의 급속한 확장을 위한 준비 단계로서 중요한 의미를 갖습니다(참조, 행 2:5-13; 20:16).[18] 복음서가 증언하듯이 예수께서 유월절 전날에 붙잡히시고(마 26:1, 17-30, 47-56; 막 14:1, 12-50; 눅 22:1-62; 요 13:1-30; 18:28-40; 19:14, 31; 참조, 고전 5:7; 히 11:29), 다음 날에 수난당하시고 부활하셨습니다. 그리고 부활하신 예수님은 40일 동안 제자들과 함께 하신 후 승천하셨으며, 열흘 정도 지난 후에 오순절이 다가 온 것입니다. 바로 그 날에 성령께서 강림하신 것은 각기 별개의 일이거나 우연히 발생한 사건이 아니라, 이는 하나님께서 치밀하게 계획하신 구속사 및 속량사 과정에서 이루어진 사건임을 보여 주는 것입니다.[19]

4. 교회는 무엇을 위한 교회일까요?

1) 주님의 교회, 천국 복음을 전파하는 교회

예수 그리스도께서 공생애 사역 중에 처음으로 신약교회에 대한 예언의 말씀을 제자들에게 주셨습니다. 그것은 마태복음 16장 13-24절에 나타나 있는 예수님의 교회관입니다. 예수님이 예언하시고 마태가 증언한 교회관은 "주는 그리스도시요 살아 계신 하나님의 아들이시니이다"라는 신앙고백이 담고 있는 부활신앙에(참조, 마 16:16, 21; 행 2:36; 롬 10:8-9) 기초한 주님의 교회였습니다. 주님의 교회는 하나님께로부터 난 자들이 천국 열쇠를 가지고 매고 푸는 능력으로 천국 복음을 전파하는 교회였습니다(마 16:18-19). 예수께서 친히 하신 이 말씀은 오늘의 모든 그리스

18) Ibid.
19) Ibid., 133.

도인들과 교회가 옮겨서는 아니 되는 "지계석"과도 같은 말씀입니다(잠 22:28), '지계석'이란 말 히브리어 '께불'(גְּבוּל)은 '경계'를 표시하기 위해 놓는 '돌'을 의미합니다. 이는 이스라엘 자손들이 가나안 땅에 입성한 후 각 지파별로 영토를 분배 받고 그에 따라 토지의 경계를 나타내는 지계석을 놓은 데서 기인합니다. 그들은 조상 때부터 정해진 지파와 가족별로 분배받은 땅을 그의 후손에게 기업으로 고스란히 대물림해야 했으며, 그 어떠한 경우에도 변경이 없어야 했습니다.[20] 이처럼 마태복음 16장 13-24절은 예수님이 말씀하신 지계석과도 같은 몇 가지 소중한 메시지를 간직하고 있습니다.

첫째, 교회의 기초란 "주는 그리스도시요 살아 계신 하나님의 아들이시니이다"(마 16:16)라는 신앙고백이라는 사실입니다. 이는 바로 베드로의 신앙고백이 그리스도께서 주인이 되는 교회의 출발을 이루는 핵심적인 고백이며, 또한 그의 신앙고백이 만세대에 계속 이어질 그리스도 교회의 기초가 될 것임을 강조한 것입니다.[21] 달리 말해 '주는 그리스도시요'라는 신앙고백은 '십자가 대속 사역,' 즉 '십자가 죽으심과 부활신앙'과 직결되어 있기 때문에, 신약교회의 가장 중요한 핵심적인 기초석이 되어야 한다는 의미입니다. 성경은 "하나님께서 십자가에 못 박히신 예수님을 주와 그리스도가 되게 하셨다"고 선언합니다. 예수님께서도 베드로가 "주는 그리스도시요 살아 계신 하나님의 아들이시니이다"(마 16:16)라고 신앙고백을 한 후에 다음과 같이 네 가지를 말씀해 주셨습니다. **먼저**, 예수님은 베드로에게 "바요나 시몬아 네가 복이 있도다 이를 네게 알게 한 이는 혈육이 아니요 하늘에 계신 내 아버지시니라"는 말씀으로, 신앙고백의 근원이 '아버지 하나님이심'과 그것이 '복'이 됨을 말씀해 주셨습니다(마 16:17). **다음에**, 예수님은 "너는 베드로라 내가 이 반석 위에 내 교회를 세

---

20) 제자원 편, 「옥스퍼드원어성경대전: 잠언 제14-24장」 (서울: 제자원, 2006), 541.
21) 제자원 편, 「옥스퍼드원어성경대전: 마태복음 제11b-20장」, 482.

우리니 음부의 권세가 이기지 못하리라"는 말씀으로, '베드로의 신앙고백 위에 주님의 교회를 세우실 것'과 '음부의 권세가 이기지 못하는 교회의 특성'에 대하여 말씀하셨습니다(마 16:18). 그 다음에, 예수님은 "내가 천국 열쇠를 네게 주리니 네가 땅에서 무엇이든지 매면 하늘에서도 매일 것이요 네가 땅에서 무엇이든지 풀면 하늘에서도 풀리리라"는 말씀을 통해, 베드로와 그의 신앙고백 위에 세우시는 주님의 교회의 사명과 권위가 '천국 열쇠를 가지고 매고 푸는 것'에 있음을 말씀해 주셨습니다(마 16:19; 참조, 눅 22:28-30; 요 21:15-23; 행 1:2-15:29). 마지막으로, 예수님은 "이 때로부터 예수 그리스도께서 자기가 예루살렘에 올라가 장로들과 대제사장들과 서기관들에게 많은 고난을 받고 죽임을 당하고 제삼일에 살아나야 할 것"을 제자들에게 비로소 나타내셨습니다(마 16:21). 즉 예수님 자신의 '십자가 죽으심과 부활'을 통해 주님의 교회가 세워질 것을 결정적으로 말씀하신 것입니다. 신약교회는 하나님께서 할례자의 사도로 삼으신 베드로와 무할례자(이방인)의 사도로 삼으신 바울을 통해(갈 2:7-8), '그리스도의 십자가 죽으심과 부활'을 믿고 따르는 모든 그리스도의 제자들로 세워진 지계석과도 같은 하나님의 교회였습니다(행 2:36; 8:12; 9:20-22; 11:20-21; 16:31; 20:21; 28:31; 롬 1:1-8, 9-17 등; 벧전 3:18). 특히 사도 바울은 "하나님 아버지께서 죽은 자 가운데서 살리신 부활"을 '복음'(롬 1:1-4; 16:25-26; 참조, 막 1:1; 갈 1:1; 고전 2:2-4)으로 증언했으며, 또 바울은 이 같은 복음의 내용이 바로 구원의 조건이 되는 '믿음의 말씀'이라고 확실하게 증언하였습니다(롬 10:8-10; 참조, 요 11:25-27; 20:31). 제임스 톰슨은 바울이 전한 복음이 바로 교회를 존재케 하는 토대로 남아 있음을 보여 준다고 확신했습니다.[22]

---

22) James W. Thompson, *The Church Paul: Rediscover Community Conformed Christ* [바울의 교회론: 그리스도를 닮은 공동체 재발견하기], 이기운 옮김 (서울: 기독교문서선교회, 2019), 56.

한편, '주'로 번역된 '쉬'(Σὺ)란 말은 2인칭 단수형으로 '당신'(You)이란 뜻입니다. 그리고 '그리스도'(Χριστὸς)는 히브리어 '메시야'로 번역된 '마쉬아흐'(מָשִׁיחַ)로서 '기름부음 받은 자'를 뜻합니다(단 9:25-26; 레 4:3, 5; 삼상 2:10; 요 1:41). 구약에서는 왕과 제사장과 선지자의 임명에서 기름부음이 있었습니다(출 29:29; 삼상 16:12-13; 왕상 19:16; 시 89:20; 사 45:1). 예수께서 왕(마 2:1; 요 19:19-20; 계 17:14)과 제사장(히 5:5-10)과 선지자(행 7:37-59; 마 13:57; 21:10-11; 참조, 마 11:9) 역할을 담당하시기 위하여, 하나님의 권능의 지위와 권리를 이양 받으신 참 구원자임을 나타내는 말입니다. 그리고 '하나님의 아들'이란 예수님의 신성을 강조하는 표현으로, 예수께서 영원히 자존하시는 하나님의 독생자임을 나타내는 말입니다(요 10:30-33).[23] 여기서 우리는 "그리스도와 교회" 사이의 밀접한 관계를 볼 수 있습니다.

둘째, 교회 구성원의 조건인 구원의 주체는 하나님이라는 사실입니다. 이 점은 "이를 알게 한 이는 혈육이 아니요 하늘에 계신 내 아버지시니라"(마 16:17)는 말씀에서 제시되어 있습니다. 즉 교회는 "주는 그리스도시요 살아 계신 하나님의 아들이시니이다"라고 고백한 베드로 자신의 산물이 아니라, 이는 그렇게 고백하도록 하신 '하늘에 계신 아버지 하나님의 산물'이라는 것입니다(참조, 요 1:12-13; 3:5-8; 고전 12:3). 여기서 우리는 "교회와 구원"이 서로 밀접한 관련을 갖고 있음을 발견하게 됩니다.

셋째, 교회의 주인은 예수님(마 16:18) 곧 하나님이라는 사실입니다(고전 1:2). 이는 "너는 베드로라 내가 이 반석 위에 내 교회를 세우리니 음부의 권세가 이기지 못하리라"(마 16:18)는 말씀에 나타나 있습니다. 체스터 레만(Chester K. Lehman)은 '내 교회'란 말 '무 텐 에클레시안'(μου τὴν ἐκκλησίαν)은 마치 하나님께서 시내 산에서 언약을 세우시고, 그 언약 아

---

23) 제자원 편, 「옥스퍼드원어성경대전: 마태복음 제11b-20장」, 477-8.

래에서 이스라엘 백성들이 '하나님의 카할(קָהָל)'이 되어 신정통치를 세우셨던 것처럼, 예수님께서도 메시야로서 통치를 수립하셨으며 또 그의 통치 아래에서 모든 믿는 자들이 그의 교회를 구성한 것을 의미한다고 말했습니다(참조, 마 28:18; 눅 22:28-30; 엡 5:5; 골 1:13-27).[24] 이런 의미에서 교회의 주인은 하나님이신 주 예수 그리스도이십니다(요 1:1-3; 롬 9:5). 허버트 프랑케묄러(Herbert Frankemöller)는 '부활하신 그리스도와 그 공동체 사이의 결속'에서 교회의 요지(要旨, the point)를 찾아야 한다고 권면합니다. 이는 마치 '여호와께서 이스라엘과 결속'하신 것처럼, 주 예수 그리스도께서는 그의 공동체와 결속하셨다는 것입니다. 비록 이스라엘이 이를 거부했을지라도, 하나님께서는 예수 그리스도를 통해 새 언약을 세우셨기에 그러합니다(렘 31:31-34; 히 8:4-13; 9:1-15; 참조, 갈 3:8-29). 따라서 예수님이 말씀하신 '내 교회'란 '예수님의 제자들과 교회 구성원들 사이에 세우신 깊은 결속'을 의미합니다. 나아가 그 결속은 '예수님의 가족으로서 뿐 아니라 그의 백성과 교회 같은 집합적인 결속'을 의미합니다.[25]

한편, 예수 그리스도의 교회의 주인 되심은 '반석'이란 말에서도 알 수 있습니다. 로마가톨릭교회는 '반석'을 베드로로 간주하며 그를 초대 교황이라고 잘못된 해석을 내렸습니다(엡 2:20). 그러나 성경은 사도 베드로가 자신을 '장로'라 칭했음을 보여 줍니다(벧전 5:1). 사도 요한도 자신을 '장로'로 소개했습니다(요이 1:1; 요삼 1:1). 이에 종교개혁자들은 '반석'을 "주 예수 그리스도"(사 26:4; 고전 10:4; 엡 2:20, Martin Luther)로 간주하거나, "주는 그리스도시요 살아 계신 하나님의 아들이니이다"라는 베드로의 신앙고백으로 이해하였습니다(John Calvin).[26] 렌스키는 '페트

24) Chester K. Lehman, *Biblical Theology II* 「성경신학 II」, 김인환 역 (서울: 크리스챤다이제스트, 1994), 293.

25) Donald Senior, *What are they saying about Matthew?* [최근 마태신학 동향], 홍찬혁 역 (서울: 기독교문서선교회, 1995), 111-2.

26) Ladd, *A Theology of the New Testament* [신약신학], 119.

로스'라는 베드로의 인격과 '페트라'라는 반석의 차이로부터, 비록 베드로의 신앙고백이 예수께서 세우시는 교회의 기초석이라 할 때조차도, 예수 그리스도를 반석으로 해석한 마틴 루터가 옳다고 주석했습니다(참조, 출 33:17-21; 고전 10:4; 3:11; 엡 2:20).[27] 이처럼 교회의 토대가 되는 '반석'을 육과 혈을 가진 베드로로 해석하는 로마가톨릭의 견해는 올바르지 않습니다. '베드로'란 이름 '페트로스'(Πέτρος, Petros, 남성 단수)는 '하나의 작은 돌'(a stone)을 뜻하지만, 바위를 나타내는 말 '페트라'(πέτρα, Petra, 여성 단수)는 '반석'(rock)으로서 집의 기초와 암맥을 뜻하는 단어이기 때문입니다.[28] '페트로스'는 거대한 바위에서 떨어져 나온 하나의 작은 조각에 불과하다는 뜻입니다.[29]

다른 한편, 예수 그리스도의 교회의 주인 되심은 '음부의 권세가 이기지 못하리라'는 말씀에서도 알 수 있습니다. 성경은 '예수께서 하나님의 아들이심을 믿는 자가 아니면 세상을 이기는 자가 누구냐'라고 질문하고 있습니다(요일 5:1-5). 성경은 예수 그리스도께서 사망과 음부의 열쇠를 가지신 분으로 증언합니다(계 1:18). 그리고 '음부의 권세'란 '음부의 문'(πύλαι ἄδου, the gates of hell)으로서 죽음을 의미합니다. 따라서 음부의 권세가 이기지 못할 것이란 말은 '사망과 음부의 열쇠를 소유하고 계신 예수 그리스도와 이분의 교회'야 말로, 사망의 영역으로부터 생명의 영역으로 인류를 구원할 수 있다는 강력한 교회의 특성을 나타내는 표현으로 보입니다. 렌스키에 의하면, 예수께서 자기 교회를 세우실 기초에 대하여 말씀하실 때, 예수님은 그의 강력한 원수를 생각하고 계셨습니다.[30]

---

27) R. C. H. Lenski, *The Interpretation of St. Matthew's Gospel II* [마태복음(하)], 문창수 역 (서울: 백합출판사, 1981), 46.
28) 제자원 편, 「옥스퍼드원어성경대전: 마태복음 11b-20장」, 482.
29) Archibald T. Robertson, *Word Pictures in the New Testament* [원어연구해설: 마태복음, 마가복음], 김상기, 이상식 공역 (서울: 기독성문출판사, 1993), 162.
30) Lenski, *The Interpretation of St. Matthew's Gospel II* [마태복음(하)], 48.

이는 예수님의 교회가 영적 전투에 능한 능력을 소유하고 있다는 것을 의미하는 말입니다. 아취발드 로버트슨은 요한계시록 1장 18절과 연계하여 음부의 권세를 '죽음의 세력'으로 보았습니다. 여기서 그는 두 종류의 건물을 볼 수 있다고 말합니다. 하나는 반석 위에 있는 예수 그리스도의 교회이고, 다른 하나는 죽음의 집입니다. 그러기에 본절은 예수 그리스도의 교회가 번성하고 끝까지 존속하리라는 소망의 메시지입니다. 예수 그리스도께서 음부의 문을 부수고 정복자로 나타나실 것이기 때문입니다(히 9:27). 즉 주께서 영원히 살아계셔서 그의 백성인 교회의 영속을 보장해 주실 것이기 때문에, 음부의 권세가 결코 그리스도의 교회를 폐쇄하지 못할 것이라는 확신입니다(계 20:1-6, 7-10).[31] 마이니어(P. S. Minear)는 '교회와 음부와의 싸움을 예수 그리스도와 사탄마귀와의 싸움의 연장으로 보았습니다. 그리고 그는 예수 그리스도의 제자들도 이 싸움에 참여하여 사람들의 질병과 사망의 속박으로부터 구원되는 것을 볼 수 있다고 진술했습니다. 이 같은 마이니어의 진술에, 하나님의 나라 역시 영적 전투를 통해 세워진다는 사실을 더하면 성경적인 교회관이 될 것입니다(마 16:18-19; 11:11-12; 행 13:1-49; 갈 5:16-21; 엡 2:1-22; 6:10-20; 참조, 딤후 2:2-12; 계 5:9-10; 11:15; 20:1-10; 참조, 고전 4:20). 여기서 우리는 "교회와 음부의 세력과의 영적 전투"가 연결되어 있음을 보게 됩니다.

넷째, 교회의 권위와 사명에 관한 것입니다. 그것은 "매는 것"(binding)과 "푸는 것"(loosing)입니다. 이는 "내가 천국 열쇠를 네게 주리니 네가 땅에서 무엇이든지 매면 하늘에서도 매일 것이요 네가 땅에서 무엇이든지 풀면 하늘에서도 풀리리라 하시고"라는 말씀에 나타나 있습니다(마 16:19). 여기서 '열쇠'는 '천국'과 '매는 것'과 '푸는 것'과 관련되어 사용되고 있습니다. 벵겔은 이 열쇠를 '권위'와 '직무' 관점에서 설명하였습니

---

31) Robertson, *Word Pictures in the New Testament* [원어연구해설: 마태복음, 마가복음], 164.

다. 그의 주석에 의하면, 열쇠는 권위를 나타냅니다. 열쇠는 '닫고' '여는' 두 가지 목적에 유용합니다. 베드로는 유대인들과 이방인들에게 천국으로 들어가는 입구를 효과적으로 열었습니다(마 16:16-17; 참조, 마 23:3, 13; 비교 눅 11:52). 예수 그리스도께서는 '매고 푸는 것'을 말씀하시면서 교회나 세상 나라에 대하여 말씀하지 않으시고, 천국에 대하여 말씀하셨습니다. 그리고 '매면 매일 것이요, 풀면 풀리리라'는 말씀은 열쇠들에 적용된 것이 아니라, 그것은 사용하는 것과 관련되어 있습니다. 이는 베드로가 예수 그리스도의 이름으로 그의 사도적 권위로 행하였던 것을 의미합니다. 즉 가르치고, 확신시키고, 권면하고, 금지하고, 허용하고, 위로하고, 사죄하고(마 18:15, 18; 요 20:23), 병을 고쳐주고(행 3:6-16; 9:34), 죽은 자 가운데서 일으키고(행 9:36-43), 벌하기도 한 것입니다(행 5:1-5, 6-11).[32] 성경은 베드로가 사도행전 15장 1-21절에서 '행한 일과 그것이 하늘에서 허용된 일'에 대한 사례를 보여 주었습니다. 그것은 '모세의 율법대로 할례를 받지 아니하면 구원을 받지 못하리라'고 미혹했던 바리새파 사람들의 거짓 교훈과 관련하여 예루살렘 회의에서 있었던 일입니다. 그 때 사도 베드로는 그 일을 자신의 독단적 권위로 처리하지 아니하고, 예루살렘 교회에 있는 사도와 장로들이 모여 서로 논의하여 처리하였습니다(행 15:6-13). 아울러 요한복음 21장 15-18절은 베드로가 복음을 위해 순교의 길을 걸어간 사실을 보여 주었습니다(행 1:15-8:25; 9:32-12:19; 15:1-11). 이처럼 베드로는 '매는 것과 푸는 것'에 대한 '사명'을 감당했습니다. 그러나 그가 행사한 '권위'는 목회적 직무에 사용한 권위였습니다. 그리고 성경은 '그 열쇠'를 '천국 열쇠들'(the keys of the kingdom of heaven)로 표현했습니다. 이는 교회가 천국 복음을 전파하여 세상 나라가 우리 주와 그의 그리스도의 나라가 되어, 그가 세세토록

---

32) John A. Bengel, *Bengel's New Testament Commentary* [벵겔 신약주석: 마태복음(히)], 고영민 역 (서울: 도서출판 로고스, 1990), 71.

왕 노릇하실 수 있도록 '천국 열쇠들'을 사용하라는 것을 의미합니다(계 11:15; 골 1:13-18; 고전 15:24).

한편, 교회의 사명과 관련하여 렌스키는 두 가지 사실을 주목하였습니다. 하나는 천국은 마태복음 16장 18절의 '내 교회'와 동일한 것이 아니라는 점입니다. 다른 하나는 마태복음 16장19절의 열쇠는 '천국 열쇠에 속한 것'이라는 점입니다. 렌스키에 의하면, 교회는 천국의 지상적인 면을 나타내는 데 반하여, 천국은 지상적인 면과 천상적인 면 모두를 보여 줍니다. 이런 까닭에 교회는 '왕이신 메시야와 함께 통치하는 모든 사람'을 포함합니다(참조, 골 1:12-29; 벧후 1:1-11; 계 5:9-10). 반면에 천국 곧 하나님의 나라는 '그리스도께서 그의 구원의 은혜를 행사하는 전 영역'을 말합니다. 그리스도께서 이곳 지상에서는 이 일을 복음을 통해 행하시기 때문에, 복음이 전파되는 곳마다 그의 나라는 임재하고 활동하고 있습니다(참조, 마 12:22-27, 28-29, 43-45; 눅 11:20-26; 22:28-30; 골 1:12-19; 계 5:9-10; 11:15; 20:1-7). 이것이 '매는 것'과 '푸는 것'에 대한 바른 이해입니다. 그러므로 렌스키는 '열쇠'란 말을 사람의 권위에 의해 천국에서 내쫓는 권세로서 '매는 것'이나, 천국에 입국시키는 권세로서 '푸는 것'으로 이해하는 일이 있어서는 아니 된다는 점을 강조했습니다. 나아가 그는 이 지점이 바로 옛적 성경 해석학의 규칙, 즉 "성경은 성경이 해석한다"[33]는 말을 따라야 할 곳이라고 주장했습니다(마 4:23-24; 12:28-29; 16:19; 18:15-20).[34] 특히 마태복음 12장 29절에서 '결박하다'란 말로 번역된 '데세'(δήση)는 마태복음 16장 19절의 '매면'이란 말과 동일한 단어로 사용되었습니다. '데세'란 말은 예수님께서 아담과 하와의 타락 이후 이 세상을 미혹하는 영으로서 세상의 주관자가 되었던 사탄마귀의

---

33) Paul Althaus, *The Theology of Martin Luther* [루터의 신학], 이형기 역 (서울: 크리스챤 다이제스트, 2001), 93-6.

34) Lenski, *The Interpretation of St. Matthew' s Gospel II* [마태복음(하)], 48-9.

시험에서 이기셨으며(마 4:1-11), 공생에 사역을 펼치시는 가운데 하나님 나라를 확장하시며 귀신을 쫓아내심으로 사람보다 강한 자 사탄을 결박하셨음을 표현하는 말입니다.[35] 따라서 주님의 교회의 사명은 예수 그리스도께서 주신 천국 열쇠들을 활용하여, 하나님의 나라를 세워나가며 매고 푸는 일을 행하는 존귀한 사명이라 할 수 있습니다. 우리는 여기서 '그리스도'와 '교회'와 '음부의 세력과의 영적 전투'와 '구원'과 '천국 및 하나님 나라'가 밀접하게 연계되어 있음을 볼 수 있습니다.

다섯째, 자기를 부인하고 자기 십자가를 지는 일입니다(마 16:24). 예수께서는 '자기 부인'에 대하여 말씀하시기 전에, 예수님이 예루살렘에 올라가 많은 고난을 받으시고 죽임을 당하며 제삼일에 다시 살아나야 할 것을 제자들에게 말씀하셨습니다. 그러자 베드로가 '주여 그리 마옵소서 이 일이 결코 주께 미치지 아니하리이다'라며 예수님을 붙들고 항변하였습니다. 그 때 예수님은 "네가 하나님의 일을 생각하지 아니하고 도리어 사람의 일을 생각하는도다"(마 16:21-23)라는 말씀으로 책망하시고, "누구든지 나를 따라오려거든 자기를 부인하고 자기 십자가를 지고 나를 따를 것이니라"는 말씀을 주셨습니다. 이처럼 '자기 부인'은 '사람의 일을 생각하는 것'을 내려놓고, '하나님의 일을 생각하는 것'을 선택하는 일입니다. '자기 부인'이 되지 아니하면, '자기 십자가를 지는 것'과 '예수님을 따르는 것'뿐 아니라, 마태복음 16장 16-19절 말씀을 결코 실현할 수 없기 때문입니다. '자기를 부인하고'란 말로 번역된 '아파르네오마이'(ἀπαρνέομαι)는 '부인하다'(눅 22:57)의 뜻을 가진 '아르네오마이'(ἀρνέομαι)에 '~로부터'라는 뜻의 전치사 '아포'(ἀπό)가 접두어로 쓰여, '어떤 사실을 인정하지 않는 적극적인 행동'을 나타내고 있습니다. 또한 '아르네오마이'는 '거절하다'(히 11:24)라는 뜻도 있는데, 이는 사람의 욕구와 유혹을 물리치는

---

35) 제자원 편, 「옥스퍼드원어성경대전: 마태복음 11b-20장」, 154.

35) 제자원 편, 「옥스퍼드원어성경대전: 마태복음 11b-20장」, 154.

적극적인 행동을 의미합니다. 그러므로 '자기를 부인한다'는 것은 '자신의 의지와 뜻'을 부정하고, 또 '자신의 욕구와 육체의 유혹'을 단호히 물리치는 적극적인 행동을 말합니다(갈 5:17).[36]

어떤 경우에는 '아르네오마이'가 '배반하다'(딤전 5:8), '저버리다'(계 2:13)의 뜻으로 번역되기도 합니다. 이는 예수 그리스도를 믿고 따르는 제자가 이전에 섬겼던 세상 주인과의 관계를 청산하고, 세속적인 의리를 저버린 채 참 주인이신 예수께로 돌아오는 것을 말합니다. 우리가 구원받기 전에는 사탄마귀의 권세 아래에서 그를 섬겼던 진노의 자녀였기 때문입니다(엡 2:1-6).

나아가 '십자가'로 번역된 '스타우로스'(σταυρός)는 우리가 생각하는 능력이나 영광을 상징하는 것이 아닌 고난과 희생을 의미합니다. '십자가를 진다'는 것은 형벌을 선고받은 죄수가 자신의 십자가를 지고 처형장까지 가야 하는 로마의 사형 방식이었기 때문입니다(마 27:32). 그러므로 죽음의 길이자 희생과 고난의 길인 십자가를 진다는 것은, 우리가 그리스도를 따름으로써 생겨나는 온갖 고난과 죽음도 각오하는 헌신된 마음을 뜻합니다(마 16:25-27; 행 21:13).[37] 따라서 "주는 그리스도시요 살아계신 하나님의 아들이니이다"라는 부활신앙으로 세워진 주님의 교회는 "자기부인"과 "자기 십자가를 지고 예수님을 따르는 믿음의 순종"을 통해, "천국 열쇠들을 사용하여 천국 복음을 전파하며, 매고 푸는 권위와 사명을 감당하여 음부의 세력들을 결박하고 강탈함으로써 하나님의 나라를 세워 나가는 교회일 것입니다.

2) 오순절 날, 최초의 신약교회 탄생목적

사도행전은 이 땅에 성육신하셨던 예수 그리스도께서 사람의 구원을

---

36) Ibid., 501-2.
37) Ibid., 502.

위한 십자가 구속 및 속량의 수난을 마치고 부활승천하시며 주셨던 성령 강림의 약속과 세계 선교의 지상 명령에 따라(행 1:8), 성령 강림 이후 주 예수의 남은 제자들 특히 사도들을 통하여 이루어진 교회의 설립과 확장을 기록하고 있습니다. 구약은 성부 하나님의 계획에 따라 예수 그리스도께서 이 땅에 오셔서 사람의 구원 근거가 될 구속 및 속량 사역을 성취하실 것에 대한 언약이었습니다. 그리고 복음서는 예수 그리스도께서 구약의 언약대로 이 땅에 오셔서 십자가 죽으심과 부활을 통하여 성취하신 인류 구속 및 속량의 복음이, 선민으로 택하신 이스라엘 민족을 넘어 지상의 모든 인종과 민족들에게 퍼져나가는 단계를 제시하고 있습니다. 바로 이 점에서 우리가 주목해야 할 성경은 사도행전입니다. 이는 바로 사도행전에 이르러 하나님의 구속사 및 속량사가 연속성 속에서 중대한 전환을 이루게 되기 때문입니다. 그 전환점의 핵심은 바로 제3위 하나님이신 "성령님과 교회"입니다.[38]

예수 그리스도의 십자가 죽으심과 부활의 가장 중요한 의의는 바로 구속 및 속량 사역의 성취입니다. 사도행전은 예수 그리스도에 의해 성취된 그 구속 및 속량 사역이 어떻게 모든 사람에게 효력을 갖도록 적용되는가의 문제를 증언하고 있습니다. 그것은 바로 성령님의 사역에 의한 것입니다. 그래서 성령님은 오셔야만 했습니다. 물론 성령님은 구약 시대에도 활동하셨고(창 1:2), 예수님의 사역에서도 활동하셨습니다(눅 4:1; 요 3:34; 행 10:38). 그러나 성령님이 인종과 지역을 초월하여 모든 믿는 자에게 차별 없이 주어진 것은 주 예수의 승천 이후, 오순절 성령 강림 사건을 통해서 이루어졌습니다. 그리고 오순절 성령 강림은 최초의 신약교회를 탄생시켰습니다. 이제 성령님은 이 신약교회를 통해 하나님의 나라와 주 예수 그리스도의 구원의 복음이 땅 끝까지 확장되어 가도록 역사하십니다. 태

---

38) 제자원 편, 「옥스퍼드원어성경대전: 사도행전 재1-7장」, 24.

초부터 종말에까지 연속적으로 전개되는 전체적인 구속사를 통한 하나님의 궁극적 목적은 하나님 나라의 완성입니다(대상 28:5; 마 3:2; 4:17; 행 1:1-3; 8:12; 28:23, 31; 참조, 마 25:34; 고전 15:24; 계 19장-22장). 이러한 목적에 따라 예수 그리스도께서 오셔서, 하나님의 나라를 도래시키시고 구속 및 속량 사역을 성취하셨습니다. 이제 남은 것은 우리 주 예수 그리스도의 재림과 더불어 하나님의 나라가 완성될 때까지, 그리스도께서 성취하신 구원의 복음을 교회가 성령님의 인도하심을 따라 전파하여 하나님의 나라와 교회를 세우는 일입니다(계 22:16-17).[39] 이제 사도행전 2장 1-13절 분석을 통해 오순절 날 성령 강림으로 출현한 최초의 신약교회가 어떠한 모습을 간직하고 있었는지 알아보겠습니다.

사도행전 2장 1절은 "오순절 날이 이미 이르매 그들이 다같이 한 곳에 모였더니"라는 말씀으로 시작하고 있습니다. '이미 이르매'란 말 '엔 토 쉼플레루스다이'($\acute{\varepsilon}\nu$ $\tau\tilde{\omega}$ $\sigma\upsilon\mu\pi\lambda\eta\rho o\tilde{\upsilon}\sigma\theta\alpha\iota$)는 현재 수동태 부정사로 사용되어 '완전히 가득 채워졌을 때에'라는 말을 가리킵니다. 이는 '한 시기 및 한 시대'나 혹은 시간의 한 점의 출발을 지시하는 말입니다. 그것은 어떤 의미와 그 때가 만나는 시기가 되었다는 것입니다. 즉 여기까지 더욱더 채워져서 완전히 채워진 그날이 왔다는 사실입니다. 이는 단순한 날을 말하는 것이 아닙니다. 누가는 주님의 약속을 생각하며, 또 그 약속이 지금 어떻게 성취되고 있는지를 염두에 두고 증언한 말입니다. 그리고 현재형으로서 이날의 시간들이 시작되었기 때문에, 이 시간의 양이 채워지고 약속했던 그 일이 지금 일어나고 있다는 것입니다.[40] 즉 주 예수 그리스도의 약속이 마지막으로 성취되고, 또 다른 보혜사 성령님에 의해서 새로운 신약교회가 세워지는 새 시대가 열렸다는 것입니다.

---

39) Ibid., 25.
40) Lenski, *The Interpretation of Acts of the Apostles* I [사도행전(상)], 47-8; 제자원 편, 「옥스퍼드원어성경대전: 사도행전 제1-7장」, 133.

그리고 '그들이 다같이 한 곳에 모였더니'라는 말은 약 120명의 제자들이 '교제'와 '마음'과 '한 장소'의 측면에서 하나로 연합되었음을 보여 줍니다(행 1:12-26).[41] 긴박한 상황에서도 약 120명의 제자들은 주 예수께서 주신 "너희는 몇 날이 못되어 성령으로 침례를 받으리라"(행 1:5)는 마지막 말씀에 붙잡혀 있었습니다. 그들 모두가 다 믿음으로 순종하여 주의 말씀을 붙잡고 기도에 힘쓰며, 주 예수를 향한 '신뢰'와 '소망'과 '헌신'이란 삼겹줄로 하나된 최고의 연합을 이루었습니다. 이것이 오순절 성령 강림으로 출현한 신약교회의 참 모습입니다. 우리도 이 모습에서 출발해야 합니다.

사도행전 2장 2절은 성령께서 강림하시는 장면을 생동적으로 표현하고 있습니다. 즉 "홀연히 하늘로부터 급하고 강한 바람 같은 소리가 있어 그들이 앉은 온 집에 가득하였던 것"입니다. 성령 강림에 대한 이 같은 이미지는 마치 에스겔 37장 5절에 나오는 '마른 뼈들이 살아나는 환상에 등장하는 생기의 이미지'와 흡사합니다. 오순절 성령 강림을 이 이미지와 관련지으면, 결국 성령께서 죽은 영혼을 살리는 역할을 하신다는 의미입니다. 하나님께서 새로운 시대를 여시면서 죽은 영혼을 살리는 성령님을 보내신 것입니다.[42]

사도행전 2장 3절은 "마치 불의 혀처럼 갈라지는 것들이 그들에게 보여 각 사람 위에 하나씩 임하여 있더니"라는 말씀으로 성령 침례에 의한 신약교회의 탄생을 보여 줍니다. 먼저 '불'은 종종 '하나님의 임재'를 상징합니다(출 3:2). 그리고 마태복음 3장 11절과 누가복음 3장 16절에서 침례 요한이 '예수께서 성령과 불로 침례를 베푸실 것'으로 증언한 바와 같이, 사도행전 2장 3절에 나타나 있는 '불'은 성령으로 침례를 베푸신 것을 상징합니다. '불'은 성령의 임재를 표현하는 하나의 이미지이기 때문입니

---

41) Bengel, *Bengel's New Testament Commentary* [벵겔 신약주석: 사도행전(상)], 69.
42) 제자원 편, 「옥스퍼드원어성경대전: 사도행전 제1-7장」, 135.

다.[43] 벵겔은 이 '불' 이미지를 통해 '연합'과 '성령 침례'를 보았습니다(참조, 고전 12:13-15).[44] 그리고 '불의 혀'는 개인적으로 각자에게 임하였는데, 이는 성령께서 교회의 모든 개개인에게 임하신 것을 의미합니다. 오순절에 약 120명 모두가 성령을 받았습니다. 특히 오순절 성령 강림은 약속의 성취로서 주 예수께서 아버지께로부터 성령님을 부어 주신 것입니다(요 15:26; 행 2:32-33). 오순절에 임하신 성령께서는 친히 그리스도교회를 구성하는 모든 사람의 심령 안에서 어느 시대에나 영원히 거하시도록 보내심을 받으셨습니다(요 14:17). 이때로부터 성령께서는 그의 구원하는 능력으로 사람에게서 역사하시고, 또 그들의 믿음의 분량대로 은사를 부여하시며 사역하십니다.[45] 조지 래드에 의하면, 약 120명의 제자들은 오순절 날에 성령으로 침례를 받았으며 동시에 성령으로 충만하였습니다. 성령 침례는 구원받는 믿음을 갖는 순간에 일어납니다. 성령 침례는 일회적이지만, 성령 충만은 반복적입니다. 그리고 조지 래드는 성령 침례의 의미를 고린도전서 12장 12-13절을 근거로 하여, 이는 다양한 인종적 차이점들과 사회적인 배경들을 가신 사람들을 영적으로 통일시킴으로써, 그들이 그리스도의 몸 곧 교회를 이루도록 역사하신 성령의 사역이라고 규정했습니다. 즉 성령 침례는 주 예수 그리스도를 믿게 될 때 일어나는 영원히 한 번밖에 없는 사건이자, 개별 신자에게만 일어나며, 그것은 일차적으로 교회론적 사건이라는 것입니다.[46]

부연하면, 예수께서 성령으로 침례를 베푸실 것이라는 예언적 성구가

---

43) Ibid., 137; Archibald T. Robertson, *Word Pictures in the New Testament* [원어연구 해설: 사도행전], 번역위원회 (서울: 기독성문출판사, 1993), 47-8.

44) Bengel, Bengel's *New Testament Commentary* [벵겔 신약주석: 사도행전(상)], 69. 71.

45) Lenski, *The Interpretation of Acts of the Apostles I* [사도행전(상)], 50-1.

46) Ladd, *A Theology of the New Testament* [신약신학], 388-90. 성령 침례는 어떤 죄인이 회개하고 예수 그리스도를 자신의 구주요 주님으로 믿는(영접하는) 순간에 받게 되며, 이를 통해 성령 공동체인 교회 일원이 되는 것입니다. 김승진, 「성경이 말하는 성령뱁티즘과 방언」 (서울: 기독교문서선교회, 2023), 68.

있습니다(마 3:11; 막 1:8; 눅 3:16; 요 1:31-34). 그리고 그 예언대로 주 예수 그리스도께서 신자들에게 성령으로 침례를 베푸셨다는 성취 구절도 있습니다(행 2:1-4, 32-33). 나아가 성경은 "몸의 지체가 많으나 한 몸임과 같이 그리스도도 그러하며, 우리가 유대인이나 헬라인이나 종이나 자유자나 다 한 성령으로 침례를 받아 한 몸이 되었고 또 다 한 서령을 마시게 하셨다"는 교리적 구절을 보여 주고 있습니다(고전 12:12-13, 28). 특히 누가는 '그들이 다 한 곳에 모여'라는 말과 함께 '각 사람'이란 말을 사용하여, 주 예수 그리스도의 몸된 교회 공동체의 '일체성'과 더불어 '개별성'을 증언하였습니다. '개별성'이란 말은 구약의 이스라엘 백성들이 반드시 제사장을 통해 하나님과 교통했던 것과 달리, 오순절 날 이후부터는 신자 개개인에게 성령께서 내주하심으로 말미암아, 이들이 하나님 앞에 직접 나아갈 수 있게 되었다는 사실을 의미합니다(엡 2:17-18). 이는 영적인 대사건입니다. 그래서 종교개혁자들은 로마가톨릭과 달리 성도 개인에 대한 '만인 제사장직'을 주장한 것입니다. 이제 모든 신자가 직접 하나님과 교통하는 새 장이 활짝 열렸습니다.[47] 이렇게 오순절 날 성령 강림을 통해 성령으로 침례를 받고, 주 예수 그리스도의 몸으로 연합을 이룬 최초의 신약교회인 예루살렘 교회가 아름다운 모습으로 이 땅에 등장하였습니다.

사도행전 2장 4절은 "그들이 다 성령의 충만함을 받고 성령이 말하게 하심을 따라 다른 언어들로 말하기를 시작하니라"는 말씀으로, '성령 충만'과 '다른 언어인 방언'과의 관계를 보여 줍니다. '충만함을 받고'로 번역된 '에플레스데산'($\epsilon\pi\lambda\dot{\eta}\sigma\theta\eta\sigma\alpha\nu$, 행 2:4; 4:31)은 '정한 날이 다 차다'(눅 1:23), '어떤 감정의 상태가 가득하다'(행 3:10)라는 의미를 갖지만, 성령 곧 '프뉴마토스 하기우'($\pi\nu\epsilon\dot{\upsilon}\mu\alpha\tau\sigma\varsigma\ \dot{\alpha}\gamma\dot{\iota}\sigma\upsilon$)와 함께 쓰이면 '성령이

---

47) 제자원 편, 「옥스퍼드원어성경대전: 사도행전 제1-7장」, 138.

충만하다'란 의미를 갖습니다(행 4:31). 그런데 '에플레스데산'의 원형 '플레도'(πλήθω)는 '성령으로 가득하여 어떤 다른 생각이 전혀 마음에 침범할 수 없는 상태'를 말합니다. 따라서 '성령의 충만함'이란 하나님의 성령께 사로잡힌바 되어, 이분이 원하는 일만 하게 되는 그런 상태를 의미합니다(눅 4:1; 행 20:22-24).[48] 이처럼 하나님께서 약 120명의 성도들을 성령으로 충만케 하신 목적이 있습니다. 하나, 주 예수 그리스도의 구원 사역에 대한 실질적인 완성입니다. 둘, 구속사를 온전히 이루시기 위한 예언의 성취입니다. 셋, 지속적이고도 보다 확장된 복음 전파를 위해 성도를 무장시키시려는 목적입니다(행 1:8; 4:8-31; 6:1-8; 9:17-22).[49]

나아가 '성령이 말하게 하심을 따라 다른 언어들로 말하기 시작하니라'는 말씀에서, '다른 언어들'로 번역된 '헤테라이스'(ἑτέραις)는 어떤 특정한 대상과 구별하기 위해 서로 다르다는 본래적 의미뿐 아니라, 이제까지 있었던 것과는 전혀 다른 '첫째 것'이라는 의미도 있습니다. 이는 방언 말하는 제자들이 이전에 외국어로서 이러한 방언들을 배워 본 적이 없었다는 사실을 의미합니다. 한편, 성령 충만의 외적 증거로서 다른 언어들로 방언을 행하게 된 것은 인류의 하나 됨을 보여 주기 위한 목적도 있습니다. 성경은 하나님의 도움이 없이 사람들 스스로의 힘으로 살려고 했던 교만함을 상징하는 바벨탑이 쌓아올려졌을 때, 그들의 언어가 나뉘어졌다고 증언합니다(창 11장). 그런데 예수님의 십자가 사건을 포함한 구속 및 속량 사역에 이어지는 결과의 하나로, 이 땅에 보내어진 성령님의 역사에 따라 여러 언어가 모두 소통될 수 있게 된 것입니다. 따라서 바벨탑에서의 언어 분리가 하나님과 사람과의 단절은 물론 사람들 상호간의 단절을 상징했다면, 오순절 날 언어의 장벽이 무너진 것은 성령님의 역사로 하나님과 사람과의 관계 회복은 물론, 사람 상호간의 관계의 회복도 가능함

---

48) Ibid., 139.
49) Ibid., 138-9.

을 상징적으로 보여 준다고 볼 수 있습니다.[50] 렌스키는 이런 모습을 가리켜 세계 모든 민족의 방언으로 구속자인 하나님의 왕권을 높이는 것이었다고 표현했습니다.[51]

사도행전 2장 5-13절은 오순절 날에 임하신 성령께서 그날에 약 120명의 제자들 모두가 다른 언어들로 말하게 하신 궁극적인 목적이 무엇인지 보여 주었습니다. 그것은 교회의 선교적 사명이었습니다. 이는 오순절 날에 세계 각국에 흩어져 있었던 경건한 유대인들과 유대교로 개종한 이방인들이(행 2:5, 10) 예루살렘에 머물러 있었던 상황과 깊은 관련이 있습니다(행 2:5-11). 그날에 주 예수께서 약속하신 성령님을 아버지께 받아서 부어 주셨습니다. 그러자 그 곳에 모여 있던 약 120명의 제자들 모두에게 성령님이 임하시고, 그들이 성령의 충만함을 받아 성령께서 말하게 하심 따라 다른 언어들로 말하기 시작하였습니다. 그 때에 각 국에서 몰려온 경건한 유대인들이 그 방언을 듣고 "우리가 우리 각 사람이 난 곳 방언으로 듣게 되는 것이 어찌 됨이냐…우리가 다 우리의 각 언어로 하나님의 큰 일을 말함을 듣는도다"라는 말로 반응하였습니다(행 2:8, 11). 이 같은 유대인들의 반응은 "오직 성령이 너희에게 임하시면 너희가 권능을 받고 예루살렘과 온 유대와 사마리아와 땅 끝까지 이르러 내 증인이 되리라 하시니라"(행 1:8)는 주 예수의 선교적 명령과도 관련이 있습니다. 따라서 하나님의 신약교회 설립 목적대로 교회를 통해, 복음이 온 세계 각각의 언어로 전파되어야 했던 선교적 방언이 오순절 성령 강림으로 현실화된 것입니다(행 2:6-11).

3) 방언, 성경적인 방언에 대한 바른 이해

어떤 교회는 오순절 날에 있었던 예루살렘 교회의 방언과 오순절 이후

---

50) Ibid., 141.

51) Lenski, *The Interpretation of Acts of the Apostles* I [사도행전(상)], 53.

에 있었던 고린도 교회의 방언을 놓고 논쟁을 벌이기도 합니다(참조, 고전 14장). 사도행전 2장 1-6절에 나타나 있는 다른 언어들로서의 방언(행 2:4, 6)에 대한 특징은 다음과 같습니다. 하나, 방언은 성령이 말하게 하심을 따라 다른 언어로 말한 것입니다(행 2:4). 둘, 방언은 한 곳에 모여 있었던 제자들 모두가 체험하였습니다(행 2:4). 셋, 모두가 그 방언을 이해하였습니다(행 2:6). 넷, 방언은 선교적 차원에서 사람을 향해 다른 언어들로 말하였습니다(행 2:6, 11). 다섯, 사도행전의 방언은 통역이 필요치 않았고, 또 방언에 따른 복음전파를 위한 효과가 있었습니다(행 2:6-11).

한편, 사도 바울이 증언한 고린도전서 12장과 14장에 나타나 있는 고린도 교회의 방언은 사도행전 2장의 방언과 커다란 차이를 보이고 있습니다. 하나, 방언은 성령으로 말미암아 각종 방언을 말했다는 점에서 사도행전 2장과 일치하고 있습니다(고전 12:10). 둘, '다 방언을 말하는 자이겠느냐'라는 말씀이 있습니다(고전 12:28, 30). 셋, 방언을 통역하는 자가 있었습니다(고전 12:30). 넷, 방언은 사람에게가 아니라 하나님께 드리는 방언이기 때문에, 사람들이 알아듣는 자가 없었고 또 영으로 비밀을 말하는 것이었습니다(고전 14:2). 다섯, 방언을 말하는 자는 자기의 덕을 세우는 것이었습니다. 여섯, 바울은 성도들이 다 방언 말하기를 원하지만, 방언 말하는 자가 통역하여 교회의 덕을 세우지 아니하면 예언하는 자만 못하다고 증언했습니다. 그리고 바울은 '내가 너희에게 방언으로 말하고, 계시나 지식이나 예언이나 가르치는 것으로 말하지 아니하면 너희에게 무엇이 유익하리요'라고 권면하였습니다(고전 14:4-6, 7-12). 이는 방언만이 아니라 계시와 지식과 예언과 가르침이 질서 있게 교회 내에서 시행되어야 한다는 것을 말합니다. 일곱, 방언은 믿는 자들을 위하지 아니하고 믿지 아니하는 자들을 위하는 표적이라고 합니다(고전 14:20-22, 23). 여덟, 바울은 방언을 말하려면 두 사람이나 많아야 세 사람이 차례를 따라 하고 한 사람이 통역할 것이요, 만일 통역하는 자가 없으면 '교회에서는 잠잠하고 자기와 하나님께 말할 것'이라고 권면하였습니다(고전 14:27-28). 아홉, 바울은 그런 즉 예언하기를 사모하며 '방언을 금하지 말라'고 권했습니다(고전 14:39). 열, 바울은 특히 고린도전서 14장에서 '방언과 예언'을 사례로 다음과 같이 네 가지 사실을 증언하였습니다. 그것은 모든 것을 교회의 덕을 위하여 하고(고전 14:4, 26), 하나님은 질서의 하나님이시고 오직 화평의 하나님이시며(고전 14:33), 하나님의 말씀이 너희로부터 난 것인지 또는 너희에게만 임한 것인지(고전 14:36) 생각해 보라고 명령한 것입니다(고전 14:37). 나머지는 그런즉 예언하기를 사모하며 방언 말하기를 금하지 말라는 경고 메시지입니다(고전 14:39).

다른 한편, 이제는 은사로서 방언은 끝났다고 잘못된 주장을 하는 사람들이 참 많습니다. 그 가운데 죠셉 딜로우(Joseph Dillow)는 방언이 사도행전과 고린도전서에만 나오기 때문에 방언은 이제 끝났다고 주장합니다. 게다가 방언은 언젠가는 종결될 것으로 성경이 증언하기 때문에 지금은 끝났다고 언급하였습니다(고전 13:8). 그러나 샌더스(J. O. Sanders)는 무엇보다 가장 중요한 것은 우리가 스스로 성경의 해답을 찾아보는 일이라고 말합니다. 그리고 오늘날 순수한 방언의 가능성을 부정하려는 논증은 명백한 성경적 진술에 의한 것이 아니라, 단순히 이성적인 추론에 의지하고 있는 것 같다고 평가했습니다.[52]

이밖에도 20세기 초에 등장한 오순절 성령 운동(Pentecostal Holy Spirit Movement)은 사도행전 2장 1-4절에 나타나 있는 "성령 침례"와 "성령 충만," 그리고 "방언"의 문제에 초점을 두었습니다. 오순절 성령 운동은 1900년 초에 태동하여, 1960년대부터 신오순절주의(Neo-Pentecostalism) 혹은 은사주의로 전개되었으며, 1980년대부터 오순절 성령 운동의 미흡한

---

52) J. Oswald Sanders, *The Holy Spirit and His Gifts* [성령과 그의 은사], 권혁봉 역 (서울: 요단출판사, 1990), 195.

교리를 수정한 신사도 개혁(New Apostolic Reformation) 운동으로 전개되고 있습니다. 1900년 초의 오순절 성령 운동은 캔자스 주 토페카 벧엘 성서학교 교수였던 찰스 파램(Charles F. Parham)에 의해 시작되었습니다. 그가 제시한 핵심 교리는 "성령 침례와 방언 유형"입니다. 즉 우리가 성결한 삶과 봉사와 사명을 감당하기 위해서는 구원받은 이후에 제2의 은혜로서 성령 침례를 받아야 한다는 것이며, 그 성령 침례의 증거가 방언이라고 강조한 것입니다. 한편, 1960년부터 1970년대 말까지 전개된 '신오순절주의'는 "성령 침례와 방언과 신유(healing) 유형"을 강조했습니다. 주요 인물은 오순절 성결교 출신 오럴 로버츠(Oral Roberts)입니다. 그가 TV설교를 통해 강조한 신유집회의 핵심 메시지는 "모든 것이 가능하다"(All things are possible)는 표어였습니다. 그러나 성경은 오순절 성령운동과 신오순절주의가 강조하는 '성령 침례와 방언 유형'이 아니라, '성령 충만과 성령이 말하게 하심에 따라 행하게 되는 방언 유형'을 증언하고 있습니다(행 2:4).

다른 한편, 1980년대부터 피터 와그너(C. Peter Wagner)는 "성령 침례에 따른 방언과 신유 유형"의 성령 운동을, "성령 충만에 의한 방언과 신유, 그리고 하나님 나라 유형"으로 바르게 수정하였습니다. 그러나 그가 2000년대를 앞두고 성령 운동의 유형을 종전의 "성령 충만—방언과 신유와 축사—하나님 나라" 유형에 "신사도 개혁 운동"을 첨가하는 방식으로 전환하였습니다. 신사도 개혁운동은 자칭 선지자라 하는 신디 제이콥스(Cindy Jacobs)의 권유에 따라, 피터 와그너가 사도 직분을 받아들인 데서 비롯되었습니다. 그리고 그는 자신의 사도 직분을 정당화하기 위하여, 성경이 제시하지 않은 '중보자' 직분을 내세워 교회의 다스리는 직임의 질서를 세웠습니다. 그가 제시한 질서는 "교사—목사—전도자—중보자—예언자—사도" 순입니다. 나아가 그는 사회변혁의 핵심 요소를 "일터교회"(The Church in the Workplace)와 "부(富)의 거대한 이동"이라는 용어를 사용하며 신사도 개혁 운동을 전개하였습니다.[53] 그러나 성경이 증언하는 신약교회의 모습과는 낯설어 보입니다.

제임스 패커는 「성령을 아는 지식」에서, 성령의 사역을 이해하는 주요 단서는 성령께서 부활을 통해 통치하시는 구주와 믿음의 주이신 그리스도가 신자의 인격과 교회 안에 임재하심을 알리며, 온 힘을 다해 그분의 임재를 드러내는 것이라고 말했습니다(64쪽, 69쪽). 성령님은 자신을 내세우지 않고, 모든 신자의 관심을 그리스도께로 향하게 하시며, 그분과의 교제로 이끄십니다. 이것이 은사주의운동, 평신도사도운동 등 소위 '영적인' 운동과 '영적인' 체험이 진짜인지 가늠하는 시금석입니다(89쪽). 신자 안에 내주하시는 성령님은 자신을 드러내지 않고 오직 예수님에 대한 '투광조명사역'을 행하십니다(99쪽, 127쪽). 그러기에 제임스 패커는 오순절파와 은사주의자들이 표적 은사(방언, 통역, 예언, 신유)를 회복했다는 주장에 대해(118쪽), '배척'이 아닌 '신학적 재정리'가 필요하다고 보았습니다(286쪽). 아울러 그는 그리스도께서 성령 사역의 중심임을 더 분명하게 표현하고 더 강조해야 한다고 말했습니다(346쪽).

4) 신약교회 탄생, 모교회인 예루살렘 교회

예루살렘 교회는 최초로 세워진 신약교회로서 교회가 성경 말씀으로 교회를 세우는 모교회 역할을 감당했습니다(행 8:1-14, 15-17; 11:19-30; 참조, 행 9:1-25, 26-31). '모교회 역할'이라는 말은 스데반의 순교로 흩어진 성도들 가운데 몇 사람이 안디옥에 이르러 '주 예수'를 전파하자, 주의 손이 그들과 함께 하여 수많은 사람들이 믿고 주께 돌아왔고, 그 때 예루살렘 교회가 바나바를 그곳에 보내어 그들에게 '주와 함께 머물러 있

---

53) C. Peter Wagner, 「방패기도」, 명성훈 역 (서울: 도서출판서로사랑, 1997), 46-7; C. Peter Wagner, 「목사와 예언자」, 임종원 역 (서울: 도서출판진흥, 2004), 9-14; C. Peter Wagner, 「사도와 선지자: 교회의 터」, 임수산 역 (서울: 쉐키나출판사, 2008), 31; C. Peter Wagner, 「도미니언」, 서종대 역 (서울: WLI Korea, 2007), 14-8.

으라'고 권하면서 안디옥 교회로 세워진 일을 말합니다. 예수님을 믿고 따르던 약 120명의 제자들로 구성된 예루살렘 교회는 삼위일체 한 분 하나님에 의해 세워진 최초의 신약교회였으며, 주로 유대인들을 전도하여 세워진 교회였습니다(행 2:14-5:42; 11:19). 그러나 스데반 순교로 예루살렘에 있는 교회에 큰 박해가 일어났고, 사도 외에는 다 유대와 사마리아 모든 땅으로 흩어졌습니다. 그 때 흩어진 사람들은 두루 다니며 복음을 전하였습니다. 드디어 예루살렘에 있던 사도들은 사마리아도 하나님의 말씀을 받았다는 소식을 듣고 그곳으로 베드로와 요한을 보내었습니다. 이제 사도들도 움직이기 시작한 것입니다. 베드로와 요한은 하나님의 말씀을 받은 사마리아 사람들에게 성령 받기를 기도하며 안수하였습니다. 성경은 두 사도가 안수하매 그들이 성령을 받았다고 증언합니다(행 8:14-17). 그런 후에 성령께서 베드로를 통해 이방인 고넬료 가정이 주께로 돌아오도록 역사하셨고, 또 베드로는 그 현장을 목도하고 놀라며 예루살렘 교회를 방문하여 이 사실을 보고하였습니다(행 10:1-45; 11:1-18). 이처럼 성령께서는 베드로가 가지고 있었던 '유대인의 선민사상'으로 인한 '폐쇄적 마인드'(closed mind)를 벗어나, 이제는 이방인 전도 및 선교로 나가도록 '열린 마인드'(open mind)를 주셨습니다(행 11:19-24).

예루살렘 교회의 특징은 다음과 같습니다. 첫째, 예루살렘 교회는 베드로의 오순절 설교로 신자의 수가 3000명이나 더해진 교회였습니다(행 2:41). 베드로의 설교의 핵심 메시지는 '이스라엘 사람들이 십자가에 못 박아 죽인 나사렛 예수를 하나님이 살리시고, 하나님이 그를 주와 그리스도가 되게 하셨다'는 '부활신앙'이었습니다. 베드로는 부활신앙을 '구속사적 설교'로 전파하였습니다(행 2:22-24, 32, 36-41; 3:11-26). 둘째, 예루살렘 교회는 유대인 형제들에게 전도하여 침례를 베풀었고(행 2:41), 그들은 사도들의 가르침에 따라 기도, 교제, 애찬과 나눔에 집중했습니다(행 2:42-47). 그리고 예루살렘 교회는 교육(행 2:42; 5:25-28), 치유(행

3:16; 4:22; 5:14; 9:36-43), 전도(행 5:42; 8:12 등), 구제(행 6:1)를 잘 감당한 건강한 교회였습니다. 셋째, 예루살렘 교회는 전도 사역을 위한 활동 계획을 가지고, 회중들이 선택하고 사도들이 안수하여 일곱 집사들을 세워 접대하는 일을 분담하였습니다(행 6:1-7). 특히 지혜와 성령으로 충만한 안수집사 스데반은 은혜와 권능이 충만하여 큰 기사와 표적을 민간에 행하며, 자유민들과 회당에서 논쟁하다가 공회에 붙잡혀 결국 돌에 맞아 장렬하게 순교하였습니다. 그리고 스데반과 함께 안수 받은 빌립 집사는 전도자로서(행 21:8) 사마리아 성에 내려가 그리스도를 전파하며, 더러운 귀신을 내쫓고 중풍병자와 못 걷는 사람이 걷게 되는 표적을 행하였습니다. 성경은 '그 성에 기쁨이 있었다'고 증언합니다(행 8:5-8). 전도자 빌립 집사의 주요 전도 메시지는 "하나님 나라와 및 예수 그리스도의 이름"에 관한 것이었습니다. 성경은 사마리아 성의 남녀가 믿고 다 침례를 받았다고 증언하고 있습니다(행 8:4-13, 26-40). 넷째, 예루살렘 교회는 중요한 교리적인 문제가 발생했을 때 사도와 장로들이 모여 서로 논의하여, 만장일치로 결정하는 민주적인 교회이자 모교회의 역할을 잘 수행한 교회였습니다(행 15:6-22, 26).

5) 안디옥 교회, 최초의 그리스도인

안디옥 교회는 스데반의 순교로 일어난 환난으로 말미암아 흩어진 자들이 베니게와 구브로와 안디옥까지 이르러 유대인에게만 말씀을 전하였는데, 그들 중에 구브로와 구레네의 몇 사람이 안디옥에 이르러 헬라인에게도 복음을 전하여 얻어진 이방인들로 구성된 첫 열매였습니다. 그들로부터 헬라인들이 듣고 믿었던 복음전도 메시지는 "주 예수"였습니다. 즉 "너희가 십자가에 못 박은 이 예수를 하나님이 주와 그리스도가 되게 하셨느니라"는 메시지입니다. 복음 전파는 전도자의 능력이 아닌, 하늘로부터 보내신 성령을 힘입어 전하는 것이었습니다(벧전 1:12; 고전 2:1-5; 행

1:8; 9:31).

　성경이 증언한 안디옥 교회의 주요한 특징이 있습니다. 안디옥 교회는 최초로 세워진 헬라인 이방인들의 공동체였으며, 또 그들은 최초로 "그리스도인"이라는 아름다운 이름으로 일컬음을 받은 성도들이었습니다. 신학적으로 '누가' 그들을 그리스도인이라고 불렀는지에 대한 논의가 있습니다. 어떤 사람은 유대인들이라 하고, 다른 사람은 그들 스스로가 불렀을 것으로 추측합니다. 또 다른 사람은 안디옥에 있는 불신자들이 붙여준 이름일 것으로 추정하기도 합니다. 하지만 성경은 '왜 그들이 비로소 그리스도인'이라 칭함을 받게 되었는지에 관심을 갖도록 이끌고 있습니다.

　첫째, 성경의 증언에 의하면, 안디옥 교회의 제자들은 예루살렘 교회가 파송한 바나바와 그가 초청한 사울로부터 교회에 모여 1년간 가르침을 받고 비로소 '그리스도'인이라 일컬음을 받았습니다(행 11:22-26). 신앙교육이 얼마나 중요한지 일깨워주는 장면입니다. 그러나 성경은 바나바와 사울이 안디옥의 제자들에게 무엇을 가르쳤는지에 대하여 언급하지 않았습니다. 하지만 사울은 바나바로부터 초청받기 전에 그의 일생에 있어서 매우 중요한 세 가지 영적 체험을 하였습니다. 먼저, 사울은 스데반 집사의 순교 현장에서 그가 외친 '주 예수'라는 메시지를 들었습니다. 본래 사울은 유대인으로 길리기아 다소에서 태어나 그곳에서 자랐고, 가말리엘의 문하에서 조상들의 엄한 율법의 교훈을 받았습니다(행 22:3). 가말리엘은 바리새인으로 율법교사로서 모든 백성에게 존경받는 자였습니다(행 5:24). 그러나 사울은 율법에 충실하여 모든 사람처럼 하나님께 대하여 열심이 있었지만, 자신은 그리스도인들을 향해서는 비방자요 박해자요 폭행자였다고 고백했습니다(딤전 1:13). 사울의 이러한 고백은 스데반의 순교 사건과 관련되어 있는 고백입니다. 스데반은 자기 조상 아브라함부터 시작하여 솔로몬에 이르기까지 구속사적 설교를 하며, '너희는 천사가 전한 율법을 받고도 지키지 아니하였도다'라고 책망하였습니다. 그러자 이에 양심의 가책을 받고 이를 갈던 공회원들은 스데반에게 달려들어 그를 성 밖으로 내치고 돌로 치며, 그의 옷을 벗겨 사울의 발 앞에 두었습니다(행 7:57-58). 그런 후 공회의 사람들이 스데반을 돌로 치자, 스데반은 '주 예수여 내 영혼을 받으시옵소서'라고 부르짖은 후(행 7:59), 무릎을 꿇고 '주여 이 죄를 그들에게 돌리지 마옵소서'라고 크게 부르며 숨을 거두었습니다(행 7:60). 그 때 사울은 스데반이 돌에 맞아 죽어가면서 공회원들을 향해 부르짖었던 외침에서 몇 마디의 짧은 메시지를 들었습니다. 그것은 스데반이 '하늘이 열리고 인자가 하나님 우편에 서신 것을 보노라'고 외친 예수 그리스도의 부활승천에 관한 메시지(행 7:56)와, 스데반이 예수님을 향해 '주 예수여,' 그리고 '주여'라고 부르짖었던 충격적인 메시지였습니다. 다음에, 사울은 스데반 순교로 사도 외에 다 유대와 사마리아와 모든 땅으로 흩어져 복음의 말씀을 전하자(행 8:1-40), 주의 제자들에 대하여 여전히 위협과 살기가 등등하여 그들을 결박하여 예루살렘으로 잡아오려고 대제사장을 찾아갔습니다. 거기서 사울은 다메섹 여러 회당에 가져갈 공문을 받고 일행과 함께 걸어가다가 하늘로부터 빛이 사울을 둘러 비추며 말씀하시는 주님의 음성을 들었습니다. 그것은 "사울아 사울아 네가 어찌하여 나를 박해하느냐," "나는 네가 박해하는 예수라" 하는 주님의 음성이었습니다. 그때 사울은 강한 빛으로 인해 시력을 잃게 되었으나, 주께서 보낸 아나니아로부터 안수를 받고 시력을 회복하였습니다. 사울은 음식을 먹고 강건해지자 다메섹에 있는 제자들과 함께 며칠을 머물다가, 즉시로 각 회당에서 "예수님이 하나님의 아들"이라고 전파하며, "예수님을 그리스도"라고 증언하여 다메섹에 사는 유대인들을 당혹스럽게 만들었습니다(행 9:1-5, 17-22). 순식간에 '박해자 사울'이 부활승천하신 주 예수 그리스도를 만나 회심한 후, 즉시로 이분이 하나님의 아들이심과 그리스도이심을 전파하는 '동역자 사울'로 완전히 새 사람이 되었습니다. 이 또한 사울에게 이루 말할 수 없는 충격적인 체험이었습니다.

그 다음에, 사울은 예루살렘에 가서 제자들을 사귀고자 했으나 그들이 다 두려워하여 그가 제자됨을 믿지 않았습니다. 그러나 바나바는 사울을 데리고 사도들에게 가서 그가 길에서 어떻게 주를 보았는지와, 주께서 그에게 하신 일(행 9:15-16; 참조, 행 26:16-23)과, 다메섹에서 어떻게 예수님의 이름으로 담대히 말했는지 전하였습니다(행 9:20-22; 22:5-18). 그 후에 사울은 제자들과 함께 있어 예루살렘에 출입하며 또 주 예수의 이름으로 담대히 말하고 헬라파 유대인들과 함께 말하며 변론하다가, 자신을 죽이려는 그들을 피해 형제들의 도움을 받아 가이사랴로 내려가 다소로 보내어졌습니다(행 9:26-30; 22:17-21). 그리고 다시 다소로 찾아온 바나바의 초청을 받아 안디옥 교회에서 그와 함께 1년간 제자들을 가르친 것입니다(행 11:25-26). 사울은 이렇게 적대 관계에 있었던 사도들과 함께 주 예수의 이름을 나누고 교제하면서 서로 돕는 형제 관계로 변화되었습니다. 성경은 "그리하여 온 유대와 갈릴리와 사마리아 교회가 평안하여 든든히 서 가고 주를 경외함과 성령의 위로로 진행하여 수가 더 많아졌다"(행 9:31)고 증언하고 있습니다.

따라서 율법에 정통했던 사울은 스데반으로부터 들었던 "주 예수"의 이름(행 15:25-26)과 "주여"라는 '그리스도의 주 되심'과, 또한 그가 다메섹에서 전파한 "예수님이 하나님의 아들이심과 그리스도이심" 곧 "죽은 자들 가운데서 부활하사 능력으로 하나님의 아들로 선포되신 우리 주 예수 그리스도"(롬 1:4; 행 2:36)를, 율법과 선지자의 글을 통해 구속사적으로 강론하며 자신이 만난 주 예수를 열정적으로 가르쳤을 것입니다(행 13:14-15, 16-52; 17:1-3; 28:23; 참조, 고전 2:1-5; 갈 6:14; 빌 3:4-16). 사도행전은 사울이 세 번씩이나 다메섹 도상에서 체험한 주 예수께로부터 들었던 메시지를 부형들과 아그립바 왕에게 전하였던 장면을 증언하고 있습니다(행 9:15-16; 22:14-15; 26:15-23). 물론 사울이 바울로 이름을 바꾸고(행 13:7), 그가 하나님의 감동으로 기록한 서신서에서 가르쳐준 교훈들은 많이 있습니다. 그 중에 그리스도의 도의 초보가 있는데, 그것은 죽은 행실을 회개함, 하나님께 대한 신앙, 침례들, 안수, 죽은 자의 부활, 그리고 영원한 심판에 관한 교훈의 말씀입니다(히 6:1-2).

둘째, 안디옥 교회의 제자들에게 붙여진 '그리스도인'이라는 명칭은 이제 안디옥 이방인 신자들이 더 이상 유대교의 어느 한 종파에 속한 사람들로 인식되지 않는 자기 정체성을 갖게 되었음을 의미합니다. 안디옥 교회의 제자들은 '주 예수 그리스도를 믿는 신앙'으로 말미암아, 유대교와 구별되는 '새로운 그리스도교의 그리스도인'으로 최초로 인정받게 되었습니다. 그 당시에는 로마 시저(czar)의 군인들을 '시저인'이라 부르고, 폼페이 군인들을 '폼페이인'으로 부르는 관습이 있었다고 합니다. 그래서 안디옥에 있던 제자들도 주 예수 그리스도를 따르는 군인으로서 '그리스도의 사람'(참조, 행 26:28; 벧전 4:16; 롬 8:9), '그리스도 예수의 병사'(딤후 2:3), '그리스도의 종'(롬 1:1; 약 1:1; 벧후 1:1; 유 1:1)을 가리키는 표현으로, "그리스도인"이라고 불리어짐으로써 그들만의 특징을 나타내게 된 것으로 보입니다.[54]

그리고 "그리스도인"으로 번역된 '크리스티아누스'(Χριστιανούς)는 '크리스티아노스'(Χριστιανός)의 복수형이며, 그것의 접미사 '이아노스'(~ιανός)는 "~에게 속한 자," "~의 종"이란 뜻을 가지고 있습니다. 그러기에 "그리스도인"은 "그리스도에게 속한 자 혹은 그리스도의 종"으로써, 그리스도를 온전히 따랐던 그리스도인 다수를 의미했습니다. 그들이 바로 안디옥 교회의 제자들입니다. 또한 사도행전에서 '제자들'은 '형제들'(행 1:16; 9:30), '구원받은 사람들'(행 2:47), '주의 도를 좇는 사람들'(행 9:1-2), '성도들'(행 9:13), '신자들'(행 10:45)로 불리어졌습니다. 그들은 오직 그리스도께 모든 소망을 두고, 그리스도만을 최종 목표로 삼아

---

54) 제자원 편, 「옥스퍼드원어성경대전: 사도행전 제8-14장」, 373.

주 예수 그리스도를 믿고 따르는 사람들이었습니다(롬 14:8; 빌 3:7-9; 갈 6:14; 고전 2:1-2).[55] 우리는 여기서 매우 중요한 그리스도인들의 삶의 원리 한 가지를 발견합니다. 그것은 바로 그리스도와 그리스도인은 "주-종 관계"로 연합되어 있다는 사실입니다. 이러한 "주-종 관계"는 일평생 그리스도인으로 살아가는 삶의 최고 원리입니다. 우리는 그리스도께서 어떤 분이신지 잘 알고 있습니다(요 20:28; 마 1:21; 요 1:12-13; 3:16-18; 10:1-30; 15:1-16; 행 2:36; 4:12; 롬 5:8; 8:1-4, 17, 31-39; 14:7-9; 고후 4:7-10; 5:14-17; 13:5; 갈 2:20; 4:4-7; 엡 2:5-7; 3:8-9; 빌 3:8-10; 살전 5:10; 히 13:8; 마 11:27-30). 따라서 그리스도와 그리스도인의 "주-종 관계"는 "주어 바꾸기의 삶의 기본적인 실천원리"입니다(창 4:1; 비교 창 4:25). 이처럼 '주 예수 그리스도'와 '그리스도교,' 그리고 '그리스도인'은 '그리스도의 죽으심과 부활신앙'에 토대를 둔 견고한 삼겹줄과도 같습니다. 그것은 하나님께서 그리스도의 십자가 죽으심과 부활 안에 '충만한 기쁨'과 '영원한 즐거움'과 '사랑'을 담아주셨기 때문입니다(시 16:11; 행 2:23-32; 요 3:16; 롬 5:5-8, 9-11; 요일 4:9-19; 고후 5:14-15; 참조, 롬 8:31-39).

5. 교회는 어떻게 세워졌을까요?

초기교회 그리스도인들은 두 가지 정체성을 가지고 있었습니다(마 22:37-40; 막 12:29-31; 눅 10:25-27). 그들은 수직적으로 하나님께 회심한 '하나님의 교회'였습니다. 동시에 그들은 지상에서 서로를 향해 수평적인 차원에서 회심하고 지역을 따라 공동체를 만들었습니다. 이것은

---

55) Ibid., 372.

그리스도인들이 지역 사회 안의 이웃과 삶을 나누는 가정교회들을 이루게 된 것을 의미합니다. 그리고 이것은 그리스도인들이 공동체적 정체성을 가지고 도시 차원의 혹은 지역 차원의 대집회를 위해 가능한 자주 모였음을 의미합니다(고전 1:2).[56] 즉 교회는 가정에서 시작하여 지역 교회와 우주적 교회로 확장되어 갔다는 것입니다(고전 1:2).

1) 광야교회, 아담의 가정과 이스라엘 공동체

사도행전 7장 38절은 "시내 산에서 말하던 그 천사와 우리 조상들과 함께 광야 교회에 있었고 또 살아 있는 말씀을 받아 우리에게 주던 자가 이 사람이라"는 말씀으로, 출애굽한 이스라엘 공동체가 "광야교회"임을 시사하고 있습니다. 그리고 에베소서 5장 27-32절은 아담과 하와의 가정을 그리스도와 교회의 모형으로 증언하고 있습니다. 사도 바울은 남편과 아내의 관계를 통해 그리스도와 교회를 설명하면서, 아담과 하와의 가정을 '가정교회'로 인식할 수 있도록 설명하였습니다. 특히 창세기 2장 24절 말씀은 '떠남'과 '연합'과 '한 몸을 이룸'이라는 개념을 통해, 하나님께서 남자와 여자의 결혼으로 세워진 가정 제도를 보여 줍니다. 마찬가지로 신약에서도 하나님께서 그리스도의 피로 사신 교회(행 20:28)와 그리스도의 신부로 비유된 교회가 "떠남"과 "주 예수 그리스도와의 연합"과 "한 몸이 되는 과정"을 보여 주고 있습니다(롬 5:14; 고전 15:20-22; 12:12-15; 엡 1:4, 15-23; 5:25-32; 참조, 골 1:10-27).[57]

구약성경은 하나님께서 아담의 가정과 그의 계보를 통해 하나님을 경외하며, 그의 이름을 부르는 경건한 자손들을 일으켜서 가정교회를 세우시는 모습을 보여 줍니다(창 5:1-32). 여호와 하나님께서는 범죄한 아담

---

56) Wolfgang Simson, 「가정교회: 침투적 교회 개척론」, 황진기 옮김 (서울: 도서출판 국제제자훈련원, 2006), 25-6.
57) 제자원 편, 「옥스퍼드원어성경대전: 창세기 제1-11장」, 218.

과 하와에게 '짐승의 피'가 요구되는 '가죽옷'을 지어 입히심으로써, 그들의 죄와 허물을 가리어주셨습니다(창 3:1-21). 세월이 지난 후에 가인은 땅의 소산으로 제물을 삼아 여호와께 드렸고, 그의 동생 아벨은 양의 첫 새끼와 그 기름을 드렸습니다. 그러나 하나님께서는 짐승의 피가 있는 아벨의 제물을 받으셨습니다(창 4:3-5). 하나님께서는 가인에 의해 살해된 아벨 대신에 아담과 하와에게 다른 씨 셋을 주셨습니다. 성경은 그 셋의 아들 에노스 때에 사람들이 비로소 "여호와의 이름을 불렀더라"고 증언합니다(창 4:25-26). 여기서 '불렀더라'는 말 '리크로'(לִקְרֹא)는 '부르다'는 말 '카라'를 말합니다. '카라'는 '도움을 청하다'(시 4:2; 22:3; 34:7; 59:4)란 뜻을 가지며, 특히 '카라'(קָרָא)가 '하나님의 이름'과 관련되어 쓰일 때는 '찬양하다'란 뜻을 지니고 있습니다(창 12:8; 출 33:19; 시 79:6; 사 43:21). 이는 아담과 하와의 다른 씨 셋의 자손들도 전능하시고 구원하시는 여호와 하나님께 도움을 청하며, 예배를 드림으로써 아담의 가족이 '야훼신앙'으로 깊어지고 있음을 보여 줍니다.[58] 이러한 야훼 신앙은 노아가 홍수심판에서 구원을 얻은 후, 여호와께 제단을 쌓고 정결한 짐승과 모든 정결한 새 중에서 제물을 취하여 번제로 제단에 드리는 형태로 이어졌습니다(창 8:20-21).

그리고 야훼신앙은 아브라함과 그의 대대 후손 이삭과 야곱에 이르러 정착되었습니다. 아브라함의 가족은 여호와께 제단을 쌓고 여호와의 이름을 부르는 경건한 야훼신앙을 견고하게 세웠습니다(창 12:7-8; 26:24-25; 35:1-7, 9-15). 이는 여호와 하나님께서 친히 아브라함에게 나타나서서 그와 그의 대대 후손 사이에 세우신 '하나님의 영원하신 언약'을 실행하신 것입니다(창 17:1-19; 35:1). 하나님의 영원한 언약은 아브라함에게서 '민족들,' '왕,' '가나안 온 땅에 대한 영원한 기업,' '하나님이 아브라

---

58) Ibid., 354.

함과 그의 대대 후손의 하나님이 되시겠다는 약속,' '포피를 베는 할례를 통한 하나님의 백성 세우기,' 그리고 '아브라함의 후손으로 이삭'을 주시겠다는 언약으로 구성되어 있습니다. 성경은 여호와 하나님이 아브라함과 그의 대대 후손 사이에 세우신 하나님의 영원한 언약이 모세언약(출 2:22-25; 6:2-5, 6-8)과 다윗언약(삼하 7:1-16; 대상 17:1-14), 그리고 예수 그리스도에 의한 새 언약으로 성취되었음을 보여 줍니다(렘 31:31-34; 마 1:1-25; 갈 3:6-16, 17-29; 히 8:1-13; 9:1-15; 10:1-18; 12:24).

여호와 하나님께서는 하나님의 영원한 언약대로 이스라엘 자손이 출애굽 한 후에(창 15:13-21; 참조, 신 1:5-8; 출 12:1-42; 15:1-18), 40년간 광야생활의 긴 여정을 거쳐(신 2:1-5:33; 6:1-34:12), 약속의 땅 가나안 땅에 정착하도록 그들을 인도하셨습니다(수 13:8-19:51; 21:43-45). 이를 통해 하나님께서는 족장시대[59]와 왕정시대를[60] 세우셨습니다. 그리고 하나님께서는 족장들과 왕들을 통해 이스라엘 백성들을 신정통치하시며 예루살렘 성전을 중심으로 하는 '예배 공동체'를 세우셨습니다.

특히 구약에서 야훼신앙을 유지하기 위한 신앙 교육은 하나님께서 기름을 부어 세우신 선지자 모세가 하나님의 말씀을 선포하고 그 율법을 설명하는 대중적인 방식이었습니다(신 1:1-8). 여기에 각 가정에서는 부모들이 자기 자녀들과 손자들에게 하나님의 말씀을 가르치고 야훼신앙의 근본 자세를 강조하는 '쉐마'(שְׁמַע) 교육이 곁들여졌습니다(신 6:4-9). 하나님의 말씀에 대한 선포와 설명, 그리고 쉐마 교육은 '너희 조상 아브라함' (신 1:8) 또는 '네 조상 아브라함'(신 6:10)이란 말을 통해, 하나님께서 아브라함과 그의 대대 후손 사이에 세우신 영원한 언약을 기억케 함으로써 자기 백성의 신앙적 정체성을 유지하도록 일깨워 주셨습니다. 쉐마 교육

---

59) 창 36:15-43; 출 6:14-24; 수 9:15-21; 왕상 8:1; 대상 1:51-54; 대하 1:2; 5:2; 19:8; 스 1:5; 2:68; 3:12; 4:2-3; 10:16; 느 7:70-71; 11:13-16; 12:12, 22-23

60) 신 17:14-20; 삼상 8:1-22; 10:1-26; 16:1-13; 삼하 2:11; 5:1-5; 6:1-23; 7:1-17, 18-29; 참조, 대상 17:1-15, 16-27; 왕상 1장-대하 36장

은 '들으라,' '사랑하라,' '마음에 새기라,' '가르치며 강론하라,' '기호로 삼고 표로 삼으라,' '기록하라'는 명령의 언어들로 구성되었습니다. 구약의 가정교회의 모습을 이해하려면, 가정에서 이루어진 쉐마 교육이 나타나 있는 신명기 6장 4-9절 말씀을 읽어야 합니다.

첫째, 신명기 6장 4절은 "이스라엘아 들으라 우리 하나님 여호와는 오직 유일한 여호와이시니"라는 말씀으로, 그 첫 단어가 '들으라'는 뜻이 있는 '쉐마'(שְׁמַע)로 시작합니다. 그리고 이 '쉐마'는 5-9절로 이어집니다. '우리 하나님 여호와는 오직 유일한 여호와'라는 쉐마는 하나님 외에는 다른 신이 없다는 사실을 말합니다. '오직 한 분이신 하나님 여호와'란 말은 오직 온 세상의 구원을 위하여 이스라엘 안에서 크신 능력으로 자신을 계시하시는 절대적인 하나님을 가리키는 말이기 때문입니다.[61]

둘째, 신명기 6장 5절은 "너는 마음을 다하고 뜻을 다하고 힘을 다하여 네 하나님 여호와를 사랑하라"는 말씀으로, 우리가 사랑해야 할 하나님은 세상의 수많은 다른 헛된 우상이 아니라, 오직 하나님뿐이라는 사실을 강조합니다. '사랑하라'는 말로 번역된 '웨아하브타'(וְאָהַבְתָּ)란 말은 하나님과의 관계와 사람과의 관계를 포함하는 단어입니다. 이는 특별히 구별된 단어가 아닌 사람이 익히 알고 있는 평범한 단어를 사용함으로써, 하나님과 사람 사이의 관계가 일상생활에서도 친밀한 사랑으로 나타나야 한다는 점을 강조한 것입니다. 4절에서는 '우리의 하나님'을, 5절에서는 '네 하나님 여호와'를 사랑하라고 말씀하신 것도 이러한 이유에서입니다. 4절은 이스라엘 공동체와 언약을 세우신 하나님에 대한 계시라면, 5절은 그 계시된 하나님에 대한 각 개인의 인격적인 반응에 대한 촉구라 할 수 있습니다. 그래서 5절은 하나님을 사랑하는 데 있어서, 개인의 인격적 반응인 '마음,' '성품,' '힘'이라는 최상급의 세 가지 표현을 통해 하나님을 사랑

---

61) 제자원 편, 「옥스퍼드원어성경대전: 신명기 제1-11장」 (서울: 성서교재주식회사, 1999), 402-3.

하는 태도와 그 정도를 가르친 것입니다. 하나님께서 우리를 실질적으로 사랑하시듯이, 우리도 하나님을 관념적 사랑이 아닌 실제적인 삶의 현장에서 우리의 모습과 행동을 통해 실질적으로 표현하라는 뜻입니다. 즉 하나님께서 내 삶 속에 넘치도록 풍성하게 채워주신 모든 것으로 하나님을 보다 구체적으로 사랑하라는 것입니다. 따라서 본절은 우리가 하나님을 바로 인식하지 못하면, 결코 하나님을 사랑할 수 없다는 사실을 깨닫게 합니다. 그러기에 우리가 하나님을 바로 알기 위해서 그의 말씀을 '들으라'는 것입니다(참조, 요일 4:11, 19).[62]

셋째, 신명기 6장 6절은 "오늘 내가 네게 명하는 이 말씀을 너는 마음에 새기고"라는 말씀을 통해, 우리가 하나님의 말씀을 마음에 새길 것을 강조합니다. 여기서 '너는 마음에'라는 말로 번역된 '알 레바베카'(עַל־לְבָבֶךָ)에서 '마음'에 해당하는 '레바브'는 사람의 의지와 생각과 감정이 모두 자리 잡고 있는 인격을 가리킵니다. 하나님이 명하시는 '말씀이 마음에 있도록 새기라'는 말은 단지 말씀의 내용을 기억하라는 의미 정도가 아니라, 하나님의 말씀이 우리의 감정과 의지와 생각에 언제나 반영되어, 우리의 삶 속에서 실질적으로 주님의 향기를 풍기는 사람이 되라는 뜻입니다. 따라서 하나님의 말씀이 우리 인격에 반영되는 삶은 일시적 상태로 끝나는 일회적 행위가 아니라는 의미에서 '새기고'라는 말을 사용한 것입니다(렘 31:33).[63]

넷째, 신명기 6장 7절은 "네 자녀에게 부지런히 가르치며 집에 앉았을 때에든지 길을 갈 때에든지 누워 있을 때에든지 일어날 때에든지 이 말씀을 강론할 것이며"라는 말씀을 통해, 쉐마 교육의 방법과 대상과 장소 및 시간 세 가지를 보여 줍니다. 하나, 쉐마 교육의 방법은 '율법을 가르치고 강론하는 것'입니다. '부지런히 가르치며'로 번역된 '웨쉰나느탐'(וְשִׁנַּנְתָּם)

---

62) Ibid., 404-5.
63) Ibid., 406.

의 원형은 '뾰족하다,' '찌르다'라는 뜻으로, 상대방의 폐부를 깊숙이 찔러 마음에 감동을 느끼게 하는 것을 의미하는 '솨난'(שָׁנַן)입니다. 그리고 '이 말씀을 강론할 것이며'에 해당하는 단어는 '웨딥바르타'(וְדִבַּרְתָּ)라는 단어입니다. 이 단어는 단순히 '말하다'라는 뜻을 가진 '다바르'(דָּבַר)를 원형으로 가지고 있습니다(신 5:1). 즉 어떤 문제를 설명하고 토론하는 것입니다. 이는 특별한 주제를 잡아서 의식적으로 교육하기보다는 일상생활에서 대화를 통해 자연스럽게 율법의 내용을 교육하는 것입니다. 둘, 쉐마 교육의 대상은 '네 자녀'로 명시함으로써 율법 교육의 책임자로서 부모의 역할을 강조합니다. 셋, 쉐마 교육 장소와 시간에 있어서 장소는 '집에 앉았을 때'든지 '길을 갈 때에든지, 누워 있을 때든지 일어날 때에든지'라는 말로서, 어느 곳에서든지 매일 율법 교육이 자녀들에게 이루어져야 한다는 것을 말합니다. 이것이 가능한 이유는 일상생활 교육이었기 때문입니다. 자녀에 대한 부모의 우선적인 책임은 행함을 통해 터득한 말씀으로, 하나님의 언약 백성으로 교육시키는 데 있었습니다(신 6:10; 참조, 창 17:1-19; 출 24:1-8; 신 7:6-10; 9:1-29 등).[64]

한편, 마가는 예수님께 서기관 중의 한 사람이 '가장 큰 계명이 무엇이냐'고 질문했을 때, 예수님께서 그 답을 제시하기 위해 쉐마 교육 방식으로 그와 대화하시는 장면을 증언하였습니다. 예수님은 서기관에게 계명의 의미를 잘 이해할 수 있도록 강론하셨고, 그 서기관은 지혜롭게 그 의미를 파악했습니다. 이에 예수님께서도 그를 향해 긍정적인 반응을 보이셨습니다(막 12:28-34). 전성수에 의하면, 신명기 6장 7절에서 "가르치고 이 말씀을 강론하라"는 말은 가르치고 토론하는 것을 의미합니다. 말 그대로 이야기를 나누는 것입니다. 유대인들은 수많은 성경말씀 중에 이 쉐마를 가장 중요하게 생각하고, 오직 한 분 하나님을 사랑하는 것을 지상의

---

64) Ibid., 408-9.

목적으로 생각합니다. 그들에게 있어서 하나님을 사랑하는 최고의 방법은 자녀들에게 성경을 가르치는 것입니다. 하나님을 사랑하고 자녀를 사랑하기에 하나님의 말씀을 이해하기 쉽게 질문하고 토론하는 방식으로 가르치는 것입니다. 이런 교육 방식을 '하브루타'라고 합니다. 이는 서로가 짝을 지어 질문하고 대화, 토론, 논쟁의 과정을 이야기로 나누는 방식입니다. 그들은 가정이든, 학교이든, 회당에서든 길거리에서든 열심히 아버지와 자녀가 짝을 이루거나, 어머니와 자녀가 짝을 이루고, 아니면 친구끼리 짝을 이루어 성경 말씀을 이야기합니다. '하브루타'는 'talk about'과 같은 의미입니다.[65] 성경 하브루타는 주로 아버지와 자녀가 해당 본문에 대하여 질문하고 답하며 토론하는 형식으로 진행합니다. 이는 일주일 동안에 경험한 삶을 성경 말씀과 연결하여, 이를 어떻게 실천할 것인지 다짐하는 시간이기도 합니다.[66] 신명기 7장 6-7절은 여호와께서 이스라엘을 기업의 백성으로 택하신 이유를 설명하시기 위해, 'you, your, your, you' (신 7:6), 그리고 'you, you, you, you'(신 7:7)란 말을 각각 4회씩 반복하셨음을 보여 줍니다. 하나님의 어법은 관계적이고, 인격적이며, 친밀한 대화였음을 보여 줍니다.

다섯째, 신명기 6장 8절은 "너는 또 그것을 네 손목에 매어 기호를 삼으며 네 미간에 붙여 표로 삼고"(참조, 출 13:8-9)라는 말씀으로, 하나님은 자신의 말씀을 이스라엘 자손의 생각과 삶 속에 긴밀하게 부착시키라는 은유적 표현을 사용하셨습니다. 즉 하나님의 자녀 신분을 잊지 말고 이에 합당한 생활을 하라는 뜻입니다(잠 3:3).

여섯째, 하나님께서는 신명기 6장 9절의 "또 네 집 문설주와 바깥 문에 기록할지니라"는 말씀으로 쉐마 교육의 말미를 제시하셨습니다. 이 말씀은 각자 개인의 생활공간에서든지 혹은 도시 공동체 안에서든지, 항상 하

---

65) 전성수, 「자녀교육 혁명 하브루타」, 135.
66) Ibid., 242.

나님의 말씀을 기준으로 살라는 의미입니다. 다시 말해 하나님의 백성들은 그 어느 곳에서든 그들이 거하는 삶의 현장에서, 언제나 하나님의 말씀의 다스림을 받으며 살아야 한다는 교훈입니다.[67]

2) 신약교회, 주 예수 이름으로 모인 두 세 사람

사도 마태는 "두세 사람이 내 이름으로 모인 곳에는 나도 그들 중에 있느니라"(마 18:20)는 말씀으로, 교회의 구심점이 누구인지에 대하여 증언하였습니다. 이는 바로 "내가 이 반석 위에 내 교회를 세우리니"(마 16:18)라고 말씀하신 예수 그리스도이십니다. 여기서 '두 세 사람'이란 소수의 사람을 가리키는 관용적인 표현입니다. 그리고 '모이다'로 번역된 '쉬네그메노이'(συνηγμένοι)의 원형 '쉬나고'(συνάγω)는 '~와 함께'란 뜻의 전치사 '쉰'(σύν)과, '오라' 및 '가라'의 뜻을 지닌 동사 '아고'(ἄγω)가 결합된 합성어로서 '함께 모이다'란 의미를 지니고 있습니다. 유대인들이 율법을 배우고 하나님께 예배하기 위하여 모이는 집회소인 '회당'을 가리키는 '쉬나고게'(συνάγωγη)도 바로 이 단어에서 나왔습니다. 이러한 사실만으로도 '쉬네그메노이'는 한 가지 목적을 가지고 한마음으로 모인 것을 의미합니다. 그러므로 모인 두세 사람의 지향점은 바로 '예수님의 이름'(마 1:21; 고전 6:11)으로 모인 것입니다. 즉 교회의 지향점과 구심점은 바로 '예수님의 이름'이라는 것입니다.[68] 볼프강 짐존에 의하면, 신약교회는 보통 10-15명 규모의 소그룹들로 구성되었습니다(참조, 행 19:1-7). 비록 300여명이 예배당을 가득 메우더라도 교제가 없는 그런 큰 교회로는 발전되지 않았습니다. 그 대신에 신약의 교회는 그 수가 15-20명 정도에 이르면, 유기체의 세포처럼 세포분열을 통해 옆으로(sideways) 배가했습니다. 또한 모든 그리스도인들이 예루살렘에 있는 솔로몬의 성

---

67) 제자원 편, 「옥스퍼드원어성경대전: 신명기 제1-11장」, 410-11.
68) 제자원 편, 「옥스퍼드원어성경대전: 마태복음 제11b-20장」, 610-1.

전 뜰과 같은 곳에 함께 모이는 대집회도 가능했습니다.[69] 이는 가정교회와 지역 교회가 서로 주 예수 그리스도 이름으로 교제했음을 의미합니다.

신약에 교회를 뜻하는 'ἐκκλησία'는 150회 정도 나타나 있습니다. '에클레시아'는 대다수가 지역의 회중을 지시하는 단일한 의미로 사용되었습니다(행 8:1; 고전 1:2 등). 이 중에 75번은 교회 설립과 관련되었고 또 36번은 지역 교회를 지시하기 위한 복수형으로 사용되었습니다. 그러기에 '에클레시아'는 로마가톨릭교회나 영국국교회와 같은 개념으로 적용되지 않았습니다.[70] '에클레시아'는 다른 교회로부터 독립된 자발적이고 유기적인 지역 모임 형태로 세워졌습니다(엡 1:22-23; 골 1:18; 고전 12:13). '에클레시아'는 기초 단위인 가정에서 모이는 '가정교회'였지만, 그 형태는 지역 복음화를 위해 소금과 빛의 역할을 감당하는 '지역 교회'로 성장하는 교회였습니다. 윌리엄 럼프킨(William L. Lumpkin)은 이런 교회는 언약과 개인의 인격적 믿음과 신앙고백 위에 세워진 "회집된 교회"(gathered church)로서 의의가 있다고 말했습니다.[71]

사도 바울 서신에 '에클레시아'란 말은 60회 가량 나타나 있습니다. 바울은 에클레시아를 단수형(롬 16:1; 골 4:16; 살전 1:1; 살후 1:1)과 복수형(롬 16:4; 고전 16:1; 갈 1:2; 고후 8:1)으로 사용했습니다. 이 두 가지 형태는 특정한 장소의 신자들의 모임을 묘사합니다. 그리고 바울은 에클레시아를 특정한 어느 지역 교회의 특정 부분을 가리키는 데 사용했습니다(롬 16:5; 고전 16:19; 골 4:15; 몬 1:2). 나아가 바울은 '에클레시아'란 말을 예배와 신앙교육을 위하여 어느 지역의 특정한 장소에 모인 그리스도인들의 모임으로 묘사했습니다(롬 14:1-23; 고전 11:18; 14:1-40 등). 결국 '에클레시아'란 말은 대체로 교회 곧 모든 지역과 모든 나라에 있는 예수

---

69) Simson, 「가정교회: 침투적 교회 개척론」, 20.
70) D. B. Ray, *Baptist Succession* (Rosemead: The King's Press, 1949), 1-2.
71) William L. Lumpkin, *Baptist Confessions of Faith* (Valley Forge: Judson Press, 1969), 142.

그리스도를 믿는 신자들의 전체 모임을 가리키는 말이었습니다(고전 1:2). 신학적으로 이를 '지역 교회'(local church)와 '우주적 교회'(universal church)라 합니다. 특히 바울은 이 모든 교회들을 가리켜 "그리스도 안에 있는 하나님의 교회"로 증언하였습니다(갈 1:22; 살전 2:14). 교회는 그리스도 안에 있으며, 하나님께 속해 있다는 것입니다.[72]

그러므로 신약에 증언되어 있는 에클레시아는 생명이 흐르는 영적 유기체의 모습으로 표현되어 있습니다(organism, 고전 12:1-31). 교회는 조직(system)이 아닌 생명(life)이기 때문입니다. 영적 생명이 흐르는 유기체로서의 교회는 출생에 의한 번식이지 조직에 의한 분할이 아니라는 뜻입니다(마 16:17-18; 요 4:23; 히 12:23). 즉 '에클레시아'는 그리스도교의 교회의 생성물이 아니라는 것입니다.[73] 에클레시아는 하나님께서 자기 피로 사신 교회이기 때문입니다(행 20:28; 고전 6:19-20; 7:22-23).

3) 'ἐκκλησία,' 신약교회의 본질

사도 바울은 자신이 전도와 선교하여 세운 교회의 본질을 통해 '에클레시아'의 참 의미를 증언하였습니다. 본래 '바울'은 '파울로스'(Παῦλος) 곧 '작은'(small)이란 뜻의 로마식 이름입니다. 이는 그의 외적인 이미지와(고후 10:10) 그 스스로가 자신에 대해 생각했던 겸양의 모습(고전 15:9)을 잘 표현하고 있습니다(엡 3:8). 그 당시 헬라 출신 유대인들 가운데 많은 사람들이 히브리식 이름과 함께 로마식의 이름도 함께 가지고 있었습니다. 날 때부터 로마 시민권을 가지고 있었던 사울(행 22:28)은 로마식 이름 '바울'로 개명하고, 전도 및 선교 사역에 몰두했습니다. 바울의 초기 사역은 바나바의 도움을 받아 전도 및 선교 여행을 같이 하며 주 예

---

72) William. Barclay, *The Mind St. Paul* [바울신학개론], 박문재 옮김 (서울: 크리스챤다이제스트, 1997), 188-9.
73) Ibid., 191.

수의 몸된 교회를 세웠습니다(행 9:26-15:41). 바울은 그의 중기 사역에서 마가의 일로 바나바와 결별하고(행 11:29-30; 12:24-25; 13:13; 15:36-39), 실라와 디모데와 함께 전도하여 교회를 세워나갔습니다(행 13:13-14; 15:40-41; 16:1-28:31; 롬 1:1-17). 이렇게 세워진 하나님의 교회를 통해 바울은 서신서에서 신약교회의 본질을 다음과 같이 묘사했습니다.

첫째, 신약교회의 본질은 하나님의 집(고전 3:9; 딤후 3:15; 히 3:6; 10:21; 벧전 4:17)으로서의 교회입니다(딤전 3:15). "우리는 하나님의 동역자들이요 너희는 하나님의 밭이요 하나님의 집이니라"(고전 3:9). 여기서 '집'으로 번역된 '오이코도메'(οἰκοδομή)란 말은 '지음,' '세움,' '건축'이라는 뜻으로, 하나님께서 자기 종들을 통해서 세우시는 건물을 의미합니다.[74] 바울이 서신서에서 증언한 교회는 하나님에 의해, 하나님을 위하여 세워지는 하나의 건축물이었습니다. 고린도 교회들의 전체 교회는 함께 짜 맞추어 지은 하나의 건축물과 같습니다(참조, 엡 2:19-22).[75] 그런데 바울이 표현한 건축물로서의 교회는 '하나의 건축물'이 아니라, 그것은 성령께서 거하시는 '하나님의 성전으로서의 건물'이라는 뜻입니다. "너희는 너희가 하나님의 성전인 것과 하나님의 성령이 너희 안에 계시는 것을 알지 못하느냐"(고전 3:16). 이 말씀은 '참 성전' 개념에 대한 진리를 보여 주는 매우 중요한 말씀입니다. 즉 성도의 모임인 교회란 성령님의 지상적 거처라는 것입니다. 바울 서신에서 건물과 관련된 또 다른 표상이 있습니다. 하나는 예수 그리스도께서 교회의 터가 되신다는 말이고(고전 3:10-11), 다른 하나는 그리스도 예수께서 모퉁잇돌이 되신다는 표상입니다(엡 2:20; 참조, 벧전 2:1-10). 이는 전체 교회가 '주 예수 그리스도 위에 세워진다'는 뜻입니다. 달리 말해 모든 교회의 전체 구조물이 결합되

---

74) 제자원 편, 「옥스퍼드원어성경대전: 고린도전서 제1-9장」, 203.
75) Barclay, *The Mind St. Paul* [바울신학개론], 204.

는 것은 '그리스도에 의해서'라는 뜻입니다.[76]

그리고 문자적으로 '건축한다'는 말은 양육 사상을 포함하는 말입니다. 그것은 은사 활용에 의한 교육을 통해 세워지는 양육입니다. 특별히 은사 활용은 두 가지 진리를 제공합니다. 하나는 항상 교회의 사역은 파괴가 아닌 세우는 것이라는 사실입니다(고전 12:11, 23, 28). 다른 하나는 그리스도교의 모든 가르침과 행동은 그 목적과 목표하는 바가 항상 긍정적이어야 한다는 사실입니다(고후 1:14-20).[77] 예컨대, 목회서신에 나오는 '집'이라는 이미지는, 바울을 통해 하나님께서 세우신 교회 구성원들이 형제자매 관계로 맺어질 것을 기대하며 사용한 이미지입니다(딤전 1:2, 18). 또한 건축물을 의미하는 '오이코스'(οἶκος)란 단어는 고대 사회에서 '가족'을 가리키는 기본 단어였습니다. '가족'은 교회의 기본 단위입니다. 이처럼 '가족'이란 교회 개념은 매우 생산적이고 긍정적인 개념이었습니다. 특히 디모데전서와 디도서는 교회를 '확장된 가족'으로 전제하고, 구성원들에게 감당할 임무를 가르치고 있습니다. 예컨대, 자기 가정을 잘 다스리는 사람을 감독으로 세워 하나님의 교회를 돌보게 하라는 말씀(딤전 3:1-5)과, 부양할 가족이 없는 사람을 보살피라는 말씀 등입니다(딤전 5:1-10).[78]

나아가 '에클레시아'는 '집에 있는 교회'를 의미합니다(롬 16:5). 빌레몬서 1장 2절에서도 "자매 압비아와 우리와 함께 병사 된 아킵보와 네 집에 있는 교회에 편지하노니"라는 말씀으로 '집에 있는 교회'를 증언합니다(고전 16:15, 19; 행 18:1-11, 18-26). 사도 바울은 고린도에서 아굴라라 하는 본도에서 난 유대인을 만났습니다. 그는 글라우디오가 모든 유대인에게 떠나라는 명령을 내려 그의 아내 브리스길라와 함께 고린도로 와

---

76) Ibid., 205.
77) Ibid., 204-5.
78) James W. Thompson, *The Church according to Paul* [바울의 교회론], 이기운 옮김 (서울: 기도교문서선교회, 2019), 366-7.

서 천막을 치며 생업으로 삼았습니다. 바울은 생업이 같으므로 그들과 함께 살며 그 가정을 전도의 거점으로 삼아 가정교회를 세우고(고전 16:19), 안식일마다 회당에서 유대인과 헬라인을 권면하였습니다(행 18:1-4; 참조, 행 18:18, 24-28). 그 후 바울은 디도 유스도의 집에 들어가 일 년 육 개월을 머물며 그들 가운데서 하나님의 말씀을 가르쳤습니다(행 18:7-11). 아울러 디모데전서 3장 15절은 "만일 내가 지체하면 너로 하여금 하나님의 집에서 어떻게 행하여야 할지를 알게 하려 함이니 이 집은 살아 계신 하나님의 교회요 진리의 기둥과 터니라"는 말씀으로 교회의 본질 세 가지를 보여 줍니다. 교회는 '하나님의 집'이고, '살아계신 하나님의 교회'이며, '진리의 기둥과 터'라는 것입니다. '집' 곧 '오이코스'는 건물로서 집에 살고 있는 '가족'을 말합니다. '살아계신 하나님의 교회'란 구약과 신약을 포함하는 교회를 말합니다. 구약에서도 하나님을 죽어 있는 우상이 아닌 살아 계신 하나님으로 표현하기 때문입니다(수 3:10 등; 마 16:16 등). 그리고 '진리의 기둥과 터'에서 '진리'라는 말 '알레데이아'(ἀλήθεια)는 일반 지식 외에(엡 4:25), 특히 구원의 진리를 가리키는 말입니다. 즉 교회란 구원의 진리를 기둥처럼 견고하게 세워 거짓 가르침의 공격으로부터 복음 진리를 사수하고, 그 진리를 세상에 알리는 것이 책무라는 것입니다.[79] 그런데 바울은 가정에 하나님의 교회를 세우면서, 그 가정 교회의 모형이 에덴의 아담과 하와 가정임을 보여 주었습니다. "우리는 그 몸의 지체임이라, 그러므로 사람이 부모를 떠나 그의 아내와 합하여 그 둘이 한 육체가 될지니, 이 비밀이 크도다 나는 그리스도와 교회에 대하여 말하노라"(엡 5:30-32; 참조, 창 2:23-24).

한편, 사도 베드로 역시 고넬료 가정을 교회로 세웠습니다. 그는 환상 가운데 성령님의 인도하심을 따라, 이달리아 부대 군대의 백부장이었던

---

79) 제자원 편, 「옥스퍼드원어성경대전: 디모데전서·디모데후서」, 179-80.

경건한 사람 고넬료의 가정을 방문하였습니다(행 10:9-19, 20-23). 고넬료는 그의 친척과 가까운 친구를 모아 베드로를 기다리고 있었습니다(행 10:24-25). 베드로는 고넬료의 가정에 모인 사람들에게 세 가지 메시지를 전하였습니다. 하나, 사람들이 나사렛 예수 그리스도를 나무에 달아 죽였으나, 하나님이 사흘만에 다시 살리셨다는 부활신앙의 메시지입니다(행 10:38-41). 둘, 하나님께서 백성들에게 전도하시되, 살아 있는 자와 죽은 자의 재판장으로 정하신 자가 바로 예수 그리스도이심을 증언하도록 명하셨다는 메시지입니다(행 10:42). 셋, 모든 선지자도 나사렛 예수 그리스도를 믿는 사람들이 다, 그의 이름을 힘입어 죄 사함을 받는다고 전했다는 메시지입니다(행 10:43). 베드로는 고넬료 가정 전도를 통해 관계 중심의 전도가 효과적임을 보여 주었습니다. 그리고 신약교회의 메시지는 가정교회든 지역 교회든 우리 주 예수 그리스도와 이분의 십자가 죽으심과 부활하심을 핵심 주제로 삼았음을 보여 줍니다. 즉 "그리스도의 주 되심의 삶"입니다.

둘째, 신약교회의 본질은 하나님의 백성으로서의 교회입니다(행 7:38; 벧전 2:9-10). 바울 서신에 나타나 있는 '새 이스라엘'(행 26:17-23; 갈 6:15-16; 엡 2:10-14), '12지파'(롬 15:8-10), '아브라함의 자손들'(갈 3:8-29; 롬 4:16-25), '남은 자'(롬 9:3-33; 10:1-21; 11:1-7) 사상은 하나님의 백성으로서의 교회를 지칭하는 표현입니다.[80] 그리고 바울은 하나님의 백성으로서 교회 공동체의 정체성을 세우는 데 헌신했습니다. 바울은 예수 그리스도께서 '고난 받으시고, 죽으시고, 다시 살아나셨다'는 진리를 공동의 관심으로 삼은 믿는 자로 구성된 공동체의 정체성을 형성하였습니다(행 13:13-48; 17:16-34; 23:1-12; 24:10-23; 26:1-23; 롬 1:1-4, 17; 3:21-29; 4:1-24; 5:12-21; 8:1-11; 9:1-30; 10:1-12; 참조,

---

80) 은준관, 「신학적 교회론」, 153.

갈 3:6-29; 살전 4:14). 중요한 사실은 성도 자신들이 선택하지 않은 사람들과 함께 교회 공동체 안으로 모였다는 점입니다. 즉 단순히 사람들끼리 모인 단체(group)가 아닌, 성령님으로 말미암아 "우리 위해 죽으시고 다시 사신 부활신앙"을 믿는 사람들이 "우리 주 예수 그리스도의 이름"을 구심점으로 모인 사람들의 교회 공동체(community)란 말입니다. 이러한 새 공동체는 가족으로서의 정체성을 형성하는 데 중요한 역할을 한 가정교회 안으로 모인 공동체였습니다. 바울은 회심자들에게 '예수는 그리스도'라 밝히고 '하나님의 말씀'을 가르침으로 그들 공동체의 정체성을 세워나갔습니다(행 18:5-11). 바울은 2인칭 복수 곧 '우리' 혹은 '너희'(살전 1:5-8; 2:13, 17)라는 표현이 명시하고 있듯이, 공동체적 정체성을 형성하면서 새로운 명칭을 부여하였습니다(딤후 2:3-3; 빌몬 1:2). 이를 통해 그는 공동체의 내부자와 외부자 사이를 구별하며(롬 2:29; 8:1-9, 10-17; 고후 6:14-19; 엡 2:10-18), 새로운 삶의 방식을 제공하는 방식으로 회심자들을 재사회화 시켰습니다(고후 5:14-17). 바울은 하나님께 회심한 신자들이 이스라엘 백성에 소속되었다고 증언합니다(엡 2:10-13). 이처럼 바울이 증언한 교회의 바탕을 이루는 이미지는 '하나님의 백성'이었습니다(고후 6:16; 딛 2:14; 딤후 2:19).[81] 따라서 이방인들이 하나님의 백성 공동체에 합류하여 새 이스라엘을 구성한 것은, 하나님께서 아브라함과 그의 대대 후손 사이에 세우신 하나님의 영원한 언약, 즉 "나는 너와 네 후손의 하나님이 되리라"는 약속에 의한 것이었습니다(창 17:7-8; 출 6:5-7, 8; 레 26:12; 렘 31:31-34; 겔 11:19-20; 37:11-27; 고후 6:14-18; 계 21:3-7; 참조, 갈 3:3-29).

셋째, 신약교회의 본질은 그리스도의 몸으로서의 교회입니다(고전 12:12-27; 엡 1:21-23). 바울은 교회의 통일성을 강조하기 위해 교회를 하나의 몸으로 보는 표상을 사용했습니다. 에베소서는 하늘에 있는 것이

---

81) Thompson, *The Church according to Paul* [바울의 교회론], 60-2.

나 땅에 있는 것이 다 그리스도 안에서 통일되게 하시려는 하나님의 예정(엡 1:9-10)과, 그리스도의 몸으로서의 교회(엡 1:22-23; 4:1-7, 12; 참조, 롬 7:4; 고전 12:27; 10:16-17) 세우기가 하나님의 목표임을 밝히고 있습니다. 특히 교회가 '그리스도의 몸'이란 말은 기능적인 의미에서 '주 예수 그리스도의 사역이 교회를 통해 계속되어야 한다'는 의미입니다. 바로 그런 의미에서 그리스도께서는 그의 몸으로서의 교회를 필요로 하셨습니다. 그리스도께서는 교회 안에서 자신의 사역을 행할 손을 찾아내십니다. 또 그리스도께서는 그의 심부름을 할 발들을 찾아내고, 그의 메시지를 전할 목소리들을 찾아내십니다(고전 12:12-23). 그러므로 교회란 반드시 주 예수 그리스도께서 교회를 통하여 행하시는 그의 몸이 되어야 한다는 것입니다(롬 12:1-21; 엡 4:12; 참조, 골 1:23-29). 따라서 주 예수 그리스도께서 교회의 머리가 되시며(엡 1:22; 5:23; 골 1:18), 그의 몸의 구주가 되시기 때문에(엡 5:23), 그의 몸인 교회는 그의 머리와 구주가 되시는 그리스도께 순종할 수밖에 없습니다(엡 5:24).[82] 체스터 레만(Chester K. Lehman)은 그리스도께서 교회의 머리라는 사상은 우리에게 심오한 진리의 깊이를 더해주며, 그 어떤 세상의 조직체도 교회와 같은 위엄과 품격을 가질 수 없다고 진술했습니다.[83]

한편, 우리 주 예수 그리스도께서는 신약교회의 본질인 그리스도의 몸 개념에 대한 표상을 실천할 수 있도록 '의식'(ordinances)을 주셨습니다. 그것은 주께서 친히 주신 신약의 두 가지 의식인 침례(Baptism, 마 28:19-20)와 주님의 만찬(Lord's Supper, 고전 10:16-17; 11:20-26)입니다. 그리고 침례 의식은 이스라엘 백성들이 출애굽 하여 홍해를 건넌 사건에서 그 영적 의미와 연결되어 있습니다(고전 10:1-4). 그래서 침례와 주님의 만찬은 오직 구원받은 신자들에게 행하는 그리스도의 몸된 교회의 의

---

82) Barclay, *The Mind St. Paul* [바울신학개론], 196-200.
83) Lehman, *Biblical Theology II* 「성경신학 II」, 510.

식입니다.[84] 구체적으로 침례는 부활하신 예수 그리스도를 믿고 주라 시인하여 죄 사함을 받은 신자들이(롬 6:1-11; 갈 3:26-29), 그리스도의 죽으심과 장사되심과 부활하심에 연합하여 새 생명 가운데서 살기로 헌신한 것을 표현하는 상징적 의식입니다(롬 6:1-4, 5-14, 15-23; 골 2:12; 벧전 3:18-21). 그리하여 침례는 완전히 물속에 몸을 잠그는 침수침례(immersion)로 시행하였습니다(마 3:16; 막 1:10; 롬 6:3-4). 침례는 그리스도 예수의 죽으심과 장사되심과 부활하심을 가장 잘 상징적으로 표현하는 방식입니다.[85] 이 같은 침례는 신자가 된 사람에게 베풀기 때문에 "신자침례"(believer's baptism)라고 부릅니다. 로빈슨(H. Wheeler Robinson)에 의하면, 신자침례가 중요한 이유 몇 가지가 있습니다. 그것은 신약성경이 개인적인 회심(conversion)을 요구하기 때문입니다. 그리고 개인의 회심에 의한 신자침례는 교회로 들어가는 입회의 문이기 때문입니다. 나아가 신자침례는 그리스도의 주권을 인정하는 회심자로 구성된 영적 사회이자, 중생의 행위자인 성령의 피조물이기 때문입니다.[86]

또한 주님의 만찬이 교회에서 시행된 사례를 증언하는 말씀은 고린도전서 11장 17-34절 말씀입니다. 주님의 만찬과 관련하여 그리스도의 몸된 지체로서 성도가 알아야 할 몇 가지 사항이 있습니다. 하나, 주님의 만찬의 참된 의미는 참여자들 간에 우리 주 예수 그리스도 안에서 하나됨을 표현하는 것입니다. 초기 교회의 주님의 만찬은 '애찬'(Love Feast)과 '성찬'(Eucharist)이 서로 결합되어 있었습니다. 신자들은 각자 자기 집에서 형편에 따라 먹을 것을 준비하여 교회에 모여 공동 식사를 하며 서로 교제를 나누었습니다. 이것이 바로 애찬이었고(행 2:46), 이 애찬이 끝나면 주

---

84) I. Howard Marshall, *Last Supper and Lord's Supper* (Grand Rapids: William B. Eerdmans Publishing Company, 1980), 14.

85) G. S. Dobbins, *Baptist Churches in Action* (Nashville: Sunday School Board Southern Baptist Convention, 1929), 153.

86) H. Wheeler Robinson, *Baptist Principles* (London: The Carey Kingsgate Press, 1955), 17. 22. 24.

님의 십자가 죽으심을 기념하여 떡과 잔을 나누는 주님의 만찬을 시행하였습니다.[87] 둘, 주님의 만찬의 기원은 주 예수 그리스도께 있습니다. 바울은 "내가 너희에게 전한 것은 주께 받은 것이니 곧 주 예수께서 잡히시던 밤에 떡을 가지사, 축사하시고 떼어 이르시되 이것은 너희를 위하는 내 몸이니 이것을 행하여 나를 기념하라 하시고, 식후에 또한 그와 같이 잔을 가지시고 이르시되 이 잔은 내 피로 세운 새 언약이니 이것을 행하여 마실 때마다 나를 기념하라 하셨으니, 너희가 이 떡을 먹으며 이 잔을 마실 때마다 주의 죽으심을 그가 오실 때까지 전하는 것이니라"는 말씀으로, 주님의 만찬의 기원이 주 예수께 있음을 증언하였습니다(고전 11:23-25; 참조, 마 26:17-25, 26-28, 29-30; 막 14:12-21, 22-24, 25; 눅 22:1-13, 14-20, 21-23; 요 6:41-51, 52-58, 59). 특히 '나를 기념하라'는 주의 말씀은 주님의 만찬이 예수님의 12제자에게만 국한된 것이 아니라, 이제는 그를 믿는 모든 그리스도인에게 적용되고 있음을 보여 주는 데 큰 의의가 있습니다.[88] 셋, 주님의 만찬을 시행하는 방식은 집례자가 하나님께 감사 기도를 드리고 떡과 포도주를 분배하는 방식입니다. 고린도전서 11장 24절에 나오는 '축사하고'라는 말 '유카리스테사스'(εὐχαριστήσας)는 누가복음 22장 17절과 19-20절의 그것과 동일한 단어입니다, 마태복음과 마가복음은 '축복하다,' '찬양하다'라는 뜻을 가진 '율로게사스'(εὐλογήσας)와 '감사하다'의 뜻을 가진 '유카리스테사스'를 사용하였습니다. 이 두 가지 표현은 모두 식사하기 전에 그 식탁을 제공한 주인이 감사 기도 하는 것과 관련되어 있습니다. 즉 주님의 만찬의 문맥에서 이 두 단어는 '하나님의 은혜에 대해 감사하는 믿음을 전제로 하는 축복'이라는 점에서 동일한 뜻을 나타냅니다.[89] 넷, 주님의 만찬은 고린도전서 11장

---

87) 제자원 편, 「옥스퍼드원어성경대전: 고린도전서 제10-16장」 (서울: 제자원, 2001), 166.
88) Ibid., 170-1.
89) Ibid., 172.

26절의 "너희가 이 떡을 먹으며 이 잔을 마실 때마다 주의 죽으심을 그가 오실 때까지 전하는 것이니라"는 말씀과 같이, '그리스도의 십자가 죽으심을 전하는 것'에 그 목적이 있음을 보여 줍니다. 그리고 주님의 만찬은 주께서 오실 때까지 지속되어야 한다는 말씀을 통해, 재림신앙과 온전한 하나님의 나라에 대한 간절한 소망도 내포되어 있음을 알 수 있습니다.

다섯, 주님의 만찬의 떡과 잔은 예수 그리스도의 살과 피를 상징합니다. 성경은 '떡'을 '우리를 위하여 주신 예수님의 몸'(마 26:26; 막 14:22)과 우리가 이를 먹음으로 '예수님을 기념하는' 상징적 의식으로 보여 줍니다 (눅 22:19). 그리고 '잔'은 죄 사함을 얻게 하려고 많은 사람을 위하여 흘리신 '예수님의 피 곧 언약의 피'를 상징하였으며(마 26:27-28; 막 14:24), 또한 '예수님의 피로 세우는 새 언약'으로서 우리를 위하여 붓는 것을 상징하였습니다(눅 22:20).

특히 사도 요한은 마태와 마가와 누가보다 주님의 만찬의 본질을 증언해 주었습니다. 요한은 '떡'과 '잔'을 예수님의 '살'과 '피'로 표현하되 그것을 종말론적인 영생과 관련지어 증언했습니다. 즉 주님의 살과 피를 먹고 마시는 자는 영생을 가졌고, 마지막 날에 그를 주께서 살리신다는 증언입니다. 이는 주님의 살은 참된 양식이고, 그의 피는 참된 음료일 뿐 아니라, 주님의 살과 피를 먹고 마시는 자는 주 안에 거하고, 주님 또한 그 안에 거하시기 때문이라는 것입니다(요 6:51, 53-56). 이와 같이 사도 요한은 주님의 살과 피를 먹고 마시는 주님의 만찬 의식을 통해, 우리가 '영생을 갖는 것'으로 표현하였습니다(요 6:54-58). "…인자의 살을 먹지 아니하고 인자의 피를 마시지 아니하면 너희 속에 생명이 없느니라"(요 6:53). 여기서 '없느니라'로 번역된 '우크 에케테'(οὐκ ἔχετε)란 말은 현재 시제로 사용되어 시대를 초월하여 변치 않는 진리를 나타내는 말입니다. '살과 피'는 히브리 어법에서 '전인'을 의미합니다. 즉 살과 피를 먹는 행위는 그리스도와의 온전한 연합을 의미하며, 또한 이분의 대속적인 죽음 자체를 믿음으로 온전히 받아들이는 것을 표현하는 의미라는 것입니다. 이러한 예수님의 말씀은 예수님의 십자가 죽으심을 믿음으로 받아들이는 사람들 안에는 생명이 있으나, 이를 거부하는 이들에게는 생명이 없다는 십자가 구속 및 속량의 신비가 내포된 말씀입니다. 이러한 예수님의 말씀은 주님의 만찬에서, 예수님의 피를 상징하는 포도주와 살을 상징하는 떡을 취하는 것을 암시하는 표현이었습니다.[90] 그리고 예수님의 십자가 죽으심을 믿는 것은 부활을 포함한 믿음을 의미합니다(고전 15:17).

넷째, 신약교회의 본질은 그리스도의 신부로서의 교회입니다(고후 11:2-8; 엡 5:31-33; 계 22:17). 윌리엄 바클레이는 바울 서신 가운데서 가장 아름다운 표상들 가운데 하나는 교회를 그리스도의 신부로 보는 것이라고 말했습니다. 이 표상은 고린도후서 11장 2-3절에서 증언하고 있습니다. 즉 "내가 하나님의 열심으로 너희를 위하여 열심을 내노니 내가 너희를 정결한 처녀로 한 남편인 그리스도께 드리려고 중매함이로다 그러나 나는, 뱀이 그 간계로 하와를 미혹한 것 같이 너희 마음이 그리스도를 향하는 진실함과 깨끗함에서 떠나 부패할까 두려워하노라"는 말씀으로, 그리스도의 사랑을 받는 성도와 교회가 취해야 할 본분과 신분을 보여 주었습니다. 그것은 성도들의 공동체인 교회는 그리스도의 신부로서 남편인 그리스도께 대한 영적 순결을 지켜야 한다는 것입니다. 바울은 고린도에 있는 하나님의 교회가 정결한 처녀로서 한 남편인 그리스도께 드려지도록 중매하는 일을 사명으로 삼았습니다. 바울의 이 같은 표현은 구약에 뿌리를 두고 있습니다(사 54:5; 렘 3:20). 신약의 하나님의 교회는 아내와 남편의 관계만큼이나 그리스도와 친밀한 관계 속에 존재하는 교회였습니다.[91] 한편, 주로 복음서에서 신랑과 신부인 그리스도와 성도의 관계는 그리스도의 재림과 관련하여 증언되어 있습니다(마 9:15; 25:1-13; 막

---

90) 제자원 편, 「옥스퍼드원어성경대전: 요한복음 제1-6장」, 610.
91) Barclay, *The Mind St. Paul* [바울신학개론], 203-4.

2:19-20; 눅 5:34-35; 계 18:23-24; 22:16-17). 이처럼 재림신앙과 영적 정결은 그리스도와 교회 사이의 친밀한 결속 관계를 유지하는 조화로운 표상으로 보입니다(살전 5:23).

이밖에도 신약교회의 본질과 관련하여 신약교회의 속성이 있습니다. 그것은 일치성(창 2:21-25; 행 2:42-47; 고전 12:4-6; 엡4:3-6), 거룩성 (요 17:17-19; 고전 1:2; 고후 6:4), 보편성(고전 1:2; 엡 1:20-23; 골 1:18), 그리고 그리스도에 의한 통일성입니다(갈 3:1-29; 엡 1:10, 22-23; 2:10-21; 골 1:9-27).

6. 교회는 왜 세워졌을까요?

윌리엄 바클레이는 교회의 기능에 관한 유명한 말을 소개하였습니다. 그것은 "교회는 그리스도의 성육신의 확장"이라는 표현입니다. 이는 기능적 의미에서 예수 그리스도의 사역은 계속되어야 한다는 의미입니다.[92] 마태복음은 예수님의 공생애 사역을 '교육,' '전파,' '치유'로 두 번이나 반복적으로 증언하였습니다(마 4:23; 9:35). 즉 "예수께서 온 갈릴리에 두루 다니사 그들의 회당에서 가르치시며 천국 복음을 전파하시며 백성 중의 모든 병과 모든 약한 것을 고치시니"라는 말씀입니다(마 4:23; 히 13:8). 이제 예수님의 삼대 사역에 맞추어 교회의 존재 이유를 살펴보겠습니다.

1) 교육, 산상 수훈을 가르치신 예수님

예수님께서 무리를 보시고 산에 올라가 앉으셨습니다. 예수님은 무리 가운데서 그의 제자들이 나아오자 '팔복'에 관하여 가르치셨습니다. '가르친다'는 말 '디다스코'(διδάσκω)는 '교훈적 설교를 하다,' '교사가 되다,' '~에게 교훈을 전하다'의 의미를 지닌 동사로서, 성경의 어떤 주제를 쉽게 풀어서 이야기하며 실천적인 교훈을 제시하는 것을 말합니다. 마태복음 5-7장은 예수께서 가르치신 유명한 산상 수훈의 말씀입니다. '그리스도인의 대헌장' 또는 '그리스도인의 도덕의 근본'이라고도 불리는 산상 수훈은, 예수 그리스도께서 왕으로(마 2:1-2; 요 19:19-20) 통치하시는 하나님 나라의 법이 어떤 것인지 분명하게 보여 줍니다. 이는 외형적 행위보다 그 동기와 정신에 강조점을 두었습니다. 산상 수훈은 5대 강화(講話), 즉 팔복에 대한 원리(마 5:1-12), 천국 백성의 정체성(마 5:13-16), 천국 시민이 행해야 할 신약의 법(마 5:17-48), 일상생활 가운데 있는 형식주의 비판과 바른 구제와 기도와 금식(마 6:1-34), 그리고 타인과의 관계에서 지켜야 하는 대인 관계의 규례와 그 결론에 대한 내용으로 구성되어 있습니다(마 7:1-29). 이 가운데, 산상 수훈의 중심 사항에 해당하는 첫째 강화인 팔복에 담겨 있는 천국 시민의 삶의 원리를 살펴보겠습니다.

첫째, 천국 시민의 삶의 제1의 원리는 '심령이 가난한 자는 천국이 그들의 것'이라는 복입니다(마 5:3). '심령'이란 말은 '프뉴마'(πνεῦμα)로 표기되었습니다. 이는 영(spirit)과 마음(heart)을 의미합니다. 그리고 마음은 영혼이 거하는 좌소입니다. 그런데 이 마음에 굳이 '프뉴마'를 사용한 것은 이 단어가 사람의 내면적이고 본질적인 부분을 가리키며, 또 전인격적인 사람을 나타내기에 적합한 용어이기 때문입니다. 또한 '프뉴마'는 정관사 '토'(τῷ)가 붙은 여격으로 사용되었습니다. 여격은 수단의 여격과 관계적(범위적) 여격으로 해석되고 있습니다. 전자의 의미로 이해하면 '그 마음으로,' '그 마음을 통하여' 자발적인 마음으로 가진 것을 포기하여 물질적으로 가난하게 된 사람을 의미합니다. 후자의 관계적 여격으로 이해할 경우에는 '그 마음과 관련하여' '내면적 가난'이란 뜻으로 이해됩니다. 대부분의 번역 성경은 후자의 입장을 취하고 있습니다. 하지만 다른 곳에서 예수님은 '심령'이란 표현이 없이 물질적 가난이 주목의 대상이 되는 것으로 표현하신 곳도 있습니다(마 11:5; 눅 7:22; 16:20-21; 막 12:42-43). 따라서 심령의 가난은 '내면적 가난'과 더불어 '물질적 가난' 도 포함하는 것이 적합한 것으로 보입니다.[93] 엘리오트 라이트(Elliott Wright)는 우리가 심령이 가난한 삶을 살기 위해서는 '그리스도 안에서 사는 것'이라고 말했습니다.[94]

나아가 우리가 심령이 가난한 것을 단순히 천국 시민이 되는 조건으로 만 인식해서는 아니 됩니다. '심령이 가난한 것'은 천국 시민이 되는 조건 인 동시에, 예수 그리스도에게로 나아옴으로써 천국 시민이 된 사람들을 가리키기 때문입니다(마 5:1; 막 1:14-15). 아울러 '천국'이란 말 '헤 바실 레이아 톤 우라논'(ἡ βασιλεία των ούρανων)은 '왕'이란 말 '바실류스' (βασιλεύς)에서 유래하여 '왕권이 미치는 영역 및 범위'를 가리키며, 문 자적으로 '왕국'으로 번역되는 '바실레이아'와 '하늘'이란 의미를 갖는 '우라노스'가 합해진 말입니다. 한편, '천국이 저희 것임이요'에서 '~이 다'란 말 '에스틴'(ἐστιν)은 현재형으로 사용되어, 천국이 미래의 나라가 아닌 현재에 이미 임한 나라임을 보여 주고 있습니다(마 4:17; 12:22-28; 13:10-46; 눅 11:20; 17:20-21). 따라서 성경이 말하는 복은 현실도피적 인 것이 아님을 알 수 있습니다.[95]

둘째, 천국 시민의 삶의 제2의 원리는 '애통하는 자가 위로를 받을 것'이 라는 복입니다(마 5:4). '애통하는'에 해당하는 '펜둔테스'(πενθοῦντες)의 원형 '펜데오'(πενθέω)는 '심히 근심하며 고통스럽게 슬퍼하는 것'(고후 9:15; 12:21)을 의미합니다. 이는 속으로 삭일 수 없으며 스스로를 주체하 지 못하는 극심한 슬픔을 나타내는 표현입니다. 그리고 '위로를 받을 것

---

93) 제자원 편, 「옥스퍼드원어성경대전: 마태복음 제1-11a장」, 321.

94) Elliott Wright, *Holy Company* [산상수훈의 공동체], 김영배 옮김 (서울: 컨콜디아사, 1985), 27.

95) 제자원 편, 「옥스퍼드원어성경대전: 마태복음 제1-11a장」, 323.

이요'라는 말은 무엇보다 자신이 지은 죄를 애절한 슬픔과 철저한 회개를 통해, 하나님의 용서를 확신하게 됨으로써 받게 되는 위로를 의미합니다 (사 61:1-3; 눅 2:25). 그런데 본절의 시제가 미래라는 점을 감안하면 이는 현재 애통하게 만드는 환경이 즉시 해소되지 않을지라도, 우리에게는 이러한 약속에 따라 반드시 완전한 하나님의 위로가 임할 것을 확신하고 담대하게 현실을 극복하기 위한 삶을 살아야 한다는 교훈입니다. 따라서 이미 천국의 시민권을 소유한 성도들은 그 어떤 고난 가운데서도 장차 이루어질 완전한 위로의 확신을 지니고 인내하며 소망을 잃지 말아야 합니다 (계 7:17; 21:1-4).[96] 한편, 애통하는 삶을 실천하며 사는 사람들의 사례가 있습니다. 19세기 미국의 찬송가 작가이며 목회자의 부인이었던 엘리자베스 프렌티스(Elizabeth Prentiss)는 애통하는 사람들이 있으면, 즉시 그들에게 달려가서 그들과 함께 그들의 기도와 눈물로 동참하였습니다. 그녀는 이렇게 그들을 위해 자신의 삶을 바치는 것보다 더 큰 기쁨은 없는 것으로 생각했습니다. 19세기 영국의 구세군 창설자 윌리엄 부드 (William Booth) 부부는 복음으로 영혼들을 구원하고 식량과 다른 물질적 필요들로 육체적 재난에 처해있는 사람들을 구하였습니다.[97] 이러한 사람들은 거룩한 애통의 표현을 행동으로 실천한 사람들입니다.

셋째, 천국 시민의 삶의 제3의 원리는 '온유한 자가 땅을 기업으로 받을 것'이라는 복입니다(마 5:5). '온유한 자'란 말 '프라에이스'($\pi\rho\alpha\epsilon\hat{\iota}\varsigma$)의 원형 '프라우스'($\pi\rho\alpha\acute{\upsilon}\varsigma$)는 예수님의 성품과 성도의 상태를 묘사하는 단어입니다(마 5:5; 11:29; 21:5-11; 벧전 3:4). 구약의 헬라어 역본인 70인 역에서, '온유'(meek)와 '겸손'(humble)이란 말은 히브리어 '아니'라는 말에서 유래한 '아나우'(עָנָו)를 번역한 말입니다. '아나우'란 말은 억눌리고 속임을 당하고 착취를 당하지만, 그 현실 앞에서 무력한 사람을 묘사하는

---

96) Ibid., 323-4.
97) Wright, *Holy Company*[산상수훈의 공동체], 79.

데 주로 사용되었습니다(시 9-10편). 성경은 하나님께서 이러한 '아니'(עני)의 편에 서서, 사람들에게 인정받지 못하고 수탈당하는 이들의 목소리를 듣고 위로하시며(사 29:19; 욥 36:15) 구원하시는 장면을 보여 줍니다(출 6:1-7; 시 37:11; 마 4:12-17; 11:28-30). 그런 의미에서 '온유한 자'는 물질적으로 가난하고 억압받는 사람이라는 일차적 의미에서 더 나아가, 고난과 핍박 속에서도 온유하고 겸손하게 하나님의 도움을 바라며 이분의 뜻대로 사는 사람을 말합니다(시 40:17; 사 41:17-20). 따라서 '온유한 자'는 외부로부터 닥치는 억압과 고난에 대하여 거칠게 반발하거나, 그것을 사람의 힘으로 해결하려고 결사적으로 대항하는 자가 아닙니다. 온유한 자의 삶은 상대방에 대한 미움과 복수심에서 벗어나, 모든 것을 하나님께 맡기고 영적인 평정을 유지하는 사람이라 할 수 있습니다. 이런 사람은 외형적으로는 소극적이며 무기력하게 보일 수도 있으나, 내면적으로는 만왕의 왕이신 하나님에 대한 굳은 신뢰가 있는 사람입니다. 그러한 온유한 자의 최고 모델은 다름 아닌 예수님이십니다(마 11:29; 21:5). 예수님을 본받아 산 바울도 그러했습니다(고후 11:16-31; 참조, 고전 11:1). 그리고 '땅을 기업으로 받는다'는 말은 구약에서 하나님이 이스라엘에게 약속의 땅 가나안을 기업으로 나누어 주신 것처럼, 신실한 하나님의 백성이 장차 하나님 나라를 상속받아 영원히 거하게 되는 것을 의미합니다. 이는 신구약 성경의 일관된 신앙입니다(사 57:11-13; 60:15-21; 벧후 3:13; 계 21:1-7).[98]

넷째, 천국 시민의 삶의 제4의 원리는 '의에 주리고 목마른 자가 배부를 것'이라는 복입니다(마 5:6). 여기서 '의'란 말 '디카이오쉬네'(δικαιοσύνη)는 구약에서 말하는 '윤리 도덕적인 의'와 하나님의 공의를 의미하는 '종교적인 의'를 종합적으로 의미하는 말입니다(마 5:20; 6:33; 참조, 시

---

98) 제자원 편, 「옥스퍼드원어성경대전: 마태복음 제1-11a장」, 326.

63:1-2; 암 8:11). 도덕적인 의는 불의가 득세하는 것에 깊은 회의를 느끼며 의를 갈망하는 의입니다. 종교적인 의란 하나님께서 죄인을 심판하시고 멸하시며 의인을 보호하시는 심판과 그 기준인 공의를 말합니다(시 89:14). 그러므로 '의에 주리고 목마른 자'란 말은 이 세상의 불의한 현상에 대하여 깊이 탄식할 뿐 아니라, 하나님의 뜻에 따라 이 세상을 정의롭게 만들기 위하여 노력하는 것입니다. 이는 동시에 자신의 마음 가운데 깊이 내재한 죄성을 회개하며, 오직 하나님의 의만을 사모함으로 하나님의 구원을 바라는 자라 할 수 있습니다. 따라서 '배부를 것'이란 말은 하나님께서 의에 주리고 목마른 자에게 영적인 욕구를 완전히 해소시켜서 영적 만족을 주신다는 것을 의미합니다. 동시에 이 문구는 미래형이므로 이러한 배부름은 한순간에 이루어지는 것이 아니라, 그 완전한 성취의 날이 미래에 도래할 것임을 보여 줍니다. 이를 통해 우리는 장차 우리가 거하게 될 곳, 즉 모든 것이 충만하고 부족한 것이 전혀 없는 천국에 대한 소망을 갖게 됩니다.[99] 그래서 본절의 '의'를 현대인들이 선호하는 '정의'(justice)나 '옳은 것'(right)으로 번역하지 않고 '의'(righteousness)로 번역한 것입니다. 이 '의'는 윤리를 내포하지만, 그것이 의의 전부는 아닙니다. 그 '의'는 온전하게 갈망되고 있는 어떤 대상에 관계되어 있기 때문입니다. 그 어떤 대상은 바로 의로우신 하나님이십니다. 특히 바울에게 있어서 예수 그리스도는 복음이시며(롬 1:1-4), 하나님의 선에 대한 살아 있는 계시이시고, 신앙인들을 위한 '하나님의 의'이십니다(롬 1:17; 3:21). 그래서 바울은 하나님께서 예수 그리스도 안에서 하나님과 사람간의 관계뿐 아니라, 사람들 사이의 관계도 올바르게 만들어 주신다고 가르쳤습니다.[100]

다섯째, 천국 시민의 삶의 제5의 원리는 '긍휼히 여기는 자가 긍휼히 여김을 받을 것'이라는 복입니다(마 5:7). '긍휼'에 해당하는 헬라어 '에레오

---

99) Ibid., 327-8.
100) Wright, *Holy Company*[산상수훈의 공동체], 143, 146.

스'(ἔλεος)의 히브리어 대응어는 '라함'(רחם)과 '헤쎄드'(חסד)입니다. 이 가운데 '슬픔'과 '애통'이란 뜻을 가진 '라함'은 상대방의 처지를 깊이 이해하고, 그들의 입장에서 슬픔을 느끼는 것을 표현하는 말입니다. 그러나 '자비'의 뜻이 있는 '헤쎄드'는 여기서 한걸음 더 나아가 상대방의 감정에 공감할 뿐 아니라, 상대방의 어려움을 타개하기 위하여 실질적으로 행동하여 구체적인 도움을 주는 것까지 포괄하는 개념입니다. 그러기에 '헤쎄드'(자비)는 하나님께 속한 신적 속성에 해당하는 말입니다(시 62:11-12; 출 33:19). 다시 말해 헤쎄드는 하나님께서 백성에게 자비를 베푸셔서 그들의 '죄'를 사해주시며(민 14:18), 구원에로 이끄시는 하나님의 속성이라는 것입니다(시 106:7-8; 엡 2:4-5). 그러므로 본절에서 '긍휼이 여기는 자'란 하나님의 무한한 헤쎄드에 감사하여 다른 사람에게 '헤쎄드'를 베푸는 자를 말합니다. 따라서 '긍휼히 여기는 자'는 '감정으로부터 실천으로 나아가는 힘'이라 할 수 있습니다. 우리가 그렇게 살 때, 긍휼의 근원이신 하나님으로부터 긍휼히 여김을 받을 것이라는 교훈입니다.[101]

여섯째, 천국 시민의 삶의 제6의 원리는 '마음이 청결한 자가 하나님을 볼 것'이라는 복입니다(마 5:8). '마음'으로 번역된 '카르디아'(καρδία)는 3절에 나오는 '심령'과 본질적으로 동일한 단어입니다. 그러나 본절의 마음은 사람이 알고, 느끼고, 결정하는 '지·정·의' 기능과 더불어, 외적 경건이나 의식적 정결함에 대조되는 '내적 정결'을 보다 강조하기 위하여 사용한 '마음'입니다. 이는 외적 정결도 중요하지만 먼저 마음의 내적 정결이 수반되지 않는다면, 주께서 책망하신 바리새인과 같이 외식과 위선에 지나지 않기 때문입니다. 그러므로 진정한 청결이란 전인격의 좌소이며, '하나님과 교통하는 통로가 되는 마음'으로부터 시작되어야 함을 강조하기 위해서

---

101) 제자원 편, 「옥스퍼드원어성경대전: 마태복음 제1-11a장」, 328-9.

마음 곧 '카르디아'를 사용한 것입니다(삼상 16:7; 시 51:6; 58:2; 109:22; 사 26:9; 막 2;8; 창 6:5; 8:21; 17:17; 마 15:18-20; 눅 2:35; 히 4:12; 행 4:32). 신구약 성경에서 '마음'이라는 용어는 사람의 내적 생명의 가장 깊은 원천에 원인이 있는 감정들과 생각들과 욕망들의 총체를 의미합니다. 그렇기 때문에 마음은 때때로 현대 심리학 용어인 '인격'(personality)과 거의 동등한 가치를 지닙니다.[102] '전인격'(whole personality)이란 말이 더 좋을 것 같습니다.

나아가 "청결한 자"란 말 '카다로스'(καθαρός)는 70인 역에서 '정결한'으로 번역된 '테호라'(מְהָרֹה)를 번역한 것입니다(창 7:2). 이는 제의적으로나 도덕적으로 흠이 없는 것을 가리킬 때 사용되고 있습니다(레 7:18-19). 마치 제물이 정결해야만 하나님께 바칠 수 있고 부정함이 없는 자만이 하나님께 나아갈 수 있는 것처럼, 사람도 그 마음이 더러운 것에서부터 벗어나 깨끗해야만 하나님께 나아가 하나님을 볼 수 있다는 뜻입니다. 부연하면, 마음의 청결은 이중적인 마음을 품지 않고 오로지 하나님만을 향하는 순수한 마음을 말합니다. 부정한 눈에는 왜곡된 하나님, 즉 자신이 원하는 하나님만 보일 뿐 참 하나님은 결코 보이지 아니할 것입니다. 따라서 '저희가 하나님을 볼 것이요'란 말은 마음이 청결한 자만 하나님을 볼 것이란 말로 이해할 수 있습니다. 그것은 눈으로 본다는 것 외에 마음으로 본다는 것, 그리고 경험한다는 것을 의미합니다. 이는 마음이 청결한 자가 하나님을 마음의 눈으로 볼 뿐 아니라(엡 1:17-18; 고전 2:10), 하나님의 본성에 대하여 깊이 알게 된다는 의미를 포함하는 말입니다. 다만 '볼 것이요'라는 말이 미래형으로 되어 있다는 점에서, 우리가 직접적으로 하나님을 친히 볼 수 있는 시점은 종말에 이루어질 것임을 알 수 있습니다(마 18:10; 계 22:14).[103] "우리가 지금은 거울로 보는 것 같이 희미하

---

102) Wright, *Holy Company*[산상수훈의 공동체], 226.
103) 제자원 편, 「옥스퍼드원어성경대전: 마태복음 제1-11a장」, 329-30.

나 그 때에는 얼굴과 얼굴을 대하여 볼 것이요 지금은 내가 부분적으로 아
나 그 때에는 주께서 나를 아신 것 같이 내가 온전히 알리라"(고전 13:12).

일곱째, 천국 시민의 삶의 제7의 원리는 '화평하게 하는 자가 하나님의
아들이라 일컬음을 받을 것'이라는 복입니다(마 5:9). '화평케 하다'라는
말 '에이레노포이오이'(εἰρηνοποιοί)는 평화와 안전이란 뜻을 지니는
'에이레네'와 '만들다' '행하다'의 뜻이 있는 '포이에오'의 합성어 복수형
입니다. 이는 화평 곧 평화를 만들기(making) 위해 노력하는 사람들이라
는 매우 적극적인 의미를 갖는 말입니다. 본절은 이미 이 세상은 평화가
깨어진 세상이며 평화가 복원되어야 하는 세상임을 전제합니다. 왜냐하
면 이 세상의 이면에 있는 근본적인 문제는 사람들이 지은 죄로 인하여 인
류가 사탄마귀에게 속한 자가 되었고, 그 결과 하나님과의 관계가 깨어진
세상으로 전락했기 때문입니다(롬 5:12-21). 따라서 본절이 말하는 화평
케 하는 자는 자신의 몸을 희생 제물로 바쳐 하나님과 사람 사이에 화목을
회복하신(롬 5:10; 엡 2:14), 평강의 왕(사 9:6) 그리스도의 십자가의 피
공로를 힘입어, 믿음으로 말미암아 하나님과 화목하여 자신의 죄 문제를
해결한 사람을 말합니다. 나아가 화평케 하는 자란 형제의 잘못을 용서하
고 그들을 그리스도께 인도하여 그들의 죄 문제를 해결하게 함으로써, 이
세상의 죄와 갈등을 해결하며 화평을 회복시키기 위해 노력하는 자를 일
컫는 말입니다. 성경이 이런 사람들을 '하나님의 아들'이라 일컬음 받을
것이라고 증언한 이유가 바로 여기에 있습니다.[104] 복음서에 따르면, 예
수님은 지상의 평화에 대한 하나님의 선포이시며, 그 평화를 가능하게 만
드시는 창조적이고 활동적인 하나님의 말씀이십니다. 이는 영적이거나
미래적인 것만이 아니라 현재적인 활동을 의미합니다. 신약에서 평화란
그리스도의 사랑과 용서와 능력으로 성취될 수 있다는 기대를 가지고 있

---

104) Ibid., 331-2.

기 때문입니다. 그럼에도 불구하고 어떤 사람들은 마태복음 10장 34-36절의 "내가 세상에 화평을 주러 온 줄로 생각하지 말라 화평이 아니요 검을 주러 왔노라, 내가 온 것은 사람이 그 아버지와, 딸이 어머니와, 며느리가 시어머니와 불화하게 하려 함이니, 사람의 원수가 자기 집안 식구리라"는 말씀을 앞세우며, 이는 평화를 만들라는 말씀과 상반되는 말씀으로 여기며 도전적인 반응을 보이기도 합니다. 그러자 엘리오트 라이트는 이 본문이 '예수님을 하나님의 선택받은 메시야로 받아들이는 사람들과, 이를 거부하는 사람들 간의 분열'에 대하여 증언하는 본문이기 때문에 그리 심각한 도전은 아니라고 말하였습니다(참조, 미 7:1-6, 7-10; 마 10:5-33).[105] 성경은 문맥에서 해석해야 하는 이유가 여기에 있습니다. 성경은 "네 원수가 주리거든 먹이고 목마르거든 마시게 하라 그리함으로 네가 숯불을 그 머리에 쌓아 놓으리라, 악에게 지지 말고 선으로 악을 이기라"라는 말씀으로 권면하고 있습니다(롬 12:20-21; 참조, 딤전 1:18; 4:7; 6:12). 이것이 화평을 만드는 하나님의 아들들의 삶의 원리인 것입니다.

여덟째, 천국 시민의 삶의 제8의 원리는 '의를 위하여 박해를 받은 자는 천국이 그들의 것'이라는 복의 원리입니다(마 5:10-12). '의를 위하여'에서 '의'란 제4의 복의 원리에서 언급했듯이, 윤리 도덕적 의인 동시에 사람을 구원에 이르게 하는 종교적인 의를 말합니다. 본절에서는 이 '의'가 사람으로 하여금 구원에 이르게 하는 '하나님의 의'란 성격이 강하며, 궁극적으로는 하나님의 의로 오신 예수 그리스도를 의미합니다(롬 1:17; 3:21-22, 23-30). 그리고 '박해를 받은 자'라는 말 '데디오그메노이'(δεδιωγμένοι)는 '집요하게 쫓아오며 괴롭히는 것'을 가리키는 '디오코'(διώκω)의 완료 분사 수동형으로 쓰였습니다. 이는 지금까지 핍박이 계속되어 왔으나 기꺼이 감내하며 그 핍박을 견디어 왔음을 보여 주는 표현

---

105) Wright, *Holy Company*[산상수훈의 공동체], 264-5.

입니다. 마태복음이 기록될 당시 본서의 일차적 대상은 유대인들이었습니다. 유대인들 가운데는 '그리스도를 믿는다'는 단 하나의 이유 때문에 많은 고난에 직면했습니다. 비그리스도인 유대인들로부터는 하나님의 거룩함을 훼손시킨 신성모독자로 취급되어 극심한 박해를 받았습니다. 당시 유대인의 지배 세력이었던 로마인들로부터는 황제 숭배를 거부하는 반국가사범으로 몰려 잔인하게 처형되었습니다. 또한 일반 그리스도를 믿지 않는 대중들로부터도 자신들과 다른 삶의 방식 때문에, 질시 받으며 부도덕한 자들로 매도당하는 아픔을 겪었던 사람들입니다. 이렇게 초기 교회의 유대인 그리스도인들은 모진 핍박 속에서도 그리스도를 위하여 핍박을 받는 것을 영광으로 생각하며, 그리스도께서 약속하신 천국을 소망하며 기꺼이 순교의 대열에 합류하였습니다. 이처럼 그리스도교의 역사는 출발에서부터 오늘에 이르기까지 끊임없이 핍박을 받아왔으나, 장차 도래할 천국을 바라보며 결코 이에 굴하지 않은 소망과 승리의 역사를 이루어가고 있습니다. 본절은 천국이 이런 사람들의 것으로 밝히고 있습니다. 따라서 팔복은 처음부터 '천국'으로 시작하여 '천국'으로 끝나는 수미상응(首尾相應)의 완결미를 보여 주고 있습니다.[106]

2) 전파, 천국 복음을 전파하신 예수님

복음서 가운데 마태복음에서만 '천국 복음'(마 4:23; 9:35; 24:14)과 '교회'와 '천국 열쇠'가 밀접하게 관련되어 '하나님의 나라'가 세워지는 모습을 보여 줍니다. 하나님께로부터 보내심 받은 침례 요한은 "회개하라 천국이 가까이 왔느니라"(마 3:2)는 메시지로 주의 길을 예비하였습니다. 예수님께서도 "회개하라 천국이 가까이 왔느니라"(마 3:2)는 천국 복음을 전파하셨습니다(마 4:17, 23). 마가는 예수님이 갈릴리에 오셔서 '하나님의 복음'을 전파하시되 "이르시되 때가 찼고 하나님의 나라가 가까이 왔으니

---

106) 제자원 편, 「옥스퍼드원어성경대전: 마태복음 제1-11a장」, 332-3.

회개하고 복음을 믿으라 하시더라"는 말로 증언했습니다(막 1:14-15). 누가는 예수께서 "내가 다른 동네에서도 하나님의 나라 복음을 전하여야 하리니 나는 이 일을 위해 보내심을 받았노라"고 말씀하셨다고 증언했습니다(눅 4:43). 즉 천국 복음은(마 3:2; 4:17) 하나님의 복음이자(막 1:14), 하나님의 나라 복음이라는 것입니다(눅 4:43). 사도 마태의 증언에 의하면, 예수님께서 40일 동안 광야에서 시험하는 자 사탄마귀의 시험을 하나님의 말씀과 선포로 물리치신 후(마 4:1-11), 이 때부터 비로소 '회개하라 천국이 가까이 왔느니라'(마 4:17)는 말씀으로 "천국 복음"을 전파하셨습니다. 예수님은 산상 수훈의 팔복을 '천국'으로 시작하여 '천국'으로 마치셨습니다(마 5:3, 10). 뿐만 아니라 예수님은 제자들의 요청에 "나라가 임하시오며…나라와 권세와 영광이 아버지께 영원히 있사옵나이다 아멘"이란 기도문을 주셨습니다. 이는 하나님의 자녀들만이 기도드릴 수 있는 하나님의 나라와 통치를 청원하는 주기도문이었습니다(마 6:9-13; 7:21; 참조, 마 6:33; 잠 8:17-21).

그리고 예수님께서는 열두 제자를 부르시고 그들에게 더러운 귀신을 쫓아내시며, 모든 병과 모든 약한 것을 고치는 권능을 주시고, '천국이 가까이 왔다'는 복음을 전파하도록 파송하셨습니다. 이는 예수님이 제자들을 세우신 목적과 관련된 복음의 메시지였습니다(마 10:1, 7; 눅 8:1; 9:1-6; 10:1-9). 또한 예수님께서는 "침례 요한의 때부터 지금까지 천국은 침노를 당하나니 침노하는 자는 빼앗느니라"(마 11:12)는 말씀으로, 천국의 성격을 밝혀주셨습니다. 천국은 강력한 능력과 함께 어둠의 세력을 물리치고 도래하는 천국임을 연상케 합니다(마 12:22-32, 33-37; 고전 4:20). 그것은 임박해 오는 천국을 향하여 돌진하는 강력한 제자도를 표현한 것으로 이해됩니다.[107]

나아가 예수님께서는 마태복음 12장 28절에서 "그러나 내가 하나님의

---

107) 제자원 편, 「옥스퍼드원어성경대전: 마태복음 제11b-20장」, 52-3.

성령의 능력에 힘입어 귀신을 쫓아내는 것이면 하나님의 나라가 이미 너희에게 임하였느니라"(참조, 눅 11:20-22)는 말씀으로, 성령의 능력에 의한 하나님 나라의 설립과 그 나라의 현재성을 보여 주셨습니다(눅 17:20-21; 롬 14:17; 갈 5:16-26). 이어서 예수님은 "사람이 먼저 강한 자를 결박하지 않고서야 어떻게 그 강한 자의 집에 들어가 그 세간을 강탈하겠느냐 결박한 후에야 그 집을 강탈하리라"는 말씀으로 영적 전투의 성격에 대해서도 말씀하셨습니다. 본절의 "성령의 능력에 힘입어"란 말에서 '힘입어'로 번역된 '엔'은 '~안에서'라는 뜻을 지닌 어떤 영역의 내부를 가리키는 전치사입니다. 이는 예수님께서 하나님의 성령께 완전히 사로잡혀 귀신을 쫓아내신 것을 의미합니다(참조, 행 10:38; 요 3:34; 참조, 고전 4:20). 그런데 본절은 마태가 '천국'이란 표현이 아니라 '하나님의 나라'로 번역된 '바실레이아 투 데우'(βασιλεία τοῦ θεοῦ)를 사용하였습니다. 이 표현은 마태가 사용하는 '천국'에 비해 잘 사용하지 않는 용어입니다. 천국은 신약에 37회가 나타나 있습니다. 그중에 마태복음에 36회가 나타나 있고 1회는 디모데후서 4장 18절에서 사용되었습니다. 하나님의 나라는 마태복음에서 4회 사용되고 있는데, 이는 유대인을 일차 독자로 하여 증언한 마태가 유대적 전통에 따라 '하나님'을 '하늘'로 간접적으로 표현한 것입니다. 그럼에도 본절에서 '천국'이란 말 대신에 처음으로 '하나님의 나라'란 표현이 사용된 것은 온 우주의 주재(主宰)이신 하나님께서 주체가 되어, 그의 공의와 통치 원리로써 직접 통치하시는 왕국이라는 사실을 보다 강조하기 위한 것이었습니다. 또한 이 '하나님의 나라가 이미 너희에게 임하였느니라'는 말씀 가운데, '이미 임하였느니라'로 번역된 '엡다센'(ἔφθασεν)의 원형 '프다노'(φθάνω)는 '앞에 오다,' '~에 도착하다'의 의미를 지닌 동사입니다. 본절에서는 부정과거로 쓰여 '도착했다'는 의미입니다. 즉 예수님은 하나님의 성령으로 일하심으로써 악한 자의 영역을 이미 깨뜨리셨으며, 더불어 바리새인들을 비롯한 유대인들의 삶의 자리에 하나님의 나라를 도래케 하셨다는 것입니다. 그러나 이 하나님의 나라는 아직 완성된 것은 아닙니다. 그것은 단지 하나님의 나라가 이미 출발하고 있다는 의미입니다.[108] 조지 래드에 의하면, 예수님의 사역들은 구약의 약속들의 성취였습니다. 그러므로 하나님의 나라를 현재적 실재로 보는 구절들은 바로 이런 배경에서 이해되고 있는 구절들입니다(사 35:5-6; 마 11:5; 12:28; 눅 7:21-22; 11:20).[109]

아울러 예수님께서 말씀하신 '사람이 먼저 강한 자를 결박하지 않고서야'라는 성구에서 '강한 자'란 사탄마귀를 나타내는 표현입니다. 그리고 강한 자 사탄을 결박하기 위해서는 이보다 더 강한 존재가 필요합니다. 바로 예수 그리스도이십니다(마 4:1-11; 눅 4:1-13; 요일 3:8-12; 히 2:14-18). 그리고 '그 세간을 강탈하겠느냐'는 말씀에서 '세간'으로 번역된 '스큐에'(σκεύη)는 '그릇들'이란 뜻을 가지고 있습니다. 본절에서 '그릇들'은 귀신들린 자들과 더 나아가서 사탄의 권세 아래에 있는 모든 인류를 가리키는 것으로 볼 수 있을 것입니다. 이처럼 예수 그리스도께서 사람의 몸을 입고 이 땅에 오신 것은 사탄마귀를 결박하고, 그 세력 아래에 매여 있는 사람들을 구원하여 하나님 나라의 일원으로 만드시기 위한 것이었습니다(참조, 행 10:38).[110] 조지 래드에 의하면, '결박한 후 강탈한다'(마

---

108) Ibid., 152-3. 천국으로 번역된 '헤 바실레이아 톤 우라논'(ἡ βασιλεία των οὐρανων, 마 3:2)에서 '바실레이아'는 '통치하다'는 의미를 지닌 동사 '바실류오'(βασιλεύω)에서 유래한 명사로서 '왕권,' '주권,' '통치,' '나라,' '왕국'을 의미합니다. '우라논'은 땅과 대립되는 광활한 하늘 공간, 즉 대기권으로 눈에 보이는 하늘(sky)뿐 아니라, 눈에 보이지 않는 하나님께서 계시는 하늘(heaven)도 동시에 의미합니다. 마태복음 3장 2절에 처음 나오는 '천국'이 소유격 복수로 쓰여 '하늘들(heavens)에 속한 그 왕국'이라고 표기된 것은, 하늘이 여러 개로 구성되어 있다는 유대인들의 우주관을 반영한 것입니다. 그러나 이는 하나님의 통치권이 하늘에만 미친다는 의미가 아니라, 그 다스림이 초월성을 지닌다는 의미입니다. 그런 의미에서 하늘은 하나님이 통치하시는 주권이 미치는 모든 장소와 현상, 즉 영역을 가리킨다고 볼 수 있습니다. 제자원 편, 「옥스퍼드원어성경대전: 마태복음 제1-11a장」, 182-3.

109) Ladd, *A Theology of the New Testament* [신약신학], 69.

110) 제자원 편, 「옥스퍼드원어성경대전: 마태복음 제11b-20장」, 152, 154.

12:29)는 말은 하나님 나라의 본질적인 신학이 구체화되었다는 사실을 의미합니다. 그것은 하나님의 왕권이 나타나서 사탄의 악을 파멸시킬 이 세대의 종말을 기다리는 대신에, 예수께서 사탄의 권세를 결박하기 위해 그의 왕적 권세를 가지고 이미 활동하심으로써 사탄을 결박하셨음을 선포하신 것이라는 의미입니다. 따라서 예수님의 교훈 속에 나타난 하나님의 나라는 이중적 의미를 갖습니다. 즉 예수님의 사역을 통해 이미 사탄은 결박당하였으며, 그는 이 세대의 종말에 이르러 궤멸 당하게 된다는 사실입니다(참조, 창 3:12-15).[111]

이 뿐 아니라 예수께서는 마태복음 13장에서 천국에 대한 일곱 가지 비유를 통해 '현재적 천국'과 '미래적 천국'을 말씀하셨습니다. 즉 '씨 뿌리는 자의 비유'는 천국 말씀을 듣고 깨닫는 자들(마 13:1-19, 20-30) 혹은 하나님의 말씀을 듣고 믿어 구원을 얻는 자들의 것이라는 교훈입니다(눅 8:11-15). '겨자씨 비유와 누룩의 비유'는 작은 것에서 시작한 천국의 왕성한 확장력을 공통적으로 교훈하고 있지만, 겨자씨 비유가 천국의 외적 성장 내지 확장에 중점을 둔 반면, 누룩의 비유는 천국의 내적 성장 내지 성숙에 중점을 둔 것으로 보입니다(마 13:31-33). 그리고 '가라지 비유'는 천국의 백성들이 하나님의 추수 때까지, 즉 세상 끝날까지는 세상 사람들과 함께 섞여 있게 될 것이라는 교훈입니다(마 13:36-43). 나아가 '감추인 보화와 값진 진주 비유'는 천국이 감추어져있다는 사실과(마 13:11; 막 4:11; 눅 8:10), 그것은 개인이 추구해야 한다는 사실을 교훈으로 삼고 있습니다. 특히 이 두 가지 비유는 사람이 천국을 얻기 위해 다른 모든 가치를 포기해야만 얻을 수 있는 천국이라는 사실을 시사하고 있습니다(마 13:44-46). 마지막으로 '그물 비유'(마 13:47-48)에 대하여는 다양한 해석이 있습니다. 어떤 이는 그물을 '복음전파'로 이해합니다.[112] 다른 이는

---

111) Ladd, *A Theology of the New Testament* [신약신학], 70.
112) J. C. Ryle, *Matthew* [마태복음서 강해], 지상우 역 (서울: 기독교문서선교회, 1993), 133.

본절이 물고기를 잡아들이는 그물로 묘사하고 있으므로, 이는 '복음의 전체 사역'이라고 해석합니다.[113] 또 다른 이는 본절의 내용이 좋은 물고기는 그릇에 담고 나쁜 물고기는 버리는 '분리 과정'을 묘사한다는 점과 본절에 이어 49절의 '세상 끝에도 이러하리라'는 말씀을 연결하여 해석하였습니다. 이 해석에 의하면, 마태복음 13장의 전체 상황은 이 시대에 하나님 나라의 진행이 어떠함을 보여 줍니다. 그물은 '하나님 나라의 영향력'이라는 그물로서, 그리스도와 그의 교회가 이 세상에 존재함으로써 발휘되는 영향력을 의미합니다. 그 그물이 사람의 삶이라는 바다에 펼쳐지는 곳마다, 즉 교회의 영향력이 행사되는 곳마다 악인을 모두 내어 버리는 이 최후의 작업이 진행될 것입니다. 그러기에 교회가 도달한 곳, 선교사가 도달한 곳, 그리고 복음이 전해진 곳에서는 어디서나 사람들이 '하나님께서 통치하신다'는 사실을 직면하게 되며, 그 때에 일정한 수가 그 그물 속으로 들어오게 되는 것입니다. 때가 되어 그 그물이 끌어올려지는 이 시대의 마지막 때에는 큰 분리 작업이 일어나게 될 것입니다. 따라서 그 때에는 예수님의 말씀대로 의인과 악인을 갈라냄으로써 새 시대가 시작될 것이라는 해석입니다.[114] 이처럼 그물 비유는 아직 완성되지 않은 현재적인 천국에서는 의와 불의, 의인과 악인이 섞여 있을 수밖에 없으며, 이들이 완전히 분리되는 것은 마지막 심판 때에 이루어진다는 교훈으로 볼 수 있을 것입니다(마 13:47-50).[115] 성경은 하나님 나라의 현재성과 미래성이 우리 주 예수 그리스도의 재림신앙과 연결되어 있음을 보여 줍니다(행 1:11; 마 25:31-34; 살후 2:1-12; 히 9:28; 고전 15:20-28; 계 20:1-15).

한편, 하나님 나라의 미래성과 우리 주 예수 그리스도의 재림과 관련하

---

113) C. H. Lenski, *The Interpretation of St. Matthew's Gospel I* [마태복음(상)], 문창수 역 (서울: 백합출판사, 1981), 482.

114) G. Campbell Morgan, *The Gospel According To Matthew* [마태복음 강해(상)], 원광연 옮김 (서울: 아가페 서원, 1997), 394-6.

115) 제자원 편, 「옥스퍼드원어성경대전: 마태복음 제11b-20장」, 206-7.

여, 예수께서는 "이 천국 복음이 모든 민족에게 증언되기 위하여 온 세상에 전파되리니 그제야 끝이 오리라"(마 24:14)고 말씀하셨습니다. 달리 말해 이 말씀은 마땅히 교회가 서 있어야 할 사명의 자리가 어디인지 분명히 밝히고 있습니다. 그것은 천국(하나님의 나라) 복음을 온 세상에 전파하는 것입니다. 다른 한편, 예수님께서는 "그 때에 임금이 그 오른편에 있는 자들에게 이르시되 내 아버지께 복 받을 자들이여 나아와 창세로부터 너희를 위하여 예비된 나라를 상속받으라"(마 25:34)는 말씀으로, 천국이 이미 창세로부터 예비된 하나님 나라이었음을 가르쳐 주셨습니다. 이는 하나님께서 자기 백성을 창세 전부터 그리스도 안에서 택하시고 예정하신 후에(엡 1:4-5), 세상의 기초가 놓인 때로부터 그들을 위한 나라를 예비하셨다는 것을 의미합니다. '예비된 나라를 상속받으리라'는 말은 성도들이 지복 상태를 경험하게 될 천국 곧 온전한 하나님의 나라를 의미합니다(마 25:31-46; 계21:1-22:21).[116] 이처럼 성경은 그리스도의 공생에 사역을 통해 세워진 현재적 하나님 나라(마 12:29; 눅 11:20; 마 13장; 막 4장; 눅 8장)와 우리 주 예수 그리스도의 재림에 의해 이루어지는 온전한 미래적 하나님 나라로 진행되고 있음을 보여 줍니다(계 20-22장). 성경은 현재적 하나님 나라가 구원받은 성도의 마음 안에서 삶의 열매로 나타나고 있음을 보여 줍니다(눅 17:20-21; 참조, 마 13:14-19; 눅 8:10-12; 참조, 롬 14:17; 고전 6:1-11; 갈 5:16-23; 엡 5:1-14). 주 예수께서 부활하신 후 40일 동안, 택하신 사도들에게 확실한 많은 증거로 살아 계심을 나타내 보이시며 하나님 나라 일을 말씀하셨습니다(행 1:3). 우리 주 예수 그리스도께서 승천하신 이후에, 사도들과 안수집사 빌립이 전도한 내용은 "하나님 나라와 및 예수 그리스도의 이름에 관한 것"이었습니다(행 8:12; 28:31). 사도행전 28장 31절의 결론도 "하나님의 나라를 전파하며 주 예수 그리스도에 관한 모든 것을 담대하게 거침없이 가르치더라"는 말씀이

---

116) 제자원 편, 「옥스퍼드원어성경대전: 마태복음 제21-28장」, 438.

었습니다. 이것이 천국 복음과 구원의 복음의 핵심입니다. 즉 우리 주 예수 그리스도의 이름을 믿게 되면, 구원받아 하나님 나라에 들어간 백성들의 공동체인 교회 일원이 된다는 것입니다(요 11:25-27; 롬 10:8-10; 딤후 4:18; 참조, 마 19:23-25; 막 10:23-26; 눅 18:24-26; 행 20:21-28; 골 1:12-23).

3) 치유, 하나님 나라의 축복의 영역

게할더스 보스(Geerhardus Vos)는 하나님 나라의 최고권을 세 가지, 즉 그 나라가 이루어지는 사역과 그 나라가 존재하는 도덕적 질서와 그 나라 안에서 누리는 영적인 축복으로 제시했습니다.[117] 로날드 사이더(Ronald J. Sider) 역시 예수님이 세우신 새로운 공동체인 하나님 나라와 그 나라의 모든 축복들은 결코 분리될 수 없는 축복들이라고 말했습니다.[118] 조지 래드에 의하면, 예수님의 하나님 나라 선포에 있어서 가장 특징적인 것은 예수님의 인격과 사역을 통해 하나님 나라가 현재 역사 안으로 침투해 들어온 것입니다(눅 11:20; 17:20-21). 그 하나님의 나라는 사람들이 하나님 나라에 관한 예수님의 메시지를 받아들임으로써, 들어가게 되는 구속적 및 속량적 축복의 새 영역입니다. 그리고 메시야적 구원의 현재성은 예수님의 치유 기적들에서도 나타나는데, '구원하다'란 헬라어는 '치유하다'란 단어와 교체적으로 사용되고 있습니다. 또한 예수님 안에 있는 하나님 나라의 현재성은 '혈루증 환자 치유'(마 9:20-22; 막 5:25-34), '시각장애인 치유'(막 10:46-52; 눅 18:35-42), '귀신들린 사람 치유'(눅 8:26-36), '죽게 될 질병으로부터 치유'(막 5:21-23)에서 '치유'와 '구원'이 함께 사용되어 있듯이, 치유 사건들은 종말론적인 왕국의 생명

---

117) Geerhardus Vos, *The Kingdom of God and the Church* (Cavite, Dasmarinas: Presbyterian Theological Seminary, 1989), 33.

118) Ronald J. Sider, *Good News and Good Works* [복음전도와 사회운동], 이상원, 박현국 옮김 (서울: 기독교문서선교회, 2013), 87.

을 보증하는 증거였습니다. 하나님 나라는 사람의 영혼뿐 아니라 전인의 구원과도 관련이 있습니다.[119] 그렇다면 하나님 나라 축복과 치유가 어떤 연관성을 가지고 이루어지는지 알아보겠습니다.

먼저, 하나님 나라는 구원받은 사람이 들어가는 천국이라는 점에서 '구원'에 대한 이해가 필요합니다. 구약에서 구원을 의미하는 단어는 출애굽기 12장 27절에서 '구원하셨다'는 말로 번역된 '힛칠'(הִצִּיל)이란 단어입니다. 이는 '물리적으로 잡아채다,' '분리시키다'란 뜻이 있습니다(출 3:22; 삼하 14:6). '힛칠'은 죄악의 수렁에서 떠날 수 있도록 구원해 달라고 간구하는 의미까지 포함하는 단어입니다(삼상 12:10; 대상 16:35; 시 7:1; 51:14). 특히 '힛칠'은 '애굽'이라는 죄와 타락의 근원지에 살고 있었던 이스라엘 백성들의 간구를 들으시고, 하나님께서 그들의 영과 육을 노예로 삼은 애굽의 수렁으로부터 분리시킨 구원을 묘사한 단어입니다.[120] 한편, 출애굽기 14장 13절은 '구원을'에 해당하는 말을 '여호와의 구원을'로 번역한 원어 '에트 예슈아트 에흐와'(אֶת־יְשׁוּעַת יְהוָה)로 표현하고 있습니다. 여기서 '구원'에 해당하는 '예슈아트'란 말은 '예슈아'(יְשׁוּעָה)의 연계형입니다. 이는 '광대하다,' '확장하다,' '넓히다'의 의미를 갖는 '와요쇠'(וַיּוֹשַׁע)의 기본형인 '야쇠'에서 나온 말로서, '압박으로부터의 자유'를 뜻합니다. 즉 구원이란 '속박이나 고통의 압박으로부터 벗어나게 하고 자유를 가져다주는 것'입니다(출 14:1-31). 특히 '예슈아'란 단어는 출애굽 사건의 영적인 여정에 해당하는 하나님의 구원의 역사가, 장차 예수 그리스도를 통하여 영적 이스라엘 백성인 성도들에게 임하게 될 진정한 구원에 대한 여러 가지 예표임을 보여 줍니다(출 14:13; 대하 20:17; 시 3:2, 8; 사 12:2-3; 참조, 마 1:21; 엡 2:8-15).[121]

---

119) Ladd, *A Theology of the New Testament* [신약신학], 75, 82.
120) 제자원 편, 「옥스퍼드원어성경대전: 출애굽기 제1-12a장」, 675-6.
121) 제자원 편, 「옥스퍼드원어성경대전: 출애굽기 제12b-24장」, 109, 135.

300 알기 쉬운 조직신학

신약에서는 '구원'을 나타내는 명사형 '소테리아'(σωτηρία)가 있습니다. 이 단어는 '적들로부터의 구원과 구출과 보전'(행 7:25), '육체적 생명의 보전과 안전'(행 27:34; 히 11:7), 그리고 '영혼의 안전(눅 19:9; 벧후 3:15)을 의미하는 단어입니다. 동사형 '소조'(σῴζω)는 '구원하다,' '생명을 구원하다'의 뜻으로써 복음서에서 30회, 바울 서신에서 35회 사용되었습니다. 구체적으로 '소조'는 육체의 질병과 귀신들림으로부터의 구원(14회), 신체적 위험과 죽음으로부터의 구원(20회), 그리고 신앙적 의미에서 '의'와 관련된 죄로부터의 구원을 의미합니다(20회, 마 1:21; 10:22; 19:25). 이처럼 신약에서도 '구원'은 구약에서와 같이 사람의 '영혼과 몸'이 당하는 모든 해와 위험으로부터의 구출뿐만 아니라, 하나님과의 개인적 친교를 통해 주어지는 복의 총체라 할 수 있습니다(행 16:31; 롬 8:6-11). 모튼 켈시는(Morton T. Kelsey)는 영지주의자들이 영혼만을 구원의 대상으로 삼았던 것과 달리, 예수 그리스도의 치유 사역은 단순히 '영혼 구원'만이 아니라, 사람의 몸을 비롯한 전체를 포함한다고 강조하였습니다(참조, 마 9:2; 막 2:5; 눅 5:20; 7:36-48, 50; 참조, 사 53:3-12; 벧전 2:24).[122]

한편, 20세기 오순절 운동은 이사야 53장 1-12절에서 예언된 그리스도의 십자가 죽으심과 부활하심으로 성취될 "속죄 안에 있는 치유"(Healing in the atonement)를 강조했습니다. 이는 질병과 고통이 죄와 타락의 결과로 나타난 것이기에, 그것은 영혼과 동일하게 구속 및 속량을 필요로 한다는 견해입니다. 심슨(A. B. Simpson)은 「치유의 복음」(The Gospel of Healing)에서 "죄와 질병"을 핵심적인 공동의 의존관계로 묶어 놓았습니다.[123] 켈리 보커베이(W. Kelly Bokovay)는 심슨이 죄 용서와 같은 방식

---

122) Morton T. Kelsey, *Healing and Christ* [치유와 기독교], 배상길 역 (서울: 대한기독교출판사, 1986), 366-7.

123) Randall Holm, "Healing in Search of Atonement," *Journal of Pentecostal Theology* vol. 23, no. 1 (2014): 50, 57.

으로 속죄의 치유를 보장하며, 질병을 영적인 문제로 본 나머지 의학적 진단을 무시하는 극단주의에 빠졌다고 비판했습니다. 반면에 또 다른 극단적인 치유 중지주의자들도 있습니다. 그들은 "죄-질병"의 의존관계를 철저히 반대하는 입장입니다. 워필드(B. B. Warfield)가 이런 입장을 전개했습니다. 그는 속죄란 죄 문제만을 취급해야 한다고 말합니다. 그런가하면, 토레이(R. A. Torrey)와 존 스토트(John Stott)는 온건한 입장을 취하였습니다. 그것은 그리스도의 속죄 사역으로 육체의 치유가 일어나는 것은 사실이지만, 모든 신자가 다 치유되는 것은 아니라는 견해입니다.[124] 결국 사람은 질병으로 죽게 되어 있기 때문입니다. 따라서 온건한 입장이 바람직하다고 여겨집니다(사 53:1-12; 마 8:1-16, 17; 벧전 2:21-24, 25).

다른 한편, 침례교 조직신학자 밀라드 에릭슨은 속죄와 치유의 관계를 균형 있게 정립하고자, 이사야 53장 4절의 "그는 실로 우리의 질고를 지고 우리의 슬픔을 당하였거늘"이란 말씀과 마태복음 8장 17절의 "이는 선지자 이사야를 통하여 하신 말씀에 우리의 연약한 것을 친히 담당하시고 병을 짊어지셨도다 함을 이루려 하심이더라"는 말씀을 분석한 후, 다음과 같이 그의 견해를 밝혔습니다. **하나**, 일반적으로 질병의 기원은 사람의 타락에 의한 것입니다(신 28:22; 롬 8:20-23). 하지만 예수께서는 어떤 경우에는 그 질병이 개인의 죄로 인한 것이 아니라, 그에게서 하나님이 하시는 일을 나타내고자 하심이라고 말씀하신 구절도 있습니다(요 9:2-3). **둘**, 많은 경우에 예수님께서 죄 용서와 치료를 연관시킨 것은 사실이지만(마 9:2-3), 그것으로 죄와 질병 사이에 내적 연관성을 갖고 있다고 단정할 수는 없다는 것입니다(참조, 요 9:3). **셋**, 예수님은 많은 경우에 믿음을 근거로 사람들을 치료해 주셨습니다. 그러므로 그 질병이 개인의 죄 때문이라면, 치료를 받기 위해 죄 용서를 구하리라 예상할 수 있다는 것입니다(마

---

124) W. Kelly Bokovay, "The Relationship of Physical Healing to the Atonement," *Didaskadia* vol. 3, no. 1 (October 1991): 24-5.

8:5-13; 9:20-22; 눅 17:11-19; 막 7:24-39; 9:14-26; 10:46-52). 하지만 밀라드 에릭슨은 질병과 죄를 동일한 방법으로 물리쳐야 한다는 심슨의 전제에는 문제가 있다고 보았습니다.[125] 아울러 밀라드 에릭슨은 이같은 분석을 토대로 이사야 53장 4절과 마태복음 8장 17절 말씀은 실질적으로 육체적이고 정신적인 질병과 고통을 언급하고 있으며, 예수님은 공생애 기간에 병을 치료하셨고, 오늘날에도 치료하고 계신다고 말했습니다. 하지만 사람은 육신을 가지고 영원히 살 수 없기 때문에, 균형 잡힌 속죄와 치유관이 필요하다는 결론을 내렸습니다(히 9:27).[126]

이밖에 켈리 보커베이는 "만일에 십자가가 그리스도교 신학의 중심에 있다면, 그리고 내가 그것을 믿는다면, 치유 신학을 세우는 데 필수적인 출발점"이라고 밝혔습니다. 찰스 스펄전도 "십자가와 부활의 능력은 이 세상을 위한 유일무이한 해결책"이라고 설교했습니다. 그 역시 '죄를 질병으로 보았고 영적 질병인 죄된 영혼의 치유'를 강조하였습니다.[127]

다음에, 우리가 하나님 나라의 복(축복)으로서 치유를 경험하며 누릴 수 있으려면 '샬롬의 신앙'에 대한 이해가 필요합니다. 로마서 14장 17절은 "하나님의 나라는 먹는 것과 마시는 것이 아니요 오직 성령 안에 있는 의와 평강과 희락이라"는 말씀으로, 하나님의 나라와 평강이 서로 연결되어 있음을 보여 줍니다. 이 말씀은 하나님의 나라(통치, 다스림) 가운데 있는 성도들의 삶에 나타나는 두드러진 특징 세 가지를 제시하고 있습니다. 이는 성도의 마음속에 하나님의 나라가 이루어지면, 오직 성령 안에 있는 '의'와 '평강'과 '희락'이 삶 속에서 구체적으로 드러난다는 것입니다. 본래 '하나님의 나라'는 종말론적인 미래 왕국만이 아니라, 현재 성도

---

125) Millard J. Erickson, *Christian Theology* [복음주의 조직신학(중)], 현재규 옮김 (서울: 크리스챤다이제스트, 1996), 440-3.
126) Ibid., 444-6.
127) Spurgeon, *C. H. Spurgeon's Sermons on Isaiah 53* [십자가, 승리의 복음], 116-54, 172-8.

의 전인격적인 삶(개인의 마음, 교회, 사회) 가운데서 진행되는 하나님의 통치이기 때문입니다. 하나님의 나라는 하나님의 통치 및 다스림이란 말로 표현하기도 합니다. 성령 안에 있는 '의'란 말 '디카이오쉬네'는 하나님과의 바른 관계, 즉 하나님과 성도 사이의 상호적인 조화로운 관계를 말합니다. 이러한 관계를 통해 주어지는 축복은 '평강'과 '희락'입니다. '평강'이란 말 '에이레네'(εἰρήνη)는 70인 역에서 히브리어 '샬롬'(שָׁלוֹם)의 역어로 나타나 있습니다(민 6:26). 이것은 단순히 전쟁의 종식으로 말미암는 평화라기보다, 나라의 집단적인 안녕을 위태롭게 만드는 '불안 요인이 제거된 데서 오는 평화로운 상태'를 말합니다. '희락'으로 번역된 '카라'(χαρά)는 문자적으로 '기쁨'과 '즐거움'을 뜻하는 단어입니다. 이러한 기쁨과 즐거움은 그 원천이 성령 안에 있는 천상적인 것이기 때문에, 개인적인 행복만이 아니라 이웃을 즐겁게 만드는 데서 오는 상호의존적인 기쁨과 즐거움을 의미합니다.[128]

'샬롬의 신앙'이 갖고 있는 치유 기능은 오실 메시야가 '평강의 왕'(사 9:6-7)으로 표현되어 있다는 점에서 확인할 수 있습니다. '왕'으로 번역된 '사르'(שַׂר)는 위임통치를 위하여 임명된 통치자를 말합니다. 장차 오실 메시야가 하늘의 왕이신 여호와 하나님에 의해 이 땅에 위임 통치자로 오실 것을 암시하는 것입니다(눅 22:28-30). 이는 장차 오실 메시야가 '평강'을 확립하실 것을 의미합니다.[129] 예수께서는 성육신하셔서 '샬롬'을 확립하시기 위해 열두 제자를 부르시고 그들에게 '천국이 가까이 왔다'고 전파하도록 명하셨습니다(마 10:1-7). 예수님은 그 때 제자들에게 어떤 성이나 마을이나 집에 들어가면서 '평안하기를 빌라'고 당부하셨습니다(마 10:12-13). '평안'으로 번역된 '에이레네' 곧 '샬롬'은 축복 기도를 통하여 임하는 복을 가리키는 말입니다(참조, 창 12:3). '샬롬'은 서

---

128) 제자원 편, 「옥스퍼드원어성경대전: 로마서 제9-16장」, 447-8.
129) 제자원 편, 「옥스퍼드원어성경대전: 이사야 제1-10장」, 522.

로 화친하여 평화로운 상태(눅 14:12)나 사람들 사이의 화평함 가운데서의 일치(약 3:18; 마 5:8)를 의미하지만, 특히 히브리적 개념에서 샬롬은 '상대방의 건강과 복지와 안녕'을 비는 의미를 포함하고 있습니다(딤전 1:2).[130] 사도 바울은 '샬롬의 신앙'을 "평안의 매는 줄로 성령이 하나 되게 하신 것을 힘써 지키라"(엡 4:3; 참조, 엡 2:8-10, 11-17)는 말씀으로 증언하였습니다. 본절의 '평안'이 얼마나 큰 효력을 갖고 있는지 '샬롬'의 용례들을 살펴보면 알 수 있습니다. 샬롬은 신변의 안전이나(창 26:31), 물질적이고 건강 회복을 통한 평안(삼하 7:1-2; 왕하 5:14-22), 그리고 정신적이고 영적인 평안함(출 31:17; 참조, 신 12:5-10)도 포함하고 있는 개념입니다. 또한 샬롬은 개인의 안전과 평안만이(삼하 3:22-23) 아니라 공동체의 평안도 포함하였습니다(수 10:16-21). 따라서 샬롬의 신앙은 성도의 개인 차원을 넘어서 교회 공동체의 다른 지체들과 함께 누려야 할 평안을 의미합니다.[131]

그 다음에, 우리가 하나님 나라의 축복으로서 치유를 일상적으로 체험할 수 있도록, 하나님께서 은사 공동체인 하나님의 교회를 세우셨다는 사실을 알아야 합니다. 삼위일체 한 분 하나님께서 세우신 신약교회는 은사 중심의 교회였습니다. 성경에 나타나 있는 은사 목록은 로마서(롬 12:3-8)와 고린도전서(고전 12:4-31; 14:1-40)와 에베소서(엡 4:4-12)에 나타나 있습니다. 특히 고린도전서 12장은 하나님 나라의 축복 가운데 하나인 치유를 통해 우리가 샬롬의 신앙을 가질 수 있도록, 삼위일체 하나님께서 어떻게 일하고 계신지 선명하게 보여 주고 있습니다. 은사란 말 '카리스마'(χάρισμα)는 하나님께서 주신 '거저 받은 선물'이란 뜻입니다(롬 5:15; 11:29; 고전 12:6). 고린도전서 12장 4-6절은 "은사는 여러 가지나 성령은 같고, 직분은 여러 가지나 주는 같으며, 또한 사역은 여러 가지나

---

130) 제자원 편, 「옥스퍼드원어성경대전: 마태복음 제1-11a장」, 732.
131) 제자원 편, 「옥스퍼드원어성경대전: 갈라디아서·에베소서」, 619-20.

모든 것을 모든 사람 가운데서 이루시는 하나님은 같으니"라는 말씀으로, 은사 활용이 삼위일체적으로 이루어지고 있음을 보여 줍니다. 이를 통해 하나님께서는 성도 각 사람과 성도들의 교회 공동체가 얼마나 건강하고 온전한 교회로 세워지기를 원하시는지 잘 보여 주셨습니다(고전 12:3-6).

첫째, 은사를 나누어주심에 있어서 성령께서는 각 사람이 예수 그리스도를 '주'라 시인하도록 역사하시며, 이에 믿음으로 반응한 사람에게 그의 뜻대로 선물을 주십니다(고전 12:3, 7-9, 11). 은사 목적은 각 사람을 유익하게 하려는 것입니다(고전 12:7). 성령께서 각 사람에게 나누어 주시는 은사 목록은 지혜의 말씀, 지식의 말씀, 믿음, 병 고치는 은사, 능력 행함, 예언함, 영 분별함, 각종 방언 말함, 방언들을 통역함입니다(고전 12:8-10). 그리고 은사는 성령께서 행하시고 그의 뜻대로 각 사람에게 나누어 주시는 선물입니다(고전 12:11). 본문 7절에서 '각 사람'이란 그리스도의 몸된 교회를 구성하고 있는 모든 그리스도인으로서, 각각의 은사를 지니고 있는 성도 개개인을 말합니다. 이는 은사가 몇몇 특수한 사람들에게 한정 된 것이 아니라는 것을 의미합니다. 그렇다면 성령께서 각 사람에게 은사를 나누어 주신 이유가 무엇일까요?

성령께서는 교회 공동체 전체의 유익을 위해 은사를 나누어 주십니다(고전 14:12). 이 가운데 치유와 관련된 '병 고치는 은사'로 번역된 '이아마톤'(ἰαμάτων)은 '치유하다'란 뜻을 지닌 '이아마'(ἴαμα)의 복수형입니다. 이것이 복수형으로 사용되었다는 것은 육체적 질병뿐 아니라, 영적인 여러 종류의 질병도 치유하는 은사를 지칭하기 위한 것으로 보입니다(참조, 행 4:29-31; 약 5:14-16). 다른 은사와 마찬가지로 병 고치는 은사를 지닌 사람들은 성령님의 역사와 지시에 따라 행하는 것일 뿐, 그것이 자신

---

132) R. C. H. Lenski, *The Interpretation St. Paul First Epistles to the Corinthians* [고린도전서], 문창수 역 (서울: 백합출판사, 1982), 447; 제자원 편, 「옥스퍼드원어성경대전: 고린도전서 제10-16장」, 215.

306 알기 쉬운 조직신학

의 생각과 의지에 따라 행하는 것이 아님을 아는 게 매우 중요합니다.[132]

둘째, 직분에 있어서 우리 주 예수 그리스께서는 많은 지체들을 한 몸으로 연합시키는 분이심을 보여 줍니다. 이분은 많은 지체들 곧 유대인, 헬라인, 종, 자유인 모두에게 성령으로 침례를 베푸서서 한 몸이 되어 한 성령을 마시게 하시는 분이십니다(고전 12:12-13). 즉 우리 주 예수 그리스도께서 행하시는 직분은 누구든지 성령으로 예수님을 '주'라 시인한 사람에게 성령으로 침례를 베풀어, 각 개개인을 자신의 한 몸 공동체인 교회의 지체로 연합시키시고(고전 12:3, 12-14), 성도들 간에 아무런 차별이 없는 평등하며 건강한 교회를 세우시는 직분입니다(고전 12:12-23). 특히 치유와 관련하여 주께서 행하시는 일은 세 가지입니다. 하나, 주께서는 성령으로 침례를 받아 자신과 연합된 교회 성도들 중에 "더 약하게 보이는 몸의 지체를 요긴하게 바라보시는 일"을 행하십니다(고전 12:22). 더 약하게 보이는 몸의 지체란 말은 '쓸모없는 존재로 치부되어 경멸을 받을 수도 있는 지체들'을 의미합니다. '더 약한'으로 번역된 '아스데네스테라'($\dot{\alpha}\sigma\theta\epsilon\nu\acute{\epsilon}\sigma\tau\epsilon\rho\alpha$)라는 말은 실제적으로 '보잘 것 없는' 정도의 의미로 쓰이는 단어입니다. 따라서 22절은 '보잘 것 없이 보이고 전혀 중요하지 않게 보이는 지체'라 할지라도, 주께서는 도리어 더 연약해 보이는 지체를 더 요긴한 지체로 보신다는 말씀입니다. 모든 성도는 결코 무시하고 무시를 받는 관계가 아닐 뿐 더러, 서로 간에 우월의식이나 열등의식을 가질 만한 관계도 전혀 아니기 때문입니다.[133] 주께서 바라보시는 마음과 눈을 가진 교회라면, 오히려 더 연약해 보이는 지체가 건강하게 치유될 수 있도록 돕는 사역에 눈을 돌리는 교회일 것입니다(참조, 눅 15:1-7, 8-10, 11-32). '더 약해 보이는 사람들'을 '더 요긴한 사람들'로 바라보시는 주님의 눈길에 주목하는 교회가 바로 주님의 몸된 교회일 것입니다. 둘, 주께서는

---

133) 제자원 편, 「옥스퍼드원어성경대전: 고린도전서 제10-16장」, 245-6.

"몸의 덜 귀히 여기는 그것들을 더욱 귀한 것들로 입혀 주시는 일"을 행하고 계십니다(고전 12:23). 이 말씀은 가치관의 문제입니다. 이는 고린도 교회가 세워질 때 하나님께서 보잘 것 없는 사람들을 택하셔서 그리스도 안에서 귀한 것으로 입혀주시고, 소중한 존재로 만드셨던 고린도전서 1장 26-31절과 관련된 말씀입니다(고전 1:28). 즉 "하나님께서 세상의 천한 것들과 멸시 받는 것들과 없는 것들을 택하사 있는 것들을 폐하려 하시나니"라는 말씀입니다. 주님은 본절을 통해 교회 안에 속해 있는 성도 가운데, 스스로 비천하다고 생각하며 수치감을 느끼는 연약한 형제자매들을 소외시키거나 무시해서는 안 된다는 점을 강조하셨습니다. 하나님께서는 열등하다고 간주되는 지체들을 존귀하게 대우해 주시기 때문입니다.[134]

셋, 주께서 자신의 몸된 교회에서 행하시는 일은 "우리의 아름답지 못한 지체를 더욱 아름다운 것으로 얻게 하시는 일"입니다(고전 12:23). 사람의 눈에는 아름답지 못하다고 여기는 지체가 주님의 눈에는 더 아름다운 것들을 얻을 수 있는 지체로 보인다는 말씀입니다. 따라서 주께서 행하시는 일은 주님의 몸된 교회 안에서 '더 요긴하고,' '더 귀한 것들로 입혀주시며,' '더욱 아름다운 것을 얻게 하시는 사역'에 집중하시는 분이심을 알 수 있습니다. 이 일을 통해 주께서는 '더 약하게 보이고,' '덜 귀히 보이며,' '아름답지 못한 지체들'을 향한 전인격적인 따뜻한 치유의 손을 내어 주시는 주님의 손길을 볼 수 있습니다. 이 세상의 수많은 소외된 분들에게는 이러한 주님의 직분 사역이 진정한 하나님 나라의 축복으로서의 치유이자 복지로 다가갈 수 있을 것으로 여겨집니다.

셋째, 사역에 있어서 오직 하나님께서는 몸을 고르게 하여 부족한 지체에게 귀중함을 더하시고, 또 몸 가운데서 분쟁이 없고 오직 여러 지체가 서로 같이 돌보게 하시는 일을 행하고 계십니다. 이 일을 위해 하나님께서

---

134) Ibid., 246-7.

교회 중에 몇 사람을 세우셨습니다(고전 12:24-26, 28-30). 하나님의 사역은 "몸을 고르게 하여 부족한 자에게 귀중함을 더하시는 일"입니다(고전 12:24). 여기서 '고르게 하려'란 말로 번역된 '쉬네케라센'(συνεκέρασεν)은 '~와 함께'란 뜻이 있는 '쉰'(σύν)과 '섞다'란 의미가 있는 '케란뉘미'(κεράννυμι)의 합성어로서 문자적으로 '~와 함께 섞다'의 뜻입니다. 이는 하나님께서 몸의 부족한 지체들의 부족한 부분을 감싸주심으로 몸의 다른 부분과 화합하는 데 모자람이 없게 더하시는 하나님의 사역을 나타내는 말입니다. 하나님께서는 부족한 지체에게 더욱 따뜻한 관심과 배려를 보여주셔서 각 지체가 분쟁이 없고, 여러 지체가 서로 돌아보게 하여 서로 조화를 이루도록 사역하고 계십니다. 이러한 사역을 하시는 하나님의 목적은 "만일 한 지체가 고통을 받으면 모든 지체가 함께 고통을 받고 한 지체가 영광을 얻으면 모든 지체가 함께 즐거워하느니라"는 말씀대로, 하나님의 교회가 늘 이 자리에 서 있게 하시려는 것입니다. 잠언 19장 17절은 "가난한 자를 불쌍히 여기는 것은 여호와께 꾸어 드리는 것이니 그의 선행을 그에게 갚아 주시리라"는 말씀으로, 가난한 사람과 함께 하는 교회가 되어야 함을 보여 줍니다. 하나님께서는 이런 일을 위해 교회 성도들 가운데 몇 사람을 세우셨습니다. 즉 사도, 선지자, 교사, 능력을 행하는 자, 병 고치는 은사, 서로 돕는 것과, 다스리는 것과, 각종 방언을 말하는 것"입니다(고전 12:28). 그러나 하나님께서는 "더욱 큰 은사를 사모하라 내가 또한 가장 좋은 길을 너희에게 보이리라"고 말씀하셨습니다(고전 12:31). 그것은 사랑의 은사입니다(고전 13:1-13). 사랑이 없으면 내가 아무 것도 아니며 내게 아무 유익이 없기 때문입니다(고전 13:2-3). 하나님께서 거저 주시는 은혜와 사랑이 없이는 하나님 나라의 축복과 샬롬을 가능하게 할 수 없다는 하나님의 음성으로 들립니다.

한편, 죠지 뮬러 (George Muller)는 "사람들은 주는 것을 생각할 때 뭔가 큰 것을 생각합니다. 주는 일은 나의 작은 마음과 조그마한 정성에서부터 출발됩니다. 사람들은 단숨에 큰 것을 주려다 오히려 아무것도 주지 못하는 경우가 많습니다. 단숨에 큰 것을 줄 수 있는 사람은 아무도 없습니다"라고 말했습니다. 그는 작은 것부터 하나씩 또 하나씩 내어주는 일을 습관화 할 것을 권하였습니다.[135) 로이지(A. Loisy)는 오늘날 "예수님은 좋으나 교회는 싫다"는 말이 빈번히 등장하는 현상은 본래 교회가 가지고 있었던 하나님의 나라 기능을 상실한 데에 그 원인이 있다고 진단하였습니다.[136)

---

135) Come And See 편저, 「5만 번 응답받은 뮬러의 기도 비밀」 (서울: 생명의말씀사, 1998), 129.
136) P. Kuzmic, 「교회와 하나님의 왕국」, 명종남 역 (서울: 새순출판사, 1994), 17.

VIII.

만주의 주 만왕의 왕
주의 강림과 종말
(천국)

1. 주 예수의 강림(재림), 그 이후의 종말
2. 성경적 재림 신앙 갖기
3. 그리스도와 천년 동안 왕 노릇 하기
4. 요한계시록 구성, 하나님이 펼치실 신세계
5. 요한계시록 읽기 전략

VIII. 만주의 주 만왕의 왕 주의 강림과 종말
(천국)

1. 주 예수의 강림(재림), 그 이후의 종말

초기교회 성도님들은 '하늘로 가심을 본 그대로 오시리라'는 말씀(행 1:11)과 '아멘 주 예수여 오시옵소서'라는 말씀을 붙잡고, 주 예수께서 만주의 주 만왕의 왕으로 다시 오실 것을 대망하였습니다. 그러나 오늘날에는 주 예수의 강림(재림, Advent of Christ)과 세상의 끝 날(종말, Eschatology)에 대한 소망이 점점 쇠퇴하고 있는 것처럼 보입니다. 때로는 재림보다 종말을 강조하며 공포심을 유발하는 경우도 있습니다.

1) 주의 임하심과 세상 끝, 재림에서 종말로

마태복음 24장 3절 말씀은 예수님께서 장래에 일어나게 될 '예루살렘 성전 파괴'에 대하여 말씀하신 후, 감람 산 위에 앉으셨을 때에 제자들이 질문한 내용입니다. 제자들은 '어느 때에 이런 일이 있겠사오며 또 주의 임하심과 세상 끝에는 무슨 징조가 있사오리이까'라는 말씀으로, '주의 임하심'(테스 세스 파루시아스, τῆς σῆς παρουσίας)과 '세상 끝'(쉰텔레이아스 투 아이오노스, συντελείας τοῦ αἰῶνος)에 일어나는 징조에 대하여 질문하였습니다. 주석가 렌스키는 '주의 임하심'(재림)과 '세상 끝'(종말)이란 말에서 관사 하나를 갖고 있는 사본들은 두 명사를 한 개념으로 결합시키며, 비록 두 관사가 사용될 때에라도 두 명사는 한 쪽에 소속된 것으로 간주된다고 주석했습니다.[1] 즉 재림과 종말은 함께 짝지어진 것이지만, 본절에서와 같이 관사가 붙어있는 재림에 종말이 결합되어 있는 것으로 볼 수 있다는 것입니다. 따라서 재림과 종말의 관계는 '선 재림, 후 종말' 순으로 전개된다는 말입니다. 이처럼 마태복음 24장 3절은 처음으로 그리스도의 재림과 종말을 대비하라는 경고의 교훈이었습니다.[2]

2) 왜곡된 재림과 종말론, 주로 시한부 종말론

교회사적으로 수많은 사람들이 종말을 외쳤지만 모두 다 무위로 돌아갔습니다. 이들은 대다수가 시한을 정해놓고 재림의 시간이나 종말의 시점을 제시한 사람들이었습니다. 2세기경 교회사에서 새로운 계시를 내세우며 예언운동을 전개했던 프리기아의 몬타누스(Monthanus of Phrygia)가 최초의 사람입니다. 그는 두 명의 여제자 막시밀라(Maximila)와 프리스카(Prisca)와 함께 특별한 예언적 은사를 가졌다고 믿었습니다. 그는 새 예루살렘이 프리기아의 페푸자(Pepuza)에 세워진다고 예언했습니다. 세상의 마지막이 가까이 다가왔다는 확신을 가진 몬타누스는 그리스도인들에게 혼인을 금하고, 약혼을 폐지하고, 철저히 금욕적주의적인 삶을 살며, 하늘의 도시가 강림하기에 적절한 장소에 함께 모여, 거룩한 성의 시민이 될 준비를 하도록 선동했습니다. 그러나 그가 예언했던 대로 하늘의 도시가 도래하지 않았습니다. 그들은 그 시기가 연기되었다고 변명했지만, 이

---

1) Lenski, *The Interpretation St. Matthew's Gospel II* [마태복음(하)], 313.
2) Robertson, *Word Pictures in the New Testament* [원어연구해설: 마태복음·마가복음], 231.

단으로 정죄되었습니다.[3] 그 이후에도 시한부적 종말론을 주장한 단체들이 존재하였으나 무위로 돌아갔습니다. 천년왕국 운동가들이나 '십사만 사천'(계 7:1-17; 14:1-5)에 대한 시한부적 해석을 시도하며 수적인 증가를 꾀하였던 많은 이단단체들의 주장도 모두 허위로 드러났습니다. 가장 최근에는 고대 마야 문명의 예언에 기초한 재난 영화 '2012년'이나, 기타 외계인 침략, 행성과의 충돌설(2005~2012년), 태양 폭발(2012년 12월), 세계 제3차 대전(핵전쟁), 석유고갈, 지구 온난화 등에 따른 2012년 지구 멸망의 가능성이 제기되었지만 무위로 끝났습니다(참조, 마 24:3-14).

3) 강림, 주 예수 그리스도께서 다시 오심

예수 그리스도께서는 제자들에게 다시 오시겠다는 말씀을 자주 하셨습니다(마 10:23; 16:28; 24:14, 44; 눅 12:40). 주 예수께서는 승천하실 때 천사를 통해 "이르되 갈릴리 사람들아 어찌하여 서서 하늘을 쳐다보느냐 너희 가운데서 하늘로 올려지신 이 예수는 하늘로 가심을 본 그대로 오시리라 하였느니라"(행 1:11)는 말씀으로 '다시 오실 것'을 말씀하셨습니다. 여기서 '본 그대로 오시리라'는 말씀은 가시적이고 육체적인 강림(재림)을 의미하며, 동시에 이를 부인하고 영적인 임재를 재림과 대체시키는 것에 대하여 명백히 거부하는 말씀입니다. 여기서 우리는 예수 그리스도께서 재림 시기에 대하여 직접적으로 말씀하지 않으셨음을 주목해야 합니다(행 1:7). 이는 재림의 때와 시기를 지목하여 주장하는 모든 시도를 경고하는 메시지임과 동시에, 주 예수의 재림은 언제 이루어질지 모르므로 성도는 항상 부활신앙과 재림신앙을 가지고 항상 깨어 있어야 함을 보여 줍니다(마 24:42; 25:13; 막 13:28-37; 참조, 눅 19:11-27; 살전 5:1-8; 빌

---

3) Harold O. J. Brown, *Heresies: Heresy and Orthodoxy in the History of the Church* [교회사에 나타난 이단과 정통], 라은성 역 (서울: 도서출판 그리심, 2001), 115-7.

3:10-16).[4] 히브리서 9장 28절은 "이와 같이 그리스도도 많은 사람의 죄를 담당하시려고 단번에 드리신 바 되셨고 구원에 이르게 하기 위하여 죄와 상관 없이 자기를 바라는 자들에게 두 번째 나타나시리라"는 말씀으로, 주 예수의 재림이 있을 것을 증언합니다. 여기서 '자기를 바라는 자들'이란 말은 현재 분사로 쓰여 '계속해서 재림신앙으로 깨어 기다리는 자들에게'라는 뉘앙스를 담고 있습니다(빌 3:10-16). 이는 그리스도를 믿고 죄 사함을 받아 이분의 재림을 사모하며 살고 있는 성도들을 가리키는 말입니다.[5]

요한계시록 22장 20절은 "이것들을 증언하신 이가 이르시되 내가 진실로 속히 오리라 하시거늘 아멘 주 예수여 오시옵소서"라는 말씀으로, 만주의 주 만왕의 왕 예수 그리스도의 다시 오심을 향한 재림신앙이 그리스도인의 신앙으로 공식화되었음을 보여 줍니다. 이는 초기교회 시대부터 주의 재림을 소망하는 그리스도인들 사이에서 주님의 재림을 상기시키기 위한 상호간의 인사말로 사용되었습니다. 그것은 바로 주님의 만찬 때에 공식 기도문으로 사용한 '주 예수여 오시옵소서'(our Lord, come)라는 신앙고백에 해당하는 '마라나타'($\mu\alpha\rho\alpha\nu\alpha\theta\alpha$)이었습니다(고전 11:25-26).[6]

2. 성경적 재림 신앙 갖기

1) 주의 강림을 거부하는 자들

베드로후서 3장 3-4절은 "먼저 이것을 알지니 말세에 조롱하는 자들이 와서 자기의 정욕을 따라 행하며 조롱하여, 이르되 주께서 강림하신다는

---

4) 제자원 편, 「옥스퍼드원어성경대전: 사도행전 제1-7장」, 62.
5) 제자원 편, 「옥스퍼드원어성경대전: 히브리서 제8-13장」, 165.
6) 제자원 편, 「옥스퍼드원어성경대전: 요한계시록 제12-22장」, 714.

약속이 어디 있느냐 조상들이 잔 후로부터 만물이 처음 창조될 때와 같이 그냥 있다 하니"라는 말씀을 통해, 주의 강림에 대한 주님의 약속을 거짓 선생들이 조롱하는 모습을 보여 주고 있습니다. 본절에서 '말세에'란 말 '에프 에스카톤 톤 헤메론'(ἐπ ἐσχάτων τῶν ἡμερῶν)은 직역하면 '마지막 날들에'가 됩니다. 여기서 '헤메론'은 '날'을 뜻하는 '헤메라'(ἡμέρα)의 복수형 소유격으로 '날들'을 의미하기 때문입니다. 이러한 복수의 표현은 심판이 한 날이 아닌 예수 그리스도의 초림 이후부터 시작되어 재림 때까지 계속되는 날들을 나타냅니다. 즉 말세는 신약 시대 전체를 가리키는 말입니다(참조, 벧전 1:5, 20; 히 1:2; 9:26). 이미 그리스도 안에서 실현된 구원과 앞으로 완전하게 실현될 구원 사이의 갈등이 바로 이 '말세' 안에 놓여 있음을 의미합니다. 예수님의 초림은 인류 역사를 바꾸어 놓은 결정적인 사건이었습니다. 이제 예수님의 초림과 함께 인류 역사의 마지막 장이 전개되기 시작한 것입니다. 그것은 은혜의 때임과 동시에 사탄이 복음을 방해하는 때이기도 합니다. 그래서 성경은 이 말세에 거짓 선생들이 나타날 것이라고 여러 곳에서 경고하였습니다(마 24:3-5, 11, 23-26; 딤후 3:1-8; 참조, 약 5:3-8). 바로 이 거짓 선생들은 하나님의 말씀과 예수 그리스도의 가르침을 무시하고 주 예수의 재림을 받아들이지 않았습니다. 그들은 영적이고 도덕적으로 부패한 자들입니다(벧후 2:1-22). 그러나 베드로는 우리가 주의 재림과 심판과 영원한 생명을 확실히 믿는다면, 그러한 거짓 선생들의 방종에 빠질 수 없다고 강권하였습니다. 그리고 '강림하신다'에 해당하는 '파루시아스'의 원형 '파루시아'(παρουσία, 벧후 1:16; 3:12; 마 24:3, 27, 37, 39)는 '도래,' '임재,' '출현'을 의미합니다. 이는 영광스러운 왕권을 가지고 만주의 주 만왕의 왕으로 오시는 우리 주 예수 그리스도의 재림을 지칭하는 말입니다(벧후 1:16-17; 고전 15:23-25; 딤전 6:14-16; 계 17:14).[7] 우리가 이 문제를 잘 이해하려면, 사람이

---

7) 제자원 편, 「옥스퍼드원어성경대전: 베드로전서·베드로후서」, 556-8.

죽음을 맞이할 때 개인에게 일어나는 개인의 종말과 그리스도의 재림으로 일어나는 우주적 종말이 있음을 염두에 두어야 합니다(히 9:27).[8]

2) 재림목적, 심판과 구원하기 위한 것

성경은 "한 번 죽는 것은 사람에게 정해진 것이요 그 후에는 심판이 있으리니, 이와 같이 그리스도도 많은 사람의 죄를 담당하시려고 단번에 드리신 바 되셨고 구원에 이르게 하기 위하여 죄와 상관 없이 자기를 바라는 자들에게 두 번째 나타나시리라"(히 9:27-28)는 말씀으로, 그리스도의 재림의 목적 두 가지를 증언하였습니다. 그것은 심판과 구원에 이르게 하기 위한 목적입니다. 여기서 '심판'은 그리스도께서 재림하실 때에 있게 될 궁극적인 심판을 의미합니다. 죽은 자의 심판이란 말을 통해 우리는 죽음 이후에 내세가 있다는 사실을 알 수 있습니다. 그리고 심판은 내세를 위해 준비할 수 있는 기회가 살아생전뿐이라는 사실도 깨닫게 합니다.[9] 성경이 증언하는 죽은 자들의 심판 기준은 '죽은 자들이 자기의 행위를 따라 책들에 기록된 대로 심판받는 것'입니다(계 20:12-13; 마 25:46; 요 5:29). 나아가 '구원에 이르게'란 말 '소테리아'는 불과 유황으로 영원히 타는 못에 떨어지는 둘째 사망(계 20:14)에 처해지지 않는 최종적이고 완성된 구원을 말합니다. 완성된 구원은 더 이상 고통도, 위협도, 사망도 없는 지복 상태에로서의 구원을 의미합니다(계 21:4).[10]

3) 재림의 때와 시기, 하나님의 권한

사도행전 1장 6-7절은 "그들이 모였을 때에 예수께 여쭈어 이르되 주께서 이스라엘 나라를 회복하심이 이 때니이까 하니, 이르시되 때와 시기

---

8) Erickson, *Christian Theology*[복음주의 조직신학(하)], 368.
9) 제자원 편, 「옥스퍼드원어성경대전: 요한계시록 제12-22장」, 163.
10) 제자원 편, 「옥스퍼드원어성경대전: 히브리서 제8-13장」, 166.

는 아버지께서 자기의 권한에 두셨으니 너희가 알 바 아니요"라는 말씀으로, 이스라엘 나라 회복과 그 때와 시기는 아버지 하나님의 권한에 두셨다고 증언합니다(참조, 살전 5:1-4; 살후 2:1-12; 비교, 요일 2:18-28, 29). 여기서 '회복하심'에 해당하는 말 '아포카디스타네이스'($\dot{\alpha}\pi o\kappa\alpha\theta\iota\sigma\tau\acute{\alpha}\nu\epsilon\iota\varsigma$)는 '이전 상태로 되돌려 주다'란 의미를 지닌 '아포카디스테미'($\dot{\alpha}\pi o\kappa\alpha\theta\acute{\iota}\sigma\tau\eta\mu\iota$)의 직설법 현재 동사입니다. 문맥으로 볼 때 이 동사는 미래적 의미를 지녔음에도 불구하고 현재형으로 기록되었습니다. 이는 제자들이 정치적 의미의 하나님 나라의 회복을, 매우 임박한 것으로 여기고 있다는 사실을 표현하기 위해 현재형으로 기록한 것입니다. 본래 '아포카디스테미'는 종말론적인 의미로 쓰여서, 마지막 때에 하나님에 의해 바른 질서가 회복된다는 의미를 갖는 말입니다. 즉 모든 불의의 세력을 멸하고 하나님의 정의를 바로 세운다는 것입니다. 이처럼 제자들은 주 예수께서 "너희는 몇 날이 못되어 성령으로 침례를 받으리라"고 말씀하신 내용을, 자신들이 기대했던 로마의 정치적 속박으로부터 자기 민족 이스라엘이 회복될 때를 가리켜 말씀하신 것인지 주 예수께 여쭈어 본 것입니다.[11] 일찍이 제자들은 다른 장면에서도 주의 말씀에 대한 이해 부족으로 자신들의 관점에서 말씀을 이해하려는 경향을 보이곤 했습니다(눅 19:11-27). 그래서 주 예수께서는 곧장 제자들에게 "오직 성령이 너희에게 임하시면 너희가 권능을 받고 예루살렘과 온 유대와 사마리아와 땅 끝까지 이르러 내 증인이 되리라"는 말씀과, "이 예수는 하늘로 가심을 본 그대로 오시리라"는 말씀을 주신 것입니다(행 1:8, 11). 즉 '선교와 재림신앙'입니다(참조, 살전 1:2-10).

4) 재림과 종말의 요건, 성경으로 본 세 가지

첫째, 마태복음 24장 14절은 "이 천국 복음이 모든 민족에게 증언되기 위하여 온 세상에 전파되리니 그제야 끝이 오리라"는 말씀으로, 재림과

---

11) 제자원 편, 「옥스퍼드원어성경대전: 사도행전 제1-7장」, 53.

종말의 요건은 천국 복음이 모든 민족에게 증언될 수 있도록, 온 세상에 전파되어야 한다는 점을 명확히 보여 주었습니다. 이처럼 그리스도의 재림과 종말은 온 세상에 천국 복음이 전파되는 것과 밀접한 관련이 있습니다(마 25:34). 구약과 신약의 핵심 메시지는 구속사적 및 속량사적 관점에서 하나님 나라입니다(마 3:2; 4:17). 구약은 "여호와의 나라(대상 28:55) 및 주의 나라(시 45:6; 145:13; 히 1:8)"로 일컬어졌으며, 신약에서는 "천국 혹은 하나님의 나라"로 묘사되었습니다. 이는 여호와 하나님께서 아브라함과 그의 대대 후손 사이에 세우신 영원한 하나님의 언약에 따른 것입니다. 그것은 하나님의 나라 사상의 근간이 되는 "내가 너와 네 후손의 하나님이 되리라"는 하나님의 영원한 언약에 뿌리를 두고 있습니다(창 17:7-8〈참조, 창 26:1-5, 23-25; 35:1-15〉; 출 6:6-8; 레 26:12; 렘 31:31-34; 고후 6:16-18; 계 21:1-3, 7). 예수께서 주님의 교회에 '천국 열쇠'를 주시겠다고 말씀하신 것도, 하나님 나라를 세우시기 위한 목적 때문이었습니다(마 24:13-14; 25:34).[12]

둘째, 요한복음 14장 2-3절은 "내 아버지 집에 거할 곳이 많도다 그렇지 않으면 너희에게 일렀으리라 내가 너희를 위하여 거처를 예비하러 가노니, 가서 너희를 위하여 거처를 예비하면 내가 다시 와서 너희를 내게로 영접하여 나 있는 곳에 너희도 있게 하리라"는 말씀으로, 그리스도의 재림과 종말을 위한 요건이 주께서 우리를 위한 거처를 온전히 예비하시는 것임을 보여 줍니다. 본절에서 '내가 다시 와서'로 번역된 '에르코마이' (ἔρχομαι)는 현재 직설법으로 사용되었습니다. 이는 예수님께서 사역을 통해 이미 이루신 어떤 일들처럼, 재림도 미래의 사건임에도 불구하고 현재의 일처럼 기정사실화하여 예언적 현재형으로 말씀하신 것입니다.

---

12) 1999년의 통계에 의하면, 전 세계적으로 아직까지 복음을 전하지 못한 '미전도종족'이 8,000여 종족에 이르고 있습니다. 제자원 편, 「옥스퍼드원어성경대전: 마태복음 제21-28장」, 305.

이는 그 때가 조성되면 우리 주 예수 그리스도께서 다시 오셔서 모든 성도들을 온전한 하나님 나라의 처소로 인도하신다는 것을 말합니다. 이 점은 성경에 기록된 너무나 명백한 사실이며, 또한 모든 성도의 소망이기도 합니다(계 20:1–22:21).[13]

셋째, 로마서 11장 25–27절은 "형제들아 너희가 스스로 지혜 있다 하면서 이 신비를 너희가 모르기를 내가 원하지 아니하노니 이 신비는 이방인의 충만한 수가 들어오기까지 이스라엘의 더러는 우둔하게 된 것이라, 그리하여 온 이스라엘이 구원을 받으리라 기록된 바 구원자가 시온에서 오사 야곱에게서 경건하지 않은 것을 돌이키시겠고, 내가 그들의 죄를 없이 할 때에 그들에게 이루어질 내 언약이 이것이라 함과 같으니라"는 말씀을 통해, 구원자 주 예수 그리스도의 재림의 요건을 '이방인의 충만한 수가 들어오는 것'으로 증언하고 있습니다. 그리고 본절 26절의 '기록된 바 구원자가 시온에서 오사'라는 말씀은, 이사야 59장 20절의 "여호와의 말씀이니라 구속자가 시온에 임하며 야곱의 자손 가운데에서 죄과를 떠나는 자에게 임하리라"는 예언의 말씀이 예수님의 초림으로 성취되었음과 동시에, 이방인의 충만한 수가 찼을 때에 우리 주 예수 그리스도께서 재림하셔서 온 이스라엘이 구원에 이르도록, 하늘의 예루살렘인 시온을 떠나 이 땅에 다시 오실 것을 증언한 말씀입니다(히 11:16; 12:22).[14]

한편, 토머스 슈라이너도 "충만한 수의 이방인이 들어온 이후에 이스라엘의 구원이 일어날 것"이라고 말씀하신 내용은, 예수 그리스도의 재림이 입증되는 문맥이라고 보았습니다(롬 11:27). 그리고 예수 그리스도의 재림의 결과는 야곱 곧 이스라엘에게서 경건하지 않은 것들을 제거하는 일입니다. 여기서 경건하지 않은 것들은 불신앙을 말합니다.[15] 다른 한편,

---

13) 제자원 편, 「옥스퍼드원어성경대전: 요한복음 제13–21장」, 116.
14) 제자원 편, 「옥스퍼드원어성경대전: 로마서 제9–16장」, 260–1.
15) Thomas R. Schreiner, *Romans: BECNT* [BECNT: 로마서], 배용덕 옮김 (서울: 부흥과개혁사, 2015), 730.

존 머리는 로마서 11장의 주제를 '이스라엘의 회복'으로 간주했습니다. 그리고 그는 '온 이스라엘이 구원을 받으리라'(롬 11:26)는 말씀의 명제를, 이스라엘이 불신앙을 벗어나 회개와 믿음으로 나아와 복음의 은혜와 축복으로 회복되는 내용으로 설명했습니다(롬 11:26-33).[16] 이밖에 재림의 요건과 관련하여 요한계시록 6장 9-11절 말씀도 참고할 수 있을 것으로 보입니다(참조, 마 24:9).

5) 재림의 징조, 멸망의 아들이 나타남

성경은 예수 그리스도께서 만주의 주 만왕의 왕으로 재림하시기 전에 징조가 있다고 증언합니다(마 24:3-37; 살후 2:1-12). 마태복음 24장 15절은 "그러므로 너희가 선지자 다니엘이 말한 바 멸망의 가증한 것이 거룩한 곳에 선 것을 보거든 (읽는 자는 깨달을진저)"라는 말씀으로, 주 예수의 재림의 전조를 증언하고 있습니다. 다니엘이 예언한 멸망의 가증한 것은 제사와 예물 곧 예배를 금지하며(단 9:27), 제사를 폐지하고 우상 숭배와 관련된 가증한 것을 세운 것을 말합니다(단 11:31; 12:11).[17] 그러나 하나님께서는 다니엘을 통하여 이런 상황 속에서도 오직 자기의 하나님을 아는 백성은 강하며 용맹을 떨칠 것이라고 말씀하셨습니다(단 11:32). 그리고 인내하며 연단을 받아 스스로 정결케 한 사람은 많은 복이 있을 것이라는 소망의 메시지도 주셨습니다(단 12:10-13). 성경은 이러한 일들이 창세 이후로부터 지속되고 있음을 보여 줍니다(계 12:1-17; 13:1-8, 12-20:10).

나아가 데살로니가후서 2장 3-5절은 "누가 어떻게 하여도 너희가 미혹되지 말라 먼저 배교하는 일이 있고 저 불법의 사람 곧 멸망의 아들이 나타나기 전에는 그 날이 이르지 아니하리니, 그는 대적하는 자라 신이라고

---

16) Murray, *The Epistle to the Romans*[로마서 주석], 504, 506.
17) 제자원 편, 「옥스퍼드원어성경대전: 마태복음 제21-28장」, 317.

불리는 모든 것과 숭배함을 받는 것에 대항하여 그 위에 자기를 높이고 하나님의 성전에 앉아 자기를 하나님이라고 내세우느니라, 내가 너희와 함께 있을 때에 이 일을 너희에게 말한 것을 기억하지 못하느냐'라는 말씀으로 경계한 것 같이, 주 예수께서 강림하시기 전에 나타날 징조가 무엇인지 증언하였습니다. 먼저, 배교하는 일이 있습니다(살후 2:3). 다음에, '신'이라 불리는 자가 자기를 높여 하나님의 성전에 앉아 자신을 하나님으로 내세울 것입니다(살후 2:3-4). 그 다음에, 불법한 자가 나타날 때에 주 예수께서 그 입의 기운으로 그를 죽이시고 강림하심으로써, 불법한 자를 폐하시는 승리의 재림입니다(살후 2:4-8). 따라서 본문 말씀은 우리에게 네 가지 메시지를 전해 줍니다. 하나, 주의 날이 이르렀다고 해서 쉽게 흔들리거나 두려워하지 말라는 경고와 소망의 메시지입니다(살후 2:1-2). 둘, 불법의 비밀이 이미 활동하였으나 그의 때에 나타나게 하려고 막는 자가 있다는 위로의 메시지입니다(살후 2:6-7; 참조, 히 1:1-3). 여기서 '나타나다'란 말로 번역된 '아포칼립데나이'(ἀποκαλυφθῆναι)란 '베일에 싸여 감추어져 있던 것을 벗겨내는 것'을 의미하는 '아포칼립토'(ἀποκαλύπτω)의 부정 수동태로 쓰였습니다. 이는 불법의 사람이 사람들에게 나타날 때가 되기 전까지는 철저하게 감추어져 있을 것이라는 사실과 더불어, 그는 능동적으로가 아니라 상황이 적합하게 만들어질 때에 나타날 것이라는 주의와 경고의 메시지입니다.[18] 셋, 불법한 자가 나타나게 되면 주 예수께서 그를 입의 기운으로 죽이고 강림하여 나타나심으로 폐하실 것이라는 승리의 메시지입니다. 넷, 악한 자의 나타남은 사탄의 활동을 따라 모든 능력과 표적과 거짓 기적과 불의의 모든 속임으로 멸망하는 자들에게 있을 것이라는 격려의 메시지입니다. 이렇게 성경은 멸망하는 자들이 진리의 사랑을 받지 아니하여 구원함을 받지 못한 자들이기 때문에, 진

---

18) 제자원 편, 「옥스퍼드원어성경대전: 데살로니가전후서·디도서·빌레몬서」, 396.

리를 믿지 않고 불의를 좋아하는 모든 자들로 하여금 심판을 받게 하시려는 하나님의 경고와 심판의 메시지임을 보여 주고 있습니다(살후 2:9-12).

6) 재림의 효력, 성도의 부활과 왕 노릇

사도 바울은 고린도전서 15장 20-29절에서 우리 주 예수 그리스도께서 강림하실 때에 어떤 일들이 일어나게 되는지에 대하여 증언하고 있습니다. 바울은 23절에서 '각기 차례대로 되리니'라는 말씀을 통해, 재림 이후에 일어나게 될 일련의 사건들이 '각각 자기 차례대로' 즉 세 단계로 전개 될 것으로 증언하고 있습니다(고전 15:23). 첫째 단계, 부활의 첫 열매인 그리스도께서(고전 5:20, 23) 그리스도에게 속한 부활한 자와 함께 강림(재림)하십니다(고전 15:23; 참조, 계 20:1-5). 장차 주 예수께서 재림하실 때는 초림 때에 비천한 상황에서 태어나신 것과 달리, 만주의 주 만왕의 왕으로서 영광과 권위와 존귀를 지니고 임하실 것을 의미합니다. 그리고 주 예수께서 영광 중에 재림하실 때에 그를 믿은 모든 사람들이 부활하게 될 것입니다.[19] 성경은 고린도 교회처럼 죽은 자의 부활이 없다고 말하는 자들에 대하여 강력하게 경고하고 있습니다(고전 15:12-22). 둘째 단계, 이는 한 사건의 양면의 모습을 띠고 있습니다. 시간적 순서를 따지면, 모든 원수를 그 발아래에 둘 때까지 반드시 왕 노릇 하신 후에(고전 15:25; 참조, 계 1:5-6; 5:9-10; 11:15; 19:11-21; 20:6; 시 110:1-7; 히 10:9-12), 마지막으로 그가 모든 통치와 모든 권세와 능력을 멸하시고 나라를 아버지 하나님께 바치는 일이 있을 것입니다(고전 15:24; 참조, 요 5:21-29; 계 20:11-13).[20] 셋째 단계, 맨 나중에 멸망 받을 원수는 사망입니다(고전 15:26, 55; 참조, 계 20:7-15).

사도 요한은 요한계시록에서 좀 더 구체적으로 주 예수의 재림과 종말

---

19) 제자원 편, 「옥스퍼드원어성경대전: 고린도전서 제10-16장」, 488.
20) Ibid., 488.

사이에 무슨 일이 일어나게 될 것인지에 대하여 증언하고 있습니다. 요한계시록 19장 11-21절은 주 예수께서 만주의 주 만왕의 왕으로 재림하셔서 대적들을 물리치고 심판하시는 장면을 보여 줍니다. 그 장면은 만왕의 왕께서 짐승의 표를 받게 하고 그의 우상에게 경배하게 하며, 표적으로 미혹하던 짐승과 거짓 선지자를 잡아 산채로 유황불 못에 던지는 장면입니다. 그리고 요한계시록 20장 1-6절에 의하면, 천사가 무저갱의 열쇠와 큰 사슬을 가지고 하늘로부터 내려와, 용 곧 옛 뱀 사탄마귀를 잡아 천년 동안 결박하여 무저갱에 던져 잠그고, 그 위에 인봉하여 천 년이 차도록 다시는 만국을 미혹하지 못하게 처리합니다. 그 후에 보좌들에 앉은 자들이 심판하는 권세를 받게 되는 데, 그들은 예수님을 증언하며 하나님의 말씀 때문에 목 베임을 당한 자들의 영혼들과, 또 짐승과 그의 우상에게 경배하지 아니하고 그들의 이마와 손에 그의 표를 받지 아니한 자들입니다. 이들은 살아서 그리스도와 더불어 천년 동안 왕 노릇할 것입니다. 특히 성경은 만주의 주 만왕의 왕으로 재림하시는 주 예수와 함께 천년 동안 왕 노릇하는 하나님의 백성들을 '첫째 부활에 참여한 자들'로 명시하고 있습니다 (계 20:6).

그러나 성경은 '천년 왕국'이란 말 대신에 '천년 동안 그리스도와 더불어 왕 노릇 하리라'(계 20:4, 6)는 말씀으로 표현하고 있습니다. '천년'이란 말은 라틴어 Mille(1000) Annus(해)에서 온 말입니다. '천년의 기간' (millennium)은 헬라어 '킬리아 에테'($\chi i\lambda\iota\alpha$ $\check{\epsilon}\tau\eta$)라는 말입니다(계 20:2-4). 이는 주 예수께서 재림하여 1000년 동안 왕 노릇하실 것이라는 교리를 지시하는 용어입니다.[21] 그리고 재림 시에 첫째 부활에 참여하는 사람은 변화된 몸을 갖게 됩니다(고전 15:36-58; 빌 3:21; 요일 3:2; 살전 4:14-17). 나아가 그리스도와 함께 천년 동안 왕 노릇하게 될 성도의 신분

---

21) Henry C. Thiessen, *Lectures In Systematic Theology* [조직신학강론], 권혁봉 역 (서울: 생명의말씀사, 1985), 740.

은 하나님과 그리스도의 제사장입니다(계 20:6; 벧전 2:9-10; 계 1:5-6; 5:9-10). 따라서 성도들은 주 예수의 재림의 날이 첫째 부활에 참여하는 축복의 날임을 인식하고, 부활신앙으로 좁은 문을 향해 들어가야 할 것입니다(요 6:54; 롬 8:11; 빌 3:10-11; 참조, 마 22:23-33; 막 12:18-27; 눅 20:27-40; 고전 15:12-22; 마 7:13; 눅 13:24).

3. 그리스도와 천년 동안 왕 노릇 하기

다드(C. H. Dodd)는 하나님 나라가 예수님의 생애와 사역에서 '완전히 실현된 현재적인 것'으로 보았습니다. 이와 달리 알버트 슈바이쩌(Albert Schweitzer)는 하나님의 나라를 '완전히 미래적인 것'으로 간주했습니다. 그러나 조지 래드는 예수님이 가르치신 하나님의 나라는 '현재적이고 동시에 미래적인 사건'으로 이해했습니다.[22) 조지 래드의 견해가 바른 견해로 보입니다. 이와 맞물려 주 예수께서 만주의 주 만왕의 왕으로 재림하셔서 천년 동안 왕 노릇 하시는 방식에 관한 이론들이 있습니다. 그것은 후천년설(postmillennialism), 무천년설(Amillennialism), 그리고 전천년설(premillennialism)입니다. 이 세 가지 천년설은 교회사를 통해 거의 계속해서 주장되었지만, 그 시대의 상황에 따라 사람들의 선호도가 달라지기도 하였습니다.[23)

1) 후천년설의 낙관주의, 재림 전 천년 통치
후천년설은 복음의 선포가 너무나 성공적이어서 세상이 회심하게 될 것이라는 믿음에 근거하고 있습니다. 이는 사람의 마음을 다스리시는 그

---

22) Sider, *Good News and Good Works* [복음전도와 사회운동], 81.
23) Erickson, *Christian Theology* [복음주의 조직신학(하)], 412.

리스도의 통치가 온전해지고, 그것이 보편적으로 될 것으로 보는 견해입니다. 이러한 견해는 평화가 넘쳐흐르고 악은 사실상 추방될 것으로 본 견해입니다. 이는 복음이 완전히 효력을 발휘하였을 때, 그리스도께서 재림하실 것으로 본 것입니다.[24] 즉 후천년설은 예수님의 초림 때부터 시작된(마 12:28) 그리스도의 왕국은 복음 전파로 점진적으로 확대되고 있다는 낙관주의적 입장입니다(시 47편; 72편; 100편; 사 45:22-25; 호 2:23; 마 24:14; 28:18-20). 이러한 낙관주의적 견해는 다른 천년 왕국설의 견해들과 구별된 본질적인 특징입니다. 이는 그리스도의 재림 이전 상황이 악화되는 것이 아니라, 좀 더 좋아지게 될 것으로 기대한 것입니다.[25] 후천년설은 4세기에 티코니우스(Tyconius)가 최초로 주장하고, 어거스틴이 이를 받아들여 천년 왕국은 미래에 있지 않고, 이미 시작되었다고 가르쳤습니다. 어거스틴은 마가복음 3장 27절의 "사람이 먼저 강한 자를 결박하지 않고는 그 강한 자의 집에 들어가 세간을 강탈하지 못하리니 결박한 후에야 그 집을 강탈하리라"(참조, 마 12:28-29; 눅 11:20-22)는 말씀에 근거하여, 천년 왕국이 그리스도의 초림과 함께 시작되어 우리가 그 왕국 안에 있다고 말했습니다. 어거스틴에 의하면, 사탄은 그리스도의 초림에 의해 결박되었으며, 그의 재림 때까지 결박된 채로 있을 것이라고 합니다. 그리하여 후천년설은 사탄이 민족들을 속일 수 없기에 복음 선포는 성공적일 것으로 보았습니다. 그리스도께서 지상에서 다스리고 계시기 때문입니다. 그러나 후천년설은 천년 왕국이 끝날 무렵 사탄은 최종적으로 정복되기 전에 잠깐 동안 풀려나게 될 것이라고 보았습니다(계 20:7).[26]

　하지만 교회사의 첫 번째 천년기의 마지막 무렵에 후천년설의 내용은 수정되었습니다. 그것은 '천년 왕국'이란 더 이상 1000년의 기간이 아니

---

24) Ibid.

25) Ibid., 415.

26) Ibid., 412-3.

라, 교회사 전체의 기간을 의미하는 것으로 수정된 것입니다. 즉 천년 통치를 상징으로 전환한 것입니다. 후천년설의 낙관주의적인 생각과 달리 시대가 점점 더 악해져갔기 때문입니다. 그리하여 후천년설은 요한계시록 20장 4-6절 말씀에 대한 의존도를 낮추었습니다.[27] 그러다 보니 후천년설은 성경에 나타나 있는 첫째 부활과 둘째 부활을 충족시키지 못한다는 비판을 받았습니다. 한편, 19세기 초반까지는 후천년설과 무천년설이 구분되지 않을 정도로 유사했습니다. 그러다가 20세기 들어 시대 상황이 급변하면서 후천년설이 시들어가자, 무천년설이 일반적으로 후천년설을 대체하였습니다.[28] 후천년설의 장점은 '그리스도의 중재적인 통치에 따른 하나님 나라의 현재성'을 강조한 점입니다(마 12:28; 눅 22:28-30; 골 1:9-13, 14-27; 엡 5:1-5, 6-14; 계 1:4-5:14; 11:15-19; 참조, 벧후 1:11-16; 고전 15:20-28). 그러나 후천년설의 한계점은 첫째 부활과 그 의미가 빠져있다는 점입니다(마 24:15-31; 눅 17:22-37; 고전 15:23; 계 20:4-6).

2) 무천년설의 현실주의, 영적 및 상징적 해석

무천년설은 가장 단순한 이론입니다. 이 이론은 요한계시록 20장 1-10절을 현재의 교회 시대로 간주합니다. 이 시대는 복음이 온 세상에 전파되게 하기 위해 열국들을 향한 사탄의 영향력이 감소된 시대입니다. 그리스도와 함께 천년 동안 왕 노릇 할 자들은 이미 죽어서 그리스도와 함께 하늘에서 왕 노릇하는 시대라고 합니다. 즉 천년 왕국 동안에 그리스도의 통치는 지상에서의 육체적인 통치가 아니라, "하늘과 땅의 모든 권세를 내게 주셨으니"(마 28:18)라고 예수님이 말씀하신 하늘의 통치를 가리킨다는 것입니다. 이러한 입장을 '무천년설'이라고 부르는 이유는 미래의 천년

---

27) Ibid., 413-4.
28) Ibid., 419.

왕국이란 없다고 주장하는 데서 붙여진 용어입니다. 무천년설 주의자들은 요한계시록 20장이 현재 교회 시대에서 성취되고 있다고 믿으며, 거기에 묘사된 천년 왕국이 현재 일어나고 있다고 봅니다. 즉 '천년'이라는 표현은 하나님의 완전하신 목적이 성취될 긴 기간을 나타내는 상징적인 표현이라는 것입니다. 나아가 이 입장에 의하면, 현재의 교회 시대는 그리스도의 재림 때까지 계속되며, 그리스도께서 재림하실 때 신자와 불신자가 동시에 모두 부활합니다. 신자들의 몸은 부활하여 영혼과 결합하여 천국의 즐거움에 영원토록 참여하게 되고, 불신자들은 부활하여 최후의 심판과 영원한 저주를 받게 됩니다. 그러나 이 심판은 신자들의 경우 상급의 정도를 결정하는 것일 뿐이지만, 불신자들은 영원히 저주를 받을 것으로 간주합니다. 아울러 무천년설은 이 때에 새 하늘과 새 땅이 시작될 것이며, 최후의 심판 직후에는 영원한 상태가 시작되어 영원히 지속될 것으로 믿고 있습니다.[29]

'무천년설'이란 말 'Amillennialism'에서 'A' 접두사는 보통 '없음'(without)을 의미하는 희랍어에서 유래하였습니다. 이 입장에 의하면, 이 용어는 영적인 해석을 통해 그리스도께서 그의 추종자들과 함께 지금 승리적으로 통치하시는 현재의 그리스도교 시대를 상징하는 것으로 믿고 있습니다. 그리스도가 악을 정복하여 그를 따르는 모든 자들에게 승리를 부여한다는 의미에 있어서 사탄은 지금 매여 있다고 합니다. 첫째 부활은 사람이 성령을 통하여 살게 되는 영적인 죽음으로부터의 영적 부활로 이해합니다. 이 영적으로 부활한 자들에게는 둘째 사망, 혹은 영원한 형벌이 미치지 못합니다. 둘째 부활은 예수님이 재림하실 때 일어나며, 이는 의로운 자나 의롭지 못한 자 양자에게 최종적인 사건입니다. 즉 양자가 동시에 둘째 부활하면, 의로운 자에게는 상급을 주고, 악한 자에게는 형벌의 심판

---

29) Wayne Grudem, *Systematic Theology* [조직신학(하)], 노진준 옮김 (서울: 도서출판 은성, 1997), 413-5.

이 임한다는 것입니다. 이것이 무천년설의 주요 내용입니다(Origen, John Calvin, Edgar Y. Mullins).[30]

한편, 밀라드 에릭슨에 의하면, 무천년설은 단순성과 그것의 중심적인 교리의 명료성에도 불구하고 많은 점에서 이해하기가 어렵습니다. 이 입장은 긍정적인 가르침들이 언제나 설명이 되지 않고 있으며, 때때로 전천년설에 대해 거절하는 것으로써 그들의 입장이 두드러지고 있습니다. 그리고 후천년설과 무천년설은 요한계시록 20장의 '천년'이 상징적으로 받아들여져야 한다는 입장입니다. 종종 두 견해는 천년 왕국이 교회 시대라고 주장합니다. 차이점으로는 무천년설의 상징적 이해와 달리, 후천년설은 천년 왕국이 그리스도의 지상적 통치를 포함하고 있다고 주장합니다.[31] 그러나 밀라드 에릭슨에 의하면, 무천년설에 대한 주요한 주석상의 실수는 요한계시록 20장 5-6절의 두 가지 부활에 관한 것입니다. 즉 두 가지 육체적인 부활을 강조하는 전천년설과 달리, 무천년설은 그리스도와 더불어 왕 노릇하기 위해 부활하는 성도들의 첫 번째 부활을 영적인 것으로 간주하고, 또한 두 번째 부활은 신체적이고 육체적인 것으로 간주하고 있습니다.[32]

다른 한편, 무천년설은 구속 및 속량의 진리가 완전히 계시되고 그 진리가 예수님의 사역으로 성취된 신약 시대에, 비록 육적으로는 아니어도 중생한 성도가 그리스도와 더불어 영적으로 왕 노릇한다는 사상은 창조, 타락, 새 창조(구속, 새로운 피조물)라고 하는 신구약의 경륜과도 맞아떨어진다고 보는 견해도 있습니다. 그러나 천년을 '상징적 기간'으로, 첫째 부활을 '영적 부활'로, 그리고 무저갱을 '억압 상태'로 해석하는 것은 적합

---

30) William W. Stevens, *Doctrines of the Christian Religion* [조직신학 개론], 허 긴 역 (서울: 요단출판사, 1979), 512-3.

31) Erickson, *Christian Theology* [복음주의 조직신학(하)], 418-9.

32) Ibid., 420.

33) 제자원 편, 「옥스퍼드원어성경대전: 요한계시록 제12-22장」, 546.

하지 않다는 비판이 있습니다.[33] 이처럼 무천년설은 '영적 부활' 개념에 커다란 문제가 있으며, 또 '영적이고 상징적'이란 틀로 재림과 종말에 관한 중요한 구속사적 사건을 해석한 것은 무리가 있어 보입니다.

3) 전천년설의 비관주의, 재림 후 천년 통치

첫 3세기 동안의 교회는 오늘날 '전천년설'이라고 부를 수 있는 천년 왕국설이 지배적이었습니다. 그 당시의 그리스도인들은 가까운 장래에 그리스도의 재림이 있을 것으로 강하게 기대하고 있었습니다(눅 19:5-11; 참조, 눅 19:12-48). 전천년설은 약 일천년 간 그리스도께서 지상에서 통치하신다는 개념과 관련되어 있습니다(마 24-25장; 살전 4:13-18; 살후 2:1-12; 고전 15:20-24; 계 20:1-10). 전천년설에 의하면, 후천년설과 달리 그리스도께서 천년 기간 동안에 육체적으로 임하신다는 것을 믿습니다. 즉 그리스도께서 천년 왕국을 개시하기 위하여 인격적이고 육체적으로 재림하신다는 것입니다. 그러기에 천년 왕국은 미래적인 것으로 간주됩니다. 전천년설은 '천년 왕국의 점진적인 성장'을 고수하는 대신에, 재림과 종말은 세상이 악의 세력 하에 있으며, 적그리스도의 활동으로 인해 격변적인 사건에 의하여 개시될 것으로 기대하고 있습니다(마 24:24, 29-30). 순교자 져스틴과 교부 이레네우스와 초기의 신학자들은 이 견해를 고수했습니다. 하지만 어거스틴의 후천년설의 등장과 중세기 동안에는 전천년설이 쇠퇴하였으나, 19세기 무렵에 보수주의 진영에서 다시 인기를 얻었습니다. 이는 보수적인 침례교 성도들과 오순절 단체들, 그리고 독립적인 근본주의자들의 교회들 사이에서 상당히 지지를 얻었습니다.[34]

전천년설의 주요한 인용 구절은 요한계시록 20장 4-6절입니다. 전천

---

34) Erickson, *Christian Theology* [복음주의 조직신학(하)], 415-6.

년설 주의자들은 본절에 있는 일천 년의 기간과 두 가지 부활을 강조합니다. 즉 한 가지는 첫째 부활이고, 다른 한 가지는 마지막에 일어나는 둘째 사망(부활)입니다(계 20:5-6). 그들은 이 인용절에 대하여 문자적이고 일관된 해석을 견지하고 있습니다. 두 가지 부활에 대한 근거는 동사인 '살아서'(계 20:4하, 5)란 말로 번역된 '에제산'($\check{\epsilon}\zeta\eta\sigma\alpha\nu$)이 사용되고 있기 때문에, 두 형태의 부활은 같은 형태를 취하고 있다는 것입니다. 밀라드 에릭슨에 의하면, 이 점에서 전천년설은 무천년설과 후천년설과는 확연히 다른 형태를 가지고 있습니다. 예컨대, 전천년설은 첫 번째 부활과 두 번째 부활을 문자적으로 육체적인 부활로 보는 반면에, 무천년설과 후천년설은 첫 번째 부활을 '영적인 부활'로 간주하고 두 번째 부활만 문자적이고 육체적인 부활로 이해하는 것입니다. '영적인 부활'이란 말은 그들이 '중생 혹은 거듭남'을 가리켜 부르는 말입니다. 밀라드 에릭슨은 이런 해석을 가리켜 그들이 '매우 부자연스럽게 말하고 있다'고 지적했습니다. 전천년설 주의자들은 영적 부활을 거부합니다. 헨리 알포드(Henry Alford)는 만약 하나의 부활이 영적인 소생이고 다른 부활이 육체의 소생이라면, "언어에서와 모든 의미에서 끝장나게 될 것이고, 성경은 그 어떤 것에 대하여 하나의 명확한 증거를 제시하는 권위를 잃게 될 것"이라고 말했습니다. 조지 래드도 요한계시록 20장 5절에서 '에제산'($\check{\epsilon}\zeta\eta\sigma\alpha\nu$)이 육체의 부활을 의미한다면, 4절에서도 육체의 부활을 의미해야 한다고 강조합니다. 만약에 그렇지 않다면 "우리는 주석을 통제할 수 없게 되어 버린 것"이라고 강하게 무천년설의 영적 부활 개념을 비판했습니다. 전천년설에 따르면, 일천년의 간격을 사이에 두고 두 가지 상이한 집단과 연루된 동일한 육체의 부활이 있습니다. 그리하여 첫 번째 부활에 참여한 사람들은 두 번째 부활(사망)에 참여하지 않는다는 사실이 문맥에서 명확하다는

---

35) Ibid., 416-7.

점을 강조합니다. 따라서 천년이 차기까지 소생하지 못한 사람들은 바로 "그 나머지 죽은 자들"에 속한 자들이라는 것입니다(계 20:5-6).[35]

천년 왕국의 본성과 관련하여 전천년설은 갑작스럽고 격변스러운 사건이 전개될 것으로 보고 있습니다. 그것은 현세와 천년 왕국 사이의 불연속성을 의미합니다. 반면, 후천년설은 그것이 어쩌면 거의 알아차릴 수 없을 정도로 점진적으로 도입될 것으로 간주합니다. 전천년설 주의자들에 의하면, 예수 그리스도의 천년 통치인 천년 왕국은 아주 처음부터 완전하며, 악은 사실상 제거될 것으로 보고 있습니다(살후 2:8). 천년 왕국은 지금 존재하고 있는 상황들과는 예리하게 단절된 것으로 간주됩니다. 그 때는 실질적으로 세계적인 평화가 있습니다. 사람들뿐 아니라 만물의 조화도 있게 됩니다(롬 8:19-23; 사 11:6-7; 65:25). 성도들이 이 천년 왕국에서 그리스도와 함께 다스릴 것입니다. 그들의 통치의 정확한 본질은 자기들의 성실에 대한 보상으로써, 그와 함께 그에게 속한 영광에 참여하게 되는 것입니다.[36]

밀라드 에릭슨은 전천년설이 대처할 수 없거나, 혹은 그것이 적절하게 설명될 수 없는 성경의 인용절은 없다는 입장을 취하고 있습니다. 이어서 그는 무천년설 주의자들이 가지고 있는 두 가지 다른 부활의 형태나 영적인 부활에 대한 설명은 해석학의 일반적인 원리들을 왜곡하고 있다고 지적하였습니다. 나아가 그는 전천년설 주의자들이 요한계시록 20장 4-6절에 대한 하나의 인용절에만 근거하고 있지는 않다는 점을 밝히고 있습니다. 예컨대, 전천년설은 고린도전서 15장 22-24절에 나타나 있는 '차례대로'라는 구절도 인용하고 있습니다. 이뿐 아니라 밀라드 에릭슨은 그리스도의 초림과 부활이 시간상으로 구분되는 사건이듯이, 재림과 종말 사이에도 시간적인 간격이 있을 것으로 보인다는 입장을 밝히고, 이 두 가지

---

36) Ibid., 417-8.

부활을 암시하는 다른 인용절들이 존재한다는 사실도 주목해야 한다는 입장을 밝혔습니다(계 20:4-6; 눅 14:14; 20:35; 요 5:29; 고전 15:23; 빌 3:11; 살전 4:16; 참조, 단 12:2). 따라서 밀라드 에릭슨은 전천년설의 견해가 무천년설보다 더 적절하다고 생각했습니다.[37]

다만 전천년설이 그리스도의 통치가 초림과 부활승천 이후에도 현재적으로 지속되고 있다는 사실을 좀 더 구체적으로 강조하면서, 재림 이후에 전개될 천년 왕국의 본질을 제시했더라면 더 좋았을 것이라는 아쉬움이 남습니다. 다른 한 가지는 전천년설이 말하는 '천년 왕국'이란 말보다는 '천년 동안 왕 노릇 한다'는 말로 표현하는 것이 더 적절하다고 여겨집니다.

한편, 전천년설 주의자들은 이스라엘이 천년 왕국에서 특별한 지위를 갖게 될 것으로 예기(豫期, forecast)하고 있습니다. 여기에는 서로 구별되는 두 집단이 전천년설의 유산을 계승하고 있습니다. 그것은 역사적(historic) 전천년설 주의자들(George E. Ladd, Baptist pastors)과 세대주의적(dispensational) 전천년설 주의자들입니다(Dallas Theological Seminary, Scofield Reference Bible). 역사적 전천년설 주의자들은 그들의 주장이 교부 시대 이래로 교회에 존재해 왔던 것이라고 주장합니다. 그들은 그리스도께서 오셔서 악의 세력들로부터 자신의 제자들을 구원하는 것으로 절정에 달하는 교회의 환난의 시대를 예상하고 있습니다. 그리고 천년 왕국은 하나님께서 그리스도의 신실한 추종자들에게 복을 주시는 기간으로 간주합니다.[38] 나아가 역사적 전천년설 주의자들은 세대주의적 전천년설 주의자들이 주장하는 비밀 휴거에 따른 이중 재림을 수용하지 않습니다. 그들은 세대주의와 달리 그리스도의 재림이 있기 전에 현 교회 시대는 마지막 때의 대환난과 고난의 때까지 계속될 것이라는 입장입니

---

37) Ibid., 423-4.
38) Grenz, *The Theology for the Community of God* [조직신학], 868.
39) Wayne Grudem, *Systematic Theology* [조직신학(하)], 416.

다.[39] 즉 교회는 적그리스도가 통치하는 대환난을 경험하게 된다는 것입니다. 순교의 가치를 감안하면 이는 올바른 해석으로 보입니다.

그리고 세대주의적 전천년설 주의자들의 가장 독특한 특징은 그리스도께서 천년 왕국에서 통치하기 위해 재림하시기 이전에, 한 번의 재림이 더 있다는 '이중 재림'을 강조하는 내용입니다. 즉 문자적으로 7년 대환난 전에 그리스도께서 신자들을 데려가기 위해 은밀하게 1차로 공중 재림하셨다가, 7년 대환난이 끝난 후에 2차로 지상 재림을 하신다는 것입니다(살전 4:14-17). 이 입장에 의하면, 그리스도께서 어느 날 이 땅에서 들림을 받은 신자들과 함께 하늘로 올라가실 것입니다. 그런 후에 이 땅에서는 7년 동안의 대환난이 시작됩니다. 그리고 이 7년 동안에는 예언된 많은 표적들이 임하고, 그리스도를 메시야로 믿고 의지하는 유대인들의 수가 차게 됩니다. 특히 거듭난 유대인들이 활발하게 전도 활동을 할 것입니다. 나아가 7년 대환난 이후에는 그리스도께서 다시 성도들과 함께 재림하셔서 천년 동안 이 땅에서 왕으로서 통치하신다는 믿음입니다. 그러다가 천년이 지나면 다시 배도가 일어나지만, 그 때 사탄과 그의 세력은 참패를 당하며, 마침내 불신자들의 부활과 마지막 심판이 있은 후, 영원한 나라가 시작된다는 것입니다(계 20:1-15).[40]

세대주의적 전천년설은 장래에 있을 환난과 천년 왕국에서 하나님의 관심의 초점이 될 사람들이 누구인지에 대하여 역사적 전천년설 주의자들과 차이를 보이고 있습니다. 세대주의적 전천년설 주의자들은 이 시기들을 신약의 교회를 위한 하나님의 계획의 여러 측면들로 보는 것이 아니라, 일반적으로 이 시기의 의미를 이스라엘의 민족을 향한 하나님의 의도 속에서 찾습니다. 즉 환난 기간 동안에 하나님은 이스라엘이 그들의 하나님을 받아들일 수 있도록 준비시킬 것이라는 입장입니다(롬 11:1-33). 이중

---

40) Ibid., 418-9.

휴거를 주장하는 이유가 여기에 있는 것 같습니다. 그리고 환난의 시대는 팔레스타인에서 벌어지는 커다란 군사적 충돌로 절정에 달하고, 이 와중에 그리스도께서는 천군을 이끌고 다시 오셔서 그의 원수들을 진멸하실 것입니다. 그 때 이스라엘은 예수님을 메시야로 인정하고 천년 왕국이 이 땅 위에 수립되어, 그 동안에 이스라엘은 팔레스타인 땅에 살면서 열방 중에서 우월한 지위를 누리게 될 것입니다. 그러므로 천년 왕국은 하나님께서 이스라엘에게 유례없는 복을 부어주실 때가 될 것이라는 믿음입니다.[41] 따라서 세대주의적 전천년설 주의자들이 '은밀한 휴거'(secret rapture, 살전 5:1-2)에 초점을 둔 점은 어색한 해석이지만, 이스라엘의 회복에 관한 소망을 제시한 것은 적절한 표현으로 보입니다. 성경은 "형제들아 너희는 어둠에 있지 아니하매 그 날이 도둑 같이 너희에게 임하지 못하리니"(살전 5:4)라는 말씀으로, 우리가 재림신앙을 가지고 항상 깨어 있을 것을 권하고 있습니다.

페이트(C. M. Pate)에 의하면, 1980년대에 일부 세대주의 전천년설주의 신학자들이 자신의 신학 체계를 재고한 뒤에 '진보적 또는 개정 세대론'을 발전시켰습니다. 이들은 '이미와 아직 아니'라는 해석의 틀을 사용하여, 그리스도의 초림과 재림을 종말론적 긴장의 렌즈를 통해 보았습니다. 즉 그리스도의 초림으로 말미암아 하나님의 나라가 도래했으며, 이제 그리스도의 재림으로 말미암아 온전한 하나님의 나라가 완전히 실현될 것이라는 해석입니다. 개정 세대론은 예수 그리스도의 부활 때부터 시작된 메시야적인 천상의 통치를 믿습니다(행 2:22-36; 참조, 시 16:11; 110:1-7; 엡 2:5-6; 계 4:1-11; 5:8-10). 또한 그들은 요한계시록 1장 19절을 계시록의 구조로 삼았습니다. 그들에 의하면, 요한이 본 당시의 교회는 현세를 살고 있으며(계 1-3장), 하늘에서는 예수님의 죽음과 부활로 말미

---

41) Grenz, *The Theology for the Community of God* [조직신학], 868-9.

암아 내세가 이미 시작되었습니다(계 4-5장). 장차 내세가 땅에 임하여 적그리스도를 물리치고(계 6-19장), 일시적인 메시야의 나라를 지상에 세우며(계 11:15; 20장), 영원한 나라를 세울 것이라는 해석입니다(계 21-22장).[42]

4) 사탄마귀의 패망, 둘째 사망

요한계시록 20장 2-15절 말씀은 만주의 주 만왕의 왕 주 예수 그리스도께서 첫째 부활에 참여한 성도들과 함께 천년 동안 왕 노릇하며, 그의 통치를 마치신 후에 일어나는 사탄마귀의 패망, 흰 보좌 심판, 그리고 둘째 사망에 관한 내용을 증언하고 있습니다. 첫째, 사탄마귀의 패망은 영원한 불과 유황 못에 던져지는 심판에 의한 패망입니다. 그는 천년 동안 결박당하여 무저갱에 던져졌으나 천년이 차매 그 옥에서 놓이게 됩니다. 그러나 그는 다시 땅의 사방의 백성들 곧 곡과 마곡을 미혹하여 그들을 모읍니다. 사탄의 미혹을 받은 그들은 바다의 모래 같이 많았고, 그들이 지면에 널리 퍼져서 성도들의 진과 사랑하시는 성읍을 에워쌉니다. 그 때 하나님께서 하늘에서 불을 내려 그들을 태워버리고, 또 그들을 미혹하는 마귀를 불과 유황 못에 던져버립니다. 거기에는 그 짐승과 거짓 선지자도 있어 세세토록 밤낮 괴로움을 받는 곳입니다. 마침내 하늘전쟁에서 패하고 이 땅으로 내좇긴 사탄마귀와 그의 사자들이 아담과 하와를 미혹하여, 죄가 세상에 들어와 사망과 온갖 범죄로 가득하도록 천하를 꾀었던 세상 임금의 자리에서 영원한 심판을 받고 비극적 파멸을 당하는 순간입니다.

둘째, 흰 보좌 심판은 그 보좌에 앉으신 하나님께서 생명책에 기록되지 않은 자들을 심판하시는 최후의 심판입니다. 죽은 자들은 큰 자나 작은 자나 그 보좌 앞에 서게 되고, 거기에는 펼쳐진 책들과 생명책이 있습니다.

---

42) C. M. Pate, *Four Views on the Book of Revelation* [요한계시록을 이해하는 4가지 견해], 이세구 옮김 (서울: 아가페출판사, 1999), 38-41.

죽은 자들은 자기 행위를 따라 책들에 기록된 대로 심판을 받습니다. 그 장면은, 바다가 그 가운데에서 죽은 자들을 내주고, 또 사망과 음부도 그 가운데에서 죽은 자들을 내주며, 각 사람이 자기의 행위대로 심판을 받는 마지막 장면입니다. 그런 후에 사망과 음부도 불못에 던져집니다. 이는 '둘째 사망 곧 불못' 입니다. 성경은 "누구든지 생명책에 기록되지 못한 자는 불못에 던져지더라" 는 말씀으로 경고합니다(출 32:32-33; 계 20:12, 15; 21:27).

한편, 성경은 음부(스올, שְׁאוֹל, 하데스, ᾅδης)와 지옥(게엔나, γέεννα)에 대하여 서로 불가분의 관계에 있음을 보여 줍니다(눅 12:5; 16:9-31; 계 20:14). 음부는 흰 보좌 심판 이전에 믿지 않은 불신자들이 들어가 있는 곳입니다. 그리고 지옥은 음부에 있는 자들이 변화된 몸을 입고 하나님의 최종적인 흰 보좌 심판을 거쳐, 영원히 꺼지지 않는 불못에 떨어지는 곳을 가리킵니다(마 5:22, 29; 10:28; 18:9; 막 9:43-47; 눅 12:5; 약 3:6). 신약신학자 예레미아스(J. Jeremias)는 음부란 일시적으로 불신자의 영혼만이 거하는 곳이라면, 지옥은 음부에 있는 그들의 영혼들이 몸과 재결합하여 최후 심판을 받고 영원한 불못으로 떨어지는 곳이라고 말하였습니다. 이는 육체적 죽음 이후부터 부활 때까지 임시적으로 거처하는 중간상태가 있다는 것을 의미합니다.[43] 구약에서 묘사한 스올(음부)은 깊은 곳

---

43) 여호와 증인들은 지옥을 부정했습니다. 안식교는 재림 시에 불신자의 영혼은 소멸되고 신자들만 부활한다는 조건멸절설을 가르쳤습니다. 로마가톨릭교회는 일시적인 형벌로서의 연옥설(purgatory)을 가지고 있습니다. 연옥이란 정화(purge)라는 말에서 유래했습니다. 로마가톨릭교회에 의하면, 림보(Limbous), 즉 세례를 받지 못하고 죽은 유아들이 수용되어 있는 지옥의 변두리나 하늘 변방에 임시 거처가 있다고 합니다. G. Dal Sasso and R. Coggi, eds., *Compendio della Somma Teologica di San Tommaso d' Aquino* [성 토마스 아퀴나스의 신학대전 요약], 이재룡, 이동익, 조규만 공역 (서울: 가톨릭대학교출판부, 1993), 557-8. 베드로전서 3장 19절에 나오는 "옥"(φυλακῇ)은 단순히 감옥을 의미합니다 (마 14:10; 25:36; 행 5:19, 22; 계 18:2). 대다수 영어 성경들도 '옥'을 'in prison'으로 번역하였습니다. 성경은 그 옥에 있는 자들은 노아의 날 방주를 준비할 동안, 하나님이 오래 참고 기다리실 때에 복종하지 아니하던 자들이라고 증언하고 있습니다(벧전 3:19-20).

(신 32:22; 시 86:13), 거기에 내려가면 다시 올라올 수 없는 곳(욥 7:9), 악인이 들어가는 곳(시 9:17), 고통만 있는 곳입니다(시 6:5; 9:17; 49:14; 55:15〈민 16:30〉; 116:3; 참조, 시 16:10). 그리고 스올은 잔혹한 곳(아 8:6), 벌레로 뒤덮인 곳(사 14:3-11, 15; 비교, 사 38:18-20), 칼에 죽임을 당하는 곳으로 묘사되어 있습니다(겔 31:15-18; 32:21, 27-28).

다른 한편, 신약에 나오는 음부와 지옥의 모습은 구약과 흡사합니다. 그곳은 꺼지지 않는 불못(마 25:41-44; 벧후 2:4), 영원한 멸망이 있는 곳(살후 1:8-9), 불과 유황으로 고난을 받고 밤낮 쉼을 얻지 못하는 불과 유황으로 타는 못으로 표현되어 있습니다(계 14:9-11; 20:10, 14-15; 21:8). 특히 신약은 구약과 달리 현재 '타르타로오'(ταρταρόω)로서의 지옥에 범죄한 천사들의 일부가 최후 심판 때까지 갇혀 있음을 명백히 밝히고 있습니다(벧후 2:4). 즉 현재 지옥이 있다는 사실을 입증하는 말씀입니다.

4. 요한계시록, 하나님이 펼치실 신세계

1) 요한계시록의 구성, 예수 그리스도의 계시

요한계시록은 예수 그리스도의 계시입니다. 이는 하나님께서 그리스도에게 주사 반드시 속히 일어날 일들을 그 종들에게 보이시려고 그의 천사를 요한에게 보내어 알게 하신 계시입니다(계 1:1). 사도 요한은 하나님의 말씀과 예수 그리스도의 증거 곧 자기가 본 것을 다 증언하였습니다(계 1:2). 요한의 증언은 그가 주의 날에 성령께 감동되어 듣고 본 것입니다(계 1:10; 4:2). 요한은 처음과 마지막이시며 사망과 음부의 열쇠를 가지신 예수 그리스도께서(계 1:17-18) "그러므로 네가 본 것과 지금 있는 일과 장차 될 일을 기록하라"고 보여 주신 계시를 성령의 감동으로 기록하였습니다. 따라서 예수 그리스도의 계시인 요한계시록의 전체 구성은 "네가 본 것"(과거, 계 1장)과 "지금 있는 일"(현재, 계 2-3장)과 "장차 될 일"(미래, 계 4-22장) 세 부분으로 구성되어 있습니다(계 1:19). '네가 본 것'은 주의 현현과 계시에 대한 기록명령과 주 예수의 오른 손의 일곱 별의 비밀과 또 일곱 금 촛대입니다. 일곱 별은 일곱 교회의 사자이며, 일곱 촛대는 일곱 교회를 의미합니다(계 1:9-20). 그리고 '지금 있는 일'은 소아시아 일곱 교회의 사자들에게 보낸 편지입니다(계 2:1, 8, 12, 18; 3:1, 7, 14).

2) 장차 될 일, 신세계 출현의 과정이해

요한계시록에서 "장차 될 일"은 요한계시록 4장 1절부터 22장 1-5절에 증언되어 있습니다. 신세계 출현은 주 예수의 재림과 종말을 거쳐 도래하는 새 하늘과 새 땅과 거룩한 성 새 예루살렘입니다. 이는 주 예수 그리스도의 재림을 결정적인 기점으로 하여 그 이전의 소위 말세의 상당 기간에 해당하는 환난 및 대환난과, 재림 이후 성도의 첫째 부활 및 그리스도와의 천년 동안 왕 노릇하기와, 사탄과 그의 세력이 불과 유황 못에 던져지는 최후의 멸망, 그리고 흰 보좌 심판 및 새 하늘과 새 땅과 거룩한 성 새 예루살렘으로 이어지는 연속적인 사건입니다. 즉 재림과 종말 사이에는 일정한 기간이 있습니다. 재림 이전의 대환난은 요한계시록 4장부터 18장 사이에 기록되어 있으며(참조, 계 12:14; 단 7:23-26; 12:7), 재림 이후의 사건은 요한계시록 19장부터 22장 1-5절 사이에 기록되어 있습니다. 특히 요한계시록 4장부터 18장까지는 '일곱 인 → 일곱 나팔 → 일곱 대접'이라는 연속적인 환상의 큰 틀에 따라 전개되고 있으며, 이러한 연속적인 환상은 바벨론의 멸망에 대한 예언으로 일단락되고 있습니다. 이제 요한계시록은 19장과 20장에서 구조상 극적인 절정에 도달하게 됩니다. 바로 요한계시록의 핵심 주제라 할 수 있는 만주의 주 만왕의 왕이신 예수 그리스도의 재림에 관한 계시 내용이 등장하기 때문입니다. 요한계시록 17장과 18장은 반그리스도교적인 세속 문명에 대한 최종 심판을 나타냅니다.

이어서 장차 될 일에 해당하는 요한계시록 4장 1절부터 22장 1-5절 가운데, 그 후반부라 할 수 있는 19장 1절부터 22장 1-5절까지는 만주의 주 만왕의 왕 예수 그리스도의 재림과 최후의 흰 보좌 심판 그리고 새 하늘과 새 땅과 거룩한 성 새 예루살렘의 도래를 증언하고 있습니다. 즉 요한계시록 4장부터 18장까지는 종말의 대환난의 양상에 대한 예언에 초점을 맞추었다면, 요한계시록 19장 1절부터 22장 1-5절은 마지막 대환난 이후 지상 역사의 종결 및 완성된 하나님 나라의 지복 상태에 초점을 맞추고 있습니다.[44] 이제 요한계시록의 21장과 22장에 나타나 있는 새 하늘과 새 땅과 거룩한 성 새 예루살렘의 도래 및 완성된 하나님 나라의 영원한 지복 상태를 알아보겠습니다.

첫째, 요한계시록 21장 1-8절의 증언에 의하면, 새 하늘과 새 땅이 보이고 처음 하늘과 처음 땅이 없어졌으며 바다도 다시 있지 않았습니다. 또 하나님께로부터 하늘에서 내려오는 거룩한 성 새 예루살렘의 모습은, 마치 신부가 남편을 위하여 단장한 것 같이 준비되어 있었습니다. 그리고 하나님께서는 하나님의 백성과 악인을 완전히 갈라놓으셨습니다. 한편, 하나님의 백성 곧 하나님의 아들들에게는 다음과 같은 값진 것으로 상속해 주셨습니다. 즉 거기에는 하나님의 장막이 사람들과 함께 있었고, 하나님께서는 그들과 함께 계셨습니다. 또 그들은 하나님의 백성이 되고 하나님은 친히 그들과 함께 계셔서, 모든 눈물을 닦아 주시니 다시는 사망이 없고 애통하는 것이나 곡하는 것이나 아픈 것이 다시 있지 아니했습니다. 처음 것들이 다 지나갔기 때문입니다. 이제 하나님께서 만물을 새롭게 하셨고, 또 생명수 샘물을 목마른 자에게 값없이 주리니 이기는 자는 이것들을 상속으로 받으리라 말씀하시고, '나는 그의 하나님이 되고 그는 내 아들이 되리라'는 말씀으로, 목마르고 허기진 모든 성도의 갈증

---

44) 제자원 편, 「옥스퍼드원어성경대전: 요한계시록 제1-11장」, 29.

을 채워주셨습니다(계 21:1-7). 다른 한편, 하나님께서 악한 사람들 곧 두려워하면서도 믿지 아니하는 자들에게는 불과 유황으로 타는 못에 던지셨습니다. 성경은 이를 가리켜 '둘째 사망'이라고 합니다(계 20:6, 14; 21:8).

둘째, 요한계시록 21장 9-27절은 완성된 영원한 천국의 모습을 담고 있는, 하늘에서 내려온 거룩한 성 새 예루살렘의 아름다운 모습을 생생하게 보여 주고 있습니다. 성경은 "무엇이든지 속된 것이나 가증한 일 또는 거짓말하는 자는 결코 그리로 들어가지 못하되 오직 어린 양의 생명책에 기록된 자들만 들어가리라"는 말씀으로, 오직 그곳은 어린 양의 생명책에 기록된 자들만 들어가는 곳으로 증언합니다(계 21:27). 처음 하늘과 처음 땅, 그리고 바다도 사라지고 새 하늘과 새 땅이 펼쳐진 후, 하나님께로부터 하늘에서 내려온 거룩한 성 새 예루살렘의 모습은 그 어느 누구도 지구상에서 한 번도 경험하지 못한 완전히 새로운 신세계입니다(계 21:9-27; 참조, 슥 12-14장; 히 11:8-16; 비교, 눅 19:41-48; 마 21:12-17; 요 2:13-22). 사도 요한은 일곱 대접을 가지고 마지막 일곱 재앙을 담은 일곱 천사 중 한 천사가 자신에게 제안한 '이리로 오라 내가 신부 곧 어린 양의 아내를 네게 보이리라'는 소식을 들었습니다. 성령께서는 요한을 데리고 크고 높은 산으로 올라가 하나님께로부터 하늘에서 내려오는 거룩한 성 새 예루살렘을 보여주셨습니다. 거기에는 하나님의 영광이 있어 그 성의 빛이 지극히 귀한 보석 같고, 벽옥과 수정 같이 맑은 곳입니다(계 21:9-11). 거룩한 성 새 예루살렘의 그 높은 성곽은 열두 문이 있고, 그 문에 열두 천사가 있으며, 또 그 문들 위에는 이스라엘 자손 열두 지파의 이름들이 있습니다. 열두 문은 동북남서에 각각 세 문씩 있습니다(계 21:12-13).

그리고 거룩한 성 새 예루살렘의 크고 높은 성곽에는 열두 기초석도 있습니다. 그 기초석 위에는 어린 양의 열두 사도의 이름이 있습니다(계

21:14). 그리고 사도 요한을 안내한 천사가 측량한 거룩한 성 새 예루살렘의 모습과 규모는 다음과 같습니다. 그것은 네모가 반듯하여 길이와 너비가 같은 모습입니다. 그 성의 크기는 12,000스다디온(12,000×약 185m=약 2.220km)이며, 그 길이와 너비와 높이가 같은 입방체로 되어 있습니다(계 21:15-16; 참조, 계 14:20). 그리고 그 성곽은 144규빗입니다(144×45.6=약 70미터, 계 21:17). 규빗은 성경에서 가장 기본적인 길이와 측정 단위로서, 이는 성인의 팔꿈치에서 가운데 손가락 끝까지 약 45.6cm 길이에 해당합니다.[45] 그 성곽은 성벽의 높이로 보입니다.[46] 아울러 그 성곽은 벽옥으로 쌓였고, 그 성은 맑은 유리 같은 정금이며(계 21:18), 그 성곽의 열두 문과 열두 기초석도 온갖 보석과 진주와 정금으로 되어 있습니다(계 21:19-21).

나아가 요한에 의하면, 거룩한 성 새 예루살렘에서의 일상은 다음과 같습니다. 거룩한 성 안에는 성전이 없습니다. 주 하나님 곧 전능하신 이와 어린 양이 그 성전이십니다(요 2:13-21; 엡 2:19-22; 히 11:13-16). 그 성은 하나님의 영광이 비치고 어린 양이 등불이 되어 해나 달의 비침이 필요 없습니다(계 21:22-23). 만국이 그 빛 가운데로 다니고, 땅의 왕들은 자기 영광을 가지고 그리로 들어갑니다. 그곳은 낮에도 성문들을 닫지 아니합니다. 거기에는 밤이 없기 때문입니다. 그리고 사람들이 만국의 영광과 존귀를 가지고 그곳으로 들어갑니다. 요한은 "무엇이든지 속된 것이나 가증한 일 또는 거짓말하는 자는 결코 그리로 들어가지 못하되 오직 어린 양의 생명책에 기록된 자들만 들어가리라"는 말씀으로, 거룩한 성 새 예루살렘 안에서의 삶의 모습과 그리로 들어가는 조건을 증언하였습니다(계 21:24-27). 그것은 사람들이 만국의 영광과 존귀를 가지고 그리로 들어가며, 어린 양의 생명책에 기록된 자들이어야 합니다.

---

45) 제자원 편, 「옥스퍼드원어성경대전: 창세기 제1-11장」, 424.
46) 제자원 편, 「옥스퍼드원어성경대전: 요한계시록 제12-22장」, 624.

셋째, 요한계시록 22장 1-5절은 이제 거룩한 성 새 예루살렘의 중심부를 관통하는 생명수 강을 통해, 만인이 그토록 대망하는 온전한 하나님 나라의 공간적 배경을 증언하고 있습니다(계 22:1-5). 성령께서 사도 요한에게 수정처럼 맑은 생명수의 강 근원을 보이셨습니다. 그 생명수의 강은 하나님과 어린 양의 보좌로부터 나와서 길 가운데로 흐르고 있습니다. 그리고 강 좌우에는 생명나무가 있어 열두 가지 열매를 달마다 맺었으며, 그 나무 잎사귀들은 만국을 치료하기 위해 있습니다(계 22:1-2). 거룩한 성 새 예루살렘은 다시는 저주가 없으며, 하나님과 그 어린 양의 보좌가 그 가운데에 있고, 그 종들은 그를 섬기며 그의 얼굴을 볼 것이고, 또 그의 이름도 그들의 이마에 있을 것으로 증언되어 있습니다. 이와 같이 거룩한 성 새 예루살렘에서 성도의 삶은 다시는 밤이 없고, 등불과 햇빛이 필요하지 않은 이곳에서 영원한 지복을 누리며 사는 곳입니다. 이는 주 하나님께서 그의 종들에게 비추시고 그들은 세세토록 왕 노릇하게 될 것이기 때문입니다(계 22:1-5).

한편, 거룩한 성 새 예루살렘의 모티브는 에덴동산 및 성전 모티브와 연관되어 있음을 불 수 있습니다(창 2:8-14; 계 21:19-20; 22:1-2).[47] 에덴동산에도 생명 샘의 근원이 있었습니다. 강이 에덴에서 발원하여 동산을 적시고 거기서부터 갈라져 네 근원이 되었습니다. 요한은 이러한 방식으로 거룩한 성 새 예루살렘이 첫 창조인 에덴동산의 회복이자 완성임을 분명하게 보여 주었습니다.[48] 이는 여호와 하나님을 믿고 구원받은 하나님의 기업 백성 이스라엘(창 15:6-21; 17:1-19; 출 2:23-25; 3:1-22; 6:1-8; 12:1-42; 14:31; 신 7:6-7)과, 우리 주 예수 그리스도를 믿고 구원받아 하나님 나라에 들어간 백성 공동체인 교회 일원이 요한계시록 20장부터 22장에서 서로 합류하는 모습을 통해 알 수 있습니다(참조, 갈 3:8-

---

47) Alexander, *From Eden to the New Jerusalem* [에덴에서 새 예루살렘까지], 21-33.
48) 제자원 편, 「옥스퍼드원어성경대전: 요한계시록 제12-22장」, 654-5.

29; 히 12:22-28).

5. 요한계시록 읽기 전략

페이트는 어느 한 현자가 "누구나 다 고전에 대해 이야기하지만 거의 아무도 그 책을 읽지 않는 책"이라고 한 말을 인용하며, 불행히 이 말은 "성경의 마지막 책인 요한계시록에도 적용된다"고 말했습니다. 요한계시록은 읽기가 쉽지 않다는 말입니다.

1) 요한계시록의 구조

요한계시록은 사도 요한이 성령의 감동을 받아 로마 제10대 황제 도미티아누스(Domitianus)의 통치(A. D. 81-96) 말기이자, 요한이 밧모 섬에 유배되었던 시기인 A. D. 95-96년경에 기록된 것으로 보고 있습니다. 주요 내용은 역사적이고 종말론적 차원에서 교회의 환난과 주 예수 그리스도의 재림과, 심판을 통한 승리 및 새 하늘과 새 땅과 거룩한 성 새 예루살렘 도래로 말미암은 지상 역사의 종결과 구속사 및 속량사의 완성으로 구성되어 있습니다.[49] 요한계시록의 구조는 학자들 간의 논의가 워낙 다양하기에, 여기서는 서로 공통되는 점만 소개하겠습니다. 그것은 크게 두 가지 요소입니다. 하나는 문학적 구조의 측면에서, 요한계시록은 네 가지 환상을 통해 하나님의 계획이 펼쳐질 것을 보여 주고 있습니다(계 1:19; 4:1; 17:1; 21:9). 다른 하나는 내용의 측면에서, 먼저 서언을 이루는 장이 있고(계 1장), 그 뒤에 일곱 편지(계 2-3장), 일곱 인(계 5:1-8:1), 일곱 나팔(계 8:2-11:19), 일곱 대접(계 15:1-16:21)이 나옵니다. 이 네 가지 연속

---

49) 제자원 편, 「옥스퍼드원어성경대전: 요한계시록 제1-11장」 (서울: 제자원, 2002), 23.

적인 내용 사이에는 몇 가지 삽입구(계 7:1-17; 10:1-11:13; 12:1-14:20)가 들어가 있습니다. 그리고 요한계시록은 전 세계의 대적인 바벨론에 대한 심판, 하나님 나라의 최후 승리, 새 하늘과 새 땅과 거룩한 성 새 예루살렘 안에서의 일상과 지복 세계의 모습, 그리고 '아멘 주 예수여 오시옵소서'라는 재림에 대한 소망과 '주 예수의 은혜가 모든 자들에게 있을지어다 아멘'으로 마치고 있습니다(계 17-22장).[50]

2) 요한계시록에 대한 해석 전략

요한계시록에 대한 주요 해석은 전통적으로 과거론, 역사론, 미래론, 그리고 관념론적인 해석이 있습니다. 첫째, 과거론적 해석은 요한계시록의 사건들이 주후 처음 몇 세기 안에, 즉 주후 70년의 예루살렘 멸망 때이거나, 아니면 1세기의 예루살렘 멸망과 5세기의 로마 멸망을 다 포함한 때에 일어난 것으로 해석합니다. 이러한 해석에 따르면, 결국 요한계시록은 로마 제국의 종교와 유대교 모두로부터 박해를 받은 그리스도인들을 위로하기 위해 기록한 책입니다. 둘째, 역사론적 해석은 요한계시록의 사건들이 역사의 과정을 통해 펼쳐지고 있는 것으로 봅니다. 이는 특히 자신들 시대의 교황 체제를 적그리스도와 동일시한 프로테스탄트 개혁자들의 생각과 일치하는 견해입니다. 셋째, 미래론적 해석은 요한계시록의 사건들이 대체로 실현되지 않았으며, 4장부터 22장까지는 실현될 종말의 때를 대망하고 있다는 해석입니다. 주로 학자들 사이에서 과거론적 해석이 지배적인 반면, 일반 대중은 미래적인 해석을 선호하고 있습니다. 넷째, 관념론적 해석은 앞의 세 신학적 견해와 달리, 요한계시록의 상징을 역사적으로 연계시키는 것에 유보적인 입장입니다. 관념론적 해석은 요한계시록을 교회의 전체 역사를 통해서 계속되는 선과 악의 싸움에 관한 영원한 진

---

50) Pate, *Four Views on the Book of Revelation* [요한계시록을 이해하는 4가지 견해], 17-8.
51) Ibid., 19-20.

346 알기 쉬운 조직신학

리를 펼쳐 보이는 것으로 해석하는 입장입니다.[51] 이를 간략하게 요약하면, 과거론적 해석은 요한계시록에 묘사된 사건들이 이미 과거 1세기에 다 발생한 것으로 보는 관점입니다. 역사론적 해석은 요한계시록의 내용이 초기 교회로부터 종말에 이르기까지 전역사에서 일어나는 연속적 사건들을 다루고 있다고 보는 관점입니다. 미래론적 해석은 요한계시록 1-3장을 제외하고는, 미래의 종말에 대해서만 다루고 있다는 관점입니다. 관념론적 해석은 요한계시록을 영적 혹은 초자연적 입장에서 보며 악에 대한 선의 승리와 같은 영적 세계의 원리를 나타내는 것으로 보는 관점입니다.[52]

따라서 우리 주 예수 그리스도의 재림과 종말에 관한 해석은 어느 학설이 절대적인 위치에 서 있을 수 없다는 관점에서 종합적으로 연구하는 자세가 필요하다고 여겨집니다. 무엇보다 시급한 것은 빌립보서 3장 10-11절의 "내가 그리스도와 그 부활의 권능과 그 고난에 참여함을 알고자 하여 그의 죽으심을 본받아, 어떻게 해서든지 죽은 자 가운데서 부활에 이르려 하노니"라는 말씀을 따라 사는 삶을 회복하는 일입니다. 그리고 주 예수 그리스도의 재림과 종말과 새 하늘과 새 땅과 거룩한 성 새 예루살렘에 이르는 전 과정은, 오직 삼위일체 한 분 하나님께서 창세 전에 결정하시고 계획하시어 예정하신 대로 온전히 이루신다는 믿음을 붙잡는 일입니다. 나아가 주 예수의 재림을 소망하는 성도와 교회라면, 성령께서 구원의 복음 전파를 통해 하나님의 나라와 교회를 세워나가시는 전도 사역에 적극적으로 동참하는 성도와 교회일 것입니다. "아멘 주 예수여 오시옵소서"(계 22:20; 참조, 히 9:28; 11:13-16; 12:22-28)

---

52) 제자원 편, 「옥스퍼드원어성경대전: 요한계시록 제1-11장」, 25.

참고자료

1. 단행본

권혁봉. 「조직신학이 흐르는 교회 일생론」. 서울: 요단출판사, 2008.

근광현. 「기독교 이단 길라잡이」. 서울: 도서출판누가, 2003.

김동건. 「그리스도론의 역사」. 서울: 대한기독교서회, 2018.

김승진. 「성경이 말하는 성령뱁티즘과 방언」. 서울: 기독교문서선교회, 2023.

김철손 외 2인. 「신약성서 개론」. 서울: 기독교서회, 1972.

김희보. 「구약신학논고」. 서울: 예수교문서선교회, 1975.

도한호. 「나무를 심으며」. 대전: 시와정신사, 2011.

서요한. 「언약사상사」. 서울: 기독교문서선교회, 1994.

은준관. 「신학적 교회론」. 서울: 대한기독교서회, 1999.

이성주. 「칼빈신학과 웨슬리신학」. 경기: 도서출판 잠언, 2002.

이순한. 「요한복음서 강해」. 서울: 한국기독교교육연구원, 1993.

이종성. 「성령론」. 서울: 대한기독교출판사, 1984.

전성수. 「자녀교육 혁명 하브루타」. 서울: 두란노서원, 2020.

최윤배 편. 「어거스틴, 루터, 깔뱅, 오늘의 개혁교회」. 서울: 장로회신학대학교출판부, 2004.

최종진. 「구약성서개론」. 서울: 소망사, 1988.

Alexander, T. Desmond. *From Eden to the New Jerusalem* [에덴에서 새 예루살렘까지]. 배용덕 옮김. 서울: 부흥과개혁사, 2012.

Althaus, Paul. *The Theology of Martin Luther* [루터의 신학]. 이형기 역. 서울: 크리스챤다이제스트, 2001.

Augustine. 「하나님의 도성」. 조호연, 김종흡 역. 서울: 크리스챤다이제스트, 2016.

Aulén, Gustaf. *Christus Victor*, trans. A. G. Hebert. New York: The Macmillan Company, 1956.

Baker, D. L. 「구속사적 성경해석학」. 오광만 옮김. 서울: 도서출판 엠마오, 1991.

Barclay, William. *The Mind St. Paul* [바울신학개론]. 박문재 옮김. 서울: 크리스챤다이제스트, 1997.

Boice, J. M. *Romans vol. III* [로마서 III]. 김덕천 역. 서울: 도서출판 줄과추, 1998.

Boyce, J. P. *Abstract Systematic Theology*. Escondido: Dulk Christian Foundation, 1887.

Boyd, Gregory A. 「속죄의 본질 논쟁」. 김광남 옮김. 서울: 새물결플러스, 2018.

Brown, Harold O. J. *Heresies: Heresy and Orthodoxy in the History of the Church* [교회사에 나타난 이단과 정통]. 라은성 역. 서울: 도서출판 그리심, 2001.

Bruce, F. F. *The New Testament Documents* [신약성경문헌]. 서울: 생명의말씀사, 1975.

Calvin, John. 「칼빈의 성경관」. 편집부 편역. 서울: 도서출판 풍만, 1986.

Clowney, Edmund P. 「베드로전서 주석」. 오광만 옮김. 서울: 여수룬, 1992.

Come And See 편저. 「5만 번 응답받은 뮬러의 기도 비밀」. 서울: 생명의말씀사, 1998.

Conner, Walter T. *Christian Doctrine*. Nashville: Broadman Press, 1937.

Conner, Walter T. *The Gospel of Redemption*. Nashville: Broadman Press, 1945.

Copleston, Frederick. *Mediaeval Philosophy* [중세철학사]. 박영도 옮김. 서울: 서
광사, 1988.

Cox, Norman W. *We Southern Baptists*. Nashville: Convention Press, 1961.

Cullmann, Oscar. 「구원의 역사」. 김광식 역. 서울: 대한기독교출판사, 1978.

Dagg, John L. *Manual of Theology Book First: Study of Religious Truth*.
Harrisonburg: Gano Books, 1982.

Daver, Mark E. "John L. Dagg." *Baptist Theologians*. eds. Timothy George and
David S. Dockery. Nashville: Broadman Press, 1990.

Dawkins, Richard. *The God Delusion* [만들어진 신]. 이한음 옮김. 서울: 김영사, 2008.

Dillenberger, John. 「루터 저작선」. 이형기 옮김. 서울: 크리스챤다이제스트, 2010.

Dobbins, G. S. *Baptist Churches in Action*. Nashville: Sunday School Board
Southern Baptist convention, 1929.

Draughon III, Walter D. "속죄." 「침례교 신학의 흐름: 1845년부터 최근까지」, Paul
Basden 편. 침례교신학연구소 옮김. 대전: 침례신학대학교 출판부, 1999.

Epp, Theodore H. *Living Abundantly: Studies in Ephesians* [풍성한 삶을 위하
여]. 고광자 옮김. 서울: 바울서신사, 1992.

_____. *Practical Studies In Revelation* [계시록의 실제적 연구 II]. 고광자 역. 서울:
바울서신사, 1991.

Erickson, Millard J. *Christian Theology* [복음주의 조직신학(상)]. 신경수 옮김. 서울:
크리스챤다이제스트, 1996.

_____. *Christian Theology* [복음주의 조직신학(중)]. 현재규 옮김. 서울: 크리스챤
다이제스트, 1996.

_____. *Christian Theology* [복음주의 조직신학(하)]. 신경수 옮김. 서울: 크리스챤
다이제스트, 1995.

Fesko, John V. *The Trinity and the Covenant of Redemption* [삼위일체와 구속
언약]. 전광규 옮김. 서울: 부흥과개혁사, 2019.

Foulkes, Francis. 「에베소서 주석」. 양용의 역. 서울: 기독교문서선교회, 1979.

Fuegel, F. J. *Bone of His Bone* [십자가와 나]. 서문강 옮김. 서울: 생명의말씀사, 2014.

Garrett, James Leo. *Systematic Theology: Biblical, Historical, Evangelical*. vol. 1. Grand Rapids: William B. Eerdmans Publishing, 1990.

Geerlings, Wilhelm. *Augustinus* [교부 어거스틴]. 권진호 옮김. 서울: 기독교문서선교회, 2013.

George, Timothy and Dockery, David S. eds. *Baptist Theologians*. Nashville: Broadman Press, 1990.

Glasser, Arthur F. 「성경에 나타난 하나님의 선교」. 임윤택 옮김. 서울: 생명의말씀사, 2009.

Grenz, Stanley J. *The Theology for the Community of God* [조직신학: 하나님의 공동체를 위한 신학]. 신옥수 옮김. 서울: 크리스챤다이제스트, 2003.

Grudem, Wayne. *Systematic Theology* [조직신학(상)]. 노진준 옮김. 서울: 도서출판 은성, 1997.

──────. *Systematic Theology* [조직신학(하)]. 노진준 옮김. 서울: 도서출판 은성, 1997.

Hall, Christopher A. *Reading Scripture With the Church Fathers* 「교부들과 함께 성경읽기」. 이경직, 우병훈 옮김. 서울: 살림출판사, 2008.

Heading, John. *Acts* [사도행전 강해(상)]. 김병희 옮김. 서울: 전도출판사, 1993.

Hiscox, Edward T. *The New Directory for Baptist Churches*. Philadelphia: American Baptist Publication Society, 1894.

Holland, Tom *Romans: The Divine Marriage* [로마서 주석]. 최성호, 정지영 옮김. 서울: 기독교문서선교회, 2016.

Horton, Michael. *Pilgrim Theology* [천국 가는 순례자를 위한 조직신학]. 박홍규 옮김. 서울: 부흥과개혁사, 2015.

Kaiser Jr., Walter C. *The Old Testament Documents: Are The Reliable & Relevant?* [구약성서 다큐멘트: 구약성서의 신뢰성과 적합성]. 김정봉 옮김. 서울: 도서출판 세움과비움, 2016.

Kallas, James. *The Real Satan* [사탄의 생태]. 박창환 옮김. 서울: 컨콜디아사, 1985.

Kelly, J. N. D. *Early Christian Doctrines* [고대기독교 교리사]. 김광식 역. 서울: 도서출판 한글, 1992.

Kelsey, Morton T. *Healing and Christ* [치유와 기독교]. 배상길 역. 서울: 대한기독교출판사, 1986.

Köstenberger, Andreas J. and Swain, Scott. *Father, Son, and Spirit* [아버지와 아들과 성령]. 전광규 옮김. 서울: 부흥과개혁사, 2016.

Kuiper, R. B. 「하나님 중심의 복음전도」. 신현광 옮김. 서울: 대영사, 1988.

Kuzmic, P. 「교회와 하나님의 왕국」. 명종남 역. 서울: 새순출판사, 1994.

Ladd, G. E. *A Theology of the New Testament* [신약신학]. 신성종, 이한수 공역. 서울: 대한기독교출판사, 1984.

Lehman, Chester K. *Biblical Theology II* [성경신학 II]. 김인환 역. 서울: 크리스챤다이제스트, 1994.

Lloyd-Jones, D. M. *God's Ultimate Purpose* [영적 선택]. 서문강 역. 서울: 기독교문서선교회, 1994.

_____. *God's Way of Reconciliation* [영적 화해]. 서문강 역. 서울: 기독교문서선교회, 1994.

Lohse, Bernhard. *Epochen Der Dogmen Geschichte* [기독교 교리사]. 구영철 옮김. 서울: 컨콜디아사, 1992.

_____. 「마틴 루터의 신학-역사적이며 조직신학적으로 본 루터 신학」. 정병식 옮김. 서울: 한국신학연구소, 2009.

Lumpkin, William L. *Baptist Confessions of Faith*. Valley Forge: Judson Press, 1969.

Luther, Martin. *Table Talk* [탁상담화]. 이길상 옮김. 서울: 크리스챤다이제스트, 2008.

Lutzer, Erwin W. *Cries from the Cross* [십자가를 바라보다]. 김영길 옮김. 서울: 도서출판 디모데, 2007.

Marshall, I. Howard. *Last Supper and Lord's Supper*. Grand Rapids: William B. Eerdmans Publishing Company, 1980.

McComiskey, Thomas E. *The Covenants of Promise*. Grand Rapids: Baker Book House, 1985.

McGrath, Alister. 「이신칭의」. 김성웅 옮김. 서울: 생명의말씀사, 2015.

_____. *What's the Point of Theology?* [신학이 무슨 소용이냐고 묻는 이들에게]. 이은진 옮김. 서울: 포이에마, 2022.

McNeill, John T. ed. *Calvin: Institutes of the Christian Religion* [한·영 기독교강요 I]. 편집부 역. 서울: 성서연구원, 2002.

Metzger, Bruce M. *The Canon of the New Testament* [신약정경형성사]. 이정곤 역. 서울: 기독교문화사, 1993.

Moody, Dale. *Christ and Church*. Grand Rapids: Wm. B. Eerdmans Publishing Company, 1963.

_____. *The Word of Truth*. Grand Rapids: Eerdmans Publishing Company, 1981.

Morgan, G. Campbell. *The Gospel According To Matthew* [마태복음 강해(상)]. 원광연 옮김. 서울: 아가페 서원, 1997.

Morris, Henry M. 「창세기 연구(상)」. 정병은 옮김. 서울: 전도출판사, 1997.

Morris, Leon. *I Believe in Revelation* [나는 계시를 믿는다]. 한 균 역. 서울: 생명의 말씀사, 1985.

Mullins, Edgar Y. *The Christian Religion in Its Doctrinal Expression*. Philadelphia: The Judson Press, 1954.

Murray, John. *The Epistle to Romans* [로마서 주석]. 아바서원 번역팀. 서울: 아바서원, 2017.

_____. *The Imputation of Adam's Sin* [아담의 죄는 왜 원죄인가]. 신성철 옮김. 서울: 도서출판 형상사, 1994.

Packer, James I. *Knowing God* [하나님을 아는 지식]. 서문강 역. 서울: 기독교문서선교회, 1996.

Pate, C. M. *Four Views on the Book of Revelation* [요한계시록을 이해하는 4가지 견해]. 이세구 옮김. 서울: 아가페출판사, 1999.

Piper, John. *Reading the Bible Supernaturally* [존 파이퍼의 성경 읽기]. 홍종락 옮김. 서울: 두란노서원, 2017.

Ray, D. B. *Baptist Succession*. Rosemead: The King's Press, 1949.

Roberts, Vaughan. *God's Big Picture* [성경의 큰 그림]. 전의우 옮김. 서울: 한국성서유니온선교회, 2020.

Robertson, O. Palmer. *The Christ of the Covenants*. Phillipsburg: Presbyterian and Reformed Publishing Company, 1980.

Robinson, H. Wheeler. *Baptist Principles*. London: The Carey Kingsgate Press, 1955.

Ryle, J. C. *Matthew* [마태복음서 강해]. 지상우 역. 서울: 기독교문서선교회, 1993.

Sanders, J. Oswald. *The Holy Spirit and His Gifts* [성령과 그의 은사]. 권혁봉 역. 서울: 요단출판사, 1990.

Schreiner, Thomas R. *Covenant and God's Purpose for the World* [언약으로 성경 읽기]. 임요한 옮김. 서울: 기독교문서선교회, 2020.

_____. *New Testament Theology* [신약신학]. 임범진 옮김. 서울: 부흥과개혁사, 2017.

_____. *Romans: BECNT* [BECNT: 로마서]. 배용덕 옮김. 서울: 부흥과개혁사, 2015.

Senior, Donald. *What are they saying about Matthew?* [최근 마태신학 동향]. 홍찬혁 역. 서울: 기독교문서선교회, 1995.

Shurden, Walter B. *The Baptist Identity: Four Fragile Freedoms*. Macon: Smyth & Helwys Publishing, 1993.

Sider, Ronald J. *Good News and Good Works* [복음전도와 사회운동]. 이상원, 박현국 옮김. 서울: 기독교문서선교회, 2013.

Simson, Wolfgang. 「가정교회: 침투적 교회 개척론」. 황진기 옮김. 서울: 도서출판 국제제자훈련원, 2006.

Smart, James D. *The Strange Silence of the Bible in the Church: A Study in Hermeneutics* [왜 성서가 교회 안에서 침묵을 지키는가]. 김득중 역. 서울: 컨콜디아사, 1985.

Spurgeon, Charles H. *C. H. Spurgeon's Sermons on Isaiah 53* [십자가, 승리의 복음]. 송용자 옮김. 서울: 지평서원, 2004.

Stagg, Frank. *New Testament Theology*. Nashville: Brodman Press, 1962.

Stevens, William W. *Doctrines of the Christian Religion* [조직신학 개론]. 허 긴 역. 서울: 요단출판사, 1979.

Stott, John R. W. *The Message of Romans* [로마서 강해]. 정옥배 옮김. 서울: 한국기독학생회출판부, 1998.

Summers, Ray. *Ephesians: Pattern for Christian Living*. Nashville: Broadman Press, 1960.

Thiessen, Henry C. *Lectures In Systematic Theology* [조직신학강론]. 권혁봉 역. 서울: 생명의말씀사, 1985.

Thompson, James W. *The Church to Paul: Rediscover Community Conformed Christ* [바울의 교회론: 그리스도를 닮은 공동체 재발견하기]. 이기운 옮김. 서울: 기독교문서선교회, 2019.

Tozer, Aiden W. *The Radical Cross: Living the Passion of Christ* [철저한 십자가]. 이용복 옮김. 서울: 규장, 2011.

Vos, Geerhardus. 「성경신학」. 이승구 역. 서울: 기독교문서선교회, 1985.

_____. *The Kingdom of God and the Church*. Cavite, Dasmarinas: Presbyterian Theological   Seminary, 1989.

Wagner, C. Peter. 「도미니언」. 서종대 역. 서울: WLI Korea, 2007.

Waltke, Bruce K. *An Old Testament Theology* [구약신학]. 김귀탁 옮김. 서울: 부흥과개혁사, 2015.

Walvoord, John F. *The Holy Spirit* [성령론]. 이동원 역. 서울: 생명의말씀사, 1986.

Wright, Elliott *Holy Company* [산상수훈의 공동체]. 김영배 옮김. 서울: 컨콜디아사, 1985.

2. 주석 및 정기간행물

제자원 편. 「옥스퍼드원어성경대전: 창세기 제1-11장」. 서울: 성서교재주식회사, 1998.
_____. 「옥스퍼드원어성경대전: 창세기 제12-25a장」. 서울: 성서교재주식회사, 1998.
_____. 「옥스퍼드원어성경대전: 출애굽기 제1-12a장」. 서울: 성서교재주식회사, 1998.
_____. 「옥스퍼드원어성경대전: 출애굽기 제12b-24장」. 서울: 성서교재주식회사, 1998.
_____. 「옥스퍼드원어성경대전: 레위기 제1-17장」. 서울: 성서교재주식회사, 1998.
_____. 「옥스퍼드원어성경대전: 신명기 제1-11장」. 서울: 성서교재주식회사, 1999.
_____. 「옥스퍼드원어성경대전: 신명기 제12-26장」. 서울: 성서교재주식회사, 1999.
_____. 「옥스퍼드원어성경대전: 사사기 제1-10a장」. 서울: 제자원, 2006.
_____. 「옥스퍼드원어성경대전: 시편 제1-21편」. 서울: 제자원, 2006.
_____. 「옥스퍼드원어성경대전: 시편 제39-58장」. 서울: 제자원, 2006.
_____. 「옥스퍼드원어성경대전: 잠언 제14-24장」. 서울: 제자원, 2006.
_____. 「옥스퍼드원어성경대전: 잠언 제25-31장·아가」. 서울: 제자원, 2006.
_____. 「옥스퍼드원어성경대전: 이사야 제1-10장」. 서울: 제자원, 2006.
_____. 「옥스퍼드원어성경대전: 이사야 제11-23장」. 서울: 제자원, 2006.
_____. 「옥스퍼드원어성경대전: 이사야 제24-35장」. 서울: 제자원, 2006.
_____. 「옥스퍼드원어성경대전: 이사야 제45-56a장」. 서울: 제자원, 2006.
_____. 「옥스퍼드원어성경대전: 에스겔 제21-30장」. 서울: 제자원, 2008.
_____. 「옥스퍼드원어성경대전: 미가·하박국」. 서울: 제자원, 2009.
_____. 「옥스퍼드원어성경대전: 스바냐·학개·말라기」. 서울: 제자원, 2009.
_____. 「옥스퍼드원어성경대전: 마태복음 제1-11a장」. 서울: 제자원, 2000.
_____. 「옥스퍼드원어성경대전: 마태복음 제11b;20장」. 서울: 제자원, 2000.
_____. 「옥스퍼드원어성경대전: 마태복음 제21-28장」. 서울: 제자원, 2000.
_____. 「옥스퍼드원어성경대전: 누가복음 제1-8장」. 서울: 제자원, 2000.
_____. 「옥스퍼드원어성경대전: 요한복음 제1-6장」. 서울: 제자원, 2000.
_____. 「옥스퍼드원어성경대전: 요한복음 제7-12장」. 서울: 제자원, 2000.
_____. 「옥스퍼드원어성경대전: 요한복음 제13-21장」. 서울: 제자원, 2001.
_____. 「옥스퍼드원어성경대전: 사도행전 제1-7장」. 서울: 제자원, 2001.
_____. 「옥스퍼드원어성경대전: 사도행전 제8-14장」. 서울: 제자원, 2001.
_____. 「옥스퍼드원어성경대전: 사도행전 제15-21a장」. 서울: 제자원, 2001.
_____. 「옥스퍼드원어성경대전: 로마서 제1-8장」. 서울: 제자원, 2001.
_____. 「옥스퍼드원어성경대전: 로마서 제9-16장」. 서울: 제자원, 2001.
_____. 「옥스퍼드원어성경대전: 고린도전서 제1-9장」. 서울: 제자원, 2001.

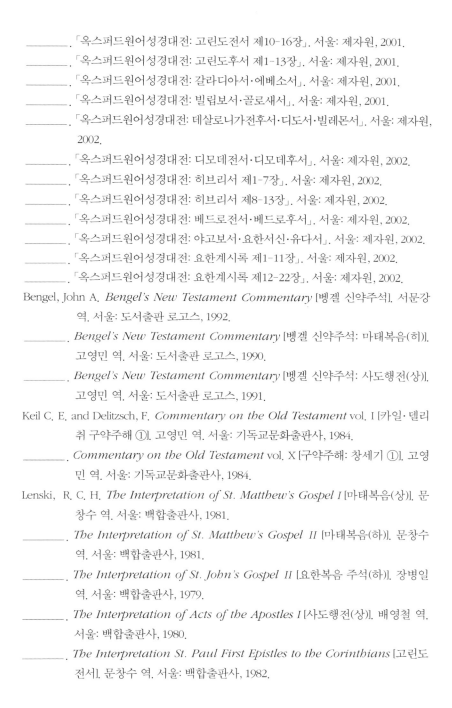

_____. 「옥스퍼드원어성경대전: 고린도전서 제10-16장」. 서울: 제자원, 2001.

_____. 「옥스퍼드원어성경대전: 고린도후서 제1-13장」. 서울: 제자원, 2001.

_____. 「옥스퍼드원어성경대전: 갈라디아서·에베소서」. 서울: 제자원, 2001.

_____. 「옥스퍼드원어성경대전: 빌립보서·골로새서」. 서울: 제자원, 2001.

_____. 「옥스퍼드원어성경대전: 데살로니가전후서·디도서·빌레몬서」. 서울: 제자원, 2002.

_____. 「옥스퍼드원어성경대전: 디모데전서·디모데후서」. 서울: 제자원, 2002.

_____. 「옥스퍼드원어성경대전: 히브리서 제1-7장」. 서울: 제자원, 2002.

_____. 「옥스퍼드원어성경대전: 히브리서 제8-13장」. 서울: 제자원, 2002.

_____. 「옥스퍼드원어성경대전: 베드로전서·베드로후서」. 서울: 제자원, 2002.

_____. 「옥스퍼드원어성경대전: 야고보서·요한서신·유다서」. 서울: 제자원, 2002.

_____. 「옥스퍼드원어성경대전: 요한계시록 제1-11장」. 서울: 제자원, 2002.

_____. 「옥스퍼드원어성경대전: 요한계시록 제12-22장」. 서울: 제자원, 2002.

Bengel, John A. _Bengel's New Testament Commentary_ [벵겔 신약주석]. 서문강 역. 서울: 도서출판 로고스, 1992.

_____. _Bengel's New Testament Commentary_ [벵겔 신약주석: 마태복음(히)]. 고영민 역. 서울: 도서출판 로고스, 1990.

_____. _Bengel's New Testament Commentary_ [벵겔 신약주석: 사도행전(상)]. 고영민 역. 서울: 도서출판 로고스, 1991.

Keil C. E. and Delitzsch, F. _Commentary on the Old Testament_ vol. I [카일·델리취 구약주해 ①]. 고영민 역. 서울: 기독교문화출판사, 1984.

_____. _Commentary on the Old Testament_ vol. X [구약주해: 창세기 ①]. 고영민 역. 서울: 기독교문화출판사, 1984.

Lenski, R. C. H. _The Interpretation of St. Matthew's Gospel I_ [마태복음(상)]. 문창수 역. 서울: 백합출판사, 1981.

_____. _The Interpretation of St. Matthew's Gospel II_ [마태복음(하)]. 문창수 역. 서울: 백합출판사, 1981.

_____. _The Interpretation of St. John's Gospel II_ [요한복음 주석(하)]. 장병일 역. 서울: 백합출판사, 1979.

_____. _The Interpretation of Acts of the Apostles I_ [사도행전(상)]. 배영철 역. 서울: 백합출판사, 1980.

_____. _The Interpretation St. Paul First Epistles to the Corinthians_ [고린도전서]. 문창수 역. 서울: 백합출판사, 1982.

_____. *The Interpretation of St. Paul's Epistles to the Galatians and to the Ephesians* [갈라디아서·에베소서]. 장병일 역. 서울: 백합출판사, 1979.

Robertson, Archibald T. *Word Pictures in the New Testament* [원어연구해설: 마태복음, 마가복음]. 김상기, 이상식 공역. 서울: 기독성문출판사, 1993.

_____. *Word Pictures in the New Testament* [원어연구해설: 사도행전]. 번역위원회. 서울: 기독성문출판사, 1993.

_____. *Word Pictures in the New Testament* [원어연구 해설: 요한일-삼서, 유다서, 요한계시록]. 번역위원회 역. 서울: 기독교선문출판사, 1993.

Bokovay, W. Kelly. "The Relationship of Physical Healing to the Atonement." *Didaskadia* vol. 3, no. 1 (October 1991): 24-39.

Conner, Walter T. "Three Theories of the Atonement." *Review & Expositor* vol. 43, no. 3 (July 1946): 275-90.

Dicker, Gordon S. "Luther's Doctrines of Justification and Sanctification." *The Reformed Theological Review* vol. 26, no. 1 (January-April 1967): 11-6.

Habets, Myk. "How 'Creation is Proleptically Conditioned by Redemption." *Colloquium* vol. 41, no 1 (May 2009): 3-21.

Holm, Randall. "Healing in Search of Atonement." *Journal of Pentecostal Theology* vol. 23, no. 1 (2014): 50-67.

Klann, Richard. "Reflections on Disputes Regarding the Proper Distinction Between Law and Gospel." *Concordia Journal* vol. 1, no. 1 (January 1975): 34-45.

Surburg, Raymond F. "An Evaluation of Heilsgeschichte Theologies with Special Reference to Their Implications for Biblical Hermeneutics." *Springfielder* vol. 33, no 2 (Summer 1969): 4-23.

Ji-Whang, Lew. "Free Will, Self-Consciousness, and the Spiritual Journey of Conversion: St. Augustine and Friedrich Schleiermacher on the Origin of Sin." *Korean Journal of Christian Studies* Vol. 25 (2002): 95-6.

근광현. "구속사의 구조 연구-에베소서 1장과 베드로전서 1장을 중심으로-." 「복음과 실천」 55집 (2015 봄): 77-104.

알기 쉬운 조직신학

초판 1쇄 인쇄 2023년 10월 25일
초판 1쇄 발행 2023년 10월 30일

지은이 | 근광현
펴낸이 | 송정금 · 이요섭
펴낸곳 | 엎드림출판사
편 집 | 송수자
편집 디자인 | 새한기획

주   소 | 17557 경기도 안성시 공도읍 심교길 24-5
H P | 010-6220-4331
E-mail | lyosep@hanmail.net

출판등록번호 | 제 2021-000013호
출판등록일 | 2021. 12. 16.

값 17,000원
ISBN 979-11-982828-2-8 03230